पेरियार ललई सिंह ग्रंथावली

खंड-1

पेरियार ललई सिंह

आपका जन्म 1 सितम्बर, 1911 ई. को गाँव—कठारा, झींझक, जिला—कानपुर, उत्तर प्रदेश में हुआ था। पिता—चौधरी गज्जु सिंह लघु-जमींदार थे। आप भूतपूर्व ग्वालियर नेशनल आर्मी में सन् 1933 में स्टेनोटाइपिस्ट-लिपिक पद पर सिपाही के रूप में भर्ती हुए। सन् 1945 में हाई-कमांडर हुए। देश की स्वतंत्रता के लिए 1945 ई. से 1947 ई. तक आन्दोलन किए। जेल गए। ब्रिटिश साम्राज्य विरोध के कारण आप वर्षों जेल में रहे। स्वतंत्रता के लिए जेल में 40 दिनों की लम्बी भूख हड़ताल की। सन् 1948 में स्वतंत्रता के साथ ग्वालियर सेंट्रल जेल से छूटे। आपको 'उत्तर भारत का पेरियार' कहा जाता है। आप नास्तिक थे। आप अंग्रेजी, पालि, प्राकृत, तमिल, मराठी, हिन्दी और उर्दू के अध्येता थे। इसमें, आप अंग्रेजी भाषा के विद्वान थे। आपको गणित और ज्यामिति का अद्‌भुत ज्ञान था। आपका निर्वाण 7 फरवरी, 1993 ई. को हो गया। आप अनन्य अध्येता, ऑर्गेनिक इंटेलेक्चुअल, चिन्तक, लेखक, कवि, नाटककार और आन्दोलनकारी विभूति थे।

धर्मवीर यादव गगन

शिक्षक और शिक्षित परिवार में जन्म 2 जुलाई, 1988 आजमगढ़, उत्तर प्रदेश। ये मूलतः अनुसन्धानकर्ता हैं। जमीनी शोध कार्यों में कई वर्षों से सक्रिय हैं। अपनी अभिरुचि के कारण साहित्य, समाज, धर्म, संस्कृति, अर्थ, राजनीति आदि की गम्भीर समझ रखते हैं। छात्र आन्दोलनों में लगातार सक्रिय हैं। अपने समाज और राष्ट्र को बौद्धिक-सांस्कृतिक गतिविधियों के साथ लगातार प्रबोधित कर रहे हैं। अपना वैचारिक हीरो फुले, अम्बेडकर, पेरियार, मंडल और फूलन को मानते हैं। इन्होंने एक फिल्म और एक नाटक में अभिनय भी किया है।

अकादमिक व्यक्तित्व : बी.ए.-इलाहाबाद विश्वविद्यालय, इलाहाबाद; एम.ए.-हंसराज कॉलेज, दिल्ली विश्वविद्यालय, दिल्ली; एम.फिल.-हैदराबाद केन्द्रीय विश्वविद्यालय, हैदराबाद; पीएच.डी.-दिल्ली विश्वविद्यालय, दिल्ली। P.D.F. (Post Doctoral Fellow)—जवाहरलाल नेहरू विश्वविद्यालय, नई दिल्ली।

सम्मान : साहित्य में सामाजिक न्याय की खोज हेतु बहुजन इंटेलेक्चुअल कांचा इलैया और माननीय श्री शरद यादव के हाथों जेएनयू में 'बी.एन. मंडल स्मृति सम्मान, 2017' से सम्मानित। विशेष सन्दर्भ : पेरियार ललई सिंह के साहित्य और चिन्तन की खोज।

ई-मेल : gaganjnu22@gmail.com
मो. : 9013710377

पेरियार ललई सिंह ग्रंथावली

[ईश्वर, मिथक, धर्म, संस्कृति, सभ्यता, इतिहास
और आदिनिवासियों आदि पर चिन्तन]

खंड-1

संकलन-सम्पादन

धर्मवीर यादव गगन

राधाकृष्ण प्रकाशन

ISBN : 978-93-91950-70-5

पेरियार ललई सिंह ग्रंथावली : खंड-1

पहला संस्करण : 2024

मूल्य : ₹6000
पाँच खंडों का सम्पूर्ण सेट

प्रकाशक
राधाकृष्ण प्रकाशन प्राइवेट लिमिटेड
जी-17, जगतपुरी, दिल्ली-110 051
शाखाएँ : अशोक राजपथ, साइंस कॉलेज के सामने, पटना-800 006
पहली मंजिल, दरबारी बिल्डिंग, महात्मा गांधी मार्ग, प्रयागराज-211 001
1, अनमोल सोराबजी सन्तुक लेन, धोबी तलाव, मरीन लाइंस, मुम्बई-400 002
वेबसाइट : www.radhakrishnaprakashan.com
ई-मेल : info@radhakrishnaprakashan.com

मुद्रक
विकास कम्प्यूटर एंड प्रिंटर्स
ट्रॉनिका सिटी-201 102

PERIYAR LALAI SINGH GRANTHAWALI : Vol. 1
Edited by Dharam Beer Yadava Gagan

आधुनिक भारत के निर्माता
सामाजिक न्याय और सामाजिक परिवर्तन के महानायक
पेरियार ई.वी. रामास्वामी को सादर!

अनुक्रम

प्राक्कथन 9
प्रस्तावना 11
आभार 19
भूमिका 31
द्वितीय संस्करण की भूमिका 34
तृतीय संस्करण की भूमिका 34
पेरियार ललई सिंह का तिथिवार जीवन-क्रम 35

कृतियाँ—

1. आर्यों का नैतिक पोल प्रकाश 53
2. आदिनिवासियों की पहचान 151
3. सच्ची रामायण 181
4. सच्ची रामायण की चाभी 257

प्राक्कथन

सम्पूर्ण 'पेरियार ललई सिंह ग्रंथावली' पाँच खंड में विभाजित है। यह उसका पहला खंड है। इसमें उनका मिथक, धर्म, संस्कृति, सभ्यता, इतिहास, भाषा, नस्ल, आदिनिवासियों आदि पर किया गया चिन्तन संगृहीत है। इसमें पेरियार की महान कृति 'रामायण : पादीरंगल' प्रस्तुत है, जो उन्होंने 1 जनवरी, 1930 ई. में मूल तमिल भाषा में लिखी। जो अंग्रेजी में 1959 ई. में 'दि रामायना : ए ट्रू रीडिंग' नाम से अनूदित-प्रकाशित हुई। इसका प्रथम हिन्दी अनुवाद और प्रकाशन पेरियार ललई सिंह ने 1 अक्टूबर, 1968 ई. में 'सच्ची रामायण' नाम से 'अशोक पुस्तकालय', झींझक, कानपुर, उत्तर प्रदेश से किया।

इसके हिन्दी भाषान्तर के लिए वे तमिलनाडु जाकर तमिल भाषा सीखे और अध्ययन किए। वे अंग्रेजी के अध्येता भी थे। इस पूरे भाषाई बोध के साथ वे सह-आन्दोलनधर्मी अंग्रेजी के प्राध्यापक रामआधार द्वारा 'दि रामायना : ए ट्रू रीडिंग' के हिन्दी अनुवाद को प्रकाशित करते हैं। 'आर्यों का नैतिक पोल प्रकाश' में वे मिथकीय चरित्रों और कथित नस्लीय श्रेष्ठता को खंडित करते हैं। उसकी वस्तुगत भौतिक व्याख्या करते हैं। साधारण जनमानस को मिथकीय सम्मोहन से बाहर निकालने की हर बौद्धिक और आन्दोलनधर्मी कोशिश करते हैं।

यह खंड मुख्यत: उनके प्रबोधन की चेतना को प्रस्तुत करता है; जिसमें उनका सभ्यता-विमर्श, वर्ण, भाषा आदि की बुद्धिवादी चेतना परिलक्षित होती है। इसमें अभिव्यक्त चेतना सामाजिक-सांस्कृतिक नवजागरण की है जिसमें उनकी यथार्थवादी दृष्टि का संसार स्पष्ट दिखता है। यह संसार बुद्धि और तर्कजन्य ज्ञान पर आधारित है। यही उनका बौद्धिक संसार है। यही उनका बुद्धिवाद का प्रवर्तन है। जिस कारण 'काउ बेल्ट' आज भी उनके नाम पर थरथर काँपने लगता है। इसी कारण उन्हें 'उत्तर भारत का पेरियार' कहा जाता है। यहाँ इसका वस्तुगत और बौद्धिक विश्लेषण प्रस्तुत है।

इस देश में हजार साल से जो सांस्कृतिक युद्ध चल रहा है, वे उसके ऐतिहासिक कारणों की पड़ताल करते हैं। उसके स्रोत-सन्दर्भ के साथ मिथक, ईश्वर, नस्लीय श्रेष्ठता पर सवाल उठाते हैं। इस देश के आदिनिवासियों को जाग्रत करते हैं। उसके सभ्यता, भाषा, कला, इतिहास, दर्शन, मनुष्यत्व बोध को उद्‌घाटित करते हैं। वे आदिनिवासियों की सोच को वस्तुगत भौतिक संसार की ओर प्रवृत्त करते हैं।

वे वर्ण, जाति और उन सभी संहिताओं पर प्रश्न चिह्न लगाते और ख़ारिज करते हैं—जो इन मिथकों, ईश्वर, पुरोहित, वर्ण-व्यवस्था के उद्‌गम स्थल हैं, उसे अनुप्राणित करती हैं। उन्हें नैतिक वैधता प्रदान करते हैं। वे इसी सन्दर्भ और परिप्रेक्ष्य में अपनी अवधारणा को प्रस्तुत करते हैं। इस कारण उनके चिन्तन में जहाँ गम्भीर सभ्यता-विमर्श है तो वहीं सभ्यताओं के संघर्ष की दिलचस्प दास्तान भी, जिसमें उनका इतिहास और भाषा पर गहरा चिन्तन दृष्टिगोचर होता है। इससे उनकी विश्वदृष्टि का भी पता चलता है।

प्रस्तावना

उत्तर भारत के हिन्दी क्षेत्र को लेकर यह धारणा बनी हुई है कि जहाँ हिन्दी पट्टी ने स्वाधीनता आन्दोलन में अग्रणी भूमिका निभाई, वहीं सांस्कृतिक पुनर्जागरण में इसका अपेक्षित योगदान लगभग नगण्य रहा। कबीर और रविदास ने भक्ति-आन्दोलन के दौरान श्रमशील समाज के जीवनानुभवों, संघर्षों, सहज ज्ञान व तर्क से जिस सामाजिक चेतना की आधारशिला रखी थी, उसे तुलसी की भक्तिमार्गी वर्णाश्रमी धारा ने अधिगृहीत कर काफी कुछ निष्प्रभावी बना दिया था। उन्नीसवीं और बीसवीं शताब्दी में ज्योतिबा फुले, सावित्री फुले, पेरियार ई.वी. रामास्वामी और बाबा साहब डॉ. भीमराव अम्बेडकर के वैचारिक व सामाजिक हस्तक्षेप द्वारा गैर हिन्दी क्षेत्रों के हाशिए के समाज की इस वैचारिकी को जो पुनर्जीवन मिला, उससे हिन्दीभाषी क्षेत्र भी अछूते नहीं रहे।

उत्तर प्रदेश (तत्कालीन संयुक्त प्रान्त) में स्वामी अछूतानन्द (1879-1933) और रामचरन (1888-1939) के 'आदि हिन्दू' आन्दोलन के माध्यम से हाशिए के मेहनतकश और निम्न कही जाने वाली जातियों में नई चेतना का संचार किया। सामाजिक न्याय और समता के आदर्शों से प्रेरित इनकी वैचारिकी ब्राह्मणवादी शोषण की व्यवस्था के विरुद्ध सशक्त उद्घोष थी। इसी दौर में चन्द्रिका प्रसाद 'जिज्ञासु', संतराम बी.ए., रामस्वरूप वर्मा आदि के साथ पेरियार ललई सिंह एक प्रमुख नाम थे। इन सभी के मानवीय और समतामूलक राष्ट्र-निर्माण को हिन्दी समाज की वर्चस्वशाली सामाजिक और सांस्कृतिक चिन्तनधारा से सायास अनुपस्थित और अचर्चित रखा गया। ये सभी मूलत: शूद्र समुदाय से सम्बन्धित और पहली शिक्षित पीढ़ी से थे। ललई सिंह (1911-1993) मुख्यत: पेरियार ई.वी. रामास्वामी की वैचारिकी से प्रेरित थे। वे मूलत: स्वाभिमानी और विद्रोही स्वभाव के थे, उनकी चेतना पेरियार के 'आत्मसम्मान' (Self Respect) आन्दोलन से निकली थी।

वे ग्वालियर नेशनल आर्मी में हाई-कमांडर थे। सेवा में रहते हुए भी, उन्होंने 'सिपाही की तबाही' शीर्षक से प्रतिरोध को दर्ज कराती एकांकी लिखी, सिपाहियों को संगठित कर आन्दोलन किया और जेल गए। जेल में भी उन्होंने 'कैदी महासभा' का गठन किया। उन्होंने सन् 1946 में देश की आजादी के साथ देशी रियासतों की

गुलामी से भी आजादी की माँग तेज की। उनका पूर्ण स्वतंत्रता के लिए क्रान्तिकारी नारा था—'ब्रिटिश इम्पीरियलिज्म डाउन डाउन! सिंधिया फ्लैग डाउन डाउन!!' पेरियार ललई सिंह को अपने जमीनी अनुभवों के चलते इस बात का अहसास था कि देश की राजनीतिक आजादी तब तक पूर्ण नहीं होगी जब तक उसे सामाजिक और आर्थिक गुलामी से मुक्ति नहीं मिलेगी। पेरियार के नेतृत्व में दक्षिण भारत का 'आत्मसम्मान आन्दोलन' इस दिशा में उनकी मूल प्रेरणा बना। पेरियार के जन्मदिन (17 सितम्बर) के अवसर पर 1960 में उन्होंने 'सस्ता प्रेस' की शुरुआत की, जहाँ से उन्होंने छोटी-छोटी पुस्तिकाओं के माध्यम से दलित व पिछड़े समाजों के मेहनतकश वर्गों में ईश्वर, धर्म और हिन्दू मिथकों, देवी-देवताओं की जकड़बंदी के विरुद्ध नवजागरण अभियान छेड़ा। वे पेरियार को अपना गुरु मानते थे।

इस जन-जागरण अभियान के अन्तर्गत पेरियार ललई सिंह ने 'वीर संत माया बलिदान', 'शम्बूक वध', 'एकलव्य', 'नाग यज्ञ' और 'अंगुलिमाल' सरीखे नाटक लिखकर धर्म की वर्चस्वशाली परम्परा का प्रतिविमर्श रचकर बहुजन समाज को चेतना-सम्पन्न बनाने की पहलकदमी की। इन नाटकों के लिखे जाने के मंतव्य का खुलासा करते हुए उन्होंने 'शम्बूक वध' नाटक की भूमिका में लिखा, "नाटक के छापे जाने की पहली मंशा है अधिकार-वंचित शूद्र व महाशूद्र अपने अधिकार समझें। माँगें! छीनें! इसी स्थिति के कारण मैं बार-बार कहता हूँ कि—'अधिकार माँगे नहीं, छीने जाते हैं।' और 'सामाजिक अपमान गरीबी से अधिक खटकता है।' दूसरी मंशा, इस देश के सवर्ण हिन्दू शूद्रों व महाशूद्रों को उनका मानवीय अधिकार सौंप दें। तीसरी मंशा, सरकार के लिए कड़ी चेतावनी है कि उसने यदि उन्हें प्रत्येक प्रकार के मानवीय अधिकार न दिलाए तो इस देश में गृह-युद्ध का संकट सदैव बना रहेगा।"

पेरियार ललई सिंह की इस चेतावनी में बाबा साहब डॉ. अम्बेडकर द्वारा संविधान सभा में 25 नवम्बर, 1949 को दिए गए उस भाषण की अनुगूँज थी जिसमें उन्होंने कहा था, "इस संविधान द्वारा आज हम 'एक व्यक्ति, एक मत' के सिद्धान्त को स्वीकार कर राजनीतिक जनतंत्र में प्रवेश कर रहे हैं, लेकिन यदि यह राजनीतिक जनतंत्र सामाजिक जनतंत्र व आर्थिक जनतंत्र का रूप न ले सका तो राजनीतिक जनतंत्र भी खतरे में पड़ जाएगा।" इसी क्रम में पेरियार ललई सिंह ने 'आर्यों का नैतिक पोल प्रकाश', 'आदिवासियों की पहचान', 'सच्ची रामायण', 'सच्ची रामायण की चाभी' सरीखी मौलिक और वैचारिक पुस्तकों की भी रचना की थी। इन रचनाओं द्वारा वे उस जन-बुद्धिजीवी की भूमिका का निर्वहन कर रहे थे, जो तर्क, ज्ञान और वैज्ञानिक चेतना के माध्यम से अन्धविश्वास, हिन्दू मिथ्या धार्मिक चेतना और ब्राह्मणवादी कर्मकांड के विरुद्ध तर्कशील आधुनिक सोच को आन्दोलन का रूप दे रहे थे। कहना न होगा कि पेरियार ललई सिंह भाषा और अभिव्यक्ति के स्तर पर किताबी बौद्धिक

का मुहावरा न अपनाकर उस जमीनी श्रमशील समाज की भाषा में संवाद कर रहे थे, जो सर्वाधिक प्रभावी व कारगर था।

वे सैद्धान्तिक रूप से भी हिन्दी के जनभाषी स्वरूप के ही पक्षधर थे, उसके संस्कृतनिष्ठ तत्समीकृत रूप के नहीं। 'हिन्दी, हिन्दू, हिन्दुस्तान' के नारे को नकारते हुए उन्होंने शासक वर्ग के उस सवर्ण पाखंड का खुलासा किया था, जिसमें वे अपनी संतानों को अंग्रेजी शिक्षा देते थे और मेहनतकश वर्गों को इससे वंचित रखना चाहते थे। देश के अन्य भूभाग के निम्न वर्गों (सबाल्टर्न) के जन-बुद्धिजीवियों की तरह वे सामाजिक न्याय व समता के आदर्शों से प्रेरित होकर वैदिक ब्राह्मणवाद की श्रेष्ठतावादी विभेदकारी वर्ण और जाति-संस्कृति के विरुद्ध जमीनी चेतना का प्रचार-प्रसार कर रहे थे। वे वर्चस्ववादी सत्ता-संरचना को चुनौती देते हुए, आमूलचूल उन्मूलन के लिए प्रतिबद्ध बौद्धिक और आन्दोलनकारी पहल कर रहे थे लेकिन समाज की मुख्यधारा में उनकी स्वीकृति इसलिए नहीं बन सकी क्योंकि उनके सुधारवादी मुहावरे में प्रभुत्ववादी संस्कृति के प्रति समन्वय का भाव न होकर स्पष्ट रूप से तार्किक, नकार व अधिकार की हुंकार थी। स्वाधीनता पूर्व और बाद के वर्षों में प्रभुत्वकारी राजनीतिक व सामाजिक दृष्टिकोण के समन्वयकारी रूप और जमीनी सामाजिक यथार्थ में रची-बसी तार्किक सोच के बीच इस विलगाव के चलते देशज आधुनिकता का विकास अवरुद्ध हुआ।

यह स्वीकार किया जाना चाहिए कि राजनीतिक स्वाधीनता और सामाजिक स्वाधीनता के सह-मेल के न हो पाने के चलते भारतीय राष्ट्र-राज्य को समतावादी आधुनिक जनतंत्र बनाने की परियोजना आधी-अधूरी रही। वर्णाश्रमी जाति-व्यवस्थाकी सोपानीकृत व्यवस्था में उच्च-पदस्थ लोगों द्वारा अपने विशेषाधिकारों से मुक्ति की उम्मीद वांछनीय तो थी, लेकिन व्यावहारिक नहीं! ऐसे में पेरियार के आमूलचूल परिवर्तनकारी सामाजिक आन्दोलन से ललई सिंह सरीखे सामाजिक कार्यकर्ताओं का प्रेरित होना स्वाभाविक था। उत्तर भारत की धर्मभीरु जनता को धर्म, अन्धविश्वास, पाखंड और परम्परा की जकड़न से मुक्ति के लिए जहाँ उन्होंने 'आर्यों का नैतिक पोल प्रकाश' व 'आदिनिवासियों की पहचान' सरीखी पुस्तकें लिखकर आर्यों की आमद, प्रभुत्व व विस्तार का लोकग्राही वृत्तान्त लिखा तो वहीं यहाँ के मूल-निवासियों की अस्मिता का अहसास कराया। यह सब उच्च सवर्ण चिन्तन का प्रति-विमर्श होने के चलते ब्राह्मणवादी सवर्ण बौद्धिकों को तो अस्वीकार्य था ही, मुख्यधारा के 'परिवर्तनकामी बौद्धिक' भी धर्म और मिथक की इस जनोन्मुखी व्याख्या को लेकर सहज नहीं थे।

यह अकारण नहीं है कि पेरियार ललई सिंह की वैचारिक व साहित्यिक पुस्तिकाओं की संस्तुति चन्द्रिका प्रसाद 'जिज्ञासु' व संतराम बी.ए. व छेदीलाल साथी, रामस्वरूप वर्मा सरीखे सहधर्मी सामाजिक आन्दोलनकारियों ने तो की, लेकिन उच्च

सवर्ण पृष्ठभूमि के बौद्धिकों ने नहीं। यह लक्षित किया जाना चाहिए कि प्रगतिशील मार्क्सवादी सांस्कृतिक आन्दोलन में भी इन सबाल्टर्न बौद्धिकों का कोई उल्लेख नहीं है। कारण यह कि सोवियत क्रान्ति के प्रभाव व प्रेरणा के चलते मार्क्सवादी आन्दोलन समता, समानता के समाजवादी मूल्यों का तो पक्षधर होकर वर्गहीन समाज की स्थापना के लिए प्रतिश्रुत था, लेकिन वर्णगत और जातिगत विभाजन के विरुद्ध प्रभावी संघर्ष उसके एजेंडे में शामिल नहीं था। यही कारण था कि चन्द्रिका प्रसाद 'जिज्ञासु', पेरियार ललई सिंह, रामस्वरूप वर्मा आदि सरीखे सबाल्टर्न बौद्धिकों की वामपंथी आन्दोलन से निकटता नहीं स्थापित हो पाई।

हिन्दी में साहित्यिक और वैचारिक लेखन के बावजूद 'हिन्दी साहित्य के इतिहास' के पवित्र आँगन में तो इन निम्नवर्गीय (सबाल्टर्न) जन-बौद्धिकों का प्रवेश वर्ज्य था ही, स्वाधीन भारत में साहित्य अकादेमी सरीखी स्वायत्त संस्थाओं द्वारा प्रकाशित 'ए हिस्ट्री ऑफ इंडियन लिटरेचर' में भी इन्हें दर्ज नहीं किया गया। देश के विश्वविद्यालयों के शोध-प्रबन्धों के दायरे से तो इन्हें पूर्णत: वंचित ही रहना था। पेरियार ललई सिंह के ही शब्दों में, "आज जितनी भी पुस्तकें स्कूलों, कॉलेजों, विश्वविद्यालयों में पढ़ाई जाती हैं, सब आर्यों द्वारा आर्यों के वर्चस्व की मानसिकता से लिखी गई हैं।... हमारे मूल-निवासी आदिनिवासियों का इतिहास किसी भी संस्था में नहीं दिया जाता है। न ही मूल-निवासियों की सामाजिक-सांस्कृतिक चेतना से लिखी गई कोई पुस्तक कहीं भी पढ़ाई जाती है।...हमारी सारी महान विभूतियों को निगल लिया ब्राह्मण-पुरोहितों की वर्चस्ववादी संस्कृति ने। इनकी पुस्तकों को खोज-खोज कर जलाया, नष्ट किया। इसे आप आदिनिवासियों और बौद्ध साहित्य, दर्शन को नष्ट किए जाने वाले आर्यों के अभियान से समझ सकते हैं।" इस समूची प्रक्रिया और षड्यंत्र का पर्दाफाश पेरियार ललई सिंह ने अपनी पुस्तिकाओं 'आर्यों का नैतिक पोल प्रकाश' और 'आदिनिवासियों की पहचान' में किया है।

इन पुस्तकों के साथ-साथ उनके अन्य लेखन का प्रकाशन साहित्य व समाज-विज्ञान की बड़ी रिक्ति की बहुप्रतीक्षित भरपाई है। पेरियार ललई सिंह भारतीय समाज में वर्ण और जाति आधारित शोषण का निदान उत्पीड़क जातियों के विरुद्ध उत्पीड़ित जातियों की गोलबंदी तक सीमित न करके वर्ण-जाति-उन्मूलन के लक्ष्य में तलाशते थे। वे वर्ण, जातिभेद को उच्च जातियों तक सीमित न करके निचले स्तर की जातियों में भी इसके दुष्प्रभावों की निशानदेही करते थे। उनका कहना था, "ब्राह्मणवादी ऊँच-नीच की भावना अछूतों में भी है—चमार, भंगी को नीच और अपने को ऊँच समझते हैं। अहीर, चमार से अपने आपको ऊँचा समझते हैं। अत: अछूतों को चाहिए कि वे किसी को भी नीच-ऊँच न समझें।" उन्होंने इस बात पर भी बल दिया कि स्कूलों, कॉलेजों की पाठ्य-पुस्तकों में जाति-पाँति के विरुद्ध पाठ निर्धारित किए जाएँ और भारत सरकार व राज्य सरकारें जाति-पाँति के विरुद्ध छोटी-छोटी पुस्तिकाएँ विभिन्न

भाषाओं में लिखवा और छपवाकर बहुत बड़ी संख्या में मुफ्त बाँटे। उनका सुझाव था कि 'जाति तोड़कर विवाह करने वाले जोड़ों और उनकी संतान को सरकारी नौकरियों में प्राथमिकता दी जाए। ऐसे विवाहों में एक वर्ग (अर्थात पुरुष या स्त्री) अछूत जरूर हो।' उनका यह भी सुझाव था कि 'जाति नामधारी शैक्षणिक संस्थाओं को न तो सरकारी अनुदान दिया जाए और न इनको शिक्षा विभाग स्वीकृति ही दे।' और यह भी कि 'अदालती कागजों और स्कूलों तथा कॉलेजों के रजिस्टरों से जाति का खाना निकाल दिया जाए और किसी से उसकी जाति पूछना, उसकी आमदनी पूछने की तरह खराब समझी जाए।'

यह जानना दिलचस्प और जरूरी है कि जिन पेरियार ई.वी. रामास्वामी के भौतिकतावादी तर्कशील चिन्तन ने दक्षिण भारत की राजनीति व वैचारिकी को आमूलचूल परिवर्तनकारी दिशा प्रदान की, जिस पर आज भी दक्षिण भारत की राजनीति और समाज टिका हुआ है, चल रहा है, उसे ही जब ललई सिंह ने उत्तर भारत में प्रचारित-प्रसारित करने का संकल्प लिया तब उत्तर प्रदेश सरकार ने पूरी तरह अवरोध पैदा किए। ललई सिंह ने पेरियार द्वारा लिखित बहुचर्चित पुस्तक 'दि रामायना : ए ट्रू रीडिंग' का रामअधार कृत हिन्दी अनुवाद 'सच्ची रामायण' का प्रकाशन वर्ष 1968 में झींझक, कानपुर के अपने 'अशोक पुस्तकालय' से प्रकाशित और अपने 'सस्ता प्रेस' से मुद्रित किया। इसके पहले ही संस्करण की एक हजार प्रतियाँ छापी गईं। रामकथा के वर्णाश्रमी वर्चस्व के मूल्यों को चुनौती देने वाली इस पुस्तक की लोकप्रियता से सशंकित होकर उत्तर प्रदेश सरकार ने इस पर तत्काल प्रतिबन्ध लगा दिया। इस जब्ती को हाईकोर्ट में पेरियार ललई सिंह द्वारा चुनौती दिए जाने पर इलाहाबाद हाईकोर्ट ने इसे निरस्त कर दिया। उत्तर प्रदेश सरकार पर जुर्माना ठोक दिया। इसके खर्च आदि की भरपाई का आदेश भी दिया।

इसके विरुद्ध उत्तर प्रदेश सरकार ने सुप्रीम कोर्ट में अपील दायर की। वहाँ भी प्रदेश सरकार की हार हुई और अन्ततः 16 सितम्बर, 1976 को सुप्रीम कोर्ट के आदेश से पुस्तक पर प्रतिबन्ध हटा और कोर्ट ने जब्त प्रतियाँ पेरियार ललई सिंह को वापस करने का आदेश दिया। इसके बावजूद उत्तर प्रदेश सरकार की वक्र दृष्टि पेरियार ललई सिंह के साहित्य और चिन्तन पर बरकरार रही। इसी कारण उनकी अन्य लगभग सभी किताबों पर मुकदमे सरकार करती रही। एक किताब तो प्रतिबन्धित ही करवा दी। इन बाधाओं के होते हुए भी सन् 1990 तक लगभग हर वर्ष इस पुस्तक के नए संस्करण प्रकाशित होते रहे। और आगे लाखों प्रतियाँ छापी गईं। साधारण जनता में मनुष्यत्व और समतामूलक चेतना निर्माण हेतु बाँटी गईं। बहुजन समाज के बीच इसे उपलब्ध करवाने के लिए मेलों-ठेलों और विभिन्न सामाजिक अवसरों पर पेरियार ललई सिंह स्वयं इस पुस्तक को साइकिल पर रखकर बेचा करते थे।

यह तथ्य उल्लेखनीय है कि 'सच्ची रामायण' की बुक-स्टाल पर खुली बिक्री तभी सुनिश्चित हो सकी जब कांशीराम की पहलकदमी पर सन् 1995 में बहुजन समाज पार्टी की पहली बार सरकार बनी। पेरियार ललई सिंह के अथक प्रयासों और संघर्षों के परिणामस्वरूप हिन्दी में 'सच्ची रामायण' की पहली बार उपलब्धता तो सुनिश्चित हुई, लेकिन ब.स.पा. सरकार के प्रयासों के बावजूद पेरियार ई.वी. रामास्वामी की प्रतिमा लखनऊ के अम्बेडकर स्मारक में या उत्तर प्रदेश में कहीं भी हिन्दुत्ववादियों के मौन और उग्र-विरोध के चलते आज तक स्थापित नहीं हो सकी। 'सच्ची रामायण' के अतिरिक्त पेरियार ललई सिंह की जिन अन्य पुस्तकों को सरकारी कोपभाजन का समय-समय पर शिकार होना पड़ा, उनमें ब्रिटिश सरकार द्वारा प्रतिबन्धित 'सिपाही की तबाही' के साथ-साथ आजादी के बाद प्रतिबन्धित 'ईश्वर, आत्मा एवं वेदों आदि में विश्वास अधर्म है', 'हिन्दू संस्कृति में वर्ण-व्यवस्था और जातिभेद (पूर्णत: प्रतिबन्धित)', 'जाति भेद का उच्छेद (डॉ. अम्बेडकर)', 'आर्यों का नैतिक पोल प्रकाश', 'सच्ची रामायण की चाभी' आदि शामिल हैं।

ये सभी पुस्तकें बहुसंख्यक समुदाय के मुखर वर्चस्वशाली वर्गों की भावनाओं के आहत होने के तर्क के आधार पर प्रतिबन्धित की गई थीं। दरअसल आहत भावनाओं का यह तर्क भारतीय राष्ट्र-राज्य के वर्णवादी-ब्राह्मणवाद के प्रति सहृदयता का परिणाम अधिक था, आहत भावनाओं का कम, जो आज तक सतत जारी है। इन प्रतिबन्धों से यह तथ्य भी सुस्पष्ट है कि भारतीय संविधान की वैज्ञानिक व तर्कवादी अवधारणा के बावजूद तर्क, ज्ञान व वैज्ञानिक दृष्टि के प्रचार-प्रसार में पेरियार ललई सिंह सरीखे जमीनी बौद्धिकों को कितना संघर्ष करना पड़ा था। सच तो यह है कि ललई सिंह हिन्दी क्षेत्र में आजीवन पेरियार के विचारों के अकेले सेनानी रहे और सहज-सरल भाषा में लिखित उनकी पुस्तकें तर्कशील वैज्ञानिक विचारों की वाहक रहीं लेकिन आमूलचूल परिवर्तनकामी सशक्त सामाजिक आन्दोलन के अभाव में ये प्रयास दूरगामी लक्ष्यों को न प्राप्त कर सके। उनके जीवन और विचारों में कोई द्वैत नहीं था। वे विचार और आचरण से पूरी तरह नास्तिक और स्पष्ट वक्ता थे।

वे 14 अक्टूबर, 1956 को बाबा साहब डॉ. भीमराव अम्बेडकर के बौद्ध धम्म दीक्षा ग्रहण, नागपुर में जाकर बौद्ध धर्म ग्रहण करना चाहते थे किन्तु क्षय रोग से उन्हें खून की उल्टी हो रही थी। इस कारण वे नहीं जा सके। 21 जुलाई, 1967 को उन्हीं महाथेरा ऊँ चन्द्रमणि स्थविर से, जिनसे बाबा साहब ने बौद्ध धम्म ग्रहण किया था, उन्होंने कुशीनगर में बौद्ध धर्म ग्रहण किया। वे बुद्ध के भौतिकतावादी सोच और सिद्धान्त को मानते थे। इस दीक्षा ग्रहण के बाद उन्होंने अपने नाम से कुँवर, चौधरी, यादव हटा दिया और सिर्फ ललई सिंह लिखने लगे। उन्होंने यह स्पष्ट घोषणा की कि एक

बौद्धिष्ट की वर्ण और जाति नहीं होती, वह मनुष्य होता है। यदि वह वर्ण और जाति को मानता है तो वह वर्णाश्रमी हिन्दू है। 12 अक्टूबर, 1968 ई. को पेरियार को चन्द्रिका प्रसाद 'जिज्ञासु', ललई सिंह और छेदीलाल साथी ने 'अल्पसंख्यक एवं पिछड़े वर्ग के सम्मेलन', लखनऊ में भाषण देने के लिए बुलाया था। इसके बाद ललई सिंह ने 14 अक्टूबर, 1968 को नानाराव पार्क, कानपुर में बौद्ध धम्म दीक्षा ग्रहण का आयोजन किया था जिसमें हिन्दू धर्म के वर्णवाद, श्रेष्ठता और नीचता की मानसिकता पर करारा प्रहार करते हुए उन्होंने धज्जियाँ उड़ाईं। सामने खड़ी दस हजार जनता से बौद्ध धर्म ग्रहण करने की सार्वजनिक गुहार के साथ उन्होंने सबको बौद्ध धर्म ग्रहण करवाया। इस अवसर पर भिक्षु निर्गुणानन्द ने कहा कि ललई सिंह तो हमारे 'उत्तर भारत के पेरियार' हैं। तब से इनके समर्थकों और सह-आन्दोलनकारियों ने 'पेरियार ललई सिंह' सम्बोधन प्रारम्भ कर दिया। उसके बाद ये अपना नाम 'पेरियार ललई सिंह' लिखने लगे।

यह स्वीकार करना चाहिए कि हिन्दी क्षेत्र में हिन्दू मानस के मौजूदा वर्चस्व के पीछे उच्चवर्णी सेकुलर हिन्दू बौद्धिकों का वह अवचेतन मन रहा है जो लम्बे समय तक धर्म व वर्ण-जाति के प्रश्नों को अनुपस्थित मानकर सर्वधर्म समभाव की कथित गंगा-जमुनी संस्कृति के भ्रमजाल का भेदन न कर सका। कोई आश्चर्य नहीं कि उस दौर में वर्ण-जातिभेद के मुद्दे को लेकर उच्च सवर्णों का यह अंधत्व वर्तमान समय में अल्पसंख्यक व दलित समुदायों के प्रति दुराव व भेदभाव का आग्रही नहीं तो उसके विरुद्ध उदासीन अवश्य है। अपने समय में पेरियार और अम्बेडकर के चिन्तन का अनुगमन करके पेरियार ललई सिंह ने अपनी आर्मी और स्वतंत्रता संग्राम सेनानी की पेंशन, इकहत्तर बीघा जमीन, बाग, पुरखों की लघु-जमींदारी की विरासत आदि को बेचकर अपने सीमित सामर्थ्य में बहुजन वैचारिकी द्वारा इसका प्रतिविमर्श तो रचा, लेकिन वे इसे जनआन्दोलन का स्वरूप न दे पाए। नब्बे के दशक में जब सामाजिक न्याय की शक्तियों का राजनीतिक उभार हुआ तब उनका दायित्व था कि सामाजिक न्याय की राजनीति का रिश्ता चन्द्रिका प्रसाद 'जिज्ञासु', पेरियार ललई सिंह और रामस्वरूप वर्मा सरीखे सबाल्टर्न बौद्धिकों की वैचारिकी के साथ जुड़ता, लेकिन आमूलचूल सामाजिक परिवर्तन की इच्छाशक्ति के अभाव और तात्कालिक राजनीतिक लाभ तक सीमित रहने के चलते यह सम्भव न हो सका। हिन्दुत्ववादी उभार के इस समय में बहुजन समाज को इस वैचारिक रिक्ति की महँगी कीमत चुकानी पड़ रही है।

कहना न होगा कि धार्मिक कट्टरता, अन्धविश्वास, नफरत के इस समय में तर्क, वैज्ञानिक सोच व मानवीय सद्भाव की बहुजन वैचारिकी के चिन्तकों, विचारकों और सामाजिक कार्यकर्ताओं के अवदान को सँजोने और पुनर्सन्दर्भित करने की जरूरत है। पेरियार ललई सिंह के चिन्तन और साहित्य का 'ग्रंथावली' के रूप में प्रकाशन

इस दिशा में एक स्वागत योग्य कदम है। दिल्ली विश्वविद्यालय के युवा अध्येता डॉ. धर्मवीर यादव गगन ने जिस लगन और समर्पण भाव से इसे सम्भव किया है, वह उनकी खोजी और अध्ययनशील वृत्ति के बिना सम्भव नहीं था। उत्तर भारत से लेकर दक्षिण भारत तक पेरियार ललई सिंह की बिखरी चिन्तन सामग्री को जुटाकर सन्दर्भ प्रदान करना व 'ग्रंथावली' का रूप देना एक दुष्कर व श्रमसाध्य कार्य था। इस दूरगामी महत्त्व के ऐतिहासिक कार्य के लिए उन्हें बधाई और साधुवाद! उम्मीद की जानी चाहिए कि बहुजन समाज के अन्य जन-बौद्धिकों के अवदान को संरक्षित व सुरक्षित करने के प्रयासों को भी इससे प्रेरणा मिलेगी।

—वीरेन्द्र यादव

दिनांक : 17 सितम्बर, 2022
[पेरियार जयन्ती पर]

आभार

शनैः पन्थाः शनैः कन्था शनैः पर्वतलंघनम्।
शनैर्विद्या शनैर्वित्तं पञ्चैतानि शनैः शनैः ॥

धीरे-धीरे व्यक्ति बड़े से बड़ा रास्ता पार कर जाता है।
धीरे-धीरे व्यक्ति बड़े से बड़ा पर्वत लाँघ जाता है।
धीरे-धीरे व्यक्ति बड़े से बड़ा ग्रंथ पढ़ जाता है।

मैंने भी इसी तरह धीरे-धीरे चलना शुरू किया। इस ग्रंथ के खोजपरक रास्ते को धीरे-धीरे चलते-चलते पार कर गया। इस महान ग्रंथ की खोज, शोध, संकलन और सम्पादन में मुझे पूरे सात साल लगे। 1 सितम्बर, 2015 को मैंने शोधपरक यात्रा शुरू की थी। 1 सितम्बर, 2022 को यह पुनीत कार्य पूर्ण हुआ। इन ग्रंथों को खोजने के लिए मुझे सम्पूर्ण भारत को पग-पग, डग-डग नापना पड़ा। इस क्रम में मेरा सैकड़ों-हजारों लोगों ने सहयोग और साथ दिया। मैं उन लोगों का किस प्रकार आभार प्रकट करूँ, यह कह पाना मेरे लिए बहुत मुश्किल है।

इसी कारण मैं कहता हूँ—'यह ऐतिहासिक 'ग्रंथावली' मेरी व्यक्तिगत नहीं वरन् सार्वजनिक उपलब्धि है।' जो अनेक साथियों के अथक परिश्रम के बाद पाँच खंडों में तैयार हो अब आपके हाथ में है। 'ग्रंथावली' के खंड-1 में मिथक, धर्म, सभ्यता, संस्कृति, इतिहास और आदिनिवासियों आदि पर चिन्तन है। खंड-2 में सामाजिक, राजनीतिक और धार्मिक चिन्तन है। खंड-3 में उनकी कविताएँ और साहित्य चिन्तन है। खंड-4 में बुद्ध, अम्बेडकर, पेरियार पर चिन्तन है और पत्र, कुशल-पत्र आदि हैं। खंड-5 में अशोक पुस्तकालय का साहित्य, अंग्रेजी की किताबें तथा अशोक पुस्तकालय के 26 हजार पते, दुर्लभ चित्र और वंशावली आदि हैं।

इस ऐतिहासिक ग्रंथ के संग्रह और सम्पादन में जिन लोगों ने मेरी मदद की, उन सभी का मैं मन से आभार प्रकट करता हूँ। मैं यहाँ सबका नाम नहीं लिख सकता, फिर भी कुछ लोगों का नाम लिखकर आभार प्रकट करने की कोशिश कर रहा हूँ। जिनका नाम मैं यहाँ नहीं लिख सक रहा हूँ, उन सभी साथियों-

शुभचिन्तकों का मैं सबसे पहले हाथ जोड़कर हृदय से आभार प्रकट करता हूँ और क्षमा माँगता हूँ!

अत: प्रथमत: सभी ज्ञात-अज्ञात सहयोगियों के प्रति मेरा मन से आभार।

पेरियार ललई सिंह से मुझे परिचित कराने, उनके साहित्य और चिन्तन की ओर प्रवृत्त करानेवाले दयाराम जी के प्रति मैं पहले पहल आभार प्रकट करता हूँ। जिनसे मेरा पहला परिचय इलाहाबाद विश्वविद्यालय, इलाहाबाद से ग्रेजुएशन करते हुए सन् 2007 में हुआ। उन्होंने मुझे बताया कि "एक 'ललई सिंह' हुए थे। आप उन्हें जानते हैं?" मैंने कहा—"नहीं!" इस पर वे बोले—"अरे ललई सिंह बहुत महान चिन्तक थे। उन्होंने खूब साहित्य लिखा है। उन्हें 'उत्तर भारत का पेरियार' कहा जाता है। उनकी किताबें आपको खोज कर पढ़नी चाहिए।" इसके बाद उन्होंने पेरियार ललई सिंह के भिक्षुप्रिय शिष्य, शुभचिन्तक जे.एन. आदित्य के बारे में बताया। साथ ही, उनके भतीजे सुरेन्द्र सिंह यादव के बारे में भी बताया। मैंने सन् 2010 में हंसराज कॉलेज, दिल्ली विश्वविद्यालय, दिल्ली में 'हिन्दी साहित्य' से एम.ए. हेतु प्रवेश लिया। इसी बीच मुझे उनके लिखे नाटक—एकलव्य, नागयज्ञ और शम्बूक-वध मिले।

उसके बाद मैं सन् 2012-2013 में हैदराबाद विश्वविद्यालय, हैदराबाद से एम.फिल करने चला गया। उसे पूर्ण कर पुन: 9 सितम्बर, 2013 को दिल्ली विश्वविद्यालय, दिल्ली में पी-एच.डी. में प्रवेश लिया। इस बीच मैं सोचता-विचारता रहा कि किस प्रकार पेरियार ललई सिंह के साहित्य को खोजा और पढ़ा जाए? 28 अगस्त, 2015 को साथी आशीष दीपांकर, जो छत्रपति शाहूजी महाराज विश्वविद्यालय, कानपुर से हिन्दी में पी-एच.डी. कर रहे थे, वे दिल्ली आए हुए थे। उनका मन था कि वे हिन्दी विभाग, दिल्ली विश्वविद्यालय, दिल्ली से पी-एच.डी. करें। अत: वे पी-एच.डी. में प्रवेश हेतु साक्षात्कार देने आए थे। उनका साक्षात्कार 31 अगस्त को समाप्त हुआ। 31 की रात में ही हम दोनों कानपुर के लिए निकले।

अत: 1 सितम्बर, 2015 को पेरियार ललई सिंह के जन्मदिन पर उनके साहित्य और चिन्तन की शोधपरक खोज में मैं दीपांकर के साथ दिल्ली से कानपुर पहुँचा। यहाँ सुबह का नाश्ता हुआ और हम दोनों जे.एन. आदित्य का पता और उनको ढूँढ़ना शुरू किए। वहाँ पूरा एक दिन लग गया लेकिन कुछ भी अता-पता नहीं लग पाया। चूँकि हम लोग पेरियार ललई सिंह के समय के मिले पते के अनुसार उन्हें ढूँढ़ रहे थे। वहाँ अब सब कुछ बदल गया था। जब हम सब वहाँ पहुँचे तो देखा कि जहाँ अशोक पुस्तकालय था, उस पते पर अब शैलून की दुकान खुल गई है।

समय बदला, शहर का चाल-चरित्र बदला। ऐसा लग रहा था जैसे शहर अपने निर्माण, इतिहास और विभूतियों को विस्मृत कर आगे बढ़ गया हो। इसके

बाद अगले दिन दयाराम जी ने पेरियार ललई सिंह के भतीजे सुरेन्द्र सिंह यादव का नम्बर उपलब्ध कराया। मैंने उनसे बात की। सुरेन्द्र जी सुबह मिले और हम दोनों को लेकर जे.एन. आदित्य के पास पहुँचे। 2 सितम्बर को हम दोनों की पहली मुलाकात आदित्य जी से हुई। जहाँ मुझे पेरियार ललई सिंह के व्यक्तित्व और साहित्य के बारे में विस्तृत जानकारी मिली। मैंने पेरियार ललई सिंह के ग्रंथों की क्रमवार सूची बनाई। और अब 'पेरियार ललई सिंह ग्रंथावली' की परियोजना की धारणा पुष्ट हुई।

इसके बाद समयानुसार मैं कानपुर जाता रहा। उनके गाँव कई बार गया। उनके साथ आन्दोलन आदि करनेवाले बुजुर्गों से मिलता-जुलता रहा। मैं ऐसे लोगों से गाँव-गाँव घूमकर मिलता रहा, उनसे साक्षात्कार, दस्तावेज आदि संगृहीत करता रहा। इन सभी आधारों पर मैंने पेरियार ललई सिंह की एक जीवन भी लिखी है, जो जल्द ही प्रकाशित होगी। यह क्रम 1 सितम्बर, 2020 तक चला। इस बीच जे.एन. आदित्य ने मुझे पेरियार ललई सिंह के साहित्य का सर्वाधिकार (कॉपी राइट) दिया। उनके साहित्य का सर्वाधिकार आज मेरे पास है। यह संग्रह-सम्पादन का क्रम चलता रहा। ग्रंथावली तैयार होती रही। इस अभियानी दुरूह शोधपरक खोज में अनगिनत लोगों ने मेरा सहयोग किया। मुझे स्नेह और सहयोग करनेवाले साथियों, शुभचिन्तकों के नाम निम्नलिखित हैं।

मुख्य सहयोगी—

1. आशीष दीपांकर, छत्रपति शाहूजी महाराज विश्वविद्यालय, कानपुर, उत्तर प्रदेश।
2. सुरेश सत्यार्थी, लखनऊ विश्वविद्यालय, लखनऊ, उत्तर प्रदेश।
3. प्रदीप कुमार गौतम, बुन्देलखंड विश्वविद्यालय, झाँसी, उत्तर प्रदेश।
4. राम बचन यादव 'सृजन', बनारस हिन्दू विश्वविद्यालय, बनारस, उत्तर प्रदेश।

जो मेरे साथ कुछ कदम चले। मेरी भावनात्मक, संवेदनात्मक, बौद्धिक, आर्थिक आदि प्रकार से सहयोग किए। मुझे उनकी पुस्तकें उपलब्ध करवाए। जो लोग भी मेरा किसी भी प्रकार से सहयोग किए, वे लोग निम्नलिखित हैं—

1. बरेली से सहयोगी—मूलचन्द गौतम, आपने मुझे पेरियार ललई सिंह की कई महत्त्वपूर्ण कृतियों के नाम बताए। उनके तीन नाटक उपलब्ध करवाए।
2. गाँव—कठारा, कानपुर देहात से महावीर सिंह यादव, सुरेन्द्र सिंह यादव, रामभजन सिंह यादव, शैलेन्द्र यादव, रघुराज सिंह यादव (आपने पेरियार ललई सिंह के साथ सस्ता प्रेस और अशोक पुस्तकालय प्रकाशन में कई वर्ष सहयोग किया था।) मोहर सिंह यादव, अनुरुद्ध यादव बौद्ध,

कृष्ण कुमार यादव, सोनेलाल संखवार (आप अशोक पुस्तकालय में कोषाध्यक्ष रहे हैं) आदि गाँव-जवार के लोगों ने मेरी बहुत मदद की। मैं आप सबका हृदय से आभार प्रकट करता हूँ, अभिनन्दन करता हूँ।

3. कानपुर, उत्तर प्रदेश के सहयोगी—जे.एन. आदित्य, सुरेन्द्र सिंह यादव (आप पेरियार ललई सिंह के भतीजे हैं)। रामआधार, रामअवतार पाल, रामबाबू कनौजिया, मोहन लाल कटियार, सोनेलाल संखवार, श्रवण कुमार, सुधा कुमारी, हजारी लाल गुप्त, लालजी पाल, रवीन्द्र सिंह, यशवन्त राव, अनुराग वर्मा आदि।
4. झींझक—कानपुर देहात से मनोज वर्मा, रामलखन पाल श्रमशील, प्रभाकांत लोधी, रामस्वरूप लोधी, शिवनाथ पाल, सचिन सिंह।
5. दिल्ली विश्वविद्यालय और दिल्ली से खुशवन्त मेहरा, शुभम यादव, शैलेन्द्र प्रताप, किशन कुमार सिंह, ज्ञानप्रकाश यादव 'ज्ञानार्थी', रमेश ठाकुर, मिथिलेश कुमार, दिनेश कबीर, सोबरन कबीर, श्वेता यादव, मुहम्मद इरशाद, डॉ. रजनीश कुमार सिंह, रविदत्त मेहरा, दीपक शर्मा आदि साथियों ने ग्रंथावली को तैयार करने में बहुत मदद की। आप सबका जितना आभार प्रकट करूँ कम है।
6. छत्रपति शाहूजी महाराज विश्वविद्यालय, कानपुर से कामिनी कौशिक, आशीष दीपांकर, शकुन्तला दीपांजली, ईश्वर कुमार, सुनील दत्त, उमेश कुमार।
7. लखनऊ के सहयोगी—राजवीर सिंह, सम्पादक 'यादव शक्ति' पत्रिका। आपने पेरियार ललई सिंह की एक कृति उपलब्ध कराई। साथ ही, राजीव रत्न मौर्य का भी विशेष आभार!
8. लखनऊ विश्वविद्यालय, लखनऊ—प्रोफेसर कालीचरण स्नेही, मुकेश यादव, सुरेश सत्यार्थी, विनोद कुमार यादव, रवीन्द्र सिंह।
9. इलाहाबाद विश्वविद्यालय, इलाहाबाद से अनुष्का सुप्रिया।
10. गोविन्द वल्लभ पंत शोध संस्थान, इलाहाबाद से प्रो. बद्री नारायण, तिलक यादव।
11. सृजन समीर—इविंग क्रिश्चियन कॉलेज, इलाहाबाद विश्वविद्यालय, इलाहाबाद।
12. बनारस हिन्दू विश्वविद्यालय, बनारस से रामबचन यादव 'सृजन', दीनदयाल यादव, राहुल यादव, आप सभी हिन्दू विश्वविद्यालय में शोधरत हैं।
13. रामजीत यादव, सभाजीत यादव, जौनपुर, उत्तर प्रदेश।

14. रघुनाथ सिंह, अर्जक संघ, अम्बेडकर नगर, उ.प्र., भारत।
15. दयाराम—रूड़की, उत्तराखंड।
16. रमाशंकर सिंह और अजय कुमार, उच्च अध्ययन संस्थान, शिमला, हिमाचल प्रदेश।
17. पटियाला, चंडीगढ़, पंजाब से हरप्रीत सिंह, सुखदेव सिंह हंस, कृपासिन्धु यादव आदि।
18. जालन्धर, पंजाब से एल.आर. बाली और उनके सहयोगी।
19. जवाहरलाल नेहरू विश्वविद्यालय, नई दिल्ली से सतनाम सिंह, बाल गंगाधर बागी, मुलायम सिंह यादव।
20. जम्मू-कश्मीर—असिस्टेंट प्रोफेसर रत्नेश यादव, अरविन्द यादव।
21. सहसाराम, बिहार से—प्रो. राजेन्द्र प्रसाद सिंह, डॉ. शशिकला कुमारी, साथ ही 'बाबू जगदेव प्रसाद भवन', के वे लोग जो मैरीज हॉल के साथ-साथ उसे लाइब्रेरी के रूप में भी विकसित किए हैं।
22. बलिया, उ.प्र. के सहयोगी—धर्मेन्द्र कुमार, जिन्होंने पेरियार ललई सिंह की रचना उपब्ध कराई। आपसे ई. सन्तोष यादव (पटना) ने परिचय करवाया।
23. सिवान, बिहार से—जितेन्द्र वर्मा, इन्होंने पेरियार ललई सिंह के दुर्लभ पत्र उपलब्ध कराए।
24. पटना, बिहार से—प्रोफेसर रमेन्द्र नाथ, दर्शनशास्त्र विभाग, पटना विश्वविद्यालय, पटना, उनकी पत्नी कंवलजीत कौर ने पेरियार ललई सिंह का साहित्य उपलब्ध कराया, आप सबका बहुत-बहुत आभार! अरुण नारायण, अमलेश प्रसाद का भी आभर।
25. पश्चिम बंगाल से सूरज महतो जिनका निवास पश्चिम बंगाल में मेरा स्थायी अड्डा बना।
26. बुन्देलखंड विश्वविद्यालय, झाँसी से प्रदीप कुमार गौतम, मनीष आनन्द।
27. ग्वालियर विश्वविद्यालय, ग्वालियर से असिस्टेंट प्रोफेसर डॉ. जितेन्द्र बिसारिया, मनोज बिसारिया, राहुल बौद्ध, विश्वविद्यालय की लाइब्रेरी और लाइब्रेरियन का आभार।
28. भिंड, दबोह, मध्य प्रदेश से कवि नरेश बाबू बौद्ध और उनके साथी बौद्धाचार्य डी.सी. मौर्य पूर्व प्राचार्य और पूर्व प्रान्तीय कोषाध्यक्ष 'दि बुद्धिस्ट सोसाइटी ऑफ इंडिया', शाखा—मध्य प्रदेश।
29. राजस्थान विश्वविद्यालय के सहयोगी—अजय कुमार, डॉ. विशाल विक्रम सिंह
30. साहेब राव, हैदाराबाद केन्द्रीय विश्वविद्यालय, हैदराबाद।

31. दीक्षाभूमि, नागपुर, महराष्ट्र से—राजेश मेश्राम, नीलेश मेश्राम, दीक्षाभूमि, 'बुद्ध विहार' का मैं विशेष आभारी हूँ जो कुछ दिन वहाँ रहने का अवसर दिया और कुछ पत्र उपलब्ध करवाए।
32. किरण मेश्राम, प्रोफेसर सूर्यवंश—पवई, जिला—भंडारा, महाराष्ट्र से।
33. सन्तोष रामटेके—ब्रह्मपुरी, जिला—चन्द्रपुर, महाराष्ट्र।
34. महात्मा गांधी अन्तरराष्ट्रीय हिन्दी विश्वविद्यालय, वर्धा से—भन्ते राकेश आनन्द थेरो, शोधार्थी, बौद्ध अध्ययन केन्द्र, प्रो. सुरजीत कुमार सिंह, नरेश कुमार साहू, रजनीश कुमार अम्बेडकर, दीनानाथ यादव, दिलीप गिरि।
35. भिक्षु सदानन्द महाथेरो बुद्ध विहार, केलझर, वर्धा, महाराष्ट्र।
36. अंगुलिमाल शाक्यपुत्र थेरो महास्थविर, भिक्षु धम्माधर शाक्यपुत्र बुद्ध विहार, नागेवाली, जालना, औरंगाबाद, महाराष्ट्र से सहयोग किया। उन्होंने पेरियार ललई सिंह के कई दुर्लभ-पत्र उपलब्ध करवाए। आपका सादर आभार!
37. मुम्बई के सहयोगी—रमेश घाटे, निशा यादव (बड़ी बहन)।
38. प्रोफेसर अरुण काम्बले के पुत्र अप्रेत काम्बले, मुम्बई, महाराष्ट्र।
39. भीमराव रावतकर—रूम नं. 222, एम.एल.ए. हॉस्टल, एक्सटेंशन बिल्डिंग, नियर-मंत्रालय, चर्च गेट, मुम्बई, महाराष्ट्र।
40. राहुल बोधि—बौद्ध विहार, कुर्ला, मुम्बई, महाराष्ट्र।
41. राँची, झारखंड के सहयोगी—धरती आबा बिरसा मुंडा और जीसस की मानस पुत्री जन्मजात आदिवासी योद्धा लीमा तूती, सतीश कुमार।
42. इरोड, तमिलनाडु से पेरियार पीठ, गोपाल कृष्णन, कन्द स्वामी, भारती मोहन, जयराज ट्रेवर, वाहिद खान।

प्रेरित करनेवाले लोग—

1. लोकधर्मी आलोचक चौथीराम यादव ने कहा, 'गगन, तुम्हारा असल शोध पेरियार ललई सिंह की ग्रंथावली ही होगी। तुम्हें शुभकामनाएँ।'
2. राजेन्द्र प्रसाद सिंह ने कहा, 'धर्मवीर जी, आप यदि ललई सिंह का साहित्य और विचार खोजकर निकाल दिए तो यह उन्हें जिन्दा कर देनेवाला ऐतिहासिक कार्य सिद्ध होगा।'
3. दिलीप मंडल ने कहा, 'यदि आप ललई सिंह ग्रंथावली का संकलन-सम्पादन कर ले गए तो पेरियार ललई सिंह के साथ आपको भी सौ साल तक याद रखा जाएगा।'

4. कर्मेन्दु शिशिर ने कहा, 'गगन जी, आप ऐतिहासिक कार्य कर रहे हैं। इस कार्य से आनेवाली पीढ़ियाँ बौद्धिक रूप से आत्मनिर्भर होंगी। आपको शुभकामनाएँ।'
5. आशुतोष कुमार, लीड्स यूनिवर्सिटी, इंग्लैंड, ने कहा, 'आप साहित्य नहीं, पूरा ऐतिहासिक दस्तावेज खोज रहे हैं। अत: आपको ढेर सारी शुभकामनाएँ।'

यह सहयोग क्रम बहुत लम्बा है। इस शोधपरक खोज में इस देश के कई गाँवों, शहरों, जिलों और प्रदेशों में कई बार गया। पेरियार ललई सिंह के गाँव कठारा, मैं कई बार गया। कई-कई दिन मैं उनके परिजनों के यहाँ रुका। वहाँ रुक कर पेरियार ललई सिंह के साथ आन्दोलन करनेवाले, उनके साथ गाँव-जवार के वर्णवादियों, जातिवादियों, सामन्तवादियों, मनुवादियों से लड़नेवाले, उनके चाहनेवाले, उनको प्यार करनेवाले, उनके साथ उनके प्रेस और प्रकाशन में काम करनेवाले लोगों से साक्षात्कार किया।

पेरियार ललई सिंह के बारे में गाँव-जवार में जनश्रुति आधारित कई सारी कहावतें प्रचलित हैं। उन्हें साक्षात्कार करने के क्रम में मैंने दर्ज किया। जिन्हें पेरियार ललई सिंह की लिखी जा रही जीवनी में सन्दर्भित किया जा रहा है। आप सबने बहुत सहयोग किया इस हेतु आप सबका आभार। श्रणव कुमार और उपासक जी, कानपुर का मैं बहुत आभारी हूँ जो उन लोगों ने मुझे कई दिनों अपने घर रुकने का अवसर दिया। वहाँ रुक कर मैं पेरियार ललई सिंह के सन्दर्भ में कई गाँवों की यात्रा कर साहित्य, साक्षात्कार आदि संगृहीत किया। आप सबके परिवार का भी मैं आभारी हूँ जो मुझे इतना स्नेह, प्यार और सम्मान दिया।

सम्पूर्ण ग्रंथावली को टंकित करने में पवन सिहमार ने असाधारण साहस का परिचय दिया। वे बिना थके, बिना रुके सौम्य भाव से टंकित करते रहे और खुशवन्त मेहरा (दिल्ली से) ने पांडुलिपि के सन्दर्भ में डाकिए की जो सुन्दर भूमिका निभाई उनका मैं आभारी हूँ। उनके इस कार्य पर मैं सोचता हूँ तो प्यार उमड़ आता है। खुशवन्त मेरे साथी, शुभचिन्तक हैं। हम दोनों ने साथ ही हंसराज कॉलेज से एम.ए. किया है। अत: उनका सादर आभार।

इस ग्रंथावली की कृतियाँ क्षत-विक्षत अवस्था में गाँव-जवार, जिला और विभिन्न प्रदेशों से प्राप्त हुईं। कई कृतियाँ सड़ी-गली अवस्था में मिलीं जिनके पन्ने पलट देने पर फट जा रहे थे। इन रचनाओं के समाप्त होने के साथ उनका साहित्य और चिन्तन भी समाप्त हो जाता। जो बामुश्किल मोबाइल के कैमरे में कैद हुईं। उन्हें जूम करके एकदम धीमी गति से पवन जी ने टंकित किया। इस कारण सम्पूर्ण ग्रंथावली संकलित-सम्पादित करते हुए सात साल लग गए। पवन जी के इस कार्य का मैं तो ऋणी हूँ ही मुझसे अधिक समाज ऋणी है जो इतना दुरूह कार्य वे कर गए।

मैं जब कभी कहता था कि पवन जी आप ग्रंथावली को तैयार करने में बहुत मेहनत कर रहे हैं। आपकी लगन और मेहनत को मैं सलाम करता हूँ तो वे बस एक ही बात कहते थे—"सर, यह सब अपने समाज और विचार का काम है, इस कारण खूब मन लगता है। कभी भी ऊब नहीं होती है। खूब आनन्द के साथ धीरे-धीरे टंकित करता हूँ।" उनके इस व्यवहार से मन इतना प्रसन्न हो जाता था कि आँख नम हो जाती थी। इस व्यवहार से मुझे खुद ऊर्जा मिलती थी। आपका आभार प्रकट करने का मुझमे साहस नहीं, बस इतना ही कहूँगा कि "समाज आपका तब तक ऋणी और आभारी रहेगा जब तक यह ग्रंथावली रहेगी। आपको सलाम! जोहार!"

इस ग्रंथावली के निर्माण में मोबाइल, व्हाट्सएप, मैसेंजर और जीमेल का बहुत योगदान रहा। मुझे पेरियार ललई सिंह की कई कृतियाँ, पत्र आदि ऐसी अवस्था में मिले कि उन्हें छूने मात्र से उनके पन्ने खसक कर फट जाते थे जिन्हें समाज को पढ़ना चाहिए, उन्हें दीमक चाट रहे थे। इस स्थिति में मोबाइल कैमरे ने बहुत अहम भूमिका निभाई। इससे क्लिक किए गए सारे फोटो मैं साथी पवन को मैसेंजर, व्हाट्सएप, मेल आदि से भेजता था। वे पूरे धैर्य के साथ उन्हें टाइप करते थे। अतः इसके ईजाद कर्ताओं को दिल से आभार।

इस पूरी ग्रंथावली का निर्माण दिल्ली में हो रहा था, मुख्यतः मानसरोवर हॉस्टल, दिल्ली विश्वविद्यालय, दिल्ली में। इसे कई बार नए-नए फॉर्म में प्रिंट करके देखा गया। लगभग दो हजार पृष्ठ की ग्रंथावली के लिए, दस हजार पृष्ठ देखे गए। यह सम्पूर्ण प्रिंटिंग मानसरोवर हॉस्टल में खुले 'पुनीत जेरॉक्स' से हुई। यहाँ प्रिंट करनेवाले पिंटू पाल, पुनीत पाल का मैं विशेष आभार प्रकट करता हूँ, जिन्होंने प्रिंटिंग में विशेष मदद की। मानसरोवर हॉस्टल के मेस के साथी कर्मचारियों का मैं विशेष आभार प्रकट करता हूँ जो आप सब मुझे समय-समय से भोजन कराते रहे और मैं पूरी तल्लीनता के साथ 'पेरियार ललई सिंह ग्रंथावली' का शोधपरक संकलन-सम्पादन करता रहा।

मैं अपनी शोध निर्देशिका डॉ. नीलम राठी, दिल्ली विश्वविद्यालय, दिल्ली का आभार प्रकट करना कैसे भूल सकता हूँ, जिन्होंने मुझे सम्पूर्ण देश में भ्रमण और साहित्य संकलन का अवसर दिया। शोधार्थी और निर्देशक के बीच क्या रिश्ता होता है, मैं आपके साथ शोध करके जान सका। आपने मुझे जो अवसर दिया, उससे मैं तो आपका ऋणी हूँ ही, इस ग्रंथावली से ज्ञानवर्धित होता प्रत्येक व्यक्ति, समाज और राष्ट्र आपका ऋणी रहेगा। इस हेतु आपका सादर आभार!

मैं अपनी माँ का आभार प्रकट करने की कोई स्थिति नहीं रखता। माँ से हाथ जोड़ कर बस विनम्रपूर्वक सॉरी बोलना चाहूँगा कि इस शोधपरक कार्य के दौरान

मैं आप से कम बातें कर सका, लम्बी बातें नहीं कर सका। सॉरी! आपने मुझे जन्म दिया पाल-पोस कर बड़ा किया। पढ़ाया-लिखाया। मैं ज्ञान के सर्वोच्च संस्थान तक पहुँच सका। माँ! आगे मैं घर आऊँगा। कई दिनों तक घर रहूँगा। आपसे खूब बातें करूँगा। रोज कोई नई कहानी सुनूँगा।

मैं अपनी बड़ी बहन निशा यादव को कैसे भूल सकता हूँ जो मुझे पहली बार स्कूल ले गईं? भाभी-भैया (ज्ञानमती और महेन्द्र यादव) सबका आभार जो आप सबने मेरी ज्ञान प्राप्ति प्रक्रिया में अपार सहयोग किया। पिता जी जिनका नाम ही नहीं, व्यक्तित्व भी निर्मल है। आपका सादर आभार कि आपने मुझे जन्म दिया। मुझ पर विश्वास किया। मुझे इस शोध कार्य के दौरान प्रोत्साहित किया। आप सबका मैं आभारी हूँ जो आप सबने हर समय प्रोत्साहित किया। स्नेह दिया।

अपने उन पुरखों को आज मैं याद करना चाहूँगा, जिन्हें गुरु और वर्ण संहिता ने एक अक्षर तक सीखने नहीं दिया। जिन्हें गुरुकुल में प्रवेश नहीं लेने दिया गया। जिन्हें 'ज्ञान' नहीं प्राप्त करने दिया गया। मेरे असुरबलि महान पुरखों आप देख लीजिए आपका अंश आज इस देश के सर्वोच्च ज्ञान संस्था की सर्वोच्च उपाधि प्राप्त कर रहा है। वह इंटेलेक्चुअल, स्कॉलर और एकेडमिशियन बन प्रस्तुत हो रहा है। आपकी असुरबलि बुद्धि और संघर्ष का बीज आज सूरज बन उग रहा है। आप सबके संघर्ष को मेरा जोहार।

पेरियार ललई सिंह की रचनाएँ खोजते हुए, मैंने सम्पूर्ण देश की यात्राएँ कीं। जम्मू-कश्मीर से तमिलनाडु तक, गुजरात से पश्चिम बंगाल तक। उनकी जन्मभूमि कठारा, कानपुर और कर्मभूमि मुरैना, भिंड, ग्वालियर, म.प्र. कई बार गया। इस तरह उन्होंने जहाँ-जहाँ नौकरी की, आन्दोलन किए, पेरियार ई.वी. रामास्वामी पर भाषण दिए, डॉ. अम्बेडकर पर भाषण दिए, बौद्ध प्रशिक्षण शिविर लगाए उन सभी जगहों पर गया। उनके साथ आन्दोलन करनेवाले जीवित लोगों का साक्षात्कार किया। अनेक दुर्लभ दस्तावेजों को प्राप्त किया। आप सबने जिस सहृदयता से मेरा सहयोग किया। उस हेतु आप सबका हृदय से आभार।

इस 'पेरियार ललई सिंह ग्रंथावली' की शोधपरक खोज में मेरे शुभचिन्तकों ने मुझे बहुत सराहा। प्यार दिया। कई नई उपमाएँ दीं जैसे मेरे भतीजे सृजन समीर मुझे 'चकलालचन्द के पेरियार' की उपमा दी। तो शकुन्तला दीपांजली ने 'पूर्वांचल का पेरियार' कहा। मैं पूर्वांचल से आता हूँ शायद इसलिए। साथी प्रदीप गौतम ने 'पेरियार गगन' की उपमा दी। रामबचन यादव 'सृजन' ने 'यंग इंटेलेक्चुअल' की उपमा दी। ज्ञान प्रकाश यादव 'ज्ञानार्थी' ने 'युयुत्सु रिसर्चर' कहा। डॉ. जयप्रकाश कर्दम ने 'यंग रिसर्चर' कहा, तो वहीं प्रोफेसर राजेन्द्र प्रसाद सिंह ने 'सामाजिक न्याय का हीरक सपूत' कहा। मेरी सीनियर शिल्पी गुप्ता ने 'नेशनल पर्सनॉलिटी' कहा। आप सबका सादर आभार कि आप सब मेरे व्यक्तित्व में ऐसी सम्भावनाएँ देख रहे हैं।

यह खोजपरक ग्रंथावली मेरे लिए एक एंज्वायफूल परियोजना थी। इस दौरान मैंने अपने देश को देखा-सुना महसूस किया। इस ग्राउंड लेवल के रीयल रिसर्च के दौरान मैंने बहुत कुछ सीखा, मुझ में मूल बौद्धिक और अकादमिक सोच निर्मित हो सकी। जिसका मैं अपने भावी जमीनी रिसर्च में सदुपयोग करूँगा। यह शोधकार्य मेरे लिए आनन्ददायक और दुरूह कार्य भी था। इसको करते हुए जहाँ आनन्द मिल रहा था वहीं कई खतरे भी मोल लिए। कई खतरनाक यात्राएँ मैंने कीं। ये यात्राएँ बाइक, ताँगा, टैम्पो, बस, ट्रेन, ट्रक आदि से हुईं। इन सात सालों की पेरियार ललई सिंह के साहित्य और चिन्तन की शोधपरक यात्रा में मेरा तीन बार एक्सिडेंट होते-होते बचा जिसमें दो बार एकदम खतरनाक एक्सिडेंट से बचा।

28 दिसम्बर, 2016 को मैं आशीष दीपांकर के साथ पेरियार ललई सिंह के साहित्य और चिन्तन की खोज में कानपुर के रूरा में रामअवतार पाल से मिलने गया। उनका लम्बा इंटरव्यू करने के बाद जब हम सब वापसी के लिए निकले तो अँधेरा हो गया था। हम लोग उनके गाँव से तो किसी तरह निकल आए किन्तु रूरा से कानपुर आने के लिए उस समय कोई ट्रेन नहीं थी। इस स्थिति में हुआ यह कि अब यहीं कहीं रुका जाए। इसलिए मैंने रूरा के उपासक जी को फोन किया। वे कानपुर शहर में थे, देर रात तक पहुँचने को बोले। उन्होंने एक व्यक्ति को हम लोगों को रिसीव करने के लिए भेजा।

उस व्यक्ति द्वारा बताए अनुसार रूरा स्टेशन का रेलवे ट्रेक पकड़कर अँधेरे में आगे बढ़ने लगे। आगे बढ़ते हुए एक पुल आया। जहाँ घुप अँधेरा था। और उस पुल के नीचे गहरी कैनाल थी। पुराने मोबाइल टार्च को जलाते हुए। अत्यन्त मद्धम रोशनी में धीमे-धीमे हम लोगों ने किसी तरह पुल पार करना शुरू किए। इतना घना अँधेरा था कि सामने कुछ दिखाई नहीं दे रहा था। हम लोगों के लिए वह जगह बिलकुल नई थी। वह सर्दियों का मौसम था।

अँधेरे के साथ घना कुहरा छाया हुआ था। यदि उस अँधेरे में उस पुल से हम दोनों गिर जाते तो जान जानी निश्चित थी। हम दोनों ने डरते-डरते किसी तरह पुल पार किया। पुल पार कर अभी मुश्किल से तीन कदम चले होंगे कि पीछे से साँय से ट्रेन निकली, हम दोनों तुरन्त बाईं तरफ झुकते हुए ढलान की तरफ लुढ़के अँधेरे में जैसे गिर गए।...उसके बाद रिसीव करनेवाले सज्जन रेलवे ट्रैक के उस पार आए, आवाज दी हम सब अँधेरे में ट्रैक पार कर किसी तरह उपासक जी के घर पहुँचे। रात्रि विश्राम किए।

भोर में उपासकजी ने हम लोगों को जगाकर सूचना दी कि रूरा स्टेशन के पुल पर ट्रेन पलट गई है। कई लोग घायल हो गए हैं। हम सब उठे और पहुँचे तो देखा कि ट्रेन के कई डिब्बे पुल के नीचे गहरे कैनाल में गिरे हैं। कई डिब्बे ट्रैक से उतरकर पलट गए हैं। ट्रैक टूट गया है। लोगों को डिब्बे से निकाला जा रहा है।

उन्हें अस्पताल पहुँचाया जा रहा है। यह वही पुल था जिसे घनी रात में **हम** दोनों ने किसी तरह पार किया था। इस तरह की कई खतरनाक यात्राएँ 'पेरियार ललई सिंह ग्रंथावली' खोजने के दौरान हुईं। ऐसे दुरुह और महान कार्य में साथ देनेवाले सभी लोगों का हृदय से आभार।

मैं आभार प्रकट करता हूँ, उन सभी बुद्धिजीवियों, चिन्तकों और लेखकों का जो मुझ यंग रिसर्चर के कहने पर ग्रंथावली का फ्लैप और ब्लर्ब आदि लिखे।

इस ग्रंथ के प्रकाशन में डॉ. रामाशंकर कुशवाहा ने विशेष मदद की। उनका विशेष आभार।

राजकमल प्रकाशन समूह के प्रबन्ध निदेशक अशोक महेश्वरी का बहुत-बहुत आभार, जो उन्होंने इस प्रचंड हिन्दुत्व के वर्चस्ववादी समय में सहर्ष पेरियार ललई सिंह ग्रंथावली को प्रकाशित किया और मुझ युवा की बौद्धिक और अकादमिक मेधा पर विश्वास किया।

ये खोजपरक लम्हे आनन्ददायक और पीड़ादायक दोनों प्रकार के रहे। इन सात बरस में अर्थात् ग्रंथावली पर काम करते हुए कम-से-कम दस बार मैं फ्रस्टेड हुआ। तीन बार डिप्रेशन में चला गया। इतना लम्बा जमीनी रिसर्चेबुल कार्य। शुरुआती दिनों में तो कभी-कभी मैं डर जाता था कि इतनी लम्बी परियोजना को ठान तो लिया लेकिन पता नहीं, पूरा कर पाऊँगा कि नहीं। इस ऐतिहासिक कार्य से लोगों को बड़ी उम्मीदें हैं। यदि मैं इस ऐतिहासिक परियोजना को पूरा न कर सका तो समाज को क्या जवाब दूँगा? लोग क्या कहेंगे? ये अन्तर्द्वन्द्व मेरे मन में लगातार चल रहे थे किन्तु मैं जब जब फ्रस्टेशन, डिप्रेशन, अन्तर्द्वन्द्व में डूबा तब-तब मेरे शुभचिन्तकों ने मुझे सम्हाला। उबारा। अपनी अल्टो का हृदय से आभार प्रकट करता हूँ जो मुझे ऐसी स्थिति में लगातार हौसला देती रही। मेरे रिसर्चर साथियों ने मेरा खूब साथ दिया। मुझे सराहा। सुना। सहा। प्यार दिया। प्रोत्साहित किया। मेरे सभी साथी मिलकर फेसबुक से मुझे लगातार प्रोत्साहित करते रहे। मेरी सैकड़ों दुरूह यात्राओं को सराहते रहे। मुझे सकारात्मक ऊर्जा देते रहे। आप सबका आभार।

आज भी पेरियार ललई सिंह के चाहनेवाले सम्पूर्ण देश में हैं। मैं जहाँ-जहाँ गया। वहाँ-वहाँ उनके चाहनेवाले मिले। उनके राष्ट्र निर्माता होने का मुझे इससे बड़ा कोई प्रमाण नहीं मिला। यही वे कारक हैं जिस आधार पर मैं उन्हें इस देश की 'महान विभूति' कह सकता हूँ। वास्तव में, वे एक सार्वजनिक विभूति थे। ऑर्गेनिक इंटेलेक्चुअल थे। मुझे मन-ही-मन प्रसन्नता भी हो रही थी कि पेरियार ललई सिंह की ही तरफ मेरे भी शुभचिन्तक इस देश के अमूमन सभी विश्वविद्यालयों में हैं। वहाँ मैं इस साहित्य संकल के क्रम में रुकता रहा।

मैं इस शोधपरक खोज में जिस भी शहर गया। उस शहर के विश्वविद्यालय में मेरे परिचित, शुभचिन्तक मुझे जरूर मिले। अग्रजों-अनुजों सबने मुझे स्नेह, प्यार,

आदर और रात्रि विराम का अवसर दिया। मेरी आवश्यकता के अनुसार वे मेरे साथ चले। बाइक से चले। ऑटो से चले। ताँगे से चले। बस से चले। ट्रक से चले। ट्रेन से चले। इस तरह यह शोधपरक संकलन-सम्पादन मेरे लिए खतरनाक लम्हों से गुजरते हुए आज अपने अन्तिम रूप में तैयार हुआ है।

अन्ततः मैं आप सबके प्रति हृदय से आभार प्रकट करता हूँ। मैं अपने महान असुरबलि पुरखे राजा महिषासुर की स्मृति को यह महान ग्रंथ समर्पित करते हुए, आप सबके हाथों में सादर भेंट करता हूँ। आभार! जोहार!

1 सितम्बर, 2022

—धर्मवीर यादव गगन

भूमिका

इस संसार में मिथकों की एक घनीभूत दुनिया है जो इस दुनिया को संचालित भी करते हैं और संचालित भी होते हैं। वे विजित भी हैं, अविजित भी हैं। वे सत्य भी हैं, असत्य भी। दृश्य भी हैं, अदृश्य भी हैं। वे आस्तिक भी हैं, नास्तिक भी हैं। वे आस्तिक मनुष्य के लिए सब कुछ हैं। नास्तिक मनुष्य के लिए कुछ भी नहीं हैं। वे असुर भी हैं, सुर भी हैं। वे असुरबलि भी हैं, सुरबलि भी हैं। वे महिषी भी हैं, महिषासुर भी हैं। इन मिथकों का सर्वव्यापी संसार है। यही अबोध दृश्य-अदृश्य संसार 'ईश्वर' हो जाता है।

आधुनिक भारत में पहली बार ऐसा हुआ कि असुरबलि महानायक पेरियार ई.वी. रामास्वामी ने इस मिथकीय भूमि की मानसिकता को बुद्धि और रेसनल्टी से ध्वस्त करने की कोशिश की। उसे अपनी बौद्धिक मेधा से साफ़ करने की कोशिश की। भारतभूमि का भौतिक दृष्टि से निर्माण करने की कोशिश की। इसी कारण आधुनिक भारत के वास्तविक निर्माता सामाजिक परिवर्तन के महानायक पेरियार ई.वी. रामास्वामी को माना जाता है।

उनके विचार, दर्शन और ज्ञान को उत्तर भारत में लाने की पहले पहल कोशिश चन्द्रिका प्रसाद 'जिज्ञासु' और पेरियार ललई सिंह ने की। इसी कारण ललई सिंह को 'उत्तर भारत का पेरियार' कहा जाता है। इन्होंने हिन्दू मिथकीय भूमि के वर्णाश्रमी मन को बौद्धिक भौतिक संसार के वस्तुगत रूप के साथ व्याख्यायित किया। जिस व्याख्या से उत्तर भारतीय जनता का भौतिक मानस निर्मित हो सका। वे उनका मिथकीय दुनिया से यथार्थ दुनिया की ओर गतिमान होता सत्यान्वेषण करते हैं। उसकी वस्तुगतता और सामाजिक गतिशीलता को व्याख्यायीत करते हैं। इसी कारण वे साधारण जनमानस में बैठे मिथकीय चरित्रों की उधेड़बुन करते हैं।

इस देश की मूल समस्या के स्रोत ये मिथक ही हैं। यहीं से ईश्वर, स्वर्ग-नरक, भाग्य, पाप-पुण्य, पुरोहित, कर्मकांड, अन्धविश्वास जैसी मान्यताएँ उद्‌भूत हुई हैं। ये स्रोत अतर्क्य हैं। आप्त हैं। इसी कथित नैतिक परिधि को इस देश के पुरोहितों ने सर्वोच्चता प्रदान कर रखी है। इसका उद्‌गाता पुरोहित है जो इस लोक में ब्रह्म का प्रवर्तक है। ब्रह्म के साक्षात्कार रूप को प्रस्तुत करता है। वह

जो बोलता है—वह ब्रह्म वाक्य है। वह इहलोक में ब्रह्म की जुबान है इसलिए वह जो बोलता है, वह ब्रह्म बोलता है। जिस कारण वह यहाँ स्वयं को ब्रह्म से भी श्रेष्ठ कहता है। इस झूठी नैतिक आभा को पुरोहितसें ने फैला रखा है। इसी आधार पर इस देश की सम्पूर्ण जनता को अन्धविश्वासी, कर्मकांडी और मूर्ख बनाए हुए हैं जिससे लोग उसकी प्रत्येक बात को ब्रह्म वाक्य समझकर मानते रहें। बहु-संख्यक जनता के शोषण का यह केन्द्रित कारण है। इसी कारण पेरियार ललई सिंह मिथकों की भौतिक व्याख्याएँ करते हैं। इसके वस्तुगत सत्य का उद्घाटन करते हैं।

यह हिन्दू मिथकीय सैद्धान्तिकी अत्यन्त खतरनाक है। इसमें सत्य को असत्य और असत्य को सत्य घोषित कर स्थापित कर दिया जाता है। यह प्रतिस्थापित अवधारणा अतर्क्य हो जाती है। पवित्र और पूजनीय हो जाती है। पुरोहित के लिए 'वर्चस्व' और 'अर्थ' का स्रोत बन जाती है किन्तु जो व्यक्ति और विभूति इनके तर्क और विचार का विरोध करते हैं ये उसे अपूजनीयत, असुर और अस्पृश्य घोषित करते हुए उसका संहार कर देते हैं। इसे आप राजा महिषासुर के प्रसंग से समझ सकते हैं। यहाँ कई हज़ार वर्ष से न जाने कितने असुरबति महानायकों का इसी मिथकीय सैद्धान्तिकी के आधार पर संहार किया गया। उनकी मनुष्यत्व की नैतिक लड़ाई को अनैतिक घोषित कर दिया गया। वे आज आधुनिक, लोकतांत्रिक और संविधानवादी समय में पुनः चिन्तन, व्याख्या और विमर्श के केन्द्र में आ गए हैं।

वे वर्चस्व के मिथकीय सांस्कृतिक प्रतीकों की वस्तुगत और दृष्टिगोचर व्याख्या करते हैं, जिसमें ये कहीं खंडित होते हैं तो कहीं मंडित होते हैं। इसी ऐतिहासिक आलोचना दृष्टि से वे लगातार इसकी व्याख्या करते हैं। यह दिलचस्प है कि इन मिथकों में सत्य को मिथक और मिथक को सत्य बना देने की और सम्मोहित कर लेने की अद्भुत कला होती है। इसी कारण इनसे मनुष्य दिमाग को अतार्किक-आस्थावान बना देने की दिलचस्प भावना उत्पन्न होती है जो सम्पूर्ण मानव समाज को प्रतिगामी दिशा में ले जाती है।

यहाँ सभ्यता विमर्श भी है, जिसे दो संस्कृतियों के सत्ता संघर्ष के विमर्श के तौर पर दर्शाया गया है। किस प्रकार जनतांत्रिक सत्ता संरचना को वर्चस्ववादी सत्ता तोड़ती है। उसे अलोकतांत्रिक बनाती है। इन सभी संरचनाओं की ओर संकेत किया गया है। सभ्यता संघर्ष के अनेक कारणों पर विचार-विमर्श किया गया है। आदिनिवासियों और आर्यों के बीच सत्ता के स्थापित-प्रतिस्थापित चरित्र का उद्घाटन है। इस स्थिति के कारणों की ऐतिहासिक-सांस्कृतिक गहराई में उतर कर पड़ताल की गई है। उसकी सोच और विश्वदृष्टि यहाँ परिलक्षित हुई है। वास्तव में, यहाँ सत्ता और वर्चस्व का दृश्यमान विमर्श प्रस्तुत किया गया है।

इतिहास और भाषा का पेरियार ललई सिंह ने नया विमर्श प्रस्तुत किया। इस देश के सामाजिक और सांस्कृतिक इतिहास को वे जिस बौद्धिक मेधा से अभिव्यक्त करते हैं। उससे उनका इस देश के महान राष्ट्रनिर्माता का-सा व्यक्तित्व उभर कर सामने आता है। भाषा की प्राचीनता पर वे एक अनुसन्धानकर्ता और भाषाविद् की भाँति, तथ्यों और तर्कों से प्रमाणित दस्तावेज प्रस्तुत करते हैं। जो भाषा विमर्श की नई दृष्टि से अध्ययन की माँग करता है। सत्य तो यह है कि वे भाषा की समाजशास्त्रीय अध्ययन पद्धति से अपना विचार प्रस्तुत करते हैं। उनके सम्पूर्ण चिन्तन में उनकी सबाल्टर्न आलोचना दृष्टि का स्पष्ट बोध भी अभिव्यक्त होता है।

अतः उनके साहित्य और चिन्तन की नई दृष्टि से अध्ययन और विश्लेषण की जरूरत है।

17 सितम्बर, 2022 **—धर्मवीर यादव गगन**

सजिल्द संस्करण की भूमिका

उत्तर भारत क्या सम्पूर्ण भारत में प्रचंड हिन्दुत्व की लहर चल रही है। जिससे बौद्धिक और सामाजिक स्तर पर यह कृति आमने-सामने सीधी भिड़ंत कर रही है। इसके आमूलचूल प्रतिरोध में पेरियार और पेरियार ललई सिंह की वैचारिकी प्रतिउत्तर बन प्रस्तुत हुई है।

आज इस प्रखर हिन्दुत्ववादी समय में प्रवंचित मनुष्यों को पेरियार और पेरियार ललई सिंह का साहित्य दीपक की तरह समता और मनुष्यता की राह दिखा रहा है। इसका प्रतिफल है पेरियार ललई सिंह ग्रंथावली के पेपर बैक के तीसरे संस्करण का आना। भारत में जिला-जवार, गाँव-गाँव, घर-घर में पेरियार ललई सिंह की वैचारिकी को पढ़ा जा रहा है। इसी कारण प्रत्येक हाथ और प्रत्येक घर में इस साहित्य को उनके शुभचिन्तक पहुँचा रहे हैं।

वैसे भी, इस संसार में विचार सबसे बड़ी चीज होती है; वह चाहे प्रगतिशील हो या प्रतिगामी। इसमें प्रगतिशील सोच के मनुष्यों ने पेरियार ललई सिंह के विचारों को अध्ययन और उपहार के निमित्त हाथों-हाथ लिया और अखिल भारतीय स्तर पर हर घर में पहुँचाने की सफल कोशिश की। जिसका प्रतिफल हुआ 'पेरियार ललई सिंह ग्रंथावली' 5 खंड, 2000 पृष्ठ और 2000 रुपये मूल्य का प्रथम पेपर बैक संस्करण 42 दिन के अन्दर समाप्त हो गया। 1 दिसम्बर, 2022 को द्वितीय संस्करण छपकर आया। जो 1 दिसम्बर, 2023 तक समाप्त हो गया। अब तृतीय संस्करण दिसम्बर, 2023 को छपकर आ गया है। ग्रंथावली का पन्द्रह माह के अन्दर तीसरा संस्करण आ जाना अतिप्रसन्नता की बात है। अब यह सिद्ध हुई कि यह कृति नहीं वरन् विचार है। इसी कारण प्रवंचित मनुष्य इसका अध्ययन कर रहे हैं और विस्तार दे रहे हैं।

अब यह इसका सजिल्द संस्करण प्रकाशित हुआ है। पेरियार ललई सिंह की एक गहरी चिन्ता थी कि 'ज्ञान के संस्थानों-विश्वविद्यालयों आदि में हमारे पुरखों के विचारों को न ही पढ़ाया जाता है और न ही संरक्षित किया गया। जिस कारण हम अपनी मौलिक वैचारिकी और विरासत को नहीं जान पाते हैं।' मैं आशा करता हूँ कि भारत के ज्ञान के संस्थानों में बैठे लोगों का एकतंत्रीय मन अब इतना तो लोकतांत्रिक हो गया होगा कि यह धारणा टूटेगी।

इस कृति के ऐतिहासिक संकलन-सम्पादन के बाद मुझे बौद्धिक और अकादमिक दुनिया में बहुत प्रतिष्ठा और यश मिला। इस संसार में सबसे कठिन कार्य क्या है? —यशा/कीर्ति अर्जित कर पाना। इसी कारण मुझे अनन्त बार महसूस हुआ कि इस संसार में पैसा कमा आसान कृत्य है किन्तु प्रतिष्ठा/यश/कीर्ति कमा पाना सबसे कठिन है; जो मुझे इस कृति से मिली। इस हेतु आप सबका विनम्रतापूर्वक हृदय से आभार!

पेरियार ललई सिंह के शुभचिन्तकों को असीम बधाई!

1 जनवरी, 2024

पेरियार ललई सिंह का तिथिवार जीवन-क्रम

[पेरियार ललई सिंह का विस्तृत जीवन-परिचय पढ़ने के लिए ग्रंथावली भाग-2 के प्रारम्भ में जाएँ। —सम्पादक]

जन्म : 1 सितम्बर, 1911 ई., ग्राम—कठारा, पोस्ट भारामऊ, तहसील रसूलाबाद, थाना रसूलाबाद, ब्लॉक—रसूलाबाद, नॉर्थ रेलवे स्टेशन झींझक, जिला—कानपुर, उ.प्र., भारत। पूर्व में इनका परिवार गाँव—कोयल, मोजा—बरकारी, अलीगढ़, उ.प्र. से आकर यहाँ बसा था।

निर्वाण : 7 फरवरी, 1993 ई.।

सम्पूर्ण जीवन : 82 वर्ष, 6 माह।

माता : मूला देवी। निर्वाण 1925 ई. में।

पिता : लघु-जमींदार चौधरी गज्जू सिंह। निर्वाण 1953 ई. में।

बहन : मुन्नी देवी, जिनका विवाह गुरुदयाल से सरसई नगर, फर्रुखाबाद, उ.प्र. में हुआ।

शिक्षा : 7वीं तक। मिडिल पास थे। 'उस समय, प्राथमिक शिक्षा कक्षा 4 तक और माध्यमिक शिक्षा कक्षा 7 तक होती थी।'

भाषा ज्ञान : हिन्दी, अंग्रेजी, उर्दू, मराठी, तमिल, पालि आदि भाषाओं का ज्ञान था। अंग्रेजी भाषा में विशेष रुचि थी।

आइकॉन— अब्राहम लिंकन और स्पार्टकस को अपना अन्तरराष्ट्रीय आइकॉन मानते थे और राष्ट्रीय आइकॉन—पेरियार और अम्बेडकर को मानते थे।

पहला लेखन : 04.04.1944 ई. 'दुर्लभ डायरी से मिला'।

रचना का समय : 1944 से 1993 ई. तक मौलिक लेखन।

1 जुलाई, 1922 ई. : प्राथमिक विद्यालय लहरापुर, जिला—औरैया, उ.प्र. से प्रारम्भिक शिक्षा की शुरुआत हुई।

1 जून, 1928 ई. : मिडिल की शिक्षा—जूनियर हाई स्कूल, सहार, जिला—औरैया, उ.प्र. से शुरू हुई। यहाँ से उन्होंने हिन्दी और उर्दू वर्नाक्युलर लैंग्वेज के साथ 1928 ई. में प्रथम श्रेणी में मिडिल पास किया।

1 अगस्त, 1929 ई. से 1931 ई. तक फॉरेस्ट गार्ड, फॉरेस्ट रेंज बड़ा गाँव, रेलवे स्टेशन-खापा, तहसील-सावनेर, जिला—नागपुर, (भूतपूर्व मध्य प्रदेश, वर्तमान महाराष्ट्र) में रहे।

जनवरी, 1931 ई. : आपका दुलारी देवी से विवाह हुआ। वे चौधरी सरदार सिंह यादव की पुत्री थीं। वे एक जमीन सम्पन्न किसान थे। ये ग्राम—जरैला का पुरवा, मौजापुर, रेलवे स्टेशन-रूरा, जिला—कानपुर के रहनेवाले थे।

21 अप्रैल, 1933 ई. : को कॉन्स्टेबल के रूप में 'ग्वालियर नेशनल आर्मी' में भर्ती हुए। फिर 'कनिष्ठ लिपिक' पद पर सशस्त्र पुलिस कम्पनी नं. 4 बावड़ी, जिला—मुरैना, भूतपूर्व जिला—त्वरंधार 'ग्वालियर स्टेट' वर्तमान मध्य प्रदेश में भर्ती हुए।

1 जनवरी, 1935 ई. को एक पुत्री का जन्म, माँ ने नाम शकुन्तला रखा।

22 मई, 1935 ई. : ग्वालियर नेशनल आर्मी में 'स्वच्छ पानी' की बावड़ी और 'अछूत भेदभाव' को लेकर कॉन्स्टेबल ललई सिंह ने सेना में विद्रोह कर दिया जिससे इन्हें भारतीय ब्राह्मण अधिकारियों मुख्य रूप से पंडित दिनकर नारायण देव ने सस्पेंड करवा दिया।

23 मई, 1935 ई. : इंस्पेक्टर जनरल एच.जी. वाटर फील्ड के समक्ष ललई सिंह ने अपनी बात अंग्रेजी में स्वयं रखी। सारे प्रकरण को सामाजिक-सांस्कृतिक और स्वच्छता के परिप्रेक्ष्य में उन्होंने विस्तार से बताया।

24 मई, 1935 ई. : पेरियार ललई सिंह को सेना में जनरल एच.जी. वाटर फील्ड ने पदोन्नति के साथ बहाल कर दिया।

1 जुलाई, 1936 ई. : अब पेरियार ललई सिंह का सेना में स्थानान्तरण चीफ प्रोसीक्यूटिंग इंस्पेक्टर पुलिस एंड अपील्स, जिंसी, लश्कर में कॉन्स्टेबल ख्वादा के पद पर हो गया।

15 अगस्त, 1937 ई. : पेरियार ललई सिंह उच्च पदस्त 'हाई-कमांडर' हुए।

1937 ई. : इसी समय उन्होंने अंग्रेजी और मराठी सीखी। क्लरीकल शॉर्टहैंड हिन्दी टाइपिंग सीखी। आगे कई परीक्षाएँ पास कीं।

1938 ई. : पत्नी क्षय रोग अर्थात् टी.बी. से ग्रस्त।

6 फरवरी, 1939 ई. : क्षय रोग (टी.बी.) से ग्रस्त होने के कारण पत्नी का निधन। उसके बाद आप विधुर रहे।

सन् 1942 ई. में देश की स्वतंत्रता के लिए कांग्रेस के आवाहन—'करो या मरो' पर इन्होंने 'ग्वालियर स्टेट' और 'ब्रिटिश साम्राज्य' के विरुद्ध सोचना-समझना-लड़ना शुरू कर दिया।

सन् 1945 ई. में बम्बई में नेवी सैनिकों ने विद्रोह कर दिया, जिसका दमन ब्रिटिश सत्ता ने गोलियाँ चलाकर किया। इस घटना ने इनके मन पर इतना गहरा असर डाला कि ये एकाएक विद्रोही बन गए।

12 जनवरी, 1946 ई. : पुत्री शकुन्तला की क्षय रोग (टी.बी.) से ग्रस्त होने के कारण 11 वर्ष की उम्र में असामयिक मृत्यु।

सन् 1946 में पेरियार ललई सिंह को 'आर्मी एंड पुलिस संघ' का अध्यक्ष बनाया, जिसे भीखम पाल जैन के संयोजन में 'नॉन-गजटेड मुलाजिमान आर्मी एंड पुलिस संघ' का गठन किया गया था जिसमें आर्मी और पुलिस के 50-50 जवानों की सर्वसहमति थी।

सन् 1946 में पेरियार ई.वी. रामास्वामी ने कानपुर में अछूत, पिछड़े और अल्पसंख्यकों के सम्मेलन की अध्यक्षता की। यहाँ अपने नास्तिक सोच के भाषण से उत्तर भारत की जनता को प्रबोधित किया।

1 दिसम्बर, 1946 ई. : उन्होंने अतिलघु क्रान्तिकारी एकांकी 'सिपाही की तबाही' लिखी।

सन् 1946 में पेरियार ई.वी. रामास्वामी, बैकवर्ड कॉन्फ्रेंस की अध्यक्षता करने कानपुर उत्तर प्रदेश आए थे।

22 मार्च, 1947 ई. : पेरियार ललई सिंह की एक अपील पर विभिन्न इन्फेंट्रियों, लाइसेंस घरों, तोपखानों व ट्रांस्पोर्टों के आर्मी के जवानों ने इस्तीफा दे दिया।

23 मार्च, 1947 ई. : सेकेंड इन्फेंट्री कम्पू ब्रिगेड ने सुबह 'परेड बन्द' हड़ताल शुरू कर दी।

29 मार्च, 1947 ई. : पेरियार ललई सिंह ने शाम को सैनिकों के एक बड़े समूह में घुसकर कहा, 'अफसरान हम सबको बागी समझते हैं। हाँ, हम सब बागी हैं।' इस पर सभी सैनिकों ने कहा, 'हाँ! हम सब बागी हैं। अब हम देशप्रेम और देश की स्वतंत्रता हेतु आगे बढ़ेंगे।' सैनिकों ने कहा, 'हाई-कमांडर ललई सिंह जिन्दाबाद! जिन्दाबाद! जिन्दाबाद!' नौ माह पन्द्रह दिन देश की स्वतंत्रता के लिए जेल की सजा काटी।

29 मार्च, 1947 ई. : ब्रिटिश साम्राज्य—अंग्रेज उपनिवेशी सेना ने और ग्वालियर स्टेट स्वतंत्रता संग्राम तथा सेना में विद्रोह करने के आरोप में 119 ताजीरात-ए-हिन्द ग्वालियर 'धारा 131 ताजीरात-ए-हिन्द' सैनिक विद्रोह के अन्तर्गत जिला गिर्द ग्वालियर में गिरफ्तार हुए। साथ ही, कई और साथियों को राजबन्दी बनाया गया। 29 मार्च, 1947 से 12 जनवरी, 1948 तक जेल में रहे। देश की स्वतंत्रता के लिए लगभग नौ माह पन्द्रह दिन जेल में रहे।

30 अप्रैल, 1947 ई. : सजायाफ्ता पेरियार ललई सिंह और 25 हेड कॉन्स्टेबल साथियों को 'सेंट्रल जेल' के 'लाइन पचासा' में रिफ्रेसर कोर्स के नाम पर 30 अप्रैल, 1947 ई. से 30 अक्टूबर, 1947 ई. तक 'नजरबन्द' रखा गया।

6 नवम्बर, 1947 ई. : हाई-कमांडर और साथियों को स्पेशल क्रिमिनल सेशन जज, ग्वालियर ने पाँच साल का सश्रम करावास दिया। पाँच रुपये का सर्वाधिक

अर्थ दंड के साथ ग्वालियर केन्द्रीय जेल भेज दिया। पेरियार ललई सिंह को नेशनल आर्मी का हाई-कमांडर होने के करण भी यह सजा हुई।

8 नवम्बर, 1947 ई. को 'कैदी महासभा' का गठन।

1 दिसम्बर, 1947 ई. : 'मुकम्मिल काम बन्द' शान्ति हड़ताल।

1 दिसम्बर, 1947 ई. इस भयानक हड़ताल को देखते हुए अंग्रेज उपनिवेशी सेना और ग्वालियर सेना ने चुपके से रात में पेरियार ललई सिंह का ट्रांसफर सरदारपुर, धार जिले की जेल में कर दिया।

2 दिसम्बर, 1947 ई. : 1 दिसम्बर की रात को ही पेरियार ललई सिंह ने कैदियों को संगठित किया और उनसे कहा कि हम सब 2 दिसम्बर से भूख हड़ताल करेंगे और वैसा ही हुआ।

12 जनवरी, 1948 ई. : पेरियार ललई सिंह ने 40 दिनों की भूख हड़ताल 2 दिसम्बर, 1947 से शुरू कर दी। देश की स्वतंत्रता के लिए शुरू की गई यह महान भूख हड़ताल 12 जनवरी, 1948 ई. तक चली। अंग्रेजी उपनिवेश और ग्वालियर स्टेट ने इनके समक्ष झुकते हुए सभी साथियों सहित 12 जनवरी, 1948 ई. को जेल से बन्धन मुक्त किए। वैसे तो देश की स्वतंत्रता की घोषणा 15 अगस्त, 1947 को हो गई थी लेकिन देशप्रेमी क्रान्तिकारियों की माँग थी कि ब्रिटिश उपनिवेश के साथ ही देशी रियासतों के उपनिवेश से भी देश को स्वतंत्र किया जाए। इस पूर्ण स्वतंत्रता की माँग से ग्वालियर स्टेट की रियायत भयभीत हो गई। इसके बाद नव नियुक्त सरकार ने जब यह आश्वासन दिया कि देश में पूर्ण स्वतंत्रता स्थापित हो जाएगी तो देशी रियासतों का समूल उन्मूलन कर दिया जाएगा। इस आश्वासन के बाद देशप्रेमी क्रान्तिकारी साथियों ने भूख हड़ताल समाप्त की।

1 सितम्बर, 1950 ई. : पेरियार ललई सिंह सेना से सेवा निवृत्त हुए।

1951 ई. में पेरियार ललई सिंह ने ग्वालियर में बाबा साहब डॉ. अम्बेडकर का प्रथम साक्षात्कार किया। उनसे बातें कीं। और इतने अधिक प्रभावित हुए कि आगे का जीवन डॉ. अम्बेडकर की वैचारिकी में लगाने के लिए ठान लिया। डॉ. अम्बेडकर ग्वालियर में सिन्धिया परिवार की रियासत और भारत सरकार के एक केस में वकील के रूप में सुझाव देने आए थे।

पेरियार ललई सिंह, बाबा साहब डॉ. अम्बेडकर के 14 अप्रैल, 1956 ई. में बौद्ध धर्म दीक्षा ग्रहण में जाकर बौद्ध धर्म ग्रहण करना चाहते थे। किन्तु उस समय टी.बी. होने के कारण पेरियार ललई सिंह को बहुत अधिक खून की उलटी होती थी। इस कारण वे इस दीक्षा ग्रहण कार्यक्रम में जा नहीं सके।

सन् 1951 से 57 तक स्वस्थता और अस्वस्थता के बीच सम्पूर्ण भारत भ्रमण किए।

1 जनवरी, 1958 ई. में श्री छेदीलाल साथी ने पेरियार ललई सिंह को रिपब्लिकन पार्टी ऑफ इंडिया (आर.पी.आई.) का सदस्य बनाया और ये जुड़ने के साथ ही पार्टी में पूरे जी-जान से सक्रिय हो गए थे।

22 मार्च, 1958 ई. में 'चैत्र अष्टमी' को सम्राट अशोक जयन्ती पर 'अशोक प्रेस' का आरम्भ होता है। इस दौरान बहुत सारी दुर्लभ पुस्तकों को पेरियार ललई सिंह ने संगृहीत किया।

14 अप्रैल, 1959 ई. : 14 अप्रैल अर्थात् डॉ. अम्बेडकर के जन्मदिन पर 'अशोक पुस्तकालय' का विधिवत उद्घाटन करते हैं।

1959 ई. : पेरियार ई.वी. रामास्वामी को उत्तर प्रदेशीय बैकवड्र्स सम्मेलन में कानपुर में चन्द्रिका प्रसाद 'जिज्ञासु', पेरियार ललई सिंह, छेदीलाल साथी, शिवदयाल चौरसिया आदि साथियों ने सभा को सम्बोधित करने के लिए आमंत्रित किया था। जिसमें पेरियार आए और ईश्वर, देवी-देवता की लाखों लोगों की उपस्थिति में धज्जियाँ उड़ाईं और उत्तर भारत में नास्तिक सोच का नवजागरण किया।

1 जनवरी, 1960 में 'बौद्ध-धर्म-दीक्षा' नामक पुस्तिका की रचना किया, जिसमें बौद्ध धर्म की दीक्षाओं की पालि से हिन्दी अनुवाद और व्याख्या है। यह पुस्तक उत्तर भारत में बौद्ध धर्म के प्रचार-प्रसार के लिए मिल का पत्थर साबित हुई।

1 जनवरी, 1960 ई. : 'वीर संत माया बलिदान' नाटक लिखा। अशोक पुस्तकालय से छापा।

14 अप्रैल, 1960 ई. : इसके बाद वे पार्टी को और मजबूत करने और उसका राष्ट्रीय फलक पर विस्तार करने के लिए सम्पूर्ण देश में एक-एक व्यक्ति को पार्टी के लिए तैयार करते हैं। जगह-जगह पार्टी के सदस्य बनाए जाते हैं। गाँव-जिले में पार्टी कार्यालय खोले जाते हैं।

17 सितम्बर, 1960 ई. : पेरियार ई.वी. रामास्वामी के जन्मदिन पर 'सस्ता प्रेस' की स्थापना की।

26 जनवरी, 1961 ई. को 'आदिनिवासियों की पहचान' किताब लिखी।

25-26 फरवरी, 1961 ई. में रिपब्लिकन पार्टी, अलीगढ़ का प्रथम जिला वार्षिक अधिवेशन दिन शनिवार, इतवार को नौरंगाबाद, सिकन्दराराऊ, अलीगढ़ के प्राइमरी स्कूल के विशाल मैदान में हुआ। इसमें मार्शल दादा साहेब बी.के. गायकवाड़ एम.पी. (नासिक) लीडर रिपब्लिनक पार्टी ऑफ इंडिया, श्री रायबहादुर एन. शिवराज वार-एट-लॉ एम.पी. (मद्रास) प्रेसिडेंट रिपब्लिकन पार्टी ऑफ इंडिया, बैरिस्टर राजाभाऊ खाब्रागड़े एम.पी. (चाँदा) जनरल सेक्रेटरी रिपब्लिकन पार्टी ऑफ इंडिया, श्री डी.ए. कट्टी एडवोकेट एम.पी. प्रेसिडेंट स्टेट रिपब्लिकन पार्टी ऑफ इंडिया (मैसूर), श्री ललई सिंह यादव (अहीर), श्री छेदी लाल साथी वकील प्रेसिडेंट स्टेट रिपब्लिकन पार्टी ऑफ इंडिया उत्तर प्रदेश, प्रोफेसर बी.पी. मौर्य जनरल सेक्रेटरी

स्टेट रिपब्लिकन पार्टी ऑफ इंडिया यू.पी., श्री गया प्रसाद कुरील (लखनऊ) मंत्री स्टेट रिपब्लिकन पार्टी यू.पी., मोहम्मद सादिक खाँ प्रेसिडेंट जिला रिपब्लिकन पार्टी फर्रुखाबाद, श्री भूप किशोर एम.एल.ए. (लोध) प्रेसिडेंट जिला रिपब्लिकन पार्टी एटा, डॉ. मौजीलाल मौर्य प्रेसिडेंट जिला रिपब्लिकन पार्टी मैनपुरी, डॉ. प्रकाश नारायण गुप्त लीडर रिपब्लिकन ग्रुप म्यूनिस्पल कारपोरेशन, आगरा, श्री खेमचन्द आश्वात्थ्यान एल्डरमैन आगरा कारपोरेशन, श्री हलीम्मुद्दीन राहत मौलाई एडवोकेट एम.एल.ए. (मुरादाबाद), श्री शिवदयाल सिंह चौरसिया एडवोकेट (लखनऊ), श्री शिवनारायण शाहु (तेली) मंत्री रिपब्लिकन पार्टी कानपुर आदि आदि नेतागण भाषण देने आए थे।

1 सितम्बर, 1961 ई. : 'शोषितों पर धार्मिक डकैती' पुस्तक की रचना।

14 अप्रैल, 1961 ई. : 'शोषितों पर राजनीतिक डकैती' पुस्तक की रचना।

21 दिसम्बर, 1961 ई. दिन बृहस्पतिवार को 12 बजे स्थान—नगलर राधे 'नगल भर्रा' धर्मशाला सड़क पर भारतीय रिपब्लिकन पार्टी की यूनिट का चुनाव करवा कर सभी पदाधिकारियों को कार्यभार दिया गया। यह टूंडला, एत्मादपुर, आगरा, उत्तर प्रदेश में पार्टी का विस्तार था।

2 जनवरी, 1962 ई. को दिन मंगलवार समय 3:11 पर संयोजक पेरियार ललई सिंह और कार्यालय सचिव भीमदेव धैर्य के निवेदन से भारतीय रिपब्लिकन पार्टी, शाखा एत्मादपुर, कार्यालय टूंडला में मीटिंग होना तय हुआ।

14 जनवरी, 1962 ई. को रिपब्लिकन पार्टी की मीटिंग, आगरा कार्यालय, आगरा, उत्तर प्रदेश में हुई। समय 10 बजे का था। यह सभा पेरियार ललई सिंह और श्री कुन्दन लाल जी की अध्यक्षता में सम्पन्न हुई। इसमें पदाधिकारी थे—अध्यक्ष—बाबुराम लम्बरदार, उपाध्यक्ष—जालिम सिंह, मंत्री—सरदार टेक सिंह, उपमंत्री—श्री पूरन सिंह, श्यामलाल, रामजी लाल, बाबू लाल, चुन्नीलाल, रामचन्द, हरिराम, सुन्दर लाल, भगत सिंह आदि उपस्थित थे।

22 जनवरी 1962 ई. को दिन शुक्रवार को रिपब्लिकन पार्टी कार्यालय चौराहा टूंडला पर जरूरी बैठक हुई। जिसमें पेरियार ललई सिंह, छेदीलाल साथी, गुरुदयाल सिंह, श्याम लाल पीपल, मथुरा प्रसाद कर्दम, भगवान सिंह आदि लोग उपस्थित थे।

26 जनवरी, 1962 ई. दिन शुक्रवार समय दो बजे दोपहर, कम्युनिस्ट पार्टी चौक स्थान कोटकी पर श्री शिवचरन लाल जी की अध्यक्षता में हुई। इस कम्युनिस्ट पार्टी की मीटिंग में रिपब्लिकन पार्टी के पदाधिकारी भी सम्मिलित हुए। दोनों पार्टियों के पदाधिकारियों ने मिलकर 1962 के चुनाव के बारे में विचार विमर्श किया। चुनाव के बारे में कई प्रस्ताव रखे गए। जिस पर संयुक्त रूप से प्रकाश डाला गया।

20 फरवरी, 1962 ई. दिन मंगलवार को सुबह 8 बजे रिपब्लिकन पार्टी के चुनाव कार्यालय पर कार्यकर्ताओं की एक आवश्यक मीटिंग हुई जिसमें कार्यकर्ताओं को पोलिंग के नियमों के बारे में प्रशिक्षण दिया गया।

14 अप्रैल, 1962 ई. को 'शम्बूक बध' नाटक लिखा।

21 अक्टूबर 1962 ई. को टूंडला, एत्मादपुर, आगरा, उत्तर प्रदेश में पेरियार ललई सिंह की अध्यक्षता और डॉ. छेदीलाल साथी के संयोजन में भारतीय रिपब्लिकन पार्टी के पदाधिकारियों और सदस्यों का पुनः विस्तार हुआ।

20 दिसम्बर, 1962 ई. को रिपब्लिकन पार्टी के चुनाव कार्यालय पर पेरियार ललई सिंह ने प्रस्तावित किया और सर्वसहमति से भीमदेव धैर्य को नियुक्त किया गया। यह स्पष्ट किया गया कि ये सबको कानूनबद्ध तौर पर मान्य हों। संयोजक—पेरियार ललई सिंह, निवेदक—दामोदर प्रसाद कर्दम। उपस्थित सदस्य—राम खिलाड़ी, दाताराम, रामजी लाल, हीरालाल आदि कार्यकर्ता।

सन् 1962 में रिपब्लिकन पार्टी से तीन सांसद निर्वाचित हुए—एक बी.पी. मौर्य अलीगढ़ से, दूसरे ज्योति स्वरूप हाथरस से, तीसरे सैयद मुजफ्फर हुसैन।

17 सितम्बर, 1963 ई. : 'एकलव्य' नाटक लिखा।

4 फरवरी, 1964 ई. को अम्बेडकर जयन्ती मनाने अहमदाबाद, गुजरात पहुँचे।

5 फरवरी, 1964 ई. को अम्बेडकर जयन्ती मनाने कांकरियाफर ग्राउंड, अहमदाबाद, गुजरात पहुँचे।

4 मई, 1964 ई. में अहमदाबाद, गुजरात में बौद्ध प्रशिक्षण शिविर का आयोजन किया।

5 मई, 1964 ई. में कांकरियाफर, अहमदाबाद, गुजरात में बाबा साहब डॉ. अम्बेडकर जयन्ती में मुख्य अतिथि के रूप में भाग लिया।

26 मई, 1964 ई. : 'अंगुलिमाल' नाटक लिखा।

15 अगस्त, 1966 ई. : 'नाग यज्ञ' नाटक लिखा।

1 अप्रैल, 1966 ई. : 'आल इंडिया बैकवर्ड कमीशन' सन् 1956 ई. की रिपोर्ट को देश में लागू करने को लेकर 1 अप्रैल, 1966 ई. को संसद भवन, नई दिल्ली के मुख्य द्वार पर साथियों सहित भूख हड़ताल की।

14 अप्रैल, 1966 ई. : पेरियार ललई सिंह और साथियों सहित सभी को सरकार ने राजबन्दी बना लिया। जेल में भी भूख हड़ताल जारी रही। इधर देश की विभिन्न जगहों और प्रान्तों से जनता के आने का क्रम लगातार जारी था।

20 अप्रैल, 1966 ई. : उप-राष्ट्रपति ने पेरियार ललई सिंह से सीधे बात करते हुए कहा कि बैकवर्ड क्लास जातियों को शिक्षा में पिछड़ा हुआ मानकर हम उन्हें शिक्षा में सुविधा देंगे।

21 अप्रैल, 1966 ई. : इस लिखित आश्वासन के बाद पेरियार ललई सिंह ने 21 अप्रैल, 1966 ई. को साथियों सहित 20 दिन की लम्बी भूख हड़ताल समाप्त कर दी और जेल से मुक्त हुए।

23 अप्रैल, 1966 ई. : 'उर्दू महफ़िल दस्ता' के साथ उर्दू को उत्तर प्रदेश की द्वितीय शैक्षिक भाषा के रूप में अनिवार्य करने के लिए भूख हड़ताल, संसद भवन, नई दिल्ली के सामने पुन: प्रारम्भ कर दिए। उप-राष्ट्रपति माननीय श्री जाकिर हुसैन के लिखित आश्वासन पर भूख हड़ताल समाप्त की। इसके बाद सन् 1971 ईसवी में उत्तर प्रदेश में 'उर्दू' को शैक्षणिक भाषा के रूप में मान्यता मिल गई।

14 अप्रैल, 1967 ई. को अम्बेडकर जयन्ती जालन्धर, पंजाब में मुख्य अतिथि के रूप में भाग लिए।

14 अप्रैल, 1967 ई. को 'भीम-अभिनन्दन' कविता-संग्रह प्रकाशित किया।

6 जून, 1967 ई. को जम्मू और कश्मीर में गौतम बुद्ध जयन्ती में मुख्य वक्ता के रूप में आमंत्रित।

21 जुलाई, 1967 ई. : पेरियार ललई सिंह ने 21 जुलाई, 1967 ई. को कुशीनगर, उ.प्र. में बौद्ध धर्म की दीक्षा ग्रहण की। बौद्ध दीक्षा देनेवाले परम पूज्य महास्थविर ऊँ चन्द्रमणि जी थे। जिनसे बोधिसत्व बाबा साहब डॉ. भीमराव अम्बेडकर ने बौद्ध धर्म की दीक्षा ली थी। 14 अप्रैल, 1956 ई. में डॉ. अम्बेडकर के नागपुर में बौद्ध धर्म ग्रहण में न जा पाने की कसक 1967 ई. में पूरी की। 21 जुलाई, 1967 ई. को बौद्ध धर्म ग्रहण करने के बाद कुँवर चौधरी ललई सिंह यादव से ललई सिंह हो गए। उन्होंने स्पष्ट घोषणा की कि आज से मैं कुँवर, चौधरी, यादव सनातनी-वर्णवादी-जातिवादी मानसिकता के मूल्य आमूलचूल त्यागता हूँ। अब मैं सिर्फ ललई सिंह हूँ। एक बुद्धिस्ट की वर्ण और जाति नहीं होती है। यदि मन में है तो वह बुद्धिस्ट नहीं बल्कि सनातनी हिन्दू है। 14 अक्तूबर, 1968 ई. को भिक्षु निर्गुणनन्द ने नाना राव पार्क, कानपुर में इन्हें 'उत्तर भारत का पेरियार' कहा तब से 'पेरियार ललई सिंह' लिखने लगे।

17 सितम्बर, 1967 ई. : पेरियार ई.वी. रामास्वामी से पेरियार ललई सिंह लखनऊ में मिले। यहीं पर 'सच्ची रामायण' का हिन्दी अनुवाद करने की अनुमति माँगीं। लेकिन पहले से ही चन्द्रिका प्रसाद 'जिज्ञासु' को पेरियार रामास्वामी ने अनुमति दे रखी थी।

सन् 1967-68 के विधानसा सभा चुनाव (उत्तर प्रदेश) में रिपब्लिकन पार्टी की तरफ से 9 विधायक निर्वाचित हुए।

22 मई, 1968 को तथागत बुद्ध जयन्ती में जम्मू और कश्मीर में बौद्ध धर्म का प्रचार प्रसार के उद्‌देश्य से गए।

1 जून, 1968 ई. : अर्जक संघ की स्थापना की गई। यह एक ऐतिहासिक सांस्कृतिक संगठन है।

1 जुलाई, 1968 ई. : पेरियार ई.वी. रामास्वामी की किताब The Ramayana: A true Reading के हिन्दी अनुवाद की अनुमति ललई सिंह ने माँगी। इस पर पेरियार

ने लिखा मैंने अपनी चार किताबों के हिन्दी अनुवाद की अनुमति चन्द्रिका प्रसाद 'जिज्ञासु', बहुजन कल्याण प्रकाशन, लखनऊ को दे दी है जिसमें 'The Ramayana : A true Reading' भी है। यदि वे हिन्दी अनुवाद प्रकाशित नहीं करते हैं तो आपको अनुमति दूँगा। 1 जुलाई, 1968 ई को पेरियार ने पत्र लिखकर ललई सिंह, अशोक पुस्तकालय, झिंझक, कानपुर को 'The Ramayana : A true Reading' के हिन्दी प्रकाशन की अनुमति दी। इसका सरल अनुवाद 'सच्ची रामायण' नाम रखा गया।

1 सितम्बर, 1968 ई. : 'आर्यों का नैतिक पोल प्रकाश' पुस्तक की रचना कर प्रकाशित किया। यह मिथकों की तथ्यात्मक, तार्किक और ऐतिहासिक आधार से की गई अद्‌भुत व्याख्या पर आधारित पुस्तक है।

1 अक्टूबर, 1968 ई. : पेरियार ई.वी. रामास्वामी ने सम्पूर्ण रामायण का अध्ययन करते हुए 1 जनवरी, 1930 ई. को मूल तमिल भाषा 'रामायण : पदिरंगल' शीर्षक से किताब लिखी जिसका अंग्रेजी अनुवाद सन् 1959 में 'The Ramayana : A true Reading' नाम से प्रकाशित हुआ। इसका हिन्दी अनुवाद 1 अक्टूबर, 1968 ई. को पेरियार ललई सिंह ने प्रचारमूलक मन के अंग्रेजी के अध्यापक रामआधार से करवाकर अशोक पुस्तकालय, झींझक, कानपुर, उत्तर प्रदेश से प्रकाशित किया। इस महान कृति ने हिन्दी में प्रकाशित होते ही 'उत्तर भारत' में धूम मचाना शुरू कर दिया।

12 अक्टूबर, 1968 ई. को पेरियार ई.वी. रामास्वामी ने अल्पसंख्यक एवं पिछड़ा वर्ग सम्मलेन, बारहदरी, कैसरबाग, लखनऊ, उत्तर प्रदेश में सम्बोधन किया।

13 अक्टूबर, 1968 ई. को पेरियार ई.वी. रामास्वामी ने 'बैकवर्ड एवं अछूतों के सम्मेलन' को परेड मैदान, कानपुर, उत्तर प्रदेश में भाषण दिया। इसके संयोजक चन्द्रिका प्रसाद 'जिज्ञासु', छेदीलाल साथी, पेरियार ललई सिंह आदि थे।

14 अक्टूबर, 1968 ई. को ललई सिंह को 'उत्तर भारत के पेरियार' की उपमा भिक्षु निर्गुणानन्द द्वारा नानाराव पार्क, कानपुर, उत्तर प्रदेश में दी गई।

17 जनवरी, 1969 ई. को श्री सांगड़े जी कपड़ा के व्यवसायी, ग्राम—कोटम्बा, पोस्ट—मादणी, जिला—यवतमाल, महाराष्ट्र, ने बाबा साहब डॉ. अम्बेडकर पर व्याख्यान के लिए पेरियार ललई सिंह को बुलाया। वहाँ उनका बड़े पैमाने पर साहित्य भी बिका।

22 जून, 1969 ई. दिन रविवार, समय 2 बजे दोपहर, भारतीय रिपब्लिकन पार्टी (अम्बेडकरवादी), का जलसा स्थान-ब्राह्मण गाँव, रसूलाबाद, कानपुर में पेरियार ललई सिंह वक्ता थे।

20 दिसम्बर, 1969 ई. को 'सच्ची रामायण' को तत्कालीन उत्तर प्रदेश की सरकार ने नोटिफिकेशन नम्बर 9733-बी/8-बी-2-1946-68 विज्ञप्ति जारी कर जब्ती का आदेश दिया।

20 दिसम्बर, 1969 ई. को 'सच्ची रामायण' जब्त कर ली गई।

26 जनवरी, 1970 ई. को गृह (पुलिस ख-2) उत्तर प्रदेश सरकार संख्या 13038 आर/आठ-ख-2-1346/68 के अनुसार ललई सिंह को 'सच्ची रामायण' को कभी भी प्रकाशित न करने का कार्यालय द्वारा ज्ञापन दिया गया।

5 फरवरी, 1970 ई. से पेरियार ललई सिंह दक्षिण भारत, तमिलनाडु से पेरियार ई.वी. रामास्वामी द्वारा सम्पादित अंग्रेजी समाचार पत्र 'विदुथलाई मॉडर्न रेशनलिस्ट तमिल डेली' का नियमित अध्ययन करते रहे।

सन् 1970 ई. मुकदमा नम्बर 412 सन् 1970 में क्रिमिनल मिसलेनियस एप्लिकेशन अंडर सेक्सन 99बी. पेरियार ललई सिंह ने उत्तर प्रदेश सरकार के विरुद्ध 'सच्ची रामायण' के सन्दर्भ में हाईकोर्ट इलाहाबाद में अपील की।

10 मार्च, 1970 ई. को अम्बेडकर साहित्य रक्षक परिषद् बनाम स्टेस ऑफ यू.पी. जुडीकेचर सिविल जज, इलाहाबाद में 'जाति भेद का उच्छेद', 'आदिवंश का डंका', 'बौद्ध धर्म में पूजा-पाठ', 'परिमल', 'वन्दना' व 'बौद्ध धर्म में जय मंगल पद्धति' पर मुकदमा दायर हुआ। इन किताबों को पूर्व की उत्तर प्रदेश सरकार ने जब्त कर लिया था।

14 अप्रैल, 1970 ई. : पेरियार ललई सिंह ने 'डॉ. अम्बेडकर साहित्य रक्षक परिषद' की स्थापना की। सर्वसम्मति से इन्हें अध्यक्ष बनाया गया। अशफाक खाँ इसके प्रचार मंत्री चुने गए।

14 अप्रैल, 1970 ई. को 'शोषितों का डिब्बा गोल' नाम से नवजागरण की चेतना निर्माण करनेवाला पैम्फ्लेट प्रकाशित किया।

6 जून, 1970 ई. को अर्जक संघ की प्रशिक्षण शिविर का आयोजन हुआ। जिसमें समस्वरूप वर्मा के साथ पेरियार ललई सिंह ने ऐतिहासिक भाषण दिया। पेरियार ललई सिंह को अर्जक संघ का संरक्षक कहा जाता था।

13 जून, 1970 ई. को 'राष्ट्रीय शोषित संघ' का डलमऊ (मुराई का बाग), रायबरेली, उ.प्र. में अधिवेशन हुआ, जिसमें मुख्य वक्ता—पेरियार ललई सिंह, रामस्वरूप वर्मा, रामबचन यादव, महादेव प्रसाद, रामेन्द वर्मा आदि थे।

11 जुलाई, 1970 ई. को पेरियार ललई सिंह ने 'भूमिहीन खेतिहर मजदूर संघ, गाँव-समदहा, सरायख्वाजा, जिला—जौनपुर, उ.प्र.' में मजदूरों को सम्बोधित किया। जिसमें एक लाख से अधिक भूमिहीन किसान आए थे।

12 जुलाई, 1970 ई. को खैरुद्दीनपुर, जिला—जौनपुर, उ.प्र. में पेरियार ललई सिंह ने भूमिहीन किसानों की सभा को सम्बोधित किया।

25 अगस्त, 1970 ई. : 'सम्मान के लिए धर्म परिवर्तन' (Change the Religion for Self Respect) पुस्तक उत्तर प्रदेश सरकार द्वारा जब्ती का आदेश। अधियाचना संख्या 3221/1970 उच्च न्यायालय इलाहाबाद में दायर की और जीते।

12 सितम्बर, 1970 ई. : पेरियार ललई सिंह ने हाईकोर्ट इलाहाबाद में सरकार के विरुद्ध 'सम्मान के लिए धर्म परिवर्तन' पुस्तक की जब्ती पर मुकदमा दायर किया।

1970 ई. में समदहाँ, जौनपुर, उ.प्र. में मनुवादी-सामन्ती मानसिकता के लोगों द्वारा दलितों का दमन जारी था। इसी क्रम में एक दिन ब्राह्मण राजनाथ पंडित और दलित खिलाड़ी, लोऊटू और बलिहारी तीनों सगे भाइयों की जमीन को लेकर विवाद हो गया। इस पर गुस्साए सामन्तों ने दलितों पर हमला कर दिया। इस पर भारतीय क्रान्ति दल के विधायक बनारसी दास और अर्जक नेता पेरियार ललई सिंह ने समदहा में एक सभा की। इस सभा में पेरियार ललई सिंह ने जो ओजस्वी भाषण दिया। उससे दलितों में मान-सम्मान और स्वाभिमान का भाव भर गया। और मनोबल बढ़ा। अगली सुबह सवर्णों संग कहा-सुनी हो गई और बल्लाज मास्टर के अह्वान पर दलितों ने लाठियों से सवर्णों पर हमला कर धराशायी कर दिया। पेरियार ललई सिंह के भाषण ने दलितों में आत्मसम्मान और एकता पैदा की।

1 जनवरी, 1971 ई. को पेरियार ललई सिंह की पुस्तिका 'मेरे बौद्ध धर्म पर विभिन्न लेख' प्रकाशित हुई।

19 जनवरी, 1971 ई. : 'सच्ची रामायण' पुस्तक पर उच्च न्यायालय, इलाहाबाद फुल बैंच—न्यायाधीश ए.के. कीर्ति, न्यायाधीश के.एन. श्रीवास्तव, न्यायाधीश हरि स्वरूप ने जब्ती को निरस्त करने का निर्णय दिया। इसके बाद सरकार ने पेरियार ललई सिंह की जब्त की गई 'सच्ची रामायण' की सारी प्रतियाँ और तीन सौ रुपये हर्जाना के रूप में दिए। उच्च न्यायालय में उनके वकील श्री बनवारी लाल थे।

19 जनवरी, 1971 ई. को गवर्नमेंट ऑफ उत्तर प्रदेश ने हाईकोर्ट ऑफ जुडीकेचर इलाहाबाद के निर्णय दिनांक—19.01.71 ई. के खिलाफ सुप्रीम कोर्ट में अपील की।

30 जनवरी, 1971 ई. के 'अर्जक साप्ताहिक' के अंक 40 में पेरियार ललई सिंह द्वारा अशोक पुस्तकालय से प्रकाशित 'जातिभेद का उच्छेद', 'सम्मान के लिए धर्म परिवर्तन' पुस्तकों को संवित सरकार (उ.प्र.) के कांग्रेसी कोटे के मंत्री ने जब्ती का आदेश निकाला गया। यह खबर 'अर्जक साप्ताहिक' में 'गणतंत्र दिवस और उसके शत्रु' शीर्षक से छपी।

14 मई, 1971 ई. को पेरियार ललई सिंह ने अपनी कृति 'सम्मान के लिए धर्म परिवर्तन' पर जब्ती के विरुद्ध हाईकोर्ट इलाहाबाद से जीत हुई। सरकार ने हर्जाना स्वरूप इन्हें अर्थ और प्रतियाँ दीं।

3 जून, 1971 ई. को 'बौद्ध धर्म, समता एवं प्रगतिशील साहित्य प्रचारक' की स्थापना की जिसका इन्हें उपाध्यक्ष बनाया गया।

17 सितम्बर, 1971 ई. को 'शोषितो सावधान!' शीर्षक से चेतना सम्पन्न पैम्फ्लेट प्रकाशित किया।

29 सितम्बर, 1971 ई. : 'सच्ची रामायण की चाभी' पुस्तक प्रकाशित।

10 दिसम्बर, 1971 ई. को 'जाति भेद का उच्छेद', 'आदिवंश का डंका' आदि किताबों पर चल रहे मुकदमे जीते।

7 अगस्त, 1972 ई. को रामस्वरूप वर्मा का समाज दल और जगदेव प्रसाद का शोषित दल एक हुआ और नया नाम 'शोषित समाज दल' पड़ा जिसमें बाबू जगदेव प्रसाद, रामस्वरूप वर्मा, चौधरी महाराज सिंह भारती, पेरियार ललई सिंह और अन्य महत्त्वपूर्ण अर्जक कार्यकर्ता उपस्थित हुए थे।

15 अगस्त, 1972 ई. को केन्द्र सरकार, नई दिल्ली द्वारा 'स्वतंत्रता संग्राम सेनानी' की उपाधि से विभूषित किया गया, ब्रिटिश हुकुमत में विशाल सैनिक विद्रोह करने हेतु।

सन् 1972 से पेरियार ललई सिंह, पेरियार ई.वी. रामास्वामी द्वारा मद्रास, तमिलनाडु से सम्पादित समाचार पत्र The Modern Rationalist का नियमित अध्ययन करते थे। और अन्य लोगों को भी पढ़ने को देते थे। वे इस प्रकार पेरियारवादी सोच का उत्तर भारत में निर्माण और प्रचार-प्रसार करने की कोशिश कर रहे थे।

1 सितम्बर, 1972 ई. को 'जय शोषित!' शीर्षक से चेतना सम्पन्न पैम्फ्लेट नवजागरण के लिए प्रकाशित किया।

1 सितम्बर, 1972 ई. 'शोषित-संघर्ष' कविता-संग्रह प्रकाशित।

17 सितम्बर 1972 ई. को पेरियार ललई सिंह ने 'मेरे विभिन्न सामाजिक लेख' शीर्षक से पुस्तिका प्रकाशित किया।

1 जनवरी, 1973 ई. : 'सामाजिक विषमता कैसे दूर हो' पुस्तक की रचना।

1 फरवरी, 1973 ई. : 'जाति-पाति मिटाने व अछूतों की तरक्की के उपाय' अति-लघु पुस्तिका लिखी।

23, 24, 25 फरवरी, 1973 ई. को डालमिया नगर, जिला—रोहतास, बिहार में 'शोषित समाज दल' के संस्थापक सदस्य थे। यहाँ इन्होंने लम्बा भाषण दिया। साथ ही, ये अपने अशोक पुस्तकालय की पुस्तकें भी ले गए थे जिसका स्टाल लगाकर पुस्तकें बेचते और शुभचिन्तकों से मिलते रहे और बातों-बातों में वैचारिकी का निर्माण करते रहे।

24 सितम्बर, 1973 ई. को गुरु पेरियार ई.वी. रामास्वामी की स्मृति में भाग लेने निकले।

7 दिसम्बर, 1973 ई. को ललई सिंह को स्वतंत्रता संग्राम सेनानी सम्मान निधि (आजीवन पेंशन) लीलाधार जोशी, भूतपूर्व मुख्यमंत्री ग्वालियर राज्य, मध्य भारत के हाथों दी गई।

27 दिसम्बर, 1973 ई. को पेरियार इरोड वेंकट रामास्वामी के गाँव 'इरोड', चेन्नई में 'महान स्मृति सभा' हुई। इस महान सभा में ललई सिंह ने भाग लिया। अपने गुरु पेरियार की स्मृति में बात रखते हुए—ईश्वर, भाग्य, भगवान्, वर्ण-व्यवस्था, ब्राह्मणवाद की अपने गुरु की ही तरह धज्जियाँ उड़ाईं। इस पर उपस्थित महान जनता ने तालियों की गड़गड़ाहट के साथ कहा ललई सिंह तो बिलकुल हमारे 'पेरियार' की ही तरह हैं। इस विशाल सभा ने ललई सिंह को 'पेरियार' अर्थात् 'महान' की उपमा दी। तब से ललई सिंह 'उत्तर भारत में पेरियार' हो गए। और 'पेरियार ललई सिंह' के रूप में सम्बोधित किए जाने लगे। 27 दिसम्बर, 1973 ई. को इरोड, दक्षिण भारत में भी 'पेरियार' की उपमा मिली। उसके बाद से वे 'पेरियार ललई सिंह' हो गए।

5 सितम्बर, 1975 ई. को जगदेव प्रसाद की कुर्ता, जहानाबाद में हत्या कर दी गई। उसके बाद शोषित समाज दल की ओर से स्मृति सभा आयोजित की गई। जिसमें पेरियार ललई सिंह भी आए थे। उन्होंने मनुवाद के खिलाब आक्रोश उगलता हुआ भाषण दिया जो लम्बे समय तक चर्चा का विषय रहा। रघुनीराम शास्त्री शोषित समाज दल के अध्यक्ष कहते हैं कि वे शोषित समाज दल और अर्जक संघ के कई कार्यक्रमों में भाग लेने के लिए बिहार आए थे।

20 मई, 1975 ई. को पेरियार ललई सिंह ने 'सच्ची रामायण की चाभी' जो सरकार द्वारा प्रतिबन्धित थी, के विरुद्ध हाईकोर्ट इलाहाबाद में अपील किया।

1 मार्च, 1976 ई. उ.प्र. सरकार की ओर से 'स्वतंत्रता संग्राम सेनानी पेंशन' ससम्मान प्रदान की गई।

16 सितम्बर, 1976 ई. को 'सच्ची रामायण' पर केस की सर्वोच्च न्यायालय, दिल्ली में फुल बैंच माननीय न्यायाधीश पी.एन. भगवती, माननीय न्यायाधीश डी.आर. कृष्णा अय्यर और माननीय न्यायाधीश मुंतज फाजिल अली ने निर्णय सुनाया जिसमें पेरियार ललई सिंह की जीत हुई। सुप्रीम कोर्ट में उनके वकील शिवनारायण सिंह यादव थे।

अप्रैल, 1978 ई. में शोषित समाज दल और अर्जक संघ की ओर से पेरियार ललई सिंह जानीपुर गाँव, थाना—फुलवरिया, पटना में आयोजित कार्यक्रम में आए थे। यहाँ उनके नेतृत्व में 'रामायण' और 'मनुस्मृति' का दहन किया गया। दहन के बाद तुलसीदास मुर्दाबाद, अर्जक संघ जिन्दाबाद ललई सिंह रामस्वरूप वर्मा जिन्दाबाद के नारे लगे थे। रघुनीराम शास्त्री बताते हैं कि वे हर कार्यक्रम के बाद 'रामायण' और 'मनुस्मृति' जलाते थे और मनुवाद के विरुद्ध कड़क आवाज में भाषण देते। शोषित जनता को प्रबोधित करते थे।

30 अप्रैल, 1978 ई. रामस्वरूप वर्मा, महाराज सिंह भारती और पेरियार ललई सिंह के नेतृत्व में दयानतपुर, कांधी, तहसील—सिकन्दरा, कानपुर, उत्तर प्रदेश में 'रामायण', 'रामचरितमानस' और 'मनुस्मृति' की होली जलाई गई।

सन् 1980 में अर्जक का कैडर कैम्प, चौक चाँदगंज, अलीबाग, लखनऊ में हुआ जिसमें भन्ते करुणाकर, रामस्वरूप वर्मा, पेरियार ललई सिंह, महाराज सिंह भारती आदि प्रशिक्षक आए हुए थे।

सन् 1980 ई. में धम्म दीक्षा कार्यक्रम चाईबासा, टाटा नगर, सिंहभूमि, (जमशेदपुर) बिहार में आयोजित हुआ। मुख्य अतिथि—ग्रेट बुद्धिस्ट पेरियार ललई सिंह, वक्ता—जे.एन. आदित्य और संयोजक—बुद्ध शरण हंस (तात्कालिक एडीएम) थे। बुद्ध शरण हंस ने एक संस्मरण सुनाया कि पेरियार ललई सिंह एकदम जीवट, सरल, भावुक और बुद्धिमान व्यक्तित्व थे। वे ओजस्वी भाषण देते थे। बहुजन समाज के परिवर्तन पर बोलते हुए ब्राह्मणवादी गुलामी को बताते हुए, मंच पर ही रोने लगते थे। उनके रोने को समझदार लोग समझ जाते थे कि पेरियार ललई सिंह साहब क्यों रो रहे हैं। उस महान व्यक्ति के रोने में समाज की गहरी चिन्ता निहित थी। वे समाज की दुर्गति और उसके अन्धकारमय भविष्य को देख रहे थे। उससे समाज को बचाना चाहते थे। जो परिवर्तन उस समय चल रहा था वह सही नहीं था। वे आमूलचूल वैचारिक परिवर्तन चाहते थे जो बुद्ध, फुले, पेरियार और अम्बेडकर के विचारों के अनुसार सही परिवर्तन हो। वैचारिक परिवर्तन स्थायी और लम्बा होता। बुद्ध ने विचार से मानसिक परिवर्तन किया था जो ढाई हजार साल तक चला। उसमें जाति घुस गई। हिन्दूकरण हो गया। खतम हो गया...।

16 अप्रैल, 1981 ई. को बाबा साहब डॉ. अम्बेडकर जयन्ती पर बालाचुर, होशियारपुर, पंजाब मुख्य अतिथि के रूप में भाग लिया, इन्हें लौहारी राम बाली ने आमंत्रित किया था।

17 अप्रैल, 1981 ई. को बाबा साहब डॉ. अम्बेडकर जयन्ती को हरियाणा में सम्बोधित किया। साथ ही, रात 10 बजे बहुजनवादी कार्यकर्ताओं की मीटिंग की।

18 अप्रैल, 1981 ई. को बाबा साहब डॉ. अम्बेडकर जयन्ती पर सुबह 10 बजे चूरामंडी, जालन्धर पंजाब पहुँचे।

18 अप्रैल, 1981 ई. को बाबा साहब डॉ. अम्बेडकर जयन्ती पर अमृतसर, पंजाब दोपहर एक बजे पहुँचे।

18 अप्रैल, 1981 ई. को बाबा साहब डॉ. अम्बेडकर जयन्ती पर टाउन हॉल, अमृतसर, पंजाब शाम 05:45 पर पहुँचे।

सन् 1982 में अर्जक संघ का महासम्मेलन आलमनगर, लखनऊ में हुआ जिसमें रामस्वरूप वर्मा, पेरियार ललई सिंह, महाराज सिंह भारती और भन्ते करुणाकर आए हुए थे।

14 मार्च, 1982 ई. को डॉ. अम्बेडकर बुद्ध विहार का शिलान्यास हरैंया, बस्ती, उत्तर प्रदेश में प्रात: 10 बजे किया।

14 अप्रैल, 1982 ई. को बाबा साहब डॉ. अम्बेडकर जयन्ती पर हरैंया, बस्ती, उत्तर प्रदेश में पेरियार ललई सिंह भाषण देने गए।

3 जून, 1982 ई. को पेरियार ललई सिंह ने अपने राजनीतिक, आन्दोलनकारी और मिथक-संस्कृति के गुरु पेरियार ई.वी. रामास्वामी के नाम पर 'पेरियार प्रेस' की शुरुआत की।

13 जून, 1982 ई. को अपने गुरु पेरियार ई.वी. रामास्वामी के नाम पर 'पेरियार प्रेस' की स्थापना—झींझक, थाना—मंगलपुर, कानपुर देहात में श्री मुंशीलाल वर्मा के मकान में की। इसके बगल में बसन्त लाल वर्मा का घर है। उस समय पेरियार ललई सिंह की उम्र 71 वर्ष थी।

24 सितम्बर, 1982 बौद्ध धर्म प्रशिक्षण शिविर का आयोजन किया।

3 फरवरी, 1983 ई. को बौद्ध सम्मेलन एवं दीक्षा समारोह, पहाड़ीबुर्ज, चिरगाँव, झाँसी, उ.प्र.।

12 से 19 फरवरी, 1983 ई. : बौद्ध प्रशिक्षण शिविर, सारनाथ, बनारस में।

2-3 अप्रैल, 1983 ई. : 'ऑल इंडिया भिक्षु सम्मेलन', भिक्षु संघ, कुकरगाँव, जिला—जालौन, उ.प्र. में शामिल हुए।

24 सितम्बर, 1983 ई. : बौद्ध धर्म-संस्कार और प्रशिक्षण शिविर लगवाया।

25 सितम्बर, 1983 ई. धम्म देशना का आयोजन।

8, 9,10 अक्टूबर, 1983 ई. को मानववादी अर्जक संघ ने श्रीपतपुर, पोस्ट—दुबेपुर, धर्मशाला, जिला—उन्नाव, उ.प्र. में त्रि-दिवसी अर्जक संघी कैडर का आयोजन किया गया, जिसमें मुख्य प्रशिक्षणकर्ता—रामस्वरूप वर्मा, पेरियार ललई सिंह, महाराज सिंह भारती, अब्दुल इस्लाम, राजाराम यादव, सोहन लाल, भन्ते करुणाकर आदि थे। पेरियार ललई सिंह को अर्जक संघ का संरक्षक कहा जाता था। वे सबसे वरिष्ठ भी थे। अर्जक संघ में नास्तिक भौतिक दुनिया पर गभीर व्याख्यान होते। वर्ण, जाति, पुरोहितवाद, जनम-मरण, स्वर्ग-नरक, भाग्यवाद, अन्ध-विश्वास, कर्मकांड, ब्राह्मणवाद की झूठी मिथकीय हिन्दू व्याख्या पर वैज्ञानिक सोच के साथ व्याख्यान होते थे। साथ ही, पूंजीवाद और साम्यवाद पर भी विस्तृत व्याख्यान होते थे।

1984 ई. में विपश्ना करने विपश्ना विश्वविद्यालय, धम्मगिरी, इगतपुरी, नासिक, महाराष्ट्र गए थे। इसका संचालन—सयाजी मेमोरियल ट्रस्ट, 20 शहीद भगत सिंह रोड, बम्बई 400-023 द्वारा होता था।

8-9 मार्च, 1984 ई. : 'आप लोग अम्बेडकराइस्ट नहीं, रिजर्वेशनाइस्ट हैं, बुद्धिस्ट नहीं, सुविधाइस्ट हैं', अखिल भारतीय बौद्ध सम्मेलन, आगरा, उ.प्र.।

2 सितम्बर से 7 अक्टूबर, 1984 ई. : 'विपश्ना', शिविर सारनाथ, बनारस में।

31 अक्टूबर, 1984 ई. : प्रधानमंत्री श्रीमती इन्दिरा गांधी की हत्या के बाद पूरे देश में भड़के सिक्ख विरोधी दंगे में सिक्खों का कत्लेआम किया जा रहा था।

उन्मादी-साम्प्रदायिक जनता की लाठियों, डंडों और राडों से पिटते-भागते सिक्खों को पेरियार ललई सिंह किसी तरह अपने 'अशोक पुस्तकालय' की ऑफिस, झकरकटी, कानपुर में छुपाते। अपने धर्मनिरपेक्ष साथियों के साथ मौका पाते ही साम्प्रदायिक सद्भाव की रैलियाँ निकालते हैं।

5 अक्टूबर, 1985 ई. डॉ. भीमराव अम्बेडकर संघर्ष समिति, शाहदरा, दिल्ली-32 द्वारा धम्म देशना शिविर पर विराट कवि सम्मेलन एवं विचार गोष्ठी में मुख्य अतिथि के रूप में भाग लिया।

10 नवंबर, 1985 ई. को बौद्ध संस्कार प्रशिक्षण शिविर का आयोजन, अखिल भारतीय बौद्ध महासभा द्वारा नानाराव पार्क, कानपुर, उत्तर प्रदेश में।

1986 में पेरियार चेरिटेबल ट्रस्ट की स्थापना की। इस ट्रस्ट के स्थापना के समय एडवोकेट रामसिंह, कानपुर ने पेरियार ललई सिंह चेरिटेबल ट्रस्ट का प्रारूप और रजिस्ट्रेशन आदि करवाया। इस ट्रस्ट के सदस्य—पेरियार ललाई सिंह, जे.एन. आदित्य, उपासिका रानी, सुशील कुमार बौद्ध आदि थे।

11 मार्च, 1986 को बुद्ध गया महाबोधि महाविहार पर हिन्दू पुरोहितों के कब्जे से मुक्ति के लिए दिल्ली में बौद्ध भिक्षुओं और उपासकों संग धरना-प्रदर्शन किया गया और माँग की गई कि महाविहार को बौद्ध भिक्षुतों को पुनः दिया जाए।

15 अप्रैल, 1987 ई. को डॉ. अम्बेडकर जयन्ती का रहीमपुर, होशियारपुर, पंजाब में आयोजन हुआ। उसके बाद चुनिन्दा लोगों को गुप्त प्रशिक्षण दिया गया।

1987 से *श्रद्धेय नकुल दीढ़ी बौद्ध धर्मप्रचारक* हैं। भीष्मदेव ढीढ़ी एडवोकेट, धमतरी-493773 और रायपुर में बौद्ध धर्म की महासभा हुई। श्रद्धेय डी.डी. वासविक आदि शामिल हुए थे। राजनांदगाँव/मदानजी के कर्मचारी भी शामिल हुए।

जनवरी, 1992 ई. में धम्म दीक्षा कार्यक्रम लौरिया, बेतिया, बिहार में आयोजित हुआ। मुख्य अतिथि—ग्रेट बुद्धिस्ट पेरियार ललई सिंह, वक्ता—जे.एन. आदित्य, मैडम कान्ति बालाजी थे। संयोजक—बुद्ध शरण हंस (तात्कालिक ADM) थे। यहाँ 7 से 8 हजार लोगों को बौद्ध धर्म ग्रहण कराया गया।

सन् 1990 ई. को काको, जहानाबाद, बिहार में पेरियार ललई सिंह को गोली मारी गई। वहाँ इनके नाटक शम्बूक-वध का मंचन हुआ। उसके बाद इन्होंने अपना ओजस्वी भाषण दिया और 10,000 लोगों को बौद्ध धर्म ग्रहण करवाया। इस कारण मनुवादी-सामन्ती ताकतों ने इन पर तीन राउंड गोली चलाईं। चूँकि ये नेशन आर्मी में हाई-कमांडर थे। इसलिए हर समय चौकन्ने रहते थे। इसलिए बच गए।

14 अप्रैल, 1990 ई. दि बुद्धिस्ट सोशायटी ऑफ इंडिया, महू, मध्य प्रदेश, में मुख्य अतिथि के रूप में भाग लिया जिसमें विशिष्ट अतिथि—डॉ. अम्बेडकर की बहू और कुँवर महमूद अली, राज्यपाल, मध्य प्रदेश थे।

16 मई, 1992 ई. को बुद्ध पूर्णिमा के दिन को दयालपुर, रूहालकी, भगवानपुर, हरिद्वार में श्री रहतू लाल बौद्ध ने बुद्ध जयन्ती का आयोजन किया जिसमें पेरियार ललई सिंह और प्रकाशराव अम्बेडकर को बुलाया। यहाँ पेरियार ललई सिंह ने बौद्धिक और रोमांचित कर देनेवाला भाषण दिया। जनता एकदम मनमुग्ध हो गई।

7 अगस्त, 1990 ई. : सामाजिक न्याय के प्रतीक 'मंडल आयोग' के लागू होने पर उसके समर्थन में पेरियार ललई सिंह ने जनता को एकत्रित कर 'सामाजिक न्याय' उत्सव मनाया और लोगों को मिठाइयाँ खिलाईं।

12-13 जून, 1992 को दि बुद्धिस्ट सोसायटी ऑफ इंडिया का पाँचवाँ प्रान्तीय अधिवेशन, शासकीय हायर सेकेंडरी स्कूल, दबोह भिंड, मध्य प्रदेश में इनकी अध्यक्षता में हुआ।

6 दिसम्बर, 1992 ई. : पेरियार ललई सिंह ने 6 दिसम्बर, 1992 को हुए 'बाबरी मस्जिद विध्वंस' के समय अल्पसंख्यक मुसलमानों को साम्प्रदायिक हिंसा और दंगों का सामना करने के समय संरक्षण दिया और सामाजिक सद्भाव की कई रैलियाँ निकालीं।

2 फरवरी, 1993 ई. : पेरियार ललई सिंह से उनके झींझक स्थित प्रेस पर तीन अन्तरराष्ट्रीय बौद्ध भिक्षु मिलने आए हुए थे। एक चीन से थे। दूसरे जापान से और तीसरे थाईलैंड से। तीनों बौद्ध भिक्षु उनसे देशज बुद्धिज्म और उसके आविर्भाव और संहार पर बातचीत किए। उसके बाद शाम को बौद्ध भिक्षु बोध गया चले गए। उसके बाद रात्रि के 9.00 बजे उन्हें तेज सिर दर्द हुआ और वे बेहोश हो गए। मुंशी लाल ने उन्हें तत्काल अस्पताल में भर्ती किया गया।

7 फरवरी, 1993 ई. को मूलनिवासी योद्धा पेरियार ललई सिंह का रात्रि 11:11 मिनट पर मस्तिष्क आघात से निर्वाण हो गया।

8 फरवरी, 1993 ई. : चूँकि पेरियार ललई सिंह स्वतंत्रता सेनानी थे इसलिए 8 फरवरी, 1993 ई. को सुबह सबसे पहले पूरे राजकीय सम्मान के साथ, उन्हें अन्तिम विदाई दी गई। उसके बाद बौद्ध भिक्षुओं ने संगायन के साथ अन्तिम संस्कार कराया।

15 फरवरी, 1993 ई. को पेरियार ललई सिंह को 'पुन्य अनुमोदन' दिया गया। पुन्य अनुमोदन पालि भाषा का शब्द है, जिसका अर्थ होता है कुशल गुणों को प्रस्तावित करना अर्थात् इसमें व्यक्ति के 'कुशल गुणों' के प्रति कृतज्ञता व्यक्त करते हैं। इस अवसर पर बुद्ध के अनिच्छा अर्थात अनितता का उपदेश होता है।

मतलब इस संसार में जो भी वस्तु सृजित हुई है, वह अनिश्चित है। नाशवान है। एक न एक दिन उसको नष्ट होना ही है। इसलिए हमें उस व्यक्ति और समाज के सतगुणों को याद रखना चाहिए। इस अवसर पर बुद्ध और उस व्यक्ति के सत् गुणों का उपदेश होता है।

20 फरवरी, 1993 ई. को 'महान स्मृति सभा' का आयोजन हुआ जिसमें देश-प्रदेश के अनेक बुद्धिजीवी, सामाजिक-सांस्कृतिक, राजनीतिक कार्यकर्ता और बौद्ध भिक्षु आए।

आर्यों का नैतिक पोल प्रकाश

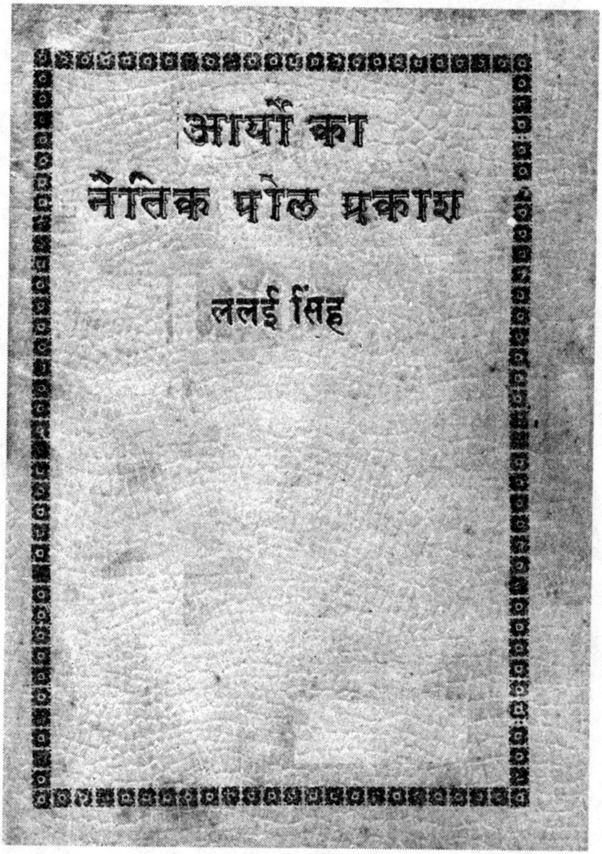

लेखक
पेरियार ललई सिंह

अशोक पुस्तकालय
झींझक, जिला—कानपुर, उत्तर प्रदेश, भारत-209302

दीक्षा-दिवस 14 अक्टूबर, सन् 1968 ई.
प्रथम बार 1000 प्रतियाँ प्रकाशित
पहली बार सन् 1969 ई.
दूसरी बार सन् 1972 ई.
तीसरी बार सन् 1974 ई.
चौथी बार सन् 1976 ई.
पाँचवीं बार सन् 1977 ई.
छठी बार सन् 1978 ई.
सातवीं बार सन् 1980 ई.
आठवीं बार सन् 1983 ई.
नौवीं बार सन् 1985 ई.
दसवीं बार सन् 1988 ई.

मुद्रक
सस्ता प्रेस
झींझक, जिला—कानपुर,
उत्तर प्रदेश, भारत-209302

मूल्य : 2.50

!!समर्पण!!

निर्वाण प्राप्त श्रद्धेय पिता
श्री चौधरी गज्जूसिंह यादव
की पुण्य स्मृति में
जो आजीवन अ-समतावादी आर्य-ब्राह्मणी मान्यताओं के विरुद्ध सतत संघर्ष करते हुए दिनांक—16 दिसम्बर, सन् 1953 ई. को चार महाभूतों में विलीन हो गए। सादर समर्पित।
निवासी ग्राम—कठारा, रेलवे स्टेशन-झींझक, कानपुर, उत्तर प्रदेश

—पेरियार ललई सिंह

भूमिका

'आर्यों का नैतिक पोल प्रकाश' पुस्तक के बहुज्ञ और दूरदर्शी लेखक श्री ललई सिंह के अध्ययन-मनन का सारगर्भित ज्ञान-संग्रह और सम्पादन हैं, जिसका आधार स्वतंत्र बुद्धिवाद है। आज के भारत में बुद्धिवाद की चर्चा शिक्षित जनता का एक मनोरंजन-सा बन गया है। इसके कई कारण हैं, पहला कारण—विज्ञान की बढ़ती हुई शिक्षा है। दूसरा कारण—संसार के वैज्ञानिक देशों का बढ़ता हुआ सम्पर्क है। तीसरा कारण—विदेशों के वैज्ञानिक साहित्य का भारत में प्रचार है, और सबसे बड़ा चौथा कारण—नई पौध की अभिरुचि है, जिसके कारण वे प्रत्येक बात में 'क्यों? क्या? कैसे?' प्रश्न-सूचक शब्द लगाया करते हैं।

श्री ललई सिंह ने भी आधुनिक रुचि के अनुसार, 'क्यों? क्या? कैसे?' प्रश्नचिह्न लगाकर इस पुस्तक में प्रत्येक बात का उत्तर दिया है। मैं यह बात दावे के साथ नहीं कहता कि उनका प्रत्येक उत्तर इदमित्थम् है। उसके आगे-पीछे या दाहिने-बाएँ और कुछ नहीं है किन्तु यह बात बलपूर्वक कही जा सकती है कि इस प्रकार बुद्धि के स्वतंत्र प्रयोग से पाठकों में बुद्धिवाद का विकास होता है और स्वतंत्र भाव से प्रत्येक बात पर सोचने-समझने की अभिरुचि उत्पन्न होती है।

इस पुस्तक के पाठकों में से जो सज्जन लेखक की तर्क-प्रणाली अनुभूति और परिणाम के विरुद्ध सोचते हैं, उन्हें अपनी रुचि के अनुसार, सोचने, समझने, बोलने तथा लिखने का अधिकार है किन्तु लेखक का यह उपकार तो मानना ही होगा कि उन्होंने इस प्रकार स्वतंत्र भाव से सोचने का मार्गदर्शन अवश्य किया है।

श्री ललई सिंह को मैं अर्से से जानता हूँ। वह एक सुलझे-समझे एवं खरी तबीयत के व्यक्ति हैं। लगी-लिपटी तथा चिकनी-चुपड़ी से उन्हें घृणा है। उनकी बात किसी को पसन्द आवे या न आवे, वे इसकी परवाह नहीं करते और अपने विचारों के प्रकाश में जो भी मुसीबतें आ सकती हैं, वे उनका सदा स्वागत करते हैं। ऐसे स्पष्ट वक्ताओं की बात पढ़ना प्रत्येक बुद्धिवादी का कर्तव्य है।

10 सितम्बर, 1968 ई.

—चन्द्रिका प्रसाद 'जिज्ञासु'
360/193 मातादीन रोड,
सआदतगंज, लखनऊ-3

सम्मति

श्री ललई सिंह, जिन्होंने यह किताब (आर्यों का नैतिक पोल प्रकाश) बड़ी मेहनत और खोज के बाद लिखी है, मुबारिकवाद के मुस्तहक हैं, क्योंकि उन्होंने भारतीय कौम का ध्यान एक ऐसे मसले की तरफ दे दिया है, जिस तरफ आज तक बहुत कम तवज्जुह दी जा रही है। वह मसला है—लोगों को जहनी गुलामी से निजात (छुटकारा) दिलाने का। शायद दुनियाभर में हिन्दुस्तान ही एक ऐसा मुल्क है, जिसमें समाजी ना-बराबरी जातीय-भेद, मुनाफरत (नफरत), अन्धविश्वास और जहालत (मूर्खता) का अभी तक इतनी मजबूती से कायम है, जहाँ देवी-देवताओं की खुशनूदी (प्रसन्नता) हासिल करने के लिए जबान (जीभ, जिह्वा), हाथ और सिर वगैरह बलिदान कर डालना अभी तक हमारे देश में एक मामूली-सी बात है। समाज का कोई ऐसा हिस्सा नहीं, जिधर जहालत का दौर-दौरा न हो। हाल ही में गुजरात असेम्बली में मेम्बरों (एम.एल.ए. लोगों) ने बारिश के लिए (भगवान, देवी, देवताओं व इन्द्र आदि से) प्रार्थना की और लुत्फ (मजे) की बात यह है कि बारिश की इस प्रार्थना के लिए कांग्रेस और अपोजीशन (विपक्ष) दोनों ने एक जैसा हिस्सा लिया। क्या इससे भी बढ़कर और कोई बड़ा सबूत हिन्दुस्तान की जहालत का हो सकता है?

जहालत व अन्धविश्वास से जहनी गुलामी पैदा होती है और फिर यही लानत (फटकार) मुल्कों एवं कौमों को तबाह व बरबाद करती है। भारत की बदहाली तथा गिरावट का कारण भी यही बनी है। इसका सुबूत इस किताब से बखूबी मिल सकता है।

तथागत गौतम बुद्ध से जब पूछा गया कि दुनिया में सबसे बड़ा रोग कौन-सा है? तो उन्होंने जवाबन कहा कि 'जहालत' मतलब गरीबी, दरिद्रता। जब तक हम इस रोग को मिटा नहीं देते, तब तक एक तन्दुरुस्त व तवाना (शक्तिशाली) हिन्दुस्तान का तसव्वुर करना (कल्पना) मुश्किल है।

श्री ललई सिंह ने अपनी किताब में अन्धविश्वास और जहालत फैलानेवाली मुताअद्दीन (बहुत-सी) धारणाओं का, जो ब्राह्मणी धर्म पर मबनी (स्थिर) होने का जिक्र करके हमारा ध्यान 'आस्तीन के साँप' की तरफ दिलाया है, हम सबको

जहालत के खिलाफ चाहे उसका प्रचार व प्रसार कोई भी करे और कहीं से भी हो, जबरदस्त विरोध करना चाहिए।

हिन्दुस्तान की अजमत (बड़प्पन), खुशहाली और बहबूदी का राज (भेद) इस बात में छिपा है कि हम अपने देशवासियों के आजादाना (स्वतंत्र) और बे-खौफाना (निर्भय) तौर पर सोचने-समझने का मौका दें।

श्री ललई सिंह की किताब इस नेक (शुभ) काम में एक अच्छी और मददगार साबित होगी। ऐसी मुझे उम्मीद है।

28 सितम्बर, 1968 ई.

—लाहौरीराम 'बाली'
सम्पादक 'भीम पत्रिका' (पाक्षिक)
नकोदर रोड, जालन्धर-सिटी (पंजाब)

सम्मति

वेदों के अनुसार समाज में तीन बातें अवश्य होनी चाहिए। पहली—चार वर्ण (ब्राह्मण, क्षत्रिय, वैश्य व शूद्र)। दूसरी—इन वर्णों में क्रमिक सामाजिक बड़प्पन-छुटप्पन तथा क्रमिक सुविधाएँ और तीसरी प्रत्येक वर्ण का अलग-अलग पेशा।

पहली और दूसरी बात के बारे में गौतम बुद्ध ने 'सुत्तनिपात' में 'वासेट्ठ' ब्राह्मण व 'अश्वलायन-सुत्त' में 'अश्वलायन' ब्राह्मण से कहा कि अन्य वर्णों की स्त्रियों की भाँति ब्राह्मणियाँ भी ऋतु-मती होकर सन्तान पैदा करती हैं। अत: सभी मनुष्य समान हैं।

तीसरी बात के बारे में तथागत गौतम बुद्ध ने 'एसुकारि-सुत्तंत' में 'एसुकारी' ब्राह्मण से कहा कि प्रत्येक व्यक्ति को लाभप्रद पेशा (सेवा) करनी चाहिए तथा हानिप्रद पेशा (सेवा) करने के लिए बलपूर्वक इनकार कर देना चाहिए।

स्वार्थी चातुर्वर्णीय व्यवस्था के पोषक कुछ भारतीयों को छोड़कर सम्पूर्ण संसार तथागत गौतम बुद्ध के इस सिद्धान्त से सहमत है।

जाति नहीं, अ-समता नहीं, ऊँच-नीच नहीं। यही तथागत गौतम बुद्ध की देशना (शिक्षा) है। दूसरे के साथ अपने को एक कर लो। सदैव यही सोचना चाहिए कि जैसे वे हैं—वैसा मैं हूँ और जैसा मैं हूँ—वैसे वे हैं।

विभिन्न विद्वानों द्वारा विवेक की कसौटी पर परखी गई 'आर्यों का नैतिक पोल प्रकाश' पुस्तक गम्भीर और अच्छी है।

सबका मंगल हो!

साधु! साधु!! साधु!!!

11.12.1968 ई.

—भिक्षु शीलभद्र

बुद्ध-बिहार (पावर हाउस के पास)

मोतीगंज, भर्थना, जिला—इटावा (उत्तर प्रदेश)

सम्मति

जिऩ आदिनिवासियों से आर्य विद्वत्ता व वीरता में हार जाते थे, उसे भी आर्य घोषित कर देते थे।

जिस व्यक्ति ने चाहे व आर्य हो या आदिनिवासी कोई काम आर्यों के लाभ के लिए किया हो या कोई काम आदिनिवासियों के हानि के लिए किया हो। बस! वही व्यक्ति आर्यों के लिए भगवान का अवतार, देवता, महर्षि और महापुरुष कहलाया।

द्रविड़ (आदिनिवासी) तीन बजे रात से नौ बजे प्रात: तक भजन-पूजन करने के कारण इस समय को 'सत्यम', नौ बजे प्रात: से तीन बजे शाम तक खेती बारी व पशुपालन आदि परिश्रमी काम करने के कारण इस समय को 'कार्यम', तीन बजे शाम से नौ बजे रात तक दंड-बैठक व मलयुद्ध आदि काम कराने के कारण इस समय को 'युद्धम' और नौ बजे रात से तीन बजे रात तक आमोद-प्रमोद व विश्राम करने के कारण इस समय को 'विषयम' कहा करते थे।

आर्यों ने उनके इन्हीं शब्दों तथा कार्यों के आधार पर कल्पित समय की कल्पना द्वारा सत्यम, कार्यम, युद्धम व विषयम में बजाय सतयुग, त्रेता युग, द्वापर युग, व कलयुग नामक शब्द गढ़े।

—स्वामी धर्मानन्द 'अभ्यलंकर'

सम्मति

'आर्यों का नैतिक पोल प्रकाश' भारतीय इतिहास में उद्धरण व प्रमाणों पर आधारित एक ऐसा छोटा, पर सारगर्भित ग्रंथ है, जिसे लोगों को खुले दिल व दिमाग से पढ़ना चाहिए। इतिहास की घटनाओं को लेकर भारतीय-समाज की प्राचीन मान्यताओं को इस दृष्टिकोण को कसौटी पर चढ़ाकर देखा जाए।

जो विचार लेखक ने इस पुस्तिका में संकल्पित किया है, उससे समाज को एक नया दृष्टिकोण मिल सकता है और वह दृष्टिकोण पाठकों को समाज में मुश्किल से दूसरी जगह मिलेगा। आर्य-सभ्यता के प्रति झूठा व थोथा दम्भ तथा अभिमान बालू की भीत की तरह है। आनेवाले कल का नागरिक विवेक की कसौटी पर चढ़ाकर उसे कभी भी धराशायी कर सकता है।

जो सभ्यता वेद में करोड़ों इनसानों को सिर्फ अपने स्वार्थ के लिए शूद्र, दास, चांडाल व अन्त्यज कह कर जानवर से भी बदतर बनाए हुए है और उन्हें धार्मिक, सामाजिक व मानसिक गुलाम बना कर रखे हुए है, वह सभ्यता किसी भी तरह अच्छी नहीं हो सकती। उसी के द्वारा देश गुलाम बना।

उस आर्य-सभ्यता की तारीफ यह रही है कि भले ही हम और हमारा देश मुसलमान व अंग्रेज का वर्षों गुलाम रहा, परन्तु उसने हजारों साल के गुलाम बनाए शूद्र (पिछड़ी जातियों) व अछूत (अनुसूचित जातियों) व आदिनिवासी (अनुसूचित जन जातियों) को उभरने नहीं दिया। वह क्रम आज भी जारी है।

राम-राज्य की स्थापना की चर्चा कांग्रेसी, जनसंघी, संयुक्त सोशलिस्ट पार्टी व दूसरी राजनीतिक पार्टी के नेता आज भी करते ही रहते हैं, जो आर्य सभ्यता का प्रतीक-मात्र जाल है।

अत: यह पुस्तक देश के उन करोड़ों दबाए गए और आर्य-सभ्यता में नीच बनाए गए लोगों के लिए जीवन का सन्देश है जो कुछ करने और मरने की प्रेरणा देती है और चेतना पैदा करती है, उन मान्यताओं के खिलाफ बगावत करने की, जिनके हम आज भी गुलाम हैं।

पाठक इसको पढ़कर अपने विवेक से हंस की भाँति दूध और पानी को अलग-अलग करके आर्य-सभ्यता की पोलों से अपने को जानकारी कराकर समाज के

करोड़ों मूक-मानवों को उसके चुंगल से बचा सके, जो आज भी अन्धविश्वास से उसी के धार्मिक जूए में कोल्हू के बैल की तरह जुते हुए हैं, तो निस्सन्देह पाठक की मेहनत सफल होगी।

लेखक ने बड़ी मेहनत से पुस्तक खोजपूर्ण ढंग से लिखी है। इसके लिए निस्सन्देह वह बधाई का पात्र है।

पुस्तक खूब पढ़ने से ताल्लुक रखती है।

14 अगस्त, 1968 ई.

—श्री छेदीलाल साथी
एडवोकेट, एम.एल.सी.
सम्पादक 'बहुजन' हिन्दी
48, कन्धारी बाजार, लखनऊ, (उ.प्र.)

सम्मति

भारत में ब्राह्मणवाद ने 'संशयात्मा विनश्यति' का नारा देकर अनेक अ-कल्पनीय कल्पनाएँ तर्क-शक्ति को पंगु करने के लिए की। सहस्त्र-फन के शेष नाग की कल्पना और उस पर शयन करनेवाले विष्णु के पेट से कमल और फिर उससे ब्रह्मा का जन्म होना, जबकि उनकी स्त्री लक्ष्मी वहीं विराजमान थीं, एक मानव-मस्तिष्क की तार्किक-शक्ति को लकवा (फालिज या पक्षाघात) मारने का काम करती है।

इसी प्रकार कैलाश शिखर की शाश्वत हिमाच्छादित चोटी पर शिव का भस्म लेपन किए, नंगे बदन रहना और उसमें साँपों का जिन्दा व सक्रिय शिव के शरीर पर रहना, जितना अ-वैज्ञानिक है, उतना ही विवेक-बुद्धि को लकवा मारनेवाला भी है। स्पष्ट है कि ब्राह्मणवाद के प्रवर्तकों ने सम्पूर्ण भारतीय इतिहास को मिटाकर अथवा पूर्णतया विकृत करके पेश किया, जिससे उनके विरोधियों का केवल मानसिक बल ही दुर्बल न हो जाए, वरन उनका इतिहास भी शाश्वत विस्मृति में विलीन हो जाए। इसके अतिरिक्त 'तोता मैना' की कहानी की भाँति अनेक पुराणों को प्रकाशित कर और उसमें भोंडी, भद्दी एवं तर्कहीन कहानियाँ गढ़कर अपने ब्राह्मणवाद का प्रचार किया।

संक्षेप में, सम्पूर्ण ब्राह्मणवाद 'मानो' की संस्कृति का प्रवर्तक है अर्थात् जितनी कपोल-कल्पित और तर्क से दूर कथाएँ इन्होंने गढ़ीं, उतना ही अधिक उन पर बिना तर्क किए मानने पर जोर दिया। सम्पूर्ण ब्राह्मणवादी-साहित्य इसी 'मानो' के सिद्धान्त पर टिका हुआ है। आस्तिकता पर विश्वास करनेवाली भौतिकवादी-संस्कृति के लोग इस 'मानो' के सिद्धान्त को कभी भी मानने को तैयार न होंगे। उनकी संस्कृति तो 'जानो' पर आधारित रही है अर्थात् तर्क और तथ्य पर जो खरा उतरे, उसे ही स्वीकार करना चाहिए। न कि जो भी ऊटपटाँग धर्म के या संस्कृति के नाम पर कह दिया जाए, उसे बिना तर्क के 'मानो'।

'आर्यों का नैतिक पोल प्रकाश' में जोशीले लेखक श्री ललई सिंह ने इसी 'मानो' को ब्राह्मणवाद-विरोधी-संस्कृति का सहारा लिया है। मेरे जैसे व्यक्ति के लिए ब्राह्मणवादी 'मानो' की संस्कृति का सम्पूर्ण साहित्य उसी प्रकार का है, जैसे 'तोता मैना' या दानवों (या प्रेतों आदि) की कल्पित कहानी अब के युग के नौजवानों के लिए है, जिसे यह जानकर न कटनेवाले फुर्सत के समय केवल-मात्र सुलभ

होने पर ही पढ़ा जाता है। वास्तव में, इससे सत्य का कोई वास्ता नहीं। अब के वैज्ञानिक युग में उनके पढ़ने की रुचि ही समाप्त होती जा रही है। अतः इसे गम्भीर अथवा अमर-साहित्य की कोटि में रखने का प्रश्न ही नहीं उठता। अब इस तरह की काल्पनिक कहानियों के आधार पर ऐतिहासिक तथ्यों की खोज ऐसी ही है, जैसे भूसे के विशाल-पुंज से चन्द दानों का निकालना।

'आर्यों का नैतिक पोल प्रकाश' में धैर्यवान लेखक ने बिना अधीरता का लेशमात्र आए, ऐसी ही कहानियों को तर्क और तथ्य की कसौटी पर कसना चाहा है। इतने विपुल साहित्य को इतने कम आकार के अन्दर तर्क की कसौटी पर कसना पूरी तरह सम्भव नहीं हो सकता था। लेखक का परिश्रम इस दिशा में 'जानो' की भूख को जिस तीव्रता से जगा देता है, वही उसकी सबसे बड़ी सफलता है। इसमें सन्देह नहीं कि लेखक का स्थान-स्थान पर 'मानो' की संस्कृति के प्रति जो चिर-संचित-आक्रोश उबल पड़ा है, उसमें 'जानो' की संस्कृति को ही बल मिला है, वरन उससे चिर-पंगु भारतीय-मस्तिष्क पुनः सक्रिय हो उठेगा।

सम्पूर्ण प्राणि-समूह को दो हिस्सों में बाँटा जा सकता है—सहज-बुद्धि से चालित प्राणी और विवेक-बुद्धि से चालित प्राणी। मानव को छोड़कर सम्पूर्ण प्राणी सहज-बुद्धि से काम लेते हैं। उनका बचाव आदि सहज-बुद्धि के जरिये होता है। मानव इसका अपवाद है। सम्पूर्ण प्राणियों के बच्चों को पानी में डाल दीजिए वे सामर्थ्य के मुताबिक तैर कर अपनी रक्षा करेंगे, किन्तु बिना तैरना सीखे मानव के बच्चे को पानी में डालने पर उसकी मृत्यु निश्चित है, से स्पष्ट है कि मानव को अपनी रक्षा के उपाय विवेक-बुद्धि से सोचने व करने पड़ते हैं। सहज-बुद्धि उसका सहारा नहीं बन सकती। तब फिर ब्राह्मवाद 'मानो' की संस्कृति चलाकर अवनति के गर्त में गए बिना बच नहीं सकता था। वही हुआ। स्थान-स्थान पर विद्वान लेखक के इस भारत की अवनति के सम्बन्ध में उद्‌गार इसी तथ्य की ओर इशारा करते हैं। इस प्रकार लेखक की 'जानो' की भूली हुई संस्कृति को निर्भीकतापूर्वक चालू करने के प्रयास के लिए 'साधुवाद' दिए बिना नहीं रहा जाता। 'जानो' की संस्कृति की धारा भारतीय मस्तिष्क में बह सकी तो लेखक का प्रयास सफल ही माना जाएगा।

8 सितम्बर, 1968 ई.

—रामस्वरूप वर्मा

एम.ए., एल.एल.बी., भूतपूर्व वित्तमंत्री,

सम्पादक—अर्जक साप्ताहिक

बंगला नं. 3, दारुलशफा, लखनऊ (उत्तर प्रदेश)

टेलीफोन न. 27718

सम्मति

'आर्यों का नैतिक पोल प्रकाश' पढ़ा। नस्लीय, धार्मिक व सामाजिक क्षेत्र में लेखक एवं परिशिष्ट लेखकों ने अच्छा तथा विस्तारपूर्वक प्रकाश डालकर पुस्तक को सर्व-प्रकाश सम्पन्न बना दिया है।

सत्तारूढ़ सवर्ण हिन्दुओं के दोहन-शोषण के कारण संरक्षण के बावजूद सरकारी नौकरियों में आजादी के बाद से अब तक ऊँचे पदों पर पढ़े-लिखे होते हुए भी महाशूद्र (अनुसूचित व अनुसूचित जन-जाति) लोग तीन फीसदी नहीं लिये जा सके हैं। दस फीसदी वाली ऊँची जातियाँ सरकारी नौकरियों में पच्चानबे फीसदी और नब्बे फीसदी वाली शूद्र जातियाँ सरकारी नौकरियों में पाँच फीसदी हैं।

सरकार को कुल टैक्सों से एक सौ सत्ताईस करोड़ रुपये की सालाना आमदनी होती है—जिसमें से एक सौ पैंतीस करोड़ रुपये तनख्वाह तथा भत्ता आदि के रूप में सालाना सरकार सरकारी नौकरों पर खर्च करती है।

छोटी जातियों को अपने हकों को हासिल करने के लिए ऊँची जातियों के प्रति कड़ा रुख इख्तियार करना पड़ेगा।

पाठकों को चाहिए कि ऐसी लाभप्रद पुस्तक को स्वयं पढ़ें और अपने मित्रों-रिश्तेदारों को भी पढ़ने के लिए मजबूर करें। पुस्तक अच्छी है।

1.11.1972 ई.

—रामवचन यादव
एम.एल.ए.
मोहनपुर, मिर्जापुर (आजमगढ़)
अध्यक्ष, पिछड़ा वर्ग संघ (उत्तर प्रदेश)

आर्यों का नैतिक पोल प्रकाश

आर्य 6,000 वर्ष ईसा पूर्व वोल्गा नदी के ऊपरी भाग (यूरोप) में 'हिन्द-यूरोपीय' नाम से, 3,500 वर्ष ईसा पूर्व वोल्गा नदी के मध्य भाग (यूरोप) में 'हिन्दी स्लाव' नाम से, 3,000 वर्ष ईसा पूर्व मध्य एशिया, पामीर (उत्तर कुरू) में 'हिन्दी-ईरानी' नाम से, 2,500 वर्ष ईसा पूर्व वक्षु-उपत्यका (ताजिकिस्तान) में 'हिन्दी ईरानी' नाम से, 2,000 वर्ष ईसा पूर्व ऊपरी स्वात में 'हिन्दी-आर्य' नाम से, 1,800 वर्ष ईसा पूर्व गांधार (तक्षशिला) में 'हिन्दी-आर्य' नाम से और 1,500 वर्ष ईसा पूर्व कुरु-पाँचाल (पश्चिमी उत्तर प्रदेश) में 'वैदिक-आर्य' नाम से पुकारे जाते थे।

नोट : इतिहासकार मैक्समूलर एवं मैकडॉनल ने भारत में आर्यों के आगमन का समय 1,500 वर्ष ईसा पूर्व माना है।

आर्यों की शारीरिक बनावट—कद-लम्बा, रंग-भूरा, बाल-पतले-सुनहले, नाक-लम्बी, आँखें-नीली, माथा-चौड़ा और स्त्रियों की कमर-पतली थी। चिरकाल में रक्त-सम्मिश्रण व हवा-पानी बदलने के कारण अब रंग गोरा है। बाल सुनहले एवं आँखें नीली नहीं हैं। शेष बनावट हजारों साल के बाद भी करीब-करीब अधिकाधिक संख्या में यथावत है।

असुरों की शारीरिक बनावट—कद-छोटा, रंग-साँवला व काला, बाल-मोटे काले, नाक-चपटी, आँखें-काली, माथा-सकरा और स्त्रियों की कमर-मोटी थी। चिरकाल में खून की मिलावट के बावजूद बड़ी संख्या आज भी पूर्ववत हैं।

भारतीय असुर महाराजा के सीमावर्ती व्यापारिक नगर पुष्कलावती, जो स्वात व कुभा (काबुल) नदियों के संगम पर बसा हुआ था, के असुर व्यापारी मध्य एशिया में व्यापार के लिए जाया करते थे। ताँबे के बने बर्तन (पतीली, थाली) व हथियार (बाण, कुल्हाड़ी) आदि आर्यों के हाथ बेचते थे। बदले में उनसे चमड़ा व घोड़े खरीदते थे। जब आर्यों में वक्षु-उपत्यका (ताजिकिस्तान) में असुर-पण्य (सिक्का) का प्रचलन होने लगा तो व्यापार और भी अधिक बढ़ गया। अब असुर व्यापारी कपास का बुना कपड़ा, सोना, चाँदी, जवाहरात के आभूषण आदि आर्यों को देकर उनसे बदले में ऊन व कम्बल लेने लगे।

आर्यों ने ऊपर लिखी मनमोहक वस्तुओं की प्राप्ति हेतु एवं बढ़ती आबादी व बढ़ते पशु-धन के लिए नई-नई चरागाहों की खोज हेतु भारतभूमि की ओर पलायन किया।

आर्यों को करीबन एक हजार वर्ष तक पंजाब, सिन्ध, पश्चिमी राजस्थान व पश्चिमी उत्तर प्रदेश की विभिन्न आदिनिवासी जातियों, असुरों आदि से दिन-रात घनघोर संग्राम करना पड़ा।

जिस समय वोल्गा नदी के मध्य भाग में आर्यों का जीवन पड़ोसियों की शिकारगाहें छीनने तक ही सीमित था, नग्न घूमा करते थे। उस समय युग-युगान्तरों के करोड़ों मनुष्यों के अपार श्रम तथा विकास के बाद द्रविड़ियन-सभ्यता (असुर सभ्यता) फल-फूल रही थी, जिसकी गवाही है 'हड़प्पा' जिला मुल्तान व 'मोहेनजोदड़ो' जिला लरकाना पश्चिमी पाकिस्तान! जिनकी खुदाई बताती है कि यह आर्य सभ्यता नहीं है। खुदाई में मुद्राओं पर पशुओं के चित्र किन्हीं पर शिव, बुद्ध से मिलती-जुलती ध्यानावस्थित दशा में किन्हीं पर सिन्धु लिपि में वली, क्री, श्री, सो, ई., श:, सती, नि:मो, श:, गौरी, शेष, ईश आदि लिखा मिला। इस सिन्धु सभ्यता से ही क्रमश: महाभारतकालीन! रामायणकालीन, बौद्धकालीन सभ्यताओं का जन्म हुआ। इन्हीं दिनों द्रविड़ियनों (असुरों) ने ईरान बेबीलोनिया व असीरिया को जीतकर वहाँ भी इसी द्रविड़ियन-सभ्यता (असुर सभ्यता) की नींव डाली (इसके विशेष ज्ञान के लिए 'आदिनिवासियों की सभ्यता' लेखक—चन्द्रिका प्रसाद 'जिज्ञासु', पढ़िए)।

जिस समय आर्य भारत में घुस आए, उस समय भारतीय असुर नदियों से नहरें निकालते! अच्छे ढंग से खेती करते! बढ़िया खाद डालते! कपास से अच्छा कपड़ा बनाते! सोना-चाँदी व जवाहरात के आभूषण बनाते! ताँबा से कृषि यंत्र व लड़ाई के लिए हथियार बनाते! आहार के साथ-साथ जीवनोपयोगी अन्य वस्तुएँ बनाते थे। चिकित्सा के ढंग अच्छे थे। छोट-छोटे जहाजों द्वारा समुद्री एवं घोड़ा, गधा व अन्य साधनों द्वारा खुश्की का व्यापार मध्य एशिया तक करते थे। नगर बसाने के ढंग अच्छे थे। सड़कें, गलियाँ, कमल सहित तालाब, घरों में कई बैठकखाने, रसोईघर से धुएँ के निकलने के लिए चिमनी, आँगन में पक्का कुआँ, स्नानागार, शयनागार, कोष्ठागार, आग में पकाई हुई ईंटों से मकान व नगर का परकोटा बनाते थे।

जिस समय आर्य भारत में घुस आए, उस समय भारत की पश्चिमी सीमा अफगानिस्तान तक थी। अफगानिस्तान (काबुल) में वाह्लीक सीमा प्रान्त (पेशावर) में अर्जिक, पंजाब व सिन्ध में पणि, पारावत-दैत्य (राजा हिरण्याक्ष-हिरण्यकश्यप—प्रहलाद-बिरोचन-बलि बजांग-वज्रनाभि व अन्धक आदि), ब्रात्य (मोहेनजोदड़ो का राजा भुजबन), दास (राजा वचि-शम्बर-वृंगन्द व अयु आदि), असुर (राजा कपिलासुर-कपि-लभद्र, सहस्त्रबाहु, कार्तवीर्य, अर्जुन-त्रिपुरा व जलन्धर आदि), ज्वर-पश्चिमी उत्तर प्रदेश में दानव (मेरठ का राजा मय), दक्षिणी अवध में कीकट (राजा प्रमगंड), मध्य राजस्थान व दक्षिण में वानर-ऋक्ष व राक्षस आदि, महिष मंडल (मैसूर), में महिष वंशी (राजा महिषासुर), निषध (निस्सा पहाड़ शायद वर्तमान अमरकंटक पर्वत), में नागवंशी राज्य थे। तक्षशिला-भद्रवाह-मणिपुर और

नदियों के किनारे सम्पूर्ण भारत में नाग जाति पाई जाती थी। वर्तमान नगालैंड के नागा भी नागवंशी हैं। इनकी शिशुनागवंशी शाखा बिहार-बंगाल-असम-छोटा नागपुर व बड़ा नागपुर (महाराष्ट्र) में बहुतायत से पाई जाती थी। दक्षिण भारत के द्रविड़ अब गोंड-भील व संथाल हैं।

वास्तव में, द्रविड़ियन—आदिनिवासी-वाह्लीक-दैत्य-दानव-नाग व असुर आदि सब 'द्रविड़' ही हैं।

जिस समय आर्य ऊपरी स्वात में निवास करते थे, उस समय असीरिया वालों ने इन्हें हराया था। आर्यगण असीरिया वालों से बदला लेने में असमर्थ रहे। भारत आने पर यहाँ के आदिनिवासियों को बदले की भावना के रूप में असुर (असीरियन-असीरियावासी) नाम से पुकारने लगे।

आर्य अपने को सुर (देवता) और विरोधी आदिनिवासियों को असुर कहने लगे। सुर का तात्पर्य सुरायी (सुरा अर्थात् शराब पीनेवाला यानी शराबी लोग) और असुर का मतलब है शराब न पीनेवाले।

6,000 वर्ष ईसा पूर्व वोल्गा नदी के ऊपरी भाग में आर्यों का रहन-सहन जंगली भेड़िये जैसा था। जाड़ो में बर्फीली गुफाओं में चर्बी जला कर गर्म रखते! स्त्री-पुरुष सभी नंगे रहते थे। शिकार के समय 'सेही' (साही) के काँटों से टके (सिले, गुथे) हुए चमड़े को पहनते! चमड़ा ओढ़ते-बिछाते थे। जाड़ों में भेड़िया, चीता व रीछ (भालू) व गर्मियों में गाय-बैल, घोड़ी-घोड़ा, गधी-गधा, भेड़-मेंढा, बकरी-बकरा व बारहसिंहा का शिकार प्रथम चरण में नोकदार लकड़ी (भाला) द्वारा और अन्तिम चरण में पत्थर के बने नोकदार बाण-कुल्हाड़ी (परशु) तथा चाकू से भी स्त्री-पुरुष मिलकर मारते तथा कच्चा व भुना हुआ मांस खाते थे। प्रथम चरण में मरे हुए मनुष्यों की खोपड़ी द्वारा और अन्तिम चरण में पत्थर के प्याला द्वारा मधु सुरा (शहद से बनी हुई शराब) पीते। जो परिवार जाड़ों में मैदानी भागों में उतर आते, उन्हें गर्मी वाला शिकार—गाय-बैल—आदि मिल जाया करता था। शिकार में कुत्तों से मदद लेते। कभी-कभी शिकारियों को भेड़िये व चीता जबड़ों द्वारा, रीछ पंजों द्वारा मार डालते! कभी-कभी स्नान करते समय वोल्गा नदी में डूब जाते! कभी-कभी जाड़ों में शिकार न मिलने से भूख से तड़प-तड़प कर मर जाते थे।

3,500 वर्ष ईसा पूर्व वोल्गा नदी के मध्य भाग में आर्यों का रहन-सहन जंगली खूँखार भेड़िया-जैसा था। सर्दी कम पड़ने के कारण पाषाण परशु व आग की सहायता से देवदारू के वृक्षों को काटकर अस्थायी झोपड़े बनाते। अग्नि की पूजा करते। पड़ोसियों की शिकारगाहों को छीनने के लिए उनके झोपड़ों पर सभी स्त्री-पुरुष मिलकर पत्थर के बने हुए बाणों, कुल्हाड़ों व लम्बे सींग के भालों से छिपकर या अन्य सुलभ परिस्थिति देखकर या जब वे शिकार के लिए बाहर चले जाते, तब अचानक हमला करते। मार-काट के पश्चात् दुधमुँहे बच्चों को पत्थर की चट्टानों

पर पटक-पटककर, बूढ़ों-बुढ़ियों को वोल्गा नदी में डुबोकर, मधु, मांस व चमड़ा आदि को लूटकर, शेष बच्चों व स्त्रियों को उसी झोंपड़े मे बन्द करके आग लगाकर मार डालते। सौ, डेढ़ सौ (स्त्री-पुरुष) व्यक्तियों के परिवार की जन-समिति द्वारा चुनी हुई सबसे बलिष्ठ स्त्री 'जन-नायिका' कहलाती, उसका सभी कहना मानते थे। वह अपनी इच्छानुसार भाई-पुत्र-पौत्र आदि सभी से सम्भोग कराती, उनके संसर्ग से सन्तानें उत्पन्न करती, चुनाव के समय कभी-कभी दो उम्मीदवारों में मनमुटाव भी होता, जो धीरे-धीरे शान्त हो जाता, किन्तु चुनाव सर्वसम्मति से ही होता। शेष रहन-सहन वोल्गा नदी के ऊपरी भाग-जैसा।

3,000 वर्ष ईसा पूर्व मध्य एशिया, पामीर (उत्तर कुरु) में आर्यों का रहन-सहन जंगली डकैत जैसा था। पत्थर की दीवाल बनाकर लकड़ी द्वारा अस्थायी झोपड़े बनाते थे। अग्नि पूजा करते, शिकार के बजाय गाय-बैल, घोड़ी-घोड़ा, गधी-गधा, भेड़-भेड़ा, बकरी-बकरा, आदि पालते। भुना व नमक सहित उबला हुआ मांस खाते। दूध, दही, मधु, सुरा (शराब), सोम व भाँग घोटकर पीते। नंगे रहने के बजाय कमर में कम्बल आगे-पीछे लटकता रहता बाँधते। चमड़ा व कम्बल ओढ़ते-बिछाते। भारतीय असुर कारीगरों द्वारा बनी ताँबा की वस्तुएँ पतीली (बटलोई), बाण, कुल्हाड़ी आदि बड़ी ही कठिनाई से एक व्यापारी से दूसरे, तीसरे, चौथे आदि व्यापारियों द्वारा चमड़ा व घोड़े के बदले में मिल जाया करती। पड़ोसियों के चरागाहों को छीनने के लिए उनके झोपड़ों पर सभी स्त्री-पुरुष घोड़ों पर सवार होकर लम्बे कुल्हाड़ों व लम्बे सींगों के भालों से उपरोक्त वर्णित सुलभ समय में एकाएक आक्रमण करते। मार-काट के पश्चात् बच्चों, जवानों व बूढ़ों-बुढ़ियों को मारकर धन, पशु-धन और जवान स्त्रियों को लूट लेते। एक गाँव का एक बलिष्ट एवं योग्य पुरुष 'महापितर' चुना जाता। उसका सभी कहना मानते। वह युद्ध में सदा साथ रहता। महापितरोत्सव में नाच-गाना, खान-पान के साथ-ही-साथ तरुण-तरुणियाँ एक दिन-रात के लिए अस्थायी प्रणय बाँधती। महापितरोत्सव प्रतिवर्ष मनाया जाता। स्त्री-पुरुष का विवाह-जैसा विधान बन गया। स्त्री की प्रधानता समाप्त हो गई। स्त्रियाँ अपनी इच्छा व अनिच्छा से अतिथियों व मित्रों के साथ सम्भोग करातीं।

2,500 वर्ष ईसा पूर्व वक्षु-उपत्यका (ताजिकिस्तान) में आर्यों का रहन-सहन जंगली व खूँखार डकैत जैसा था। पशु पालन के साथ मामूली खेती करते। महापितर के बजाय 'इन्द्र' की पदवी 'पुरुहुत' को दी गई। 'इन्द्र' का तात्पर्य है प्रधान सेनापति। उसका सभी कहना मानते। वह युद्ध में सदा साथ रहता। महापितरोत्सव की भाँति इन्द्रोत्सव में भी नाच-गाना, खान-पान के साथ-ही-साथ तरुण-तरुणियाँ एक दिन-रात के लिए अस्थायी प्रणय बाँधती। यह उत्सव भी प्रतिवर्ष मनाया जाता। 'पुरुहुत' ने चुपके-चुपके अधिकाधिक ताँबा खरीदकर असुरों के कुछ चतुर कारीगरों (लुहारों) को फुसलाकर अपने यहाँ बुला लिया। उनसे स्वयं लुहारी कला को सीखकर अच्छे

से अच्छे नोकदार बाण, कुल्हाड़े, भाले व खड़ग-तलवार आदि हथियारों के साथ-ही-साथ युद्ध में छाती की रक्षा हेतु वक्ष त्राण (कवच) बनाए। इस 'पुरुहुत' (इन्द्र) के नेतृत्व में चुने हुए संगठित योद्धाओं ने घोड़ों पर सवार होकर पूर्वनिश्चित कार्यक्रमों के अनुसार एकाएक पर्शियनों व मद्रों को सम्पूर्ण वक्षु-उपत्यका से धीरे-धीरे बाहर खदेड़ दिया। उनके सहस्त्रों भटों (योद्धाओं), बाल व रोगियों को कत्ल किया! धन, पशु-धन और जवान स्त्रियों को लूट लिया। अन्य किसी भी व्यक्ति को वक्षु-उपत्यका में स्थायी निवास करने की आज्ञा नहीं दी! भागे हुओं की सन्तान ईरानी (पर्श, पर्शियन) और मद्र (मिडियन) 'इन्द्र' को सबसे बड़ा शत्रु अब भी मानते हैं। द्राक्ष-सुरा 'अंगूर की शराब' का प्रचलन था।

2,000 वर्ष ईसा पूर्व ऊपरी स्वात में भी 'इन्द्रोत्सव' के अवसर पर तरुण-तरुणियों के अधिकार पहले की तरह सुरक्षित थे। 'इन्द्रोत्सव' प्रतिवर्ष मनाया जाता। वृद्ध विवाह चालू हो गया। सेनापति (इन्द्र) पुरुधन ने नए-नए हथियारों से सुसज्जित होकर घोड़ों पर सवार होकर असुर नगर 'पुष्कलावती' (चारसद्दा) पर रात में अचानक आक्रमण कर दिया। केवल व्यापारियों के मुहल्ले को छोड़कर सम्पूर्ण नगर में आग लगा दी। निरीह जनता का कत्लेआम किया। असुर राजा जो कि समुद्र किनारे, शायद आधुनिक नाम कराँची में राज्य करता था, उसका साला उसकी ओर से सीमावर्ती नगर 'पुष्कलावती' का नगराधिपति था। 'पुरुधान' ने नगराधिपति को नगर के चौराहे पर धीरे-धीरे एक-एक अंग काट-काटकर निर्दयतापूर्वक तड़पा-तड़पाकर मार डाला। असुरगण शनैः-शनैः पूर्व और दक्षिण की ओर हटने लगे। 'पुरुधान' असुर भाषा समझता था। आर्यों के पास खुद का कोई सिक्का नहीं था। फिर भी हठी पुरुधान ने असुर पण्य लेने से इनकार कर दिया, जिसका कुप्रभाव यह हुआ कि 'पुष्कलावती' का व्यापार एक लम्बे अर्से के लिए नष्ट हो गया।

1,800 वर्ष ईसा पूर्व गान्धार (तक्षशिला) में आर्यों के पास लिपि नहीं थी। ऋषि 'अंगिरा' का आश्रम गान्धार में ही था। उनके आश्रम पर सहस्त्रों विद्यार्थी विद्याध्ययन करते। विद्यार्थियों को मौखिक प्रार्थनाएँ एवं कविताएँ याद कराया करते। (लम्बे समय के बाद लगभग 1,000 वर्ष ईसा पूर्व से 800 वर्ष ईसा पूर्व के बीच में आर्य-अनार्य, ऋषियों-मुनियों, संतों व महापुरुषों द्वारा रची हुई इन ऋचाओं (मंत्रों, पदों) को लिपिबद्ध करके 'वेद' नाम से पुकारा जाने लगा। आश्रम का खर्च चलाने के लिए अनेक विस्तृत कृषि-क्षेत्र व चरागाहें थीं। अगणित गाय-बैल, घोड़ी-घोड़ा, गधी-गधा, भेड़-भेड़ा व बकरी-बकरे आदि थे। इन्होंने अपनी विशाल बुद्धि से विभिन्न नस्ल की घोड़ियों व घोड़ों से वर्णसंकर प्रणाली द्वारा अति मजबूत नस्ल के घोड़े तैयार किए, जो लड़ाई के काम में बहुत उपयोगी सिद्ध हुए, जिनमें सैन्धव (सिन्धु नदी के किनारे वाले) घोड़ों ने विशेष महत्त्व पाया। विद्यार्थी विद्याध्ययन के साथ-साथ कृषि कार्य, पशु-पालन व ऊन कातकर कम्बल बनाते। भविष्य में सम्पूर्ण भारत (जम्बूद्वीप) पर

शासन करने की साम-दाम-दंड-भेद की सभी नीतियाँ ऋषि अंगिरा विद्यार्थियों को भली प्रकार समझाते। इनकी देखरेख में कई छोटे-छोटे आश्रम धीरे-धीरे अन्य स्थानों पर भी खुल गए, जो ऋषि भेस में जासूसी ढंग पर आदिनिवासियों के गुप्त-भेद व उनकी हर प्रकार की कमजोरियों का पता लगाकर पिछले स्थायी पड़ाव पर आर्यों को बताते। साथ-ही-साथ आर्य-धर्म की विशेषताएँ उन्हें बता कर उन्हें मनवाने की कोशिश करते।

आर्य सर्वप्रथम भारत में चरागाहों की तलाश के रूप में भारत में आए। प्राप्ति हेतु कहीं शरणार्थी, कहीं भिखमंगी, कहीं डकैती, कहीं गुरिल्ला युद्धों आदि की तरकीबों द्वारा अग्नि-कांड, कत्लेआम, बिखरे हुए आदिनिवासी राजाओं को अपनी साम-दाम-दंड-भेद नीति द्वारा हराकर विभिन्न स्थानों पर राजा बन बैठे।

असली ऐतिहासिक प्रथम युद्ध देवासुर-संग्राम के नाम से हुआ। एक ओर आर्य प्रधान सेनापति 'इन्द्र' व सहायक सेनापति उपेन्द्र अर्थात् (विष्णु) के नेतृत्व में वरुण, अग्नि, बृहस्पति, विद्याधर, गन्धर्व, यक्ष, डम्बर व तुम्बर आदि थे।

दूसरी ओर शम्बर (असुर), मय (दानव), प्रहलाद व बलि दैत्य राजाओं के नेतृत्व में महापद्मिनी, मैनाक, उर्धवक्र, सितकेश, विकच, सुबाहु, सहस्त्रबाहु व व्याघ्राक्ष, वज्रनाभि, एकाक्ष, गजस्कन्ध, गजशीर्ष, कालजिह्वा, कपिलाक्ष, धनेकू, युवराज वाण, अतायुवा, नमुची, यम, पुलोमा, हयग्रीव, अनुलाद (प्रहलाद का भाई), विरोचन (राजा बलि के पिता), वृषपर्वा, कनबिन्दु, कुजम्भ, असिलोमा, एकचक्र राहू, विप्रचित, दानव, केशी दानव, हेमायली, वृत्तासुर आदि राजा गण लड़े।

नाग जाति सदैव असुरों की ओर से लड़ी, किन्तु धूम्रवर्णा आदि नागवंशी राजाओं को आर्यों ने अपनी अति खूबसूरत लड़कियाँ ब्याह कर उन्हें अपनी ओर मिला लिया। फलतः इस देव-असुर संग्राम में आर्यों की मदद नाग जाति ने की। तब से आज तक नागवंशी समुदाय आर्यों की मदद कर रहा है।

इस युद्ध में देवता हारे। इन्द्र अपना इन्द्रासन (कश्मीर या तिब्बत) छोड़कर उत्तरी पर्वतीय मार्ग में छिपते-छिपाते कुछ नागों की शरण में कुछ समय के लिए छोटा नागपुर व बंगाल आदि की ओर चले गए।

मय व शम्बर के पास वैज्ञानिक हथियार थे इसीलिए उन्हें जादूगर कहा जाता था।

असीरिया की राजधानी 'निनवा' थी। उन्होंने (शायद निनवा की रानी ने) आर्यों के खिलाफ देव-असुर संग्राम में असुरों की मदद की थी। इसलिए आर्यों ने इसे भारत पर विदेशी हमला कहा।

इस लम्बी हार के बाद आर्यों ने अपनी कूटनीति का पैंतरा बदलकर नागों से गहरा मेल-जोल स्थापित कर लिया। आदिनिवासियों के महाराजाधिराज 'शंकर' (महादेव) के साथ आर्यों ने अपनी सुन्दर पुत्रियों का विवाह किया, क्रमशः सती, पार्वती आदि का। इसी तरह कुछ अन्य राजाओं के साथ भी आर्यों ने मेल-मिलाप स्थापित किया।

कश्यप पुत्र बामन ने बलि को छला। इसे विष्णु का अवतार कहा गया। इस षड्यंत्र में आर्य पुरोहित बृहस्पति भी शामिल थे।

राजा बलि को आर्यों ने नाग-फाँस अर्थात् नाग-सेना नाग (रेजीमेंट) द्वारा गिरफ्तार करके 'सुतलन' शायद वर्तमान 'सतपुड़ा' या 'अमरकंटक' प्रदेश में नागों के पहरे में एकान्त कारावास में बन्दी बना कर रखा। राजा बलि वहीं कारावास में मरे।

राजा बलि को पाताल में स्वच्छन्द रखने व प्रतिदिन विष्णु के दर्शन देने की बात सफेद-झूठ है।

सात दिन की उम्र वाला नहीं अपितु अर्थ है सत्रह या सत्ताईस वर्षीय आर्य-बालक, जिसे सात दिन लगातार जहरखुरानी आदि कपट रीतियों द्वारा मार डालने की शिक्षा दी गई थी। वह शरणार्थी बनकर तारकासुर के पास रहा। मौका पाकर उसने दूध में जहर मिलाकर तारकासुर को पिला दिया। उनके मरने के बाद उसकी गर्दन काट डाली।

प्रधान सेनापति जम्भ को विष्णु ने धोखे से बगल में सुदर्शन-चक्र से तिरछा वार करके मार डाला।

कूटनीति प्रवीण नौ आर्य कन्याओं में से एक का नाम 'दुर्गा' था। दुर्गा ने राजा महिषासुर को बेहोशी की दवा पानी में मिलाकर पिला दी। 'बेहोशी' आने पर उसका सिर उस्तरा से काट दिया।

आर्य कन्या सरमा ने राजा पणि के गुप्त खजाने का पता इन्द्र को बताया। इन्द्र ने उसे पहाड़ी कन्दराओं में से जबरन लूट लिया।

'इन्द्र' की सहायता सीखी-पढ़ी लड़कियों व बहुत से कुत्तों ने किया। बहुत से कुत्ते इन्द्र की लड़ाई में साथ रहते थे।

इस प्रकार धीरे-धीरे 'इन्द्र' की शक्ति अधिकाधिक मजबूत हो गई। पुनः अपनी राजधानी स्वर्ग (कश्मीर या तिब्बत) से अपना शासन चलाने लगा। अन्य बचे-खुचे राजाओं को भी अपने अधिकार में शनैः-शनैः कर लिया। विरोध होता रहा। शक्तिपूर्वक दबा दिया जाता रहा। 'इन्द्र' का शासन सम्पूर्ण भारत में निर्विरोध कभी भी किसी भी काल में कदापि नहीं रहा।

जो आर्य प्रारम्भ में चरागाहों की तलाश में सिन्धु भूमि तक आए, अपने साथ स्त्रियाँ नहीं लाए। बाद को धीरे-धीरे कुछ-कुछ लाते रहे। अपनी पुरानी मध्य-एशिया वाली काली करतूतों की आदत के ढंग पर आदिनिवासियों की स्त्रियों को लूटने लगे, वे स्त्रियाँ पहचानी न जा सकें, इसलिए उन्हें व उनके साथ-साथ बहुपत्नी की दशा में सभी स्त्रियों को घूँघट करवाते (परदा करवाते), ताकि पहचानी न जा सकें।

'महापितर' व 'इन्द्र' प्रथा ने स्त्री की स्वतंत्रता 3,000 वर्ष ईसा पूर्व ही छीन ली थी। वृद्ध-विवाह व बहु-विवाह की प्रथा आर्यों के भारत में आने के पहले से थी।

आर्यों ने ही सती प्रथा इसलिए चलाई ताकि लूटी स्त्रियाँ आर्य-पति के मरने के पश्चात् आर्यों के रहन-सहन एवं कूट-नीति का भेद अपने आदिनिवासी माता-पिता के घर जाकर न बता सकें।

एक आर्य पति के मरने पर उसकी स्त्री या स्त्रियों को जबरन सती के नाम पर पति के साथ चिता में बेशुमार घी व मेवा आदि डालकर जोर-जोर से बाजे बजाकर व जय-जयकार की भारी आवाज करके जला देते थे। यह भारी कोलाहल इसलिए किया जाता था, ताकि विधवा-विधवाओं की रोती-बिलखती आवाज को कोई सुन न सके।

मेल-मिलाप के बाद आदिनिवासियों ने भी आर्यों की परदा-प्रथा, खास तौर से उत्तरी भारत में, सीख ली। हजारों वर्षों के बाद अब भी दक्षिणी भारत के आदिनिवासियों में परदा-प्रथा नहीं है।

नकल के तौर पर आदिनिवासियों की एक-दो विधवाएँ भले ही सती हुई हों, परन्तु आर्यों की सती प्रथा का रिवाज मेल-मिलाप होने पर भी आदिनिवासियों ने कभी नहीं अपनाया।

आदिनिवासियों में विधवा विवाह होता था, इसलिए सती प्रथा की कोई आवश्यकता नहीं थी। विधवा विवाह का कानून बन जाने के बाद अब भी आर्यों में विधवा विवाह आम तौर से नहीं होता है। हजारों आर्य विधवाएँ आज भी निरीह व कर्कश जीवन बिता रही हैं।

वेश्यालय तो इन्हीं विधवाओं की ही देन हैं।

इस सती-प्रथा को लॉर्ड विलियम बैंटिंग ने कानून द्वारा शक्तिपूर्वक बन्द कराया।

पूर्वी पाकिस्तान की नींव तिरस्कृत हिन्दू विधवाओं ने बहुत पहले से डाल रखी थी। कायदे-आजम मुहम्मद अली जिन्ना को हिन्दू लोग व्यर्थ कोसते हैं, क्योंकि सती-प्रथा बन्द हो जाने के बाद अपमानित जबरन घर से निकाली हुई हिन्दू विधवाएँ बदर्जे मजबूरी जीवन की शेष घड़ियाँ बिताने के लिए मनुष्यत्व-युक्त-इस्लाम की शरण में चली जाती थीं। फलतः मुसलमानों की संख्या बढ़ी। पूर्वी पाकिस्तान स्वतः बन गया।

यों तो पाकिस्तान बनाने की जिम्मेदारी मुसलमानों पर कतई नहीं है। तंगजहनियत व जात्याभिमानी हिन्दू जब अपने स्वधर्मी भाई को इतनी गिरी नजर से देखते हैं, जितनी गिरी नजर से टट्टी (मैला, पाखाना) खाते हुए सुअर को भी नहीं देखते। यह उच्च कहे जानेवाला हिन्दू अपने सहधर्मी हिन्दुओं का ही नहीं है तो हम विधर्मी मुसलमानों की हिन्दुओं के साथ कैसे बनेगी? अतः कुछ स्वाभिमानी मुसलमानों ने पाकिस्तान की माँग की।

हिन्दू ने सुअर को तो स्वार्थवश भगवान का अवतार मान लिया है परन्तु दुख तो इस बात का है कि मनुष्य को छूने मात्र से उसका धर्म नष्ट हो जाता है। स्नान आदि करने पर पवित्र होता है।

श्री मौलाना अबुल कलाम आजाद की अध्यक्षता में कांग्रेस की कार्यकारिणी और श्री कायदे आजम मौलाना मोहम्मद अली जिन्ना की अध्यक्षता में मुस्लिम-लीग की कार्यकारिणी में अप्रैल, 1946 ई. स्पष्ट समझौता हो चुका था कि पाकिस्तान नहीं बनेगा। समझौता इस प्रकार हुआ, 'ग्रुप ए' हिन्दू बहुमत वाले प्रान्तों में हिन्दू सरकार, 'ग्रुप बी' सीमा-प्रान्त, बलूचिस्तान, सिन्ध व पंजाब में मुस्लिम सरकार एवं 'ग्रुप सी' में बंगाल व आसाम में हिन्दू-मुस्लिम मिली-जुली सरकार बनेगी।

नोट : केन्द्र (दिल्ली) में आबादी के हिसाब से हिन्दू, मुस्लिम व सिक्ख आदि की मिली-जुली सरकार बनेगी। यह बात इस समझौते में पॉलिसी के रूप में विद्यमान थी।

अलबत्ता उपरोक्त समझौते में सिक्खों की कुछ हक तलकी जरूर थी, मगर यदि इतनी-सी तरमीम की बात थी तो पंजाब को बड़ी आसानी से ग्रुप 'सी' में शामिल किए जाने पर पुनः विचार किए जाने की गुंजाइश हो सकती थी।

कांग्रेस के नए अध्यक्ष पंडित जवाहरलाल नेहरू ने जुलाई, सन् 1946 ई. में कांग्रेस के पुराने अध्यक्ष श्री मौलाना अबुल कलाम आजाद वाले उपरोक्त समझौते को अपनी डिक्टेटरशिप द्वारा हठवश नहीं माना।

परिणामस्वरूप श्री कायदे आजम मोहम्मद अली जिन्ना आखिर 'मरता क्या न करता' वाली स्थिति में आ गए। उन्होंने पाकिस्तान बनवाने के लिए 'डायरेक्ट एक्शन डे' द्वारा दिनांक—16 अगस्त, सन् 1946 ई. को श्री जिद्दी जवाहरलाल नेहरू को श्री सरदार वल्लभभाई पटेल आदि सहयोगियों सहित माननीय लॉर्ड वेविल के सामने चारों खाने चित करके बता दिया कि मुस्लिम लीग का संगठन कैसा है।

श्री नेहरू के उपरोक्त समझौता न मानने के और 'डायरेक्ट एक्शन डे' के दरमियान एक माह के अन्दर लाखों मुसलमानों ने कांग्रेस पार्टी छोड़कर मुस्लिम लीग की सदस्यता स्वीकार कर ली, जहाँ द्वितीय विश्वयुद्ध के बाद अंग्रेजों की शक्ति बहुत कमजोर हो गई थी और भारत को स्वतंत्र करने के लिए तैयार थे, वहाँ पंडित नेहरू व श्री पटेल अति वृद्ध थे। उन्होंने महसूस किया। 9 अगस्त, सन् 1942 ई. के 'करो या मरो' आन्दोलन में कांग्रेस को इतना कुचल दिया गया था कि वह मृतप्राय हो चुकी है। उसे अंग्रेजी राज्य के विरुद्ध पुनः आन्दोलन के लिए तैयार करने के लिए बीस साल चाहिए। तब तक हम लोग मर जाएँगे। हम लोगों ने जो त्याग किए हैं, जेलें काटी हैं, डंडे खाए हैं—उसके बदले में हमें शासन-सत्ता का उपभोग करने का सुअवसर कदापि नहीं मिलेगा।

अति शीघ्र शासन-सत्ता पाने के लालच में स्वार्थी श्री नेहरू एवं श्री पटेल ने मई, सन् 1947 ई. में माननीय लॉर्ड माउंटबेटन के सामने शिमला-कॉन्फ्रेंस में हँसकर पाकिस्तान बनाया।

श्री नेहरू ने अप्रैल, सन् 1946 ई. वाला श्री आजाद वाला समझौता यदि मान लिया होता तो आज अखंड भारत की पूर्ववत सुदृढ़ सीमा होती। समझौते के कारणों से सबका सुखमय जीवन व्यतीत होता। जरा-जरा-सी बात में दोनों देश आपस में झगड़ते हैं। ऐसी नौबत न आती। श्री नेहरू ने किया हुआ समझौता न मानकर भारी भूल की जिसके कड़वे फल सदा भारत को खाने पड़े हैं। सदा खाने पड़ेंगे।

आर्यों ने भारत पर शासन करने के लिए अपनी स्पेशल भाषा राज्य भाषा के रूप में प्राचीन भारतीय भाषा जो उस समय मूल-द्रविड़ियन से बिगड़कर 'पालि' जिसमें बौद्ध-साहित्य है, के रूप में प्रचलित थी, को सुधार (संस्कार) कर नवीन भाषा 'संस्कृत' बनाई। हालाँकि किसी भी प्रदेश में कभी भी राज्य भाषा संस्कृत नहीं बन पाई। वेद इसी संस्कृत भाषा में 1,000 वर्ष ईसा पूर्व से 800 वर्ष ईसा पूर्व तक लिखे गए।

पाणिनी ने तीसरे शताब्दी ईसा पूर्व में संस्कृत की व्याकरण बनाई। सोचिए, वेद किस व्याकरण के आधार पर लिखे गए हैं?

वेदों व उपनिषदों की भाँति कुछ ही शिलालेख, गुहालेख व स्तम्भ लेख यदि संस्कृत भाषा में लिखे मिलते हैं तो इसका यह सबूत बिलकुल नहीं है कि राज्य भाषा उस काल में संस्कृत थी। यह तो आम जनता पर राजकीय-रौब (दबदबा) व बड़प्पन (गरिमा) जाहिर करने के लिए संस्कृत में लिखे गए थे।

सत्ता पर सदैव शासन बनाए रखने के लिए विजेता आर्यों का संस्कृत भाषा अपनाना एक षड्यंत्र था जो अब भी बदस्तूर पूर्ववत ज्यों-का-त्यों अपनी जगह कायम हैं।

राष्ट्र भाषा वही है जो बाजार, मेला व यात्रा में बोली जाए जिसको व्याकरणबद्ध किया जा सके। कॉलेजों, महाविद्यालयों, यूनिवर्सिटियों, गुरुकुलों एवं मन्दिरों वाली संस्कृत के जटिल शब्दों से परिपूर्ण हिन्दी की आड़ में संस्कृत नहीं होनी चाहिए।

संस्कृत-भाषा चाहे कल्पित स्वर्ग में भले ही किसी को पहुँचाने में सामर्थ्य रखती हो परन्तु वह रोटी-कपड़ा-मकान-इज्जत आदि की समस्या हल करने में सदैव बेकार बोझ साबित हुई है जो अब भी उपरोक्त समस्याओं के हल करने में असमर्थ है।

भाषा वास्तव में वह है जो किसी देश में बोली जावे। संस्कृत भाषा किसी भी प्रदेश में भूतपूर्व समय में कभी भी नहीं बोली जाती थी और न वर्तमान समय में किसी भी प्रदेश में बोली जाती है। मगर संस्कृत में अच्छा व बुरा हर प्रकार का साहित्य है।

यूरोप में भी ऐसी ही एक भाषा 'एस्पिरेंटो' है, जिसे कुछ प्रदेशों के कुछ व्यक्ति ही जानते हैं।

मुस्लिम शासन-काल में उर्दू भाषा व अंग्रेजी शासन-काल में अंग्रेजी भाषा जिस प्रकार राष्ट्रभाषा थी, ठीक उसी प्रकार कुछ जात्याभिमानी पढ़े-लिखे, मालदार, चतुर-चालाक व्यक्ति हिन्दी की आड़ में संस्कृत के कठिन शब्दों को हिन्दी में धीरे-धीरे घुसेड़कर संस्कृत को राष्ट्रभाषा बनाने का असफल प्रयत्न कर रहे हैं।

लेखक (पेरियार ललई सिंह) से कई साहित्य विशारद व्यक्तियों ने कहा—मौजूदा हिन्दी वाली 'दंड प्रक्रिया संहिता' आदि कानूनी ग्रंथ समझ में इसलिए नहीं आते हैं क्योंकि उनमें जान-बूझकर संस्कृत के कठिन शब्दों का प्रयोग किया गया है। वह इसलिए कि मामूली पढ़ी-लिखी देहाती जनता अपने ऊपर लगाए गए इल्जाम का खुद जवाब न दे सकें। कानून की किताब समझ न सके। सदा उन्हीं के वकीलों व हाकिमों की पिछलग्गू बनी रहे। गरीबों का मनमाने ढंग से शोषण होता रहे। हालाँकि उन संस्कृत के कठिन शब्दों के पर्यायवाची सरल शब्द आम बोलचाल वाली हिन्दी भाषा में मौजूद थे—हठवश नहीं लिखे गए। उनका यह कुकृत्य गरीब देहाती जनता के साथ बहुत बड़ा विश्वासघात है।

यही लोग 'अंग्रेजी हटाओ' आन्दोलन के अगुआ हैं। स्वार्थपूर्ण वास्तविकता बिलकुल उलटी है। यह लोग अपने लड़कों को मांटेसरी, ट्यूशन व बड़े-बड़े शहरी कॉलेजों में अन्तरराष्ट्रीय सम्पर्क-भाषा अंग्रेजी पढ़ाकर ऊँची से ऊँची सरकारी नौकरियों जैसे—जज, आई.ए.एस. आदि व देश-विदेश की सभी गजेटेड ऑफिसरी, मिनिस्ट्री व दूतावास आदि जगहों पर छाए हुए हैं। भविष्य में भी छाए रहने की जड़ मजबूत कर रहे हैं। इन जगहों के लिए हिन्दी की सबसे बड़ी उपाधि की कोई प्रतिष्ठा नहीं। अमेरिका व रूस आदि में हिन्दी उपाधिकारी दूत आदि बिना दुभाषिया के मूर्खानन्द ही समझे जाएँगे।

देहाती व गरीबों के लड़के बदर्जे मजबूरी हिन्दी पढ़े, प्राइमरी स्कूलों की मास्टरी करें। रिक्शा खीचें। इससे अधिक इनके लिए संसार शून्य है।

प्रथम व द्वितीय विश्व युद्ध ने अंग्रेजी भाषा को विश्व की सम्पर्क भाषा बना दिया है।

डर है, यह खुदगर्ज पागल कहीं, प्रथम-मध्याह्न-रेखा जो 'ग्रीनविच' गिरजाघर लन्दन (इंग्लैंड) में मानकर भारत व सम्पूर्ण विश्व के मानचित्र तैयार किए गए हैं, उन्हें जलाना प्रारम्भ न कर दें। स्वार्थी अपना दोष नहीं देखता।

आज सफाचट मूँछ सहित अंग्रेजी बाल कटवाने, कोट-पैंट अंग्रेजी ड्रेस पहनने व मेज-कुर्सी युक्त कमरे को अंग्रेजियत ढंग पर सजाने आदि से तो अपार प्रेम है परन्तु स्वार्थवश अंग्रेजी भाषा से इतनी शत्रुता है कि करोड़ों रुपये की सम्पत्ति अंग्रेजी हटाओ आन्दोलन में हवन कर रहे हैं और अंग्रेजी उपनिवेश के गर्भ से निकली हिन्दी को राष्ट्रभाषा घोषित करते हैं। यह पाखंड कैसा?

वास्तव में, अंग्रेजी ज्ञान-विज्ञान और दुनिया से जुड़नेवाली अन्तरराष्ट्रीय भाषा है। इसे आदिनिवासियों को अनिवार्य रूप से सीखना चाहिए। अंग्रेजी माध्यम से ही अपने बच्चों को शिक्षा दिलानी चाहिए। इस भाषा में भविष्य उज्ज्वल है। आर्य (सवर्ण) चाहते हैं कि आदिनिवासी अंग्रेजी न सीख पाएँ। दुनिया से न जुड़ पाएँ। उनके इस चतुर मन को समझिए।

अमेरिका व रूस आदि सबल देश भी सम्पर्क-भाषा अंग्रेजी की ओर विशेष ध्यान दे रहे हैं। विश्व में ऐसे कई राष्ट्र हैं, जिन्हें अंग्रेजों से दुश्मनी है परन्तु विश्व की सम्पर्क भाषा अंग्रेजी होने के कारण इससे अतुल प्रेम है।

स्विट्ज़रलैंड मेरी राय में सबसे अधिक बुद्धिमान है जो अपने विद्यार्थियों को फ्रेंच, जर्मन, इटालियन और अंग्रेजी चारों भाषाएँ पढ़ाता है।

विजेता आर्यों ने आदिनिवासियों के दंड स्वरूप धार्मिक, सामाजिक, आर्थिक एवं राजनीतिक सभी अधिकार छीन लिये। अपनी धार्मिक पुस्तकों में उन्हें अन्त्यज, पादप, जघन्य, वृषल, नीच, चांडाल, अनुलोम, प्रतिलोम, अनार्य, अनाड़ी आदि घृणा पैदा करनेवाले अपमानजनक शब्दों से सम्बोधित किया।

आर्यों ने आदिनिवासियों को हराकर उन्हें दास बनाया (सायण-भाष्य अथर्ववेद, कांड-17, पढ़िए)।

जब आर्यों ने चार वर्ण (ब्राह्मण, क्षत्रिय, वैश्य और शूद्र) का विधान बनाया तो उपरोक्त दास ही शूद्र कहलाए। अब इनको पिछड़ी जाति, अनुसूचित जाति व अनुसूचित जनजाति, 'ऑल इंडिया बैकवर्ड क्लास कमीशन' रिपोर्ट सन् 1956 ई. के अनुसार, कहते हैं (उपरोक्त रिपोर्ट का तीसरा हिस्सा पढ़िए)। 'शोषितों पर धार्मिक डकैती', 'शोषितों पर राजनीतिक डकैती' एवं 'वर्ण-व्यवस्था और जाति-भेद' किताबों से पढ़िए।

जिन आर्यों ने अपनों के लाभ के लिए अनार्यों (आदिनिवासियों) का सर्वनाश किया उन्हें भगवान का अवतार कह कर पुकारा ताकि उस नकली भगवान से आदिवासी सदा डरते रहें और आर्यों के दास, गुलाम, पालतू बने रहें।

कहा जाता है कि 'हिरण्याक्ष' ने पृथ्वी को चटाई की भाँति लपेट लिया। सिरहाने तकिया की तरह रख लिया। लेट गया उसे भगवान ने सुअर का अवतार लेकर मार डाला।

चटाई लपेटी जा सकती है, परन्तु पृथ्वी चटाई की तरह लम्बी नहीं है। अव्वल तो पृथ्वी नारंगी की तरह गोल है फिर दोयम साढ़े पाँच मील ऊँचे हिमालय पर्वत को लपेटना मजाक का भी मजाक उड़ाना है।

बुद्धिवादी वास्तविकता यह समझ में आती है कि मिट्टी के किसी टीले की आड़ में 'हिरण्याक्ष' पाखाना कर रहा होगा। उसके आसपास भी ऐसी ही गन्दी जगह होगी। टीले की आड़ से एक व्यक्ति सुअर की भाँति घुड़कता हुआ आया होगा। अचानक हथियार का वार करके धोखे से 'हिरण्याक्ष' को पाखाना करते में ही मार डाला होगा।

कहा जाता है कि 'हिरण्यकश्यप' को भगवान ने नरसिंह अवतार लेकर मार डाला।

बुद्धिवादी वास्तविकता यह समझ में आती है कि संध्या समय हिरण्यकश्यप अपने महल में ध्यानमग्न संध्या कर रहा था महल की पिछली खिड़की से चुपचाप एक व्यक्ति शेर की खाल ओढ़कर हाथ में 'बघनखा' (शेर पंजा) नामक हथियार लिए हुए आया और संध्या करते समय की ही दशा में 'हिरण्यकश्यप' को उस हथियार से मार डाला।

नोट : शिवाजी ने शाइस्ता खाँ को इसी 'बघनखा' से मारा था।

हिरण्यकश्यप का लड़का 'प्रहलाद' भगवान का भक्त नहीं था। उपेन्द्र (विष्णु) ने उसे फुसलाकर अपनी ओर कुछ समय के लिए मिला लिया था। पिता के मारे जाने से प्रहलाद ने आर्यों की कूटनीति बारीकी से परखी स्वत: अपने पुत्र 'विरोचन' सहित देवासुर संग्राम में आर्यों से लड़ा।

नोट : आजकल भी भले घरों के लड़कों को स्वार्थी व गुंडे पथभ्रष्ट कर रहे हैं।

कहा जाता है, भगवान ने बामन का अवतार लेकर विरोचन पुत्र राजा बलि को छला।

बुद्धिवादी वास्तविकता यह समझ में आती है कि कश्यप पुत्र 'बामन' ने धर्म—दान के बड़प्पन में राजा बलि को उलझाकर 'नाग-सेना' से बन्दी करा लिया। तुरन्त ही एकान्त जेल में भेज दिया।

नोट : अंग्रेजों ने अन्तिम मुगल सम्राट बहादुरशाह को इसी तरह रंगून (बर्मा) में एकान्त जेल में भेज दिया था।

कहा जाता है, भगवान ने राम का अवतार लेकर राक्षस-राज रावण को धर्मराज्य कायम करने के लिए मारा।

बुद्धिवादी वास्तविकता यह समझ में आती है कि राम काल में आर्यों का राज्य दक्षिण भारत पर नहीं था। राम ने दक्षिण भारत पर अस्थायी विजय प्राप्त की।

पम्पापुर के राजा सुग्रीव और लंका के राजा विभीषण स्थायी वास्तविक राजा बाद में भी रहे।

राम की गरीमा को बढ़ाने के लिए कुछ बातें उनके चरित्र के साथ गप्प के रूप में जोड़ दी गई हैं।

पुत्रेष्ट-यज्ञ द्वारा प्राप्त खीर या फलों से राम आदि की पैदाइश नहीं हुई।

किसी स्त्री की बच्चेदानी में जब तक शुद्ध रज व वीर्य ऋतु काल (मासिक धर्म) के समय में नहीं पहुँचता तब तक गर्भ कदापि नहीं ठहर सकता।

अत: स्पष्ट सिद्ध है कि राम, भरत, लक्ष्मण व शत्रुघ्न की पैदाइश उस समय की सर्वमान्य प्रचलित प्रथा नियोग द्वारा श्रृंगी आदि ऋषियों के संसर्ग से हुई।

नोट : व्यास ने भी इसी नियोग द्वारा धृतराष्ट्र, पांडु और विदुर को पैदा किया था।

राम के चरण-स्पर्श मात्र से पत्थर की शिला अहल्या रूप बनकर बैकुंठ में उड़ी चली गई।

वास्तविकता यह है कि विश्व सुन्दरी अहल्या का जब आर्य सेनापति इन्द्र ने सतीत्व नष्ट किया। तब गौतम ऋषि ने क्रोध वश अपने पुत्र 'चिरकारी' को आज्ञा दी कि अपनी माता को जंगल में ले जाकर कत्ल कर दो। चिरकारी ने प्रेम वश अपनी माता को जंगल में छोड़ दिया। वापसी में पिता से झूठ कह दिया कि मैंने माता जी को मार डाला है।

गौतम ऋषि का क्रोध शान्त हुआ। पता चला। अहल्या जीवित है। जब अहल्या को वापस बुलाने के सभी प्रयत्न बेकार सिद्धि हो गए, तब विश्वामित्र के अनुरोध करने पर उनके शिष्य राम ने चरण-स्पर्श अर्थात् बलपूर्वक जीवित अहल्या को जो पत्थरवत चुपचाप थी, को गौतम ऋषि के घर भेजवा दिया।

'छुअत टूट रघुपतिहु न दोसू। मुनि बिनु काज करिअ कत रोसू॥' परशुराम उस समय 'मिथिलापुरी' से अन्दाजन एक हजार मील दूर केरल प्रान्त 'सह्याद्रि' पर्वत पर तपस्या कर रहे थे। धनुष छूते ही टूटा है तो इतनी दूर ध्वनि नहीं जा सकती। तत्काल परशुराम आ भी नहीं सकते।

विवाह के बाद लौटते समय राम से परशुराम मिथिलापुरी और अयोध्या के बीच में मिले, का समर्थन वाल्मीकि करते हैं।

राजा जनक ने विवाह में राम को बहुत दहेज दिया। शायद इसलिए प्रचलित दहेज प्रथा समाज का कोढ़ बन बैठी है।

राम को बहुत-सी दास-दासियाँ भी दहेज में मिलीं। यह प्रसंग दास प्रथा के उद्भव और विकास को दर्शाता व दास प्रथा की जड़ मजबूत करता है।

हनुमान, सुग्रीव और बालि बन्दर नहीं थे। चतुर राजनीतिज्ञ थे। बालि राजा सुयोग्य शासक थे। इनकी पूँछ नहीं थी। आदिनिवासियों को अपमानित करने के लिए आर्यों ने बन्दर लिख कर पूँछ लगा दी है। अंग्रेज लोग भी अपने शासन काल में हिन्दुस्तानियों को डॉग (कुत्ता), मंकी (बन्दर) कहते थे।

काकभुशुंडी कौआ नहीं थे। महान विद्वान आदिनिवासी थे। हो सकता है, राणा रणजीतसिंह (सिक्ख नेता व पंजाब के महाराजा) की तरह एक आँख वाले काकभुशुंडी भी हो।

जामवन्त रीछ (भालू) नहीं थे। महान राजनीतिज्ञ ही महामंत्री होता है। ये भी आदिनिवासी थे। इनकी पुत्री जामवन्ती का विवाह श्री कृष्णा के साथ हुआ था। इस सन्सर्ग से जामवन्ती के शाम्ब आदि दस पुत्र पैदा हुए थे।

जटायु भी गिद्ध (पक्षी) नहीं था यह भी आदिनिवासी जाटव या यादव जाति का था।

राजा बलि की भलमनसाहत है कि उसने अपने खिलाफ षड्यंत्र रचनेवाले राम को लक्ष्मण सहित धारा 151, 107, 109 व 110 में अपनी सीमा के अन्दर बन्दी नहीं बनाया।

राम ने राजा बालि को मारने के पहले सुग्रीव का और महाराजा रावण को मारने के पहले विभीषण का राज तिलक कर दिया।

राजतिलक की खुली राजनीतिक घूस (रिश्वत) इसलिए महान कूट-राजनीतिज्ञ राम ने दी ताकि वे लोग खुलकर राम की मदद करें।

नोट : अवतारवाद के चरित्र की नकल शायद आजकल की प्रचलित घूस-प्रथा है।

राम ने राजा बालि को छिपकर मारा शायद आजकल भी इसीलिए छिप-छिपाकर कत्ल हो रहे हैं।

राम ने 'लोक बेद सब भाँतिहिं नीचा' निषाद-राज 'गुह्य' को गले लगाया एवं शबर जाति की नेता 'शबरी' (भीलिनी) के जूठे बेर खाए उनका यह कार्य राजनीतिक था।

यदि वे गुह्य को गले न लगाते और शबरी के जूठे बेर न खाते तो निषाद व शबरी जाति की सेनाएँ रावण के खिलाफ राम को युद्ध में मदद कतई नहीं करतीं।

निषाद व शबरी जाति का आज तक समाज ने कोई उद्धार नहीं किया। इन जातियों की दशा समाज और राजनीति में बहुत गिरी हुई है।

राम की तरह भंगी बस्ती में रहनेवाले गांधी और गांधीवादियों ने आज भी भंगियों के जीवन को पशुओं से भी बदतर व्यतीत करने के लिए पूर्ववत मजबूर कर रखा है।

एम.एल.ए. एवं एम.पी. आदि के चुनावों में अनुसूचित जाति, अनुसूचित जनजाति, मुसलमानों और ईसाइयों के यहाँ धीरे-धीरे ढोंगी सवर्ण पानी पीते हैं व खाना खाते हैं। चुनाव में जीत जाने पर फिर वोटरों का गला धार्मिक, सामाजिक, आर्थिक राजनीतिक क्षेत्र में कानूनी, भोथरी अर्थात् बिना धार वाली, छुरी से आज भी काटते हैं।

लंकापुरी को आग में जलाए जाने के फलस्वरूप आजकल भी गाँवों व खलियानों में आग शत्रुतावश एवं गरीबों को बरबाद करने की नीयत से लगाई जाती है।

यों तो लक्ष्मण ने मेघनाद को देवी जी की पूजा के समय ध्यानमग्न दशा में मारा, रावण ने लक्ष्मण को शक्ति मारी। इस बात का समर्थन 'वाल्मीकि रामायण' करती है। हमें कहना यह है कि तुलसीदास ने सुलोचना को सती करा कर सती प्रथा को बन्द करानेवाले माननीय श्री लॉर्ड विलियम बैंटिंग के मार्ग में एक रोड़ा अटकाने की असफल कोशिश की।

राम ने सीता को जंगल में शेरों के भोजन के लिए असहाय छोड़ दिया। यदि महात्मा वाल्मीकि से अचानक उनकी भेंट न होती तो निश्चय ही उन्हें शेर व बाघ आदि जंगली जानवर खा जाते या पानी एवं भोजन के बिना तड़प-तड़पकर मर जातीं।

नोट : इसीलिए आज भी अधिक संख्या में नारी समाज पुरुषों द्वारा सताया जाता है। गुजरात प्रदेश में स्त्रियाँ विशेष आत्महत्याएँ करती हैं। इसीलिए सरकार को वहाँ जाँच कमीशन नियुक्त करना पड़ा।

बहुसंख्यक प्रजा सीता के वनवास से ही राम से नाराज थी। परन्तु राम द्वारा सीता से बार-बार आग की गवाही माँगे जाने पर प्रजा अधिकाधिक नाराज हो गई।

इन्हीं दिनों राम और लक्ष्मण ने मिलकर शूद्र तपस्वी शम्बूक का तपस्या करते समय वध किया। तत्पश्चात् शम्बूक के शिष्य लवणासुर को भरत व शत्रुघ्न ने मार डाला।

राम के इन कार्यकलापों ने बहुंसख्यक प्रजा के दिलों की जलती आग में घी का काम किया जिसे दुर्बल हृदय राम सहन न कर सके।

अन्त में, राम ने अपने अभिन्न हृदय प्रिय भाई लक्ष्मण को जीवित ही सरयू नदी में फेंक दिया। लक्ष्मण के मर जाने पर राम स्वत: सरयू नदी में कूद पड़े, मर गए।

एक राइटर तो यहाँ तक लिखता है कि यदि आज राम जीवित होते तो उन पर लक्ष्मण की हत्या का मुकदमा और खुद की हत्या (आत्महत्या) का मुकदमा चलता। इस तरह उन पर दो मुकदमे एक साथ चलाए जाते।

(इसके विस्तृत विवरण के लिए 'रावण और उसकी लंका', लेखक—चन्द्रिका प्रसाद 'जिज्ञासु' व 'दि रामायना : ए टू रीडिंग', लेखक—पेरियार ई.वी. रामास्वामी पढ़िए।)

रावण आर्य ब्राह्मण नहीं थे बल्कि आदिनिवासी महाराजा होने के साथ-साथ महान विद्वान भी थे इसीलिए उसे पंडित कहते थे। पंडित का अर्थ 'विद्वान' होता है, पंडित का अर्थ आर्य ब्राह्मण नहीं।

अवतार परशुराम ने आर्य क्षत्रियों को इक्कीस बार मारा। कुरुक्षेत्र के पास 'स्यमत पंचक' में पाँच तालाब खून से भरकर अपने पूर्वजों का तर्पण किया गलत है, परशुराम ने आर्य क्षत्रियों को नहीं मारा, बल्कि आर्य वंश के प्रसार हेतु आदिनिवासी क्षत्रियों को मारा।

हिन्दू धर्मशास्त्र ब्राह्मण, क्षत्रिय व वैश्यों के लाभार्थ लिखे गए हैं।

वह सम्मिलित संगठन का गठबन्धन है, उसके अनुसार, ब्राह्मण होकर क्षत्रिय को और क्षत्रिय होकर ब्राह्मण को मारना पाप है।

रावण-वध के बाद पाप-मुक्ति के लिए राम का अश्वमेध यज्ञ करना एवं नैमिषारण्य क्षेत्र में व्यास गद्दी पर बैठे प्रवचन करते हुए लोमहर्षण सूत-वध के उपरान्त बलराम (बलदाऊ) का तीर्थ यात्रा करना एक ढोंग है। पाप की मुक्ति इस प्रकार नहीं होती है।

कृष्ण के विषय में, एक तो 'ऋग्वेद' कालीन कृष्ण स्पष्ट अनार्य है। द्वितीय कृष्ण जिन्हें वासुदेव-पुत्र और नन्द-पुत्र दोनों ही कहा जाता है। इनका भी सम्पूर्ण रहन-सहन अनार्यों से मेल खाता है। इनकी अनार्यता की सबसे बड़ी गवाही है इन्द्र पूजा बन्द कराना।

इन्होंने स्वार्थवश अपने आपको अनार्य और आर्य दोनों संस्कृतियों का विनाश करके एवं करा के सफल नेता बनने की जो असफल कोशिश की है, उसी का नतीजा है दीन-हीन दुर्बल भारत यूरेशियन विदेशियों का गुलाम बना। अब भी अनेक मामलों में मूक-गुलाम है।

कहा जाता है कि कृष्ण ने गोवर्धन पर्वत को अपनी एक उँगली से उठा लिया, गलत है। वास्तविकता यह है कि गोवर्धन पर्वत की समीपी जनता ने कृष्ण को अपना

नेता मान लिया। बस, इससे अधिक कुछ नहीं। पहाड़ों में स्वतः मनुष्यों व पशुओं के रहने योग्य कन्दराएँ होती हैं उन्हें ही अति वृष्टि के समय उपयोग में लाया गया था।

कृष्ण ने 'कुब्जा' को सीधी सुडौल स्त्री बना दिया।

मरहूम जनाब हकीम अजमल खाँ साहेब (हमदर्द वक्फ दवाखाना) दिल्ली ने एक युवा लड़की की न झुकनेवाली अर्थात् सीधी कमर को क्रियाशील बनाकर कृष्ण का मान मर्दन कर दिखाया।

'कालिया' साँप नहीं था बल्कि नाग-जाति का आदिनिवासी, बहुत बड़ा व्यापारी था। उसे यमुना नदी के घाट पर माल लादते-उतारते समय, गधा जबानी-युक्त ग्वालगण समीप ही दूसरा 'तिन्छा' अच्छा घाट होते हुए भी जानबूझकर उसी घाट पर भैंसों-गायों को पानी पिलाने व अन्य विस्तृत कन्दुक-क्रीड़ा क्षेत्र होते हुए, उसी घाट के समीप गेंद खेलने आदि के बहाने परेशान करते थे। झगड़ालू ग्वालों का नेतृत्व कृष्ण ने किया। 'कालिया' हारा। मथुरा और नगरों का व्यापार नष्ट हुआ।

कृष्ण ने पूतना, तृणावर्त, वत्सासुर, बकासुर, वृत्तासुर, अरिष्टासुर, अघासुर, मुरासुर व भौमासुर आदि राक्षसों-दानवों को अर्थात् आदिनिवासियों को ग्वालों व गाँव के नौजवानों के सहयोग से मारा।

कृष्ण के नेतृत्व में अर्जुन ने खांडव-प्रदेश को अग्नि में जलाकर जीता।

कृष्ण ने काशी नगरी को जलाया। काशी नरेश पौंड्रक और उनके पुत्र सुदक्षिण को मारा। जलाया।

आज भी स्वार्थ-साधक नेता अपरिपक्व बुद्धि वाले विद्यार्थियों व अन्य युवकों के सहयोग से करोड़ों की सम्पत्ति आग में जलाकर अपने विरोधियों का मनमाने ढंग से कत्ल कर कृष्ण के पद चिह्नों पर चलने की दुहाई देते हैं।

कृष्ण द्वारा चीरहरण, रासलीला एवं उनके भाई बलराम द्वारा दो मास तक लगातार रासलीला की घटना का वर्णन परले दर्जे की अशोभनीय निर्लज्जतापूर्ण खुला व्यभिचार है। (इसके विस्तृत विवरण के लिए 'पुराणों में कृष्ण' रचना को पढ़िए)

कहते हैं, भगोड़े कृष्ण के लिए देवताओं ने एक रात में द्वारकापुरी बनाई, गलत है। वास्तविकता यह है कि मगध नरेश जरासन्ध ने अपने प्रधान सेनापति कालयवन के नेतृत्व में तेईस अक्षौहिणी सेना सहित कृष्ण पर कंस की मृत्यु के पश्चात् तुरन्त चढ़ाई कर दी। उसने कई बार मनबढ़ ग्वालों को कृष्ण सहित मार-मार कोड़ा चमड़ी के धुर्रे उड़ा दिए। लहूलुहान फटे हाल मैले-कुचैले कई दिनों का मार्ग पैदल तय करके कुछ ग्वालों सहित कृष्ण अपने आदिनिवासी मित्र एकलव्य के पास शृंगवेरपुर पहुँचे। रो-रोकर अपनी बीती दुर्दशा बार-बार कह सुनाई।

तरस खाकर दानवीर एकलव्य ने कहा—मैं तुम्हें यहाँ शृंग्वेरपुर में शरण देने में असमर्थ हूँ क्योंकि मगध के मुकाबिले में मेरी शक्ति कम है। इसलिए मैंने जो अपने लिए विशेष राजमहल के रूप में द्वारकापुरी बनवाई है। आपको दान करता

हूँ। गुजारे के लिए अपना समीपी उपनिवेश भी आपको दान करता हूँ। अब आप वहीं स्थायी निवास करें। इस प्रकार भगोड़े कृष्ण द्वारकाधीश कहलाए। धीरे-धीरे अधिकाधिक संख्या में उत्तर भारत में ग्वाल आदि कृष्ण समर्थक द्वारका के समीप उपनिवेश में स्थायी निवास करने लगे जो बाद में आभीर-प्रदेश के नाम से पुकारा जाने लगा।

भारत सरकार इसीलिए काश्मीर में मुस्लिम बहुमत कम करने के लिए हिन्दुओं को अधिक संख्या में आबाद कर रही है।

कृष्ण द्वारा द्रौपदी की साड़ी (धोती) बढ़ाए जाने की घटना झूठ है। वास्तविकता यह है कि द्रौपदी मासिक-धर्म से होने के कारण साड़ी के नीचे सहित मजबूत लंगोटी बाँधी थी। तथा इसी कारण विशेष तौर पर साड़ी में सुदृढ़ गाँठ लगा रखी थीं या शीघ्र न खुलनेवाली लपेटवा ढंग की साड़ी पहने थी। दुःशासन रनिवास से द्रौपदी के हाथ को साड़ी सहित एक ही हाथ से पकड़कर तेज चाल से दुर्योधन के सामने खींचता हुआ लाया था। उसने अपने बाहुबल के घमंड में ज्यों ही द्रौपदी को नग्न करने के लिए अबला समझकर साड़ी खींची, द्रौपदी अर्द्धनग्न हो गई।

अर्द्धनग्न का मतलब है कमर के ऊपर का शरीर और आधी जांघ साड़ी रहित हो गई। द्रौपदी चिल्लाई बचाओ बचाओ। मेरी लाज बचाओ। इस करुण-पुकार से समीप में बैठे सभी लोगों के दिल दहल गए। विकर्ण (जो कि दुःशासन का छोटा भाई था) अति शीघ्र खड़े होकर गदा-युक्त दाहिने हाथ को ऊपर उठाकर पैंतरा बदलते हुए भूखे शेर की भाँति गरजते हुए बोला—रे दुःशासन, खबदार! गदा की ओर देख अब अगर तूने साड़ी खींची-तो खोपड़ी चूर-चूर कर दूँगा।...।

महान विद्वान धृतराष्ट्र जन्मान्ध होते हुए भी विकर्ण की बातचीत के ढंग से तुरन्त ही समझ गए कि विकर्ण गदा ताने पैंतरा बदले खड़ा है। जिद्दी बलिष्ठ विकर्ण जरूर दुःशासन की खोपड़ी चूर-चूर कर देगा। फिर गृहयुद्ध द्वारा मेरे पुत्रों का सर्वनाश हो जाएगा। धृतराष्ट्र बोले शाबाश बेटा—विकर्ण! सपूत हो तो ऐसा ही हो। वीर हो तो ऐसा ही हो। दुःशासन! साड़ी छोड़ दे। दुर्योधन! जुआ द्वारा जीती सभी वस्तुएँ चिरंजीव युधिष्ठिर को वापस कर दे।

इतना सुनते ही दुःशासन ने साड़ी छोड़ दी दुर्योधन ने जुआ में जीती हुई सभी वस्तुएँ युधिष्ठिर को वापस कर दी। बात सीधी-सीधी सिर्फ इतनी थी। कृष्ण के कान में इस घटना की भनक तक नहीं पहुँची। वे अन्दाजन एक हजार मील दूर रुक्मिणी विलास राजमहल (द्वारकापुरी) में आनन्द विभोर थे।

कृष्ण ने भी जनक की भाँति सुभद्रा को दहेज देकर दहेज प्रथा की जड़ें अत्यधिक मजबूत कर दीं।

बलराम ने भी राम की तरह लोमहर्षण सूत का वध नैमिषारण्य में करके ब्राह्मण धर्म की गरिमा बढ़ाई।

बड़े भाई होने के नाते धृतराष्ट हिन्दू धर्म-शास्त्रानुसार राज्याधिकारी थे, उनके जन्मान्ध होने कारण राज्य पांडु को सौंपा गया।

धृतराष्ट्र-पुत्र दुर्योधन के राज्य सँभालने योग्य युवा होने पर हस्तिनापुर की राज्य गद्दी उसे ही मिलना न्यायोचित था। कृष्ण किन्हीं स्वार्थों के वशीभूत होकर हिन्दू धर्मशास्त्र विरुद्ध हठ-वश पांडु-पुत्र युधिष्ठिर को राज्य दिलाना चाहते थे।

कृष्ण यदि चाहते तो कौरव व पांडव दो महान शक्तियों में मेल-मिलाप करा सकते थे, नहीं कराया। दोनों पक्षों का भला बने रहने के खयाल से कौरवों को अपनी नारायणी सेना दी एवं पांडवों की ओर स्वयं रहे। यह दुधारी नीति उन्होंने इसलिए बरती कि यदि कौरव जीत गए तो मैं (कृष्ण) उनका भला बना रहूँगा और यदि पांडव जीत गए तो उनका भी भला बना रहूँगा।

सम्पूर्ण महाभारत जिस राजनीतिक बेईमानी से जीता गया है, वह साहित्य प्रेमी प्रिय पाठकों से छिपा नहीं है।

कवच यदि कर्ण से दान के नाम पर छीना न गया होता तो कर्ण नहीं मारा जा सकता था।

'अश्वत्थामा हतः इति नरो वा कुंजरो वा'—यह झूठ वाक्य यदि तथाकथित सत्यवादी युधिष्ठिर न कहते तो पुत्र शोक में अस्त्र-शस्त्र रहित द्रोण न मारे जाते।

भीष्म पितामह के सामने यदि महारथी शिखंडी को खड़ा न कर दिया जाता तो वे न मारे जाते।

दुर्योधन की जाँघें धर्म-युद्ध के विरुद्ध यदि न तोड़ी गई होतीं तो वे भी न मारे जाते।

कहते हैं, कृष्ण ने नन्दा नाई का रूप धारण करके दुर्योधन के पैर दबाए। उनका यह कृत्य सभ्य संसार को बड़प्पन प्रदान करनेवाला नहीं बल्कि दास प्रथा को मजबूत करनेवाला है। कृष्ण को ऐसा काम करना चाहिए था, जिससे बेचारे नाइयों को गुलामी या कम पैसा की अर्द्ध गुलामी से छुटकारा मिल जाता।

द्वारकापुरी के पास विश्मामित्र, असित, कण्व, दुर्वासा, भृगु, अंगिरा, कश्यप, वामदेव, अत्रि, वसिष्ठ व नारद आदि पिंडारक तीर्थ पर कृष्ण के अन्तिम काल में भी तपस्या करते थे एवं जाम्बवन्त-कृष्णा युद्ध आदि से पता चलता है कि राम व कृष्णा के काल में कोई अन्तर नहीं।

यहाँ यह बताना भी बड़ा जरूरी है कि कृष्ण ने जिस पत्तल में खाया, उसी में छेद भी किया। दानवीर एकलव्य ने द्वारकापुरी व समीपी प्रदेश (गुजरात) उन्हें उनकी परेशान दशा को देखकर दान कर दिया। जब गुजरात प्रदेश में अहीरों (आभीरों) की आबादी बढ़ी-तो वे लोग एकलव्य के द्वितीय समीपी प्रदेश भीलवाड़ा की भूमि पर शनैः-शनैः अधिकार करने लगे। कृष्ण की नवीन नारायणी सेना से एकलव्य की सेना का मुकाबला हुआ। एकलव्य हारा। बाद को एकलव्य ही 'जरा' नामक

बहेलिया बना, कृष्ण को मारा। (इसके विस्तृत विवरण के लिए 'एकलव्य' नाटक, लेखक—पेरियार ललई सिंह, पढ़िए।)

कृष्ण ने युधिष्ठिर के राजसूय-यज्ञ में अतिथियों के पैर धोकर सभी शूद्रों को गुलाम बने रहने, बिना मजदूरी के सेवकाई करने की बहुत गलत शिक्षा शूद्रों को दी। यह कोई अच्छा काम नहीं।

गांधी ने भी बहुसंख्यक शूद्र समाज को चरखा चलाने और अपनी जाति वालों वैश्यों को बड़े-बड़े ऑटोमेटिक पुतली-घर अर्थात कपड़ा बुनने की स्वचालित मशीनों के मील खोलने की सलाह दी। उन्होंने मील बन्द करो के बारे में कभी भूख हड़ताल नहीं की।

गांधी को शिक्षा देनी चाहिए थी। शूद्रों को घड़ियाँ बनाने की एवं मौजूदा गांधीवादियों को चाहिए शूद्रों को घड़ियाँ, रेडियो, ट्रांजिस्टर व वायरलेस बनाने की अधिकाधिक शिक्षा दें।

रैमजे मैकडॉनल्ड प्रधानमंत्री ने जब अछूतों को दो वोट का अधिकार द्वितीय राउंडटेबल कॉन्फ्रेंस सन् 1932 ई. में दिया तो गांधी देख न सकें। पराई विभूति के अनुसार, अछूतों के दो वोट का अधिकार छीनने के लिए मरण-व्रत (भूख हड़ताल) को अपनी चरम सीमा पर पहुँचा कर उन अछूतों को अपने मोहिनी अवतार द्वारा छल लिया। अर्थात् जालिम गांधी ने अछूतों के दो वोट का अधिकार छीन लिया।

सवर्ण स्वार्थी गांधी ने अछूतों के दो वोट का अधिकार छीनने के लिए उपरोक्त सफल मरण-व्रत ठान दिया। मगर देश से छुआछूत मिटाने के लिए ऐसा सफल मरण-व्रत क्यों नहीं ठानते! गांधी और गांधीवादी खामोश!!

भूदानी नेता विनोबा भावे भूमिदान आन्दोलन चला रहे हैं। मील-दान आन्दोलन क्यों नहीं चलाते। राजा साहब 'ओयल' (उत्तर प्रदेश) सरीखे अनेक व्यक्तियों के पास हजारों एकड़ विस्तृत कृषि क्षेत्र हैं। उनसे कुछ हजार एकड़ जमीन दान में लेकर गरीबों में क्यों नहीं बँटवाते, भूदानी नेता खामोश!

विनोबा भावे का यह आन्दोलन पागलों का प्रलाप इसलिए है कि देश की घनघोर गरीबी से दुखी-पीड़ित व्यक्ति विनोबा भावे के भरोसे जीर्ण-शीर्ण कंकाल शरीर लिये हाथ पर हाथ धरे हजारों बरस तक चुपचाप बैठा रहे। तत्काल बच्चों के पेट भरने की कोई तरकीब भी न सोचे।

सच तो यह है कि विनोबा भावे से बढ़कर अकर्मण्यता का प्रचारक पर्याय विश्व में शायद अन्य व्यक्ति नहीं। जिसने जमींदार सवर्णों की बंजर जमीन भूदान के नाम पर दान करवा कर उर्वर जमीन उनके हाथों में बचाए रखी। इस व्यक्ति के कारण इस देश में जमींदारी उन्मूलन आन्दोलन, किसान आन्दोलन रुक गया।

चम्बल घाटी (मध्य प्रदेश) में एक बार विनोबा भावे डाकुओं का हृदय-परिवर्तन का ढोंग लेकर गए। बड़े-बड़े डकैतों ने उनकी सूरत देखना भी हराम समझा। आज

अपनी असफलता पर पछतावा इंस्पेक्टर जनरल पुलिस खुद तो करते नहीं। 'उलटा चोर कोतवाल को डाँटे' कहते हैं, डाकुओं के पास हथियार जबलपुर फैक्टरी और पाकिस्तान से आ रहे हैं। आप रोकते क्यों नहीं? इतना बड़ा पद व्यर्थ क्यों लिए हैं? इस्तीफा दें। इसके उत्तर के लिए वे भी खामोश।

गांधी बड़े ढोंगी अहिंसावादी थे। एक बार एक बछड़ा उनके आश्रम में बीमार पड़ा। डॉक्टरों ने कहा—इस बछड़े का अब ईलाज नहीं हो सकता। अवश्य मर जाएगा। गांधी ने कहा—गोली मार दो। गोली मार दी गई। बछड़ा तुरन्त मर गया।

छुआछूत मिटाने का भी गांधी का निजी ढोंग था। उनकी विधवा बहन आश्रम में अलग एक झोपड़ी में इस शर्त के साथ रहती थी कि मेरे अर्थात गांधी की बहन के ऊपर किसी अछूत की छाया तक न पड़े। जब कभी बहन प्रार्थना में आती तो अछूतों से रास्ते में कहा जाता था—हटो, हटो। इस तरह हटो ताकि तुम अछूतों की छाया गांधी की बहन के ऊपर न पड़े, इससे अधिक और ढोंग क्या हो सकता है। जब अपने परिवार पर ही असर नहीं तो गांधी का इतने बड़े सवर्ण समाज पर छुआछूत मिटाओ की बात यदा-कदा कहना व्यर्थ है, ढोंग है। आजकल भी छुआछूत के मामले में वैश्य ही सबसे बड़े ढोंगी हैं।

डॉ. अम्बेडकर के एक प्रश्न के उत्तर में गांधी ने कहा—मैं चार वर्ण में विश्वास रखते हुए केवल छुआछूत मिटाना चाहता हूँ, परन्तु अछूतों के राजनीतिक अधिकारों में विश्वास नहीं रखता।

पाठक स्वतः विचार करें। चार वर्ण के रहते हुए छुआछूत कैसे मिटेगी। शायद इसीलिए भंगियों को सुअर पालने के नाम से और चमारों को चमड़ा उद्योग के नाम से ज्यादा तादाद में गांधीवादियों को गांधीवादी सरकार कुछ जूठन फेंक रही है।

गांधी अर्द्धनग्न रहते थे। उनका अर्द्धनग्न जनता को ठगने का यह भी एक ढोंग था। सम्पूर्ण भारत के खजाने की चाभी पूँजीपतियों का कोरा चेकबुक एक कूल्हे पर और समय की चाभी घड़ी दूसरे कूल्हे पर लटकती रहती थीं। आज पहले कूल्हे की चाभी की बदौलत भारत की कुल पूँजी केवल पाँच सौ परिवारों में जमकर बैठ गई है और गांधी की अनुपम-भक्त अर्द्धनग्न जनता अब भी अर्द्धनग्न है। प्रबुद्ध पाठकगण बताएँ, ढोंग की परिभाषा।

गांधी जिस बकरी का दूध पीते थे, वह सेब-अंगूर के साथ सोने, चाँदी के बर्क खाती थी। उनके एक मित्र ने एक बार सन् 1947 ई. में ग्वालियर में लेखक से कहा कि गांधी की बकरी की खुराक लगभग सत्तर रुपये प्रतिदिन है। यह है, अर्द्धनग्न जनता के अर्द्धनग्न नेता।

मदनमोहन मालवीय जो बनारस हिन्दू यूनिवर्सिटी के संस्थापक थे। वे भी बड़े ढोंगी थे। जब राउंडटेबल कॉन्फ्रेंस में लन्दन गए थे तो उनके स्नान करने के लिए गंगा नदी का पानी पवित्रता के कारण समुद्र में साथ-साथ गया था। वे वहाँ भारत की मिट्टी से ही

टट्टी का लोटा साफ करते थे। रास्ते में अरब और लन्दन में रहकर वहाँ का पानी और मिट्टी कतई इस्तेमाल नहीं करते थे। यह तो हिन्दू धर्म का एक बहुत बड़ा उपहास है।

युधिष्ठिर के राजसूय-यज्ञ के भोज में सबसे पीछे श्वपच (भंगी) ने भोजन किया। कृष्ण के इशारे पर यज्ञ-भोज सम्पूर्ण हुआ, घंटा बजा। घोषणा हुई। यज्ञ-भोज पूरा हो गया है। इसीलिए अब भी सबके पीछे सबकी जूठन भंगियों को देकर भोज या यज्ञ-भोज समाप्त होता है। इस तरह कृष्ण का आदर्श दुहराया जाता है जो समानता का शत्रु है।

कृष्ण ने मित्र सुदामा को सब दे दिया। कृष्ण ने बाहु-बल से यदि कुछ कमाया होता, तो कुछ देते, तो पता चलता। एकलव्य और उसके पिताश्री (हिरण्यधनुष) की गाढ़ी कमाई कृष्ण को हराम में मिली थी, लुटा दी। सब ग्वालों को आजीवन गँवार यानी बे-पढ़ा-लिखा अर्थात मूर्ख रखा। एक विश्वविद्यालय ही उस आभीर प्रदेश की आमदनी से खोल देते जहाँ गरीबों को कमाकर खाने एवं अच्छे नागरिक बनने की शिक्षा मिलती तब तो कुछ तारीफ की बात थी।

कहते हैं, राम काल और कृष्ण काल भारतीय इतिहास में स्वर्ण-युग था। सत्यता समझ में कतई नहीं आती। क्योंकि यदि उस समय में सोना था तो खुदाई में उस समय के आभूषण एवं सिक्के कहीं-न-कहीं अवश्य मिलने चाहिए थे, लेकिन नहीं मिले।

वास्तव में, उस काल में सोना की बहुतायत थी ही नहीं। कुषाण वंशीय राजा 'कैडफ्राइसिज' द्वितीय ने, जिसकी राजधानी 'बैक्ट्रिया' (बल्ख) थी, जो पश्चिमी भारत तथा बनारस के उत्तरी भाग का राजा था। दक्षिणी भारत मालवा के क्षत्रप इसे अपना महाराजा मानते थे। इसने पचास हजार सेना लेकर चीन पर चीन की राजकुमारी से विवाह करने के लिए चढ़ाई कर दी। हारा। व्यापारिक समझौता हुआ। चीन व रोम आदि देशों में भारतीय व्यापार चमका। विदेशों से बदले में भारी सोना आया। इसी ने सबसे पहले सोने के सिक्के चालू किए। इसके पूर्व चाँदी व ताँबे के सिक्कों का प्रचलन था।

इन्हीं दिनों आन्ध्र राजाओं का समुद्री व्यापार चमका। विदेशों से बदले में काफी सोना आया। आन्ध्र नरेश के समय में भड़ौच में एक समुद्री जहाज का अन्धा मालिक रहता था। उसका जहाज सात मंजिल का था। सात सौ मल्लाह उस जहाज पर नौकर रहते थे। व्यापार सुमात्रा, जावा, पूर्वी द्वीप समूह, यूनान व फारस की खाड़ी आदि में था।

भारत से मसाले, मोर के पंख, जवाहरात, रेशम, मलमल और रुई विदेशों को थल मार्ग और जल मार्ग द्वारा जाती थी।

अवतार कहे जानेवाले हयग्रीव ने 'मधु' दानव को मारा। कहते हैं, भदराचल पर्वत की मथानी (रई) और साँप की काढन (रस्सी) बनाकर फन की ओर राक्षस

व पूँछ की ओर देवता रहे। समुद्र मन्थन किया। भगवान ने कछुवे का अवतार लेकर मदराचल पर्वत को अपनी पीठ पर धारण किया। चौदह रत्न निकले। पुनः भगवान ने मोहनी अवतार लेकर अमृत देवताओं को पिलाकर अमर कर दिया, बिलकुल ही गलत है।

जरा बुद्धि से सोचिए समुद्र के पानी में मछलियाँ व मगर आदि जल के जीव रहते हैं—न कि भूमि के जीव, श्री (लक्ष्मी), रम्भा (रंडी) व धन्वन्तरी (वैद्य) आदि।

लक्ष्मी और रंडी का भेद जानने के लिए बड़ी भारी बुद्धि की जरूरत नहीं है। रंडी है तो रंडीबाज और भड़वे भी होने चाहिए।

उन्हें अकेले समुद्र में तड़प-तड़पकर मर जाने के लिए व्यर्थ मजबूर किया गया।

इस प्रकार के ग्रंथ बुद्धि का दिवाला निकाल दे रहे हैं। मूर्ख मानसिकता के मनुष्यों का निर्माण करते हैं।

वास्तविकता यह है जब आर्यों (देवताओं) ने आदिनिवासियों (राक्षसों/असुरों) से धीरे-धीरे मेल-मिलाप स्थापित कर लिया, तो मदराचल पर्वत मैसूर में केन्द्र बनाकर समुद्र पार सिंहल (लंका), सुमात्रा, जावा, बोर्नियो व श्यामा आदि देशों में आदिनिवासियों को विजय हेतु युद्ध करने भेजा। नागवंशी आदिनिवासी युद्ध सामग्री एवं खाने-पीने की चीजें सम्पूर्ण भारत से इकट्ठी करके रण-स्थल में पहुँचाया करते थे। स्वतः आर्य अपने-अपने क्षेत्रों में युद्ध सामग्री व खाद्य सामग्री आदि तैयार किया करते थे। परिवार के साथ मौज की छानते थे।

आदिनिवासी विभिन्न देशों से चौदह वस्तुएँ जीतकर लाए, चतुर आर्यों ने एक चालाक रूपवती स्त्री मोहनी को जो आर्य थी। उसे उपरोक्त वस्तुएँ आपस में बाँटने के लिए पंच चुना। उसने दूध, शहद, सोंफ व धनियाँ व गुलाब के फूलों आदि से बना हुआ द्रव पदार्थ (ठंडाई या अमृत) आर्यों को, भंग व धतूरा पानी में पीसा हुआ द्रव-पदार्थ (विष) महादेव को और शराब आदिनिवासियों को पिला दी।

आदिनिवासियों के बेहोश हो जाने पर आर्यों ने उनके प्रमुख-प्रमुख योद्धाओं को कत्ल कर दिया। जीती हुई वस्तुएँ आर्यों ने आपस में बाँट लीं।

जीत में श्याम देश से हाथी। सिंहल द्वीप के राजा की स्त्री (लक्ष्मी), रंडी (रम्भा), वैद्य (धन्वन्तरी) और बोर्नियो से घोड़ा आदि विभिन्न पूर्वी देशों से चौदह वस्तुएँ लूट में आई थीं।

भारत में पुर्तगालवासी लाल मिर्च लाए नई-नई अनेक वस्तुएँ आब-ओ-हवा के लिहाज से एक-दूसरे देश में अब भी आ रही हैं—जा रही हैं।

प्रमुख देवता तीन हैं—ब्रह्मा, विष्णु और महेश।

ब्रह्मा ने अपनी पुत्री सरस्वती से सम्भोग किया जो दुनिया की सबसे बड़ी चरित्रहीनता है। ज्योतिबा फुले ने अपनी कृति 'गुलामगीरी' में इसी कारण ब्रह्मा को बेटी चोद कहा। तब से बेटी चोद गाली चल पड़ी। इस प्रकार ब्रह्मा दुनिया का पहला बेटी चोद था।

विष्णु की चरित्रहीनता ने ही उनका नाम छलिया रख दिया। आदिनिवासी महाराजधिराज जलन्धर की स्त्री 'वृन्दा' और शंखचूड़ की स्त्री तुलसी को छला...।

गंगा नामक स्त्री पहले ब्रह्मा के पास थी, एक दिन सरस्वती और गंगा दोनों सौतों में गृह-कार्य को लेकर लड़ाई हुई ब्रह्मा ने गंगा शिव को दे दी।

महेश आदिनिवासियों के महान प्रतापी, न्यायी व दयालु महादानी राजाविराज थे। उन्हें शिव, महादेव व शंकर आदि नाम से पुकारते थे। जब आर्य उन्हें किसी प्रकार जीत न पाए तो इन्होंने उन्हें जवानी से बुढ़ापे तक क्रमशः सती, पार्वती व गंगा आदि अति सुन्दर युवा ललनाएँ आदि देकर अपनी ओर मिलाकर अपना महेश नामक देवता घोषित करके गंजेड़ी, भंगेड़ी व कामी बताया। (विस्तृत जानकारी के लिए 'शिव तत्त्व प्रकाश' पढ़िए।)

इन्द्र का मुख्य काम है, महान तपस्वी को अप्सराएँ आदि भेजकर तप नष्ट करना या जो व्यक्ति अन्य प्रकार से उनकी बराबरी का दर्जा प्राप्त करना चाहे, उसमें बाधा डालना। उसे नीचा दिखाना, उसका सर्वनाश करना या अपने उपेन्द्र विष्णु द्वारा उसका सर्वनाश कराना।

इन्द्र ने विश्व सुन्दरी अहल्या का सतीत्व नष्ट किया। राजा सगर का अश्वमेधी-यज्ञ का घोड़ा चुराकर कपिल मुनि के आश्रम के पीछे बाँध दिया।

चन्द्रमा ने मेहमानी में आई हुई, गुरु बृहस्पति की पत्नी 'तारा' से बुध नामक पुत्र पैदा किया। बड़ी लम्बी पंचायत के बाद तारा को वापस किया।

गुरु बृहस्पति ने अपने बड़े भाई उतथ्य की गर्भवती स्त्री 'ममता' से सम्भोग किया जिससे 'भरद्वाज' ऋषि पैदा हुए।

सूर्य ने कुन्ती के सन्सर्ग से कुँआरेपन में ही कर्ण पैदा किया।

जिस आदिनिवासी से आर्य विद्वत्ता व वीरता में हार जाते थे। उसे भी वे आर्य घोषित कर देते थे। आदि घटनाओं से स्पष्ट सिद्ध है जिस व्यक्ति ने चाहे वह आर्य हो या आदिनिवासी। कोई काम आर्यों के लाभ के लिए किया हो या कोई काम आदिनिवासियों की हानि के लिए किया हो। बस वही व्यक्ति भगवान का अवतार, देवता, महर्षि और महापुरुष है।

आर्य गौमेध, अश्वमेध व अजामेध-यज्ञ की भाँति नरमेध भी किया करते थे।

महाराजा मोरध्वज का लड़ना आरा से चीरे जाने की घटना ही नरमेध-यज्ञ है। मरे हुए को जिन्दा कर देने की घटना समझ में नहीं आती। अन्धविश्वास पैदा करती है। मोरध्वज ने दूसरा लड़का गोद लिया होगा और उसे ही मरे पुत्र को जीवित हो जाना कहा होगा।

इसीलिए 1 सितम्बर, सन् 1931 ई. को नासिक के पास एक गाँव में हैजा की बीमारी को दूर करने के लिए एक कोली जाति की बुढ़िया का हाथ-पैर बाँधकर लकड़ियों पर रखकर आग लगाकर कर जिन्दा ही जला दिया गया। हैजा फिर भी नहीं मिटा।

अब भी, जब किसी की सन्तान नहीं होती है, तब नाऊते, भगतों एवं पुजारियों आदि द्वारा बरगलाए जाने पर अनेक अन्धविश्वासी व्यक्ति दूसरे बच्चे की बलि सम्पूर्ण भारत में छिप-छिपाकर दे रहे हैं। ऐसी अनेक घटनाएँ समय-समय पर 'हमारी ये बेड़ियाँ' नामक सामाजिक कॉलम में पाक्षिक पत्रिका 'सरिता' आदि में छपती ही रहती हैं।

विश्वामित्र की बहन ऋषि 'अजीगर्त' को ब्याही थी। अजीगर्त के मँझले लड़के का नाम 'शुनःशेप' था।

सत्यवादी कहे जानेवाले हरिश्चन्द्र की वास्तविक स्वार्थता सुनिए। हरिश्चन्द्र की वृद्धावस्था में उनकी आज्ञा से 'वरुण' देव से पुत्रेष्ठ यज्ञ के बहाने नियोग द्वारा हरिश्चन्द्र की रानी 'सैव्या' से रोहिताश्व को इस शर्त पर पैदा किया कि रोहिताश्व नरमेध-यज्ञ द्वारा वरुण देव को भेंट कर दिया जाएगा।

रोहित को जन्म के क्रमशः तीन दिन बाद, बारह दिनों के बाद, दूध के दाँत निकलने के बाद, दूध के दाँत गिरने के बाद, खाने के दाँत जमने के बाद एवं तीर-कमान बाँधने योग्य हो जाने के बाद वरुण देव ने हरिश्चन्द्र से माँगा। हरिश्चन्द्र के बार-बार टाल-मटोल करने पर वरुण देव ने हरिश्चन्द्र को जलोधर की बीमारी हो जाने का शाप दिया।

यह शाप की घटना केवल शूद्रों एवं महाशूद्रों को डराने के लिए गलत गढ़ी गई है। वास्तविकता यह है कि हरिश्चन्द्र को जलोधर की बीमारी स्वतः हो गई थी या वरुण देव ने हरिश्चन्द्र के रसोइया से मिलकर उसे ऐसी वस्तु भोजन में मिलाकर खिला दी थी जिसके खाने से जलोधर की बीमारी हो गई थी।

इस जलोधर की बीमारी को ठीक करने के लिए हरिश्चन्द्र रोहित को वरुण देव को भेंट करना ही चाहते थे कि रोहित जंगल में भाग गया। वहाँ पाँच वर्ष विप्र भेस में रहा। अजीगर्त को कुछ गाएँ देकर शुनःशेप को नरमेध-यज्ञ के लिए खरीद लाया वरुण देव ने रोहित के बदले शुनःशेप की भेंट स्वीकार कर ली। पुनः कुछ गाएँ रोहित से लेकर अजीगर्त ने अपने पुत्र को नरमेध-यज्ञ के खम्भे (यूथ) में रस्सी से बाँध दिया। पुनः कुछ गाएँ लेकर अजीगर्त अपने पुत्र को तलवार से कत्ल करने के लिए तैयार हो गया।

इस नरमेध-यज्ञ में होता-विश्वामित्र, आचार्य-जमदग्नि, उद्गाता-वसिष्ठ, ब्रह्मा व आयास्य थे। वरुण की भेंट के नाम पर वरुण की उपस्थित में यह सुकर्म-नहीं नहीं, कुकर्म नरमेध-यज्ञ हो रहा था।

अजीगर्त को हाथ में नग्न तलवार लिये कत्ल हेतु प्रस्तुत देख शुनःशेप खुद को खम्भे में से खुल जाने के लिए बलपूर्वक छटपटाया एवं बड़ी जोर से चिल्लाया—"हाय! हाय!! बचाओ!!! पापी, नीच एवं स्वार्थी बाप से बचाओ! तुम्हीं लोग बचाओ!! वरुण देव तुम्हीं रक्षा करो! मामा विश्वामित्र तुम्हीं, सहायता करो!"

मामा शब्द सुनकर विश्वामित्र ने सिर ऊँचा किया, पहचाना। अरे यह तो मेरा ही भानजा शुनःशेप है। विश्वामित्र ने सभी को इस कुकृत्य से रुक जाने के लिए टेढ़ी भौंहें करते हुए जोर से ललकारा—ठहरो! बदमाशो, ठहरो!!

खम्भे में से खुल जाने के लिए जोर लगाने के कारण बँधी हुई गाँठ ढीली पड़ गई। शुनःशेप स्वतः खुल गया। उसने तत्काल विश्वामित्र को प्रणाम किया। कहा—मेरा पिता घातक पिता है। आप मेरे रक्षक पिता हैं। विश्वामित्र ने भी शुनःशेप को पुत्र मान लिया। शुनःशेप आजन्म विश्वामित्र के पास पुत्र की तरह रहा। विश्वामित्र की ललकार में वरुण देव आदि सभी भीगी बिल्ली बन गए। वरुण देव एवं जमदग्नि आदि उठकर सिर नीचा किए अपने-अपने स्थानों को चुपचाप चले गए। (यह है 'ऋग्वेद' में वर्णित सच्ची कहानी।)

आर्य अति कामी थे, इन्होंने अपनी काम पिपासा की तृप्ति के लिए नियोग प्रथा, पंच कन्या-प्रथा, देवदासी प्रथा व अन्य घृणित प्रथाएँ प्रचलित कीं।

अयोध्या नरेश दशरथ की पुत्री 'शान्ता' को उनके मित्र अंग नरेश 'रोमपाद' ने सन्तानहीन होने के कारण पाला। अंगदेश का दुर्भिक्ष दूर करने हेतु श्रृंगि ऋषि वहाँ पधारे। उनके शुभ आगमन से अंग देश में पानी बरसा। शान्ता ने अपने मेहमान श्रृंगि ऋषि की नाना प्रकार से सेवा सुश्रूषा की।

श्रृंगि ऋषि ने उलटा उसे फुसलाकर प्रेम जाल में फँास लिया। बदर्जे मजबूरी राजा रोमपाद ने शान्ता उन्हें ब्याह दी।

इन्हीं श्रृंगि ऋषि ने राजा दशरथ की वृद्धावस्था में पुत्रेष्ठ यज्ञ किया। इस यज्ञ में तीन सौ पशु मारे गए। पुत्रेष्ठ-यज्ञ तो एक बहाना मात्र था। वास्तव में, नियोग द्वारा कौशल्या आदि रानियों से राम आदि पैदा किए।

राम की माता कौशल्या पुत्र प्राप्ति हेतु पुत्रेष्ठ यज्ञ में काटे गए घोड़े की लाश की तीन टुकड़ों में से एक टुकड़े के साथ रात भर लेटी रही।

'उद्दालक' ऋषि के लड़के का नाम 'श्वेतकेतु' था। एक ब्राह्मण श्वेतकेतु के सामने उसकी माँ को सम्भोग करने के लिए हाथ पकड़कर शक्तिपूर्वक एक एकान्त झाड़ी की ओर चल दिया। श्वेतकेतु ने उस ब्राह्मण को ऐसा कुकर्म न करने के लिए ललकारा, परन्तु पिता उद्दालक ने कहा, 'बेटा! यह तो सनातन धर्म है। कुकर्म नहीं, सुकर्म है।' ऐसा सुनकर वह ब्राह्मण व्यभिचार के लिए उसे बड़े मजे के साथ धीरे-धीरे मनोवांछित एकान्त स्थान को ले गया।

जटिला गौतमी के सात पति थे।

वर्क्षी (मुनि-कन्या) ने प्रचेतस नाम वाले दस भाइयों से विवाह किया।

जौनसार भावर (उत्तर प्रदेश) में एक जाति अब भी ऐसी निवास करती है जिसमें सब भाइयों की सम्मिलित पत्नी होती है।

महाभारत कालीन 'तीर्घतमा' बड़ा कामी था। वह आम सड़कों व चौराहों पर पशुओं की भाँति सम्भोग किया करता था।

राजा 'अंग' (वेण के पिता) बहन 'सुनीता' (पित्र कन्या) से, 'मनु' ('विवस्वानु'—पुत्र) ने बहन 'श्रद्धा' ('विवस्वानु'—पुत्री) से, और 'भरत' ('अंगिरश'—वंशी) ने अपनी तीनों बहनों से विवाह किया।

'गालब' ने गुरु दक्षिणा में विश्वामित्र को आठ सौ श्याम-कर्ण घोड़े देने के लिए महाराज 'ययाति' से माँगे, ययाति ने अपनी अति ही सुन्दरी पुत्री 'माधवी' उन्हें देकर कहा मेरे पास श्याम-कर्ण घोड़े नहीं हैं, इसे किराए पर उठाकर आठ सौ श्याम-कर्ण घोड़े प्राप्त कर लीजिए।

गालब ने माधवी को क्रमशः तीन राजाओं के यहाँ किराए पर उठाकर बदले में दो-दो सौ श्याम-कर्ण घोड़े लेकर विश्वामित्र को दिए। शेष दो सौ श्याम-कर्ण घोड़ों के बदले में माधवी कुछ दिनों विश्वामित्र के पास रही, फिर उन्होंने उसे महाराजा ययाति को वापस कर दिया।

माधवी के शारीरिक गठन का वर्णन विभिन्न राजाओं के राजदरबार में जिस ढंग से किया जाता था, उससे पता चलता है कि उसे नंगा करके वहाँ दिखाया जाता था। इस प्रकार स्त्री को व्यभिचार के लिए मजबूर करनेवाला हाय रे हिन्दू धर्म!

गोरखपुर (उत्तर प्रदेश) के महाराजा 'चार्वाक' की अति सुन्दरी प्रिय रानी को पुरोहितों की आज्ञानुसार अश्वमेधी-यज्ञ के घोड़े के साथ सम्भोग कराने के लिए निर्दयतापूर्वक विवश किया गया, इस अमानुषिक सन्सर्ग के कारण रानी मर गई।

'लियोलॉर्ड मोसले' ने लिखा है कि "पंडित जवाहरलाल नेहरू बहुत दिनों के विधुर (रंडुआ) थे। एकाकी लेडी माउंटबेटन ने उसके जीवन की एक बड़ी महत्त्वपूर्ण कमी पूरी कर दी। जिस तरह वह वायसराय के भोज या गार्डन-पार्टी में रानी की तरह सभी कुछ सँभालती, उसका आकर्षण बढ़ता गया।" (विस्तृत विवरण के लिए 'भारत में ब्रिटिश राज्य के अन्तिम दिन' पढ़िए।)

चार्वाक ने अपना अलग मत चलाया। उसने कहा—तीन वेदों के रचयिता धूर्त हैं। यज्ञ नहीं करना चाहिए। यह भौतिक संसार आनन्दमय है। यही सत्य है।

प्रारम्भ में तीन वेद थे। यजुर्वेद के दो भाग हैं। कृष्ण-यजुर्वेद व श्वेत-यजुर्वेद। कृष्ण-यजुर्वेद के लेखक आदिनिवासी अर्थात् द्रविड़ियन महाराजा 'रावण' हैं। चौथा वेद अथर्ववेद बाद में लिखा गया है। सम्पूर्ण वेदों के रचयिता केवल ब्राह्मण ही नहीं हैं। इनके लेखक आर्य एवं अनार्य (आदिनिवासी), दोनों हैं।

कुषाण काल में मूर्तिकला का प्रारम्भ गौतम बुद्ध की आदर्श मूर्तियों द्वारा हुआ था।

बौद्धों की आदर्श मूर्तिकला के बजाय, आर्य-हिन्दू पुरोहितों, पुजारियों व पंडों ने व्यभिचार-द्योतक जगन्नाथपुरी, मथुरा एवं कोणार्क आदि के मन्दिरों की दीवालों

पर चित्रकारियाँ बनाईं ताकि भोली-भाली जनता के मन में स्वतः व्यभिचार करने कराने की इच्छा उत्पन्न हो। आखिर व्यभिचार को प्रोत्साहन मिल ही गया। अब भी मिल रहा है। इसी का एक रूप दक्षिण में देवदासी प्रथा थी।

राजा बलि ने इन्द्रपुरी जीत ली। इन्द्र भाग गए।

कहते हैं, अवतारी वामन ने साढ़े तीन कदम पृथ्वी राजा बलि से माँगी। प्रथम कदम में आकाश, द्वितीय में पाताल, तृतीय में मृत्यु लोक अर्थात् पृथ्वी नाप ली और शेष आधे कदम में राजा बलि का शरीर नाप लिया। समझ में नहीं आता।

वास्तविकता यह है कि कश्यप पुत्र वामन ने राजा बलि को धोखे से नाग सेना द्वारा बन्दी बना लिया। राजा बलि के नाम से वामन ने झूठी राजाज्ञाएँ प्रसारित कीं। भविष्य में आदिनिवासी—1. भूमि के मालिक नहीं हो सकते, 2. विद्या नहीं पढ़ सकते, 3. ग्राम के बाहर निवास करें, किन्तु स्थायी घर न बनावें और शेष आधी में आधा पेट भोजन के बदले में सम्पूर्ण शरीर से आर्यों की सेवा दिन-रात करें।

कहते हैं पुराणों में भविष्य में पैदा होनेवाले राजाओं के नाम लिखे हैं, से उनका भविष्यवक्ता होना सिद्ध होता है। यह विद्वत्ता की प्रशंसा नितान्त झूठ है।

वास्तविकता यह है कि पुराणों में वर्णित राजाओं के पैदा होने के बाद नाम लिखे गए हैं—ताकि भविष्यवाणी के नाम पर अति प्रशंसा की जाए, इनमें से 'भागवत पुराण' बोप देव ने लिखी है। व्यास लेखक का नाम झूठ लिखा गया है।

पुराण, मनुस्मृति आदि स्मृतियाँ ईसा के बाद तीसरी या चौथी शताब्दी (गुप्त-काल) में लिखी गई हैं। ऐसा भाषा-शैली आदि से पता चलता है। व्यास आदि का कार्य-काल फर्जी है।

जिन-जिन पुराने ग्रंथों में लिखा है कि अमुक बातें कलियुग में वर्जित हैं, इससे स्पष्ट सिद्ध है कि वे ग्रंथ कलियुग में कलियुग के तजुर्बे को देखकर लिखे गए हैं।

प्राचीन ग्रंथों को सतयुग, त्रेता व द्वापर से मौखिक वर्णन किया गया। बाद में उसे बिना कुछ घटाए, बढ़ाए ज्यों-का-त्यों लिखा गया, की बात गलत है।

कुछ प्रतिगामी सोच के व्यक्ति कहते हैं, 'राम राज्य' स्थापित करेंगे। पाठक भी सोचें राम राज्य कैसा था? वैसे राम राज्य अच्छा नहीं था। राम ने ताड़का, थदगाई आदि स्त्रियों का कत्ल किया। केवल सूर्पणखा ही नहीं, अनेक स्त्रियों के नाक, कान व स्तन भी काटे। रामायण नारी निन्दा से भरी पड़ी है। (विस्तृत विवरण के लिए 'तुलसी के तीन पात' पढ़िए) 'बन हित कोल किरात किसोरी। रचीं बिरंचि बिषय सुख भोरी॥' से सिद्ध होता है। जंगली जातियाँ दुखी जीवन व्यतीत करती थीं।

विश्वामित्र ने कुत्ते की सूखी टाँग चांडाल के घर से चुराकर खाई। जब चांडाल ने कहा इसे मैंने अपने छोटे-छोटे बच्चों के कलेऊ के लिए छींके पर टाँगकर सुरक्षित रखा था। आपने मेरी बिना आज्ञा चुराकर खा ली। मेरे बच्चे रो रहे हैं—क्या खिलाऊँ? तो विश्वामित्र ने इस चोरी के बदले में चांडाल से माफी नहीं माँगी, डाँटते

हुए कहा—तुझे अपने तपोबल से भस्म कर दूँगा, से सिद्ध है, उस समय दुर्भिक्ष (अकाल) था। प्रजा दुखी थी। विश्वामित्र की तरह तब भी चोरी व सीना जोरी थी। उल्टा चोर कोतवाल को डाँटे।

'यह हमारि अति बड़ि सेवकाई। लेहिं न बासन बसन चोराई॥' से सिद्ध है कि उस समय भी जरायम पेशा जातियाँ रहती थीं और जुर्म होते थे।

राम ने वन जाने के पहले लक्ष्मण से कहा मैं राज-सिंहासन पर बैठकर नाम-मात्र का राजा होऊँगा। अयोध्या का असली राज्य तो तुम्हीं करोगे, कहकर उसे जीवन भर पालतू कुत्ते की तरह गुलाम बनाए रखा।

आदि-आदि अनेक घटनाओं से स्पष्ट सिद्ध होता है कि राम राज्य में प्रजा दुखी थी। ऊँची-नीच की भावना थी। राम का व्यक्तिगत चरित्र अच्छा नहीं था। आम जनता के लिए बिलकुल ही अनुकरणीय नहीं है। (विस्तृत जानकारी के लिए 'दि रामायना : ए ट्रू रीडिंग' पढ़िए।)

कहते हैं, 'गुप्त काल' भारतीय इतिहास का 'स्वर्ण युग' था। वास्तव में, इसी युग ने सबसे अधिक लेखन-भाषण-भ्रमण द्वारा अन्धविश्वास फैलाया है, जिसके कड़वे फल खाकर शक्तिहीन भारत गुलाम बना। उन्हीं अन्धविश्वासी कथाओं का अब भी घनघोर प्रचार हो रहा है। यदि यह अन्धविश्वासी जहर अति शीघ्र दूर न किया गया तो शक्तिहीन भारत निकट भविष्य में, तत्काल न सही, कभी भी अपनी स्वतंत्रता खो सकता है। एक म्यान में दो तलवारें नहीं रह सकती या तो अन्धविश्वास का साम्राज्य रहेगा या विशुद्ध बुद्धि का।

राजनीतिक भविष्यवक्ता मोहनदास करमचन्द गांधी ने कहा था कि पाकिस्तान मेरे जीते जी कदापि नहीं बनेगा, परन्तु उनके जीते जी ही बन गया।

फिर कहा, पाकिस्तान आर्थिक दृष्टि से बहुत कमजोर है। वह अपनी आर्थिक कमजोरियों के कारण स्वत: ही दस साल बाद अर्थात् 15 अगस्त, सन् 1957 ई. तक भारत में शामिल हो जाएगा। आज तक पाकिस्तान भारत में शामिल नहीं हुआ।

भविष्य में भी पाकिस्तान के भारत में स्वत: शामिल होने की कोई आशा नहीं है क्योंकि अब इन दोनों राष्ट्रों की सभ्यताएँ बिलकुल अलग-अलग हैं। लेखक की इस भविष्यवाणी को भविष्य में प्रिय पाठकगण परखेंगे।

राजनीतिक भविष्यवक्ता डॉ. भीमराव रामजी राव अम्बेडकर ने 26 अगस्त, सन् 1954 ई. को राज्यसभा, नई दिल्ली में अध्यक्ष महोदय को सम्बोधित करते हुए कहा था, "प्रधानमंत्री पंडित जवाहरलाल नेहरू ने चीन को ल्हासा (तिब्बत) पर अधिकार कर लेने देकर एक प्रकार से चीनी लोगों को अपनी सेनाएँ भारत तक ले आने में पूरी सहायता पहुँचा दी है। इन सब बातों पर विचार करने से मुझे लगता है कि यह मूर्खता की बात होगी, यदि हम इस बात पर विश्वास न करें कि चाहे अभी निकट भविष्य में ही भारत पर आक्रमण होनेवाला न हो तो भी भारत पर आक्रमण हो

सकता है और वह आक्रमण उन्हीं लोगों के द्वारा होगा, जिन्हें (चीन को) आक्रमण करने की आदत पड़ी हुई है।"

यह थी असली भविष्यवाणी। सन् 1962 ई. में चीन ने भारत पर आक्रमण किया। अन्तरराष्ट्रीय परिस्थितियाँ भारत के अनुकूल एकाएक हो गईं। चीन भागा।

भारतीय भविष्यवक्ता ज्योतिषी सन् 1961-62 ई. में कहते थे कि 'महाभारत' से भी कठिन योग है। नौ ग्रह एक ही राशि पर इकट्ठे हुए हैं। फलस्वरूप प्रलय होना तक सम्भव है। परन्तु कुछ नहीं हुआ। यदि चीन की लड़ाई का बहाना करें तो महाभारत के मुकाबले में, जिसमें सात ग्रह ही इकट्ठे थे, यह नौ ग्रह इकट्ठे होनेवाली लड़ाई करोड़वाँ भाग के बराबर भी नहीं है।

कहते हैं, 'राजा जन्मेजय' ने साँप हवन किए थे। अन्त में, एक साँप 'तक्षक' बच गया था। उसी की सन्तान सम्पूर्ण साँप है। बिलकुल ही गलत है।

वास्तविकता यह है कि राजा जन्मेजय के पिता राजा 'परीक्षित' को तक्षशिला (पश्चिमी पाकिस्तान) के नाग-वंशीय महाराजा 'तक्षक' ने रण-स्थल में मारा था। उसके बदले में तमाम नाग-वंशी पुरुषों का कत्लेआम किया। जिन्दा जलाया। आदि आदि। (विस्तृत जानकारी के लिए 'नाग यज्ञ' नाटक पढ़िए, लेखक—पेरियार ललई सिंह)

राजा बिन्दुसार ने 280 वर्ष ईसा पूर्व यूनान के राजा के पास पत्र भेजकर लिखा कि आप मेरे लिए कृपया अंगूर की शराब, अंजीर और एक अध्यापक खरीद कर भेज दीजिए। महाराजा 'एंटीओकस' ने अंगूर की शराब व अंजीर भेजकर प्रसन्नता प्रकट करते हुए लिखा—मुझे महान दुख इस बात का है, यूनानी लोग अध्यापक बेचना अनुचित समझते हैं।

मगध-सम्राट बिन्दुसार की सीमा दक्षिण में नीलोर पर्वत तक थी। इससे पता चलता है कि उस समय भारत की अपेक्षा यूनान अधिक सभ्य था।

सूडान के रेगिस्तान (अफ्रीका) में बने हुए 'पिरामिड' के नीचे हजारों वर्ष पहले मरे हुए व्यक्तियों की मसाला-युक्त लाशें आज भी ज्यों-की-त्यों रखी हैं। उस मसाले की खोज अन्य राष्ट्र अब तक नहीं कर पाए हैं।

'बेबीलोनिया' के आकाश में लटकते हुए बाग व 'पीसा' (इटली) की झुकी हुई मीनार की विद्धत्ता अवर्णनीय है।

भूतपूर्व समय में अरब सम्राट एक महिला 'हटेसू' ने सम्पूर्ण विश्व पर अपनी अनोखी सूझबूझ व विद्धत्ता द्वारा शासन किया।

अरब के महाराजा (खलीफा) 'हारुन-अल रशीद' की महारानी 'जुबैदा ख़ातून' ने अपने 'मेहर' के रुपये से 'बसरा' व 'बगदाद' के रेतीले मैदान में 'दजला' नदी से पानी की नहर निकालकर उसे खेती के योग्य उपजाऊ बना दिया।

विश्व-सभ्यता की सर्वश्रेष्ठ वर्तमान युग की गवाही 'प्रथम-मध्याह्न-रेखा' लन्दन (इंग्लैंड) के 'ग्रीनविच' गिरजाघर पर मानी गई है।

...आदि से स्पष्ट है कि भारत का यह डींग हाँकना कि पुराने जमाने में हमारी सभ्यता सर्वोपरि थी, बिलकुल गलत है।

आर्यों का यह कहना कि बौद्धों की अहिंसा ने देश को गुलाम बनाया, बिलकुल ही गलत है।

अशोक, कनिष्क, मिनांडर, समुद्रगुप्त, हर्षवर्धन, नन्दिवर्धन और पुलकेशिन बौद्ध-राजाओं के पास नाना प्रकार के अस्त्र-शस्त्र से सुसज्जित विशाल सेनाएँ थीं। इनकी सैनिक धाक के कारण किसी विदेशी राजा की हिम्मत भारत पर आक्रमण करने की नहीं हुई।

अशोक, कनिष्क व हर्षवर्धन की संगठित अपार सेना से सम्पूर्ण एशिया महाद्वीप थर्राता था। बौद्ध-कालीन इतिहास के पन्नों को निष्पक्ष ढंग से पढ़िए।

हाँ, एक बात अवश्य थी कि बौद्ध राजा दूसरों पर आक्रमण करने के बजाय उन्हें प्रेम बल से मित्र बनाकर दोनों सुख-मय जीवन व्यतीत करना अच्छा समझते थे। उनके इस काल में अस्सी-अस्सी, नब्बे-नब्बे वर्ष की आयु के भिक्षुओं ने सबसे अधिक मदद की। वे बौद्ध धर्म प्रचारार्थ एवं भारत को अपना अभिन्न हृदय मित्र समझने के प्रचार हेतु हिमालय सरीखे दुर्गम पर्वतों, नदियों तथा जंगलों को लाँघते हुए चीन, बर्मा व मंगोलिया आदि और समुद्री-मार्ग द्वारा लंका, जावा, सुमात्रा व जापान आदि गए। उन्हें दोनों कामों में पूर्ण सफलता मिली।

ध्यान रहे, मंगोलिया निवासी महान शूरवीर 'चंगेज खाँ' मुसलमान नहीं, बौद्ध था। देखा आपने, कैसा लड़ाकू बौद्ध था। प्रत्येक देश के बौद्धों ने अपने देश की स्वतंत्रता के लिए सदैव खून बहाया है। एक बार सिंघल की सेनाओं के साथ बौद्ध भिक्षु भी हाथ में तलवार लेकर अपनी स्वतंत्रता की रक्षा के लिए रणक्षेत्र में लड़े थे। आक्रमणकारी शत्रु को पीछे ढकेल दिया।

द्वितीय विश्वयुद्ध (सन् 1939 ई. से सन् 1945 ई.) में जापान ने युद्ध के लिए ताँबा की जरूरत पड़ने पर भिक्षु-संघ के आज्ञानुसार गौतम बुद्ध की ताँबा की मूर्तियों को गला कर राष्ट्र की रक्षा की।

बौद्धों की सेनाओं में केवल एक जाति क्षत्रिय ही भर्ती नहीं होते थे। सम्पूर्ण राष्ट्र बिना लिहाज वर्ण-व्यवस्था एवं जाति-उपजाति के भर्ती होते थे। बौद्धों में जातियाँ नहीं होती हैं। अब भी बौद्ध देशों—जापान, चीन, बर्मा, लंका, कम्बोडिया एवं वियतनाम की राष्ट्रीय कट्टर सेनाओं की बहादुरी अवर्णनीय है।

ठंडे दिमाग से सोचिए, देखिए। कितना छोटा देश वियतनाम बौद्ध-धर्म की बदौलत संसार के उस महान राष्ट्र अमेरिका, जिसके पास संसार की पचहत्तर प्रतिशत सोना है, के साथ-साथ एटम बम, हाइड्रोजन बम एवं रॉकेट आदि आधुनिक सभी हथियारों से सुसज्जित सेना को कई वर्षों से चुनौती दे रहा है।

ऊपर लिखी घटनाओं से स्पष्ट सिद्ध है, बौद्ध अपने राष्ट्र में भीतरी शान्ति व्यवस्था बनाए रखने एवं बाहरी आक्रमण के समय शत्रु को खदेड़ देने में सदा ही कटिबद्ध रहे हैं। उनकी अहिंसा बाधक न बनकर, सदा साधक रही है।

आर्य अपनी स्वत: की जातीय-उपजातीय विभाजन की वास्तविक कमजोरियों को बौद्धों की अहिंसा के नाम पर उनके जिम्मे गलत थोपते हैं। बौद्ध धर्म का शब्द 'अहिंसा' नहीं है। वास्तव में 'अहिंसा' शब्द जैन-धर्म का है। जैन-धर्म का आचार-विचार एवं रहन-सहन घोर अहिंसावादी है।

बौद्ध-धर्म का सिद्धान्त वही है, जिसकी परिभाषा भारतीय दंड विधान में है। 'पाणातिपाता बेरमणी सिक्खापदम् समादियामि' (मैं किसी प्राणी को न सताने की शिक्षा ग्रहण करता हूँ।)

राजा बिम्बसार के प्रधान सेनापति 'सिंह सेनापति' को गौतम बुद्ध ने स्वत: उपदेश दिया था कि यदि शत्रु आक्रमण करे तो उन्हें जैसे बने, तैसे खदेड़ देने में बौद्ध-धर्म बाधक नहीं।

शाकल (स्यालकोट) के महाराजा मिनांडर (मिलिन्द) को भिक्षु नागसेन ने उनके एक प्रश्न के उत्तर में कहा—चोरों, ठगों एवं ऐसे मनुष्यों को, जो राज्य की शान्ति व्यवस्था के बाधक है, दंड देना उचित है। बौद्ध-धर्म बाधक नहीं।

आज से छह-सात वर्ष पहले चीन ने अमेरिका के राष्ट्रपति 'आइजन हावर' को अल्टीमेटम दिया कि उन्हें 'कोरिया' नहीं जाने दिया जाएगा। वे एक चूहा हैं। मगर ज्यों ही वह समुद्री जहाज द्वारा फारमोसा से कोरिया के लिए चले, त्यों ही अमेरिका रेडियो ने ब्रॉडकास्ट किया—यदि चीनियों ने गलती की तो दो घंटे के अन्दर चीन में आदमी तो बहुत बड़ी बात है, चिड़िया का बच्चा भी देखने को नहीं मिलेगा। 'आइजन हावर' कोरिया गए, लौटे। चीनियों ने कान तक नहीं हिलाया।

यह है, वीरों की अहिंसा का नमूना।

दूसरी तरफ हम हैं सत्तारूढ़ अबौद्ध भारतीय, कितनी खूबसूरती से बेरुवाड़ी, कच्छ का रण, नेफा व लद्दाख के इलाके अपनी कमजोरियों के कारण छोड़ते चले जा रहे हैं। स्पष्ट है भारतीय सीमा स्वराज्य प्राप्ति के बाद से सिकुड़ रही है। यदि भारत के शासक बौद्ध होते तो भारत की यह राजनीतिक लूट कदापि नहीं होती।

सिकन्दर ने 326 वर्ष ईसा पूर्व भारत पर हमला किया। पंजाब के आर्य राजा 'पुरु' से मुकाबला हुआ। हारा, वह बौद्ध-धर्मी नहीं था। आर्य धर्मानुसार केवल युवा क्षत्रिय ही लड़े। हारे।

मगध नरेश महा पद्मनन्द, जो जाति का नाई था, जिसकी सेना में सभी जातियों के व्यक्ति थे, सिकन्दर का मुकाबला करने के लिए अपनी विशाल सेना का एक अंश चार सौ हाथी, बीस हजार सवार (रथ सवार, घुड़ सवार) और दो लाख पैदल

सेना लेकर इलाहाबाद के निकट तक गया। सिकन्दर को मालूम हो गया था कि मगध नरेश ने पूर्ण तैयारी के साथ पाटलिपुत्र से पश्चिम की ओर युद्ध हेतु कूच कर दिया है। उसने सोचा—अब मेरा मुकाबला असली देशाभिमानी सेना से होगा। मुझे भी छठी का दूध याद आ जाएगा। सिकन्दर अपनी सेना के थके होने का बहाना बनाकर भारत से रात में ही डेरा कूच कर गया।

बौद्ध राजा 'बृहद्रथ' की हत्या उसके प्रधान सेनापति 'पुष्यमित्र शुंग' ब्राह्मण ने 184 वर्ष ईसा पूर्व करके शुंग वंश की नीव डाली। धीरे-धीरे बौद्ध धर्म नष्ट होने लगा।

मोहम्मद बिन कासिम ने सन् 712 ई. में भारत पर आक्रमण किया। सिन्धु नरेश आर्य राजा 'दाहिर' से मुकाबला हुआ लेकिन भारत के प्रसिद्ध ज्योतिषी 'काक' ने भविष्यवाणी कर रखी थी कि भारत एक दिन जरूर ही गुलाम बनेगा, इसलिए राजा दाहिर ने उसे सिन्धु नदी पर रोकने की इच्छा रखते हुए भी नहीं रोका। तत्पश्चात ब-दर्जे मजबूरी मुठभेड़ हुई। दाहिर के पास राजपूत सिपाही मोहम्मद बिन कासिम की अपेक्षा अधिक थे। दोनों बड़ी बहादुरी से लड़ रहे थे। निश्चय नहीं कहा जा सकता था कि जीत किसकी होगी।

मोहम्मद बिन कासिम इस विचार में चिन्तित दशा में घोड़े पर चढ़ा हुआ युद्ध-स्थल के एक कोने पर खड़ा था कि मेरी सेना थोड़ी है, थकी हुई है, कहीं हार न जाऊँ।

एकाएक देवी जी के मन्दिर के ब्राह्मण पुजारी ने दौड़कर उससे रणभूमि में ही कहा कि मैं देवी जी के मन्दिर का पुजारी हूँ। जब तक देवी जी के मन्दिर का झंडा फहरा रहा है, तब तक एक-एक राजपूत कट-कटकर मरता रहेगा, परन्तु पीछे नहीं हटेगा। मन्दिर में अपार धन है। यदि आप हमें कुछ धन देने का वचन दें, तो मैं ऐसी सरल तरकीब बता दूँगा, जिससे राजपूत सिपाही बिना लड़े हार मानकर रणक्षेत्र से भाग जाएँगे।

मोहम्मद बिन कासिम ने उपरोक्त शर्त तुरन्त स्वीकार कर ली।

पुजारी ने उससे कहा—किसी तरकीब से मन्दिर का झंडा गिरवा दीजिए। राजपूत समझ जाएँगे कि देवी जी का हुक्म है। हार निश्चित है। इस तरह राजपूत बिना लड़े भाग जाएँगे।

उसने कुछ सिपाही पुजारी के साथ कर दिए। सिपाही पुजारी के साथ मन्दिर के पीछे वाले छोटे दरवाजे से होकर मन्दिर के अहाते के अन्दर पहुँच गए। उन्होंने अहाते वाले पेड़ों को काट करके सीढ़ी बनाकर, उसके द्वारा मन्दिर के ऊपर चढ़कर, देवी जी के झंडे को कुल्हाड़ी से काटकर, नीचे गिरा दिया।

देवी जी के मन्दिर का झंडा गिरते ही राजपूत सिपाहियों ने समझा कि देवी जी द्वारा हार की घोषणा हो चुकी है। वे बिना लड़े एकदम लड़ाई का मैदान छोड़कर भाग गए। राजा दाहिर हारा। बहुत बुरी तरह हारा। मन्दिर की अपार सम्पत्ति लुटी। देश लुटा।

यहाँ यह बात भी बता देना बहुत जरूरी है कि राजा दाहिर की सेना में बैकवर्ड (शूद्र) और शैड्यूल्ड कास्ट-शैड्यूल्ड ट्राइब्स (महाशूद्र) व्यक्तियों को नीच समझकर भर्ती नहीं किया गया था।

नदिया (बंगाल) का आर्य राजा लक्ष्मण सिंह बिना लड़े ही राजमहल की पिछली खिड़की से दुम दबाकर भाग गया।

शेरशाह सूरी के समय में दिल्ली आदि अनेक स्थानों पर मुस्लिम सेनाओं को हेमचन्द्र वैश्य (प्रथम नाम हेमू बक्काल) हराकर अपना नाम विक्रमादित्य द्वितीय रखकर सम्पूर्ण भारत में हिन्दू-राज्य स्थापित करने के लिए राजपूतों से सेना में भर्ती होने को कहा तो राजपूतों ने साफ-साफ इनकार करते हुए उत्तर दिया—हिन्दू धर्म शास्त्रानुसार राजपूत क्षत्रिय अपने से नीच वर्ण वैश्य (बनिया) का हुक्म बिलकुल नहीं मान सकते हैं।

यह खबर बैरम खाँ के जासूस ने उसे उसी रात्रि में ही तत्काल कह सुनाई। उसने अति शीघ्र आनन-फानन में हेमचन्द्र को धर दबोचा। निःसहाय बेचारा हेमचन्द्र हारा। भागा।

आगे चलकर जब मुस्लिम-काल आया, तब इन्हीं राजपूतों ने अपने से नीच वर्ण वैश्य की कौन कहे, अन्य धर्मी मुस्लिम सेना में भर्ती हुए। उनका हर प्रकार से नीच से नीच हुक्म माना। इतना ही नहीं, अपनी खूबसूरत से खूबसूरत लड़कियाँ हँसी-खुशी से उन्हें देखकर शासन में ऊँचे-ऊँचे ओहदे प्राप्त किए, तब न जाने इनकी हिन्दू धर्म की वर्ण-व्यवस्था वाली गरिमा और तेगाधारी राजपूती आन-बान-शान कहाँ चली गई थी।

नोट : हिदू धर्म-शास्त्रानुसार शूद्र वैश्य की, वैश्य क्षत्रिय की और क्षत्रिय ब्राह्मण की कन्या से विवाह नहीं कर सकता है।

नोट : मनुस्मृति का आदेश है कि सौ वर्ष आयु वाले क्षत्रिय को चाहिए, वह दस वर्ष की आयु वाले ब्राह्मण के पैर छुए।

कहा जाता है कि रणक्षेत्र में राजपूतों के कटि-कटि रुंड गिरे, धरती पर-उठि उठि रुंड करें तलवार, की बात जँचती नहीं।

राजपूतों की यह शूरवीरता केवल छिटपुट बसे असंगठित शूद्रों-महाशूद्रों तक ही सीमित है। जहाँ कहीं ये लोग अकेले-दुकेले, डगर-घाट, खेत-खलियान व रात-बिरात आदि जगहों में मिल जाते हैं, उन्हें जुतिया देते हैं। बस, इसी बात के वे शूर वीर हैं।

जब कभी विदेशियों मुहम्मद बिन कासिम, महमूद गजनवी, मुहम्मद गौरी, नादिरशाह, अहमदशाह अब्दाली, चंगेज खाँ, इब्राहिम लोदी और बाबर आदि से राजपूतों का मुकाबला हुआ, तब रुंड-मुंड ने जीवित व मरे में कोई बहादुरी नहीं दिखाई। देश में कत्लेआम होता रहा, असंख्य सम्पत्ति लुटती रही, देश बार-बार गुलाम बना। ये टुकुर-टुकुर अपाहिज की तरह देखते रहे।

जिसकी लड़की सुन्दर देखी बस, राजपूत बने मतवाले। देश जाए जहन्नुम में, उनकी बला से। पृथ्वीराज, मलखान, लाखन [कन्नौज का राजकुमार] व ब्रह्मा [महोबा का राजकुमार] आदि कामिनियों के पीछे इस प्रकार दौड़ते थे, जिस प्रकार आश्विन (क्वार) मास में कुतियों के पीछे मदान्ध कुत्ते दौड़ते हैं। दस-बीस नहीं। बावन लड़ाइयाँ लड़ी गईं। देश कमजोर हुआ। पृथ्वीराज हारा। देश गुलाम बना। पृथ्वीराज बौद्ध नहीं था। पिछले आक्रमणकारी लुटेरे मात्र थे। देश के मध्यकाल के गुलामी की शुरुआत सन् 1192 ईसवी में 'तराइन' के मैदान में पृथ्वीराज के हारने से प्रारम्भ हुई है।

मेरा दृढ़ विश्वास है कि यदि जयचन्द और मुहम्मद गोरी दोनों की सेनाएँ मिलकर एक ओर से लड़तीं और दूसरी ओर से पृथ्वीराज की निगरानी में शेष सम्पूर्ण भारत की सेनाएँ लड़तीं तो शर्तिया जीत पृथ्वीराज की होती। किन्तु यह जीत तभी सम्भव थी, जब कामान्ध राजकुमार आपस में लड़-लड़कर भारतीय शक्ति का विनाश न किए होते।

यों तो कामिनी को देखकर सभी देशों के व्यक्ति कामान्ध हो जाते हैं, परन्तु अन्य देशों में ऐसे विवाहों के लिए धर्म-बाधक नहीं है। किन्तु कामान्ध से भी बढ़कर भारतीय धर्मान्ध भारत का महान शत्रु है, जो कहता है—बड़े गोत्र की लड़की नहीं ब्याही जाएगी छोटे गोत्र के लड़के के साथ या ऊँच वर्ण की लड़की नहीं ब्याही जाएगी नीच वर्ण के लड़के के साथ। इसी धर्मान्धता के कारण इन विवाहों में लड़ाइयाँ लड़ी गईं।

महमूद गजनवी हजारों ब्राह्मणों, क्षत्रियों, वैश्यों और शूद्रों को पकड़कर अपने साथ ले गया। रास्ते में सामान ढुलवाया। शाम को पड़ाव पर कंडे बिनवाए। पेड़ों पर सूखी लकड़ियाँ कटवाईं। खाना बनवाया। उन्हें गजनी के बाजार में दो-दो रुपये में बेचा। इन खरीदे हुए दासों (गुलामों) से हर तरह की सेवा ली। पाखाना तक उठवाया। वहाँ किसी क्षत्रिय का रुंड-मुंड नहीं जगा और न किसी ब्राह्मण का शाप लगा। मुसलमान के मरने की कौन कहे, उनकी एक भी मुर्गी की टाँग तक गजनी में टेढ़ी नहीं हुई।

'तब सिवँ तीसर नयन उघारा। चितवत कामु भयउ जरि छारा॥' परन्तु जब सोमनाथ के मन्दिर में शंकर जी की मूर्ति को महमूद गजनवी ने अपनी गदा (गुर्ज) द्वारा तोड़ा, तब उनका तीसरा नेत्र क्यों नहीं खुला। इतना ही नहीं, उसने शंकर जी की मूर्ति के टुकड़े-टुकड़े करके गजनी की मस्जिद की सीढ़ियों पर जड़वा दिए। मुसलमान जूता पहनकर उन सीढ़ियों पर चढ़कर नमाज पढ़ने जाया करते थे, फिर भी उनका तीसरा नेत्र नहीं खुला। मस्जिद का नाम 'स्वर्ग की दुलहन' रखा।

...स्पष्ट सिद्ध है कि शिव जी का तीसरा नेत्र कभी भी नहीं खुला था और भविष्य में भी नहीं खुलेगा।

वास्तविकता यह है कि आर्य-गण स्वतः अनार्यों (आदिनिवासियों) के घरों में मौका पाकर आग लगाकर शिव जी के तीसरे नेत्र के खुल जाने की झूठी दुहाई दिया करते थे, दिया करते हैं। वे ऐसी बातें और आगें अब भी लगा रहे हैं।

'इंद्र कुलिस मम सूल बिसाला। कालदंड हरि चक्र कराला॥ जो इन्ह कर मारा नहिं मरई। बिप्र द्रोह पावक सो जरई॥'—ये चौपाइयाँ भी शूद्रों व महाशूद्रों को डराने के लिए लिखी गई हैं। मरे मराए देवताओं की बात जाने दीजिए, उन पर कृपा कीजिए। जीवित 'विप्र' के रोष और प्रतिदिन आगे आनेवाली नई-नई मुसीबतों पर एक साथ ठंडे दिमाग से विचार कीजिए।

यों तो विप्र की परिभाषा है, वेदपाठी को विप्र और ब्रह्म के जाननेवाले को ब्राह्मण कहते हैं। ब्रह्म के विषय में विस्तृत जानकारी के लिए 'अंगुलिमाल' नाटक पढ़िए। आजकल व्यवहार में विप्र या ब्राह्मण एक जाति कही जाती है। पाकिस्तान और चीन के मोर्चे के लिए केवल एक-एक ब्राह्मण काफी था। मौजूदा भारत सरकार को लड़ाई के मैदान में एक-एक ब्राह्मण भेज देना था। सब शत्रु इनकी क्रोधाग्नि में जल जाते। उसने ऐसा न करके हिन्दू धर्मशास्त्र की बेइज्जती की व सम्मानित व्यक्ति विप्र (ब्राह्मण) के साथ सम्मान का बर्ताव नहीं किया।

भारत सरकार ने भारत भर से छाँट कर सर्वश्रेष्ठ 'कौल' कश्मीरी ब्राह्मण को मोर्चे का संचालक बना कर भेजा था। उसने चीन की ओर मुँह करके अपना क्रोध नहीं दिखाया। लौट कर भारत की ओर रोता हुआ मुँह बनाकर भाग आया और अचानक भारत सरकार को भारी उलझन में डाल दिया। फलस्वरूप भारत को मोर्चे से पीछे हटना पड़ा।

'कौल' की इस बुजदिली के पारितोषिक स्वरूप पदोन्नति हुई। अरे भैया! यह कमबख्त हिन्दुस्तान है। इसीलिए कर्मवाद को ठोकर मार कर जातिवाद के आधार पर यह पदोन्नति की गई है। जातिवाद के सामने देश का सर्वनाश हो जाए, चाहे नेहरू हों या अन्य। सब की बलाय से।

यह घटना यदि विदेश में हुई होती तो कौल को कोर्ट-मार्शल (सैनिक न्यायालय) द्वारा गोली मार दी जाती।

भारत में कौल को इसलिए गोली नहीं मारी गई, क्योंकि प्राचीन हिन्दू धर्म शास्त्रानुसार ब्राह्मण के सभी कसूर माफ हैं। परन्तु अब स्वतंत्र भारत में सिफारिश, जातीय सिफारिश एवं राजनीतिक दलीय-सिफारिश आदि के कारण सभी सिफारशी नौकरों के कुल कसूर माफ हैं। इसी आधार पर मेरी यथाशक्ति सलाह यह है कि कौल के सबसे बड़े सिफारिशी व्यक्ति थे, जातिवादी प्रधानमंत्री पंडित जवाहरलाल नेहरू, कश्मीरी ब्राह्मण। आखिर खून, खून की ओर क्यों न झुके? न्याय जाए चूल्हे भाड़ में।

यह कहना कि सेना में शूद्र व महाशूद्र इसलिए भर्ती नहीं किए जाते हैं, क्योंकि वे बुजदिल हैं। मार्शल-रेस अर्थात् लड़ाकू जातियाँ नहीं हैं। बिलकुल ही गलत है।

चन्द्रगुप्त की सेना में सभी शूद्र व महाशूद्र व्यक्ति थे। भारत को अपना देश समझते थे। सैल्यूकस यूनानी को ऐसी करारी टक्कर दी कि सदियों तक भारत की

ओर किसी विदेशी ने आँख उठाकर भी नहीं देखा। चन्द्रगुप्त को सैल्यूकस ने अपनी लड़की 'एन्थीन (हेलेना)' ब्याह दी। कई प्रान्त दहेज में दिए।

वास्तविकता यह है कि भारत में शूद्रों एवं महाशूद्रों का धार्मिक, सामाजिक, आर्थिक व राजनीतिक, दोहन-शोषण सर्वाधिक होता है, जब इन बहुसंख्यकों में स्वाभिमान जागेगा, तब वे अपने अधिकार छीनने के लिए हर प्रकार की क्रान्ति हेतु तैयार हो जाएँगे। उस समय इनको दबाने के लिए शासन सेना व पुलिस के बल पर डिक्टेटरशिप लागू कर देगी। सरकार आबादी के हिसाब से इन्हें इसीलिए सेना व पुलिस में भर्ती नहीं कर रही है, क्योंकि वह डरती है कि उक्त आन्दोलन को दबाते वक्त इनका खून इनकी ओर ही झुकेगा। शूद्रों व महाशूद्रों को सेना व पुलिस में भर्ती न करनेवाली इस गला-घोंटू नीति का शूद्रों व महाशूद्रों को विरोध करना चाहिए।

बहादुरी किसी जाति को बाँटी हुई नहीं है। मेजर लक्ष्मणसिंह ग्राम—धनुवाँखेड़ा, पत्रालय-जसवन्त नगर, जिला—इटावा (उत्तर प्रदेश) जाति के चमार थे। इन्होंने जयपुर, जोधपुर आदि राजपूताना की समस्त रियासतों पर कमांड अंग्रेज रेजीमेंट के अंडर रह कर की थी। रणक्षेत्र में अनेक बार बलशाली राजपूतों के छक्के छुड़ाए थे। इसीलिए अंग्रेजों ने इनके कई खून माफ करके पूर्ण वेतन के बराबर पेंशन दी थी।

'अहीर' कम्पनी चुशूल (लद्दाख) मोर्चा पर, साथ ही रेजांगला में भी और 'महार' बटालियन ने नेफा (नॉर्थ-ईस्ट-फ्रंटियर) मोर्चा पर सन् 1962 ईसवी में चीन के मुकाबले में बड़ी बहादुरी से लड़ी है। यह बात किसी से छिपी नहीं है। दुनिया जानती है।

यहाँ यह भी बताना जरूरी है कि 'महार' दक्षिण भारत की एक अछूत जाति है, जो उत्तर भारत की 'चमार' अछूत जाति के समकक्ष है।

कुछ जात्याभिमानी कहते सुने गए हैं—शिड्यूल्ड कास्ट के सिपाही सन् 1962 ईसवी में चीन के मोर्चा पर से भाग आए। यह निराधार झूठ है।

भारत सरकार को चाहिए कि गुप्त विभाग (सी.आई.डी.) द्वारा ऐसी झूठ खबर फैलानेवाले व्यक्तियों का पता लगाकर उन्हें भारत-रक्षा कानून के अन्तर्गत दंड दे और झूठी खबरों के फैलने से गिरनेवाले मनोबल को ऊँचा उठाए।

भारत सरकार को चाहिए कि जो ग्रंथ या धार्मिक ग्रंथ अन्धविश्वास फैलाते हैं, ऊँच-नीच का भेदभाव फैलाते हैं या अन्य प्रकार से राष्ट्र को कमजोर बनाते हैं, उनके प्रकाशनकर्ताओं एवं प्रचारकों पर भारतीय दंड विधान की 420 या अन्य धारा अथवा दीगर विधान द्वारा दंडित करे, ताकि राष्ट्र सबल बने।

मेरे खयाल से उनके साथ ऐसा व्यवहार इसलिए नहीं किया जा रहा है, शासन में उन्हीं प्रकाशकों एवं प्रचारकों के भाई-बन्द-रिश्तेदार भरे पड़े हैं। 'सैंया भये कोतवाल, अब डर काहे का!'

आर्यों ने भारत को सदैव गुलाम बनाया—

1. जयचन्द ने पृथ्वीराज को हराने के लिए मुहम्मद गोरी को बुलाया। उसने पहले पृथ्वीराज को और बाद में जयचन्द आदि को हराया। भारत इसी जयचन्द की बदौलत मुसलमानों का गुलाम बना।
2. मीर जाफर (जो आर्य से मुलसमान बने हुए परिवार में से था) अंग्रेजों से जा मिला। इसी की बदौलत भारत अंग्रेजों का गुलाम बना।

आर्य अब भी भारत को गुलाम बनाने की साजिशें कर रहे हैं—

1. शादीलाल कपूर,
2. सहगल ने पाकिस्तान के हित में भारत में रह कर जासूसी की।
3. आर्य फौजी अफसर की कमांड में (फौज के पहरे में) से 'लोहिया हेड' पिथौरागढ़ का मुख्य नक्शा चीन की लड़ाई के समय सन् 1962 ईसवी में गायब हुआ।
4. उस वक्त के रक्षा मंत्री (भारत सरकार) थे कृष्ण मेनन।
5. मोर्चे के प्रमुख अफसर जनरल कौल की बुजदिली किसी से छिपी नहीं है।
6. कच्छ के रण का नक्शा जो राज्य-विलीनीकरण के समय वहाँ के राजा महारावल ने भारत सरकार को दिया था, उसे आर्य पैरोकार ने खो दिया। उसके फलस्वरूप विश्व की अदालत 'जिनेवा' में भारत की हार हुई। कच्छ का रण भारत के कब्जे से निकालकर पाकिस्तान को दे दिया गया।

महाराणा प्रताप की गिरती हुई हिम्मत को बँधानेवाले भामाशाह की बात जाने दीजिए, आजकल के पूँजीपति खून-चूसा व्यक्ति हैं। चीन की लड़ाई सन् 1962 ईसवी और पाकिस्तान की लड़ाई सन् 1965 ईसवी में इन्होंने चोरबाजारी द्वारा करोड़ों-अरबों रुपये कमाए हैं।

भारत की कुल औद्योगिक पूँजी पाँच सौ परिवारों में बँटी हुई है। इसमें से तिहाई पूँजी केवल दो परिवारों में निहित है। इन्होंने लड़ाई के दिनों में भारत सरकार को चन्दा गरीबों के परसेंटेज के हिसाब से बिलकुल ही नहीं दिया है। इनके छिपे हुए काले धन की बदौलत भारत अरबों रुपये का विदेशी कर्जदार है।

नसीरुद्दीन खुसरो काठियावाड़ (गुजरात) का अछूत था। मुसलमान हो जाने पर खिलजी वंश का बादशाह बना। राजा कर्णदेव की रानी देबल देवी से विवाह किया जिसे अलाउद्दीन जीतकर लाया था।

मलिक काफूर गुजरात का अछूत (भंगी) था। मुसलमान होकर बादशाह बना।

छेदी जगन बलिया (उत्तर प्रदेश) का अछूत (चमार) थे। ईसाई होकर ब्रिटिश गुयाना के प्रधानमंत्री बने।

मैसूर विश्वविद्यालय के ईसाई वाइस चांसलर भी जन्मजात हिन्दू नाई हैं।

कृष्ण का मत है कि सब धर्मों को छोड़कर मेरी शरण में आ जाओ। मैं तुम्हारा उद्धार करूँगा। उनकी यह बात मनुष्य की स्वच्छन्द बुद्धि को ताले में बन्द करती है। यदि नसीरुद्दीन खुसरो व मलिक काफूर आदि हिन्दू रहते तो ब्राह्मणों, क्षत्रियों व वैश्यों द्वारा नीचता वाले अपमान के अतिरिक्त कुछ भी न कर पाते। उनकी प्रबल बुद्धि सदा हिन्दू पंथ की नीचता के ताले में बन्द रह कर सड़ा करती। इससे अधिक और कुछ नहीं।

डॉ.भीमराव रामजीराव अम्बेडकर एम.ए., एम.एस-सी., पी.एच.डी., डी.एस-सी., एल.एल.बी, डी.लिट्, वार-एट-लॉ जिनका चित्र 'ग्रेन इन ऑफ कोर्ट ऑफ लॉ लन्दन (इंग्लैंड)' में एशिया महाद्वीप के प्रथम कानून-विद्वान की हैसियत से लगा हुआ है, इन्होंने ही स्वतंत्र भारत का संविधान बनाया है।

जवाहरलाल नेहरू ने उनकी विद्वत्ता का पूरा लाभ इसलिए नहीं उठाया कि वह महार जाति के अछूत थे। उन्हें भारत सरकार की 'गवर्निंग बॉडी' (जो कमेटी भारत पर शासन करने को पॉलिसी तैयार करती है) में नहीं रखा।

नेहरू ने सरदार वल्लभभाई पटेल को उनकी इच्छानुसार उन्हें गृह-विभाग दिया, परन्तु डॉ. अम्बेडकर को उनकी तीक्ष्ण-बुद्धि का सदुपयोग हो सकने हेतु उनकी मर्जी के अनुसार, प्लानिंग विभाग न देकर, कानून मंत्री का नीरस पद दिया। डॉ. अम्बेडकर ने नेहरू से यहाँ तक अनुनय-विनय की कि मैं दोनों विभागों का काम अच्छी तरह कर सकता हूँ। मुझे दोनों विभाग दे दिए जाएँ। नेहरू ने नहीं दिए। डॉ. अम्बेडकर के विद्वत्ता-पूर्ण शब्दों में लिखित हिन्दू-कोड-बिल ज्यों-का-त्यों नेहरू ने हठ-वश पास नहीं होने दिया।

नेहरू यह बात भली भाँति जानते थे यदि डॉ. अम्बेडकर ने भारत का सर्वश्रेष्ठ प्लानिंग किया तो डॉ. अम्बेडकर का नाम भारत के निर्माणकर्ताओं के इतिहास में स्वर्ण-अक्षरों में लिखा जाएगा। यह अनुपम श्रेय मुझ सर्वश्रेष्ठ जाति ब्राह्मण को न मिलकर एक अछूत को मिलेगा।

यही बात हिन्दू-कोड-बिल के बारे में भी थी।

उपरोक्त घटनाएँ डॉ. अम्बेडकर ने देखीं, सोचीं, समझीं। तत्काल नेहरू की 'ब्राह्मणवादी अकर्मण्य-जेल' के कानून मंत्री के पद से त्याग-पत्र दे दिया।

डॉ. अम्बेडकर ने असमानता वाले हिन्दू धर्म को दिनांक—14 अक्टूबर, 1956 ईसवी को त्याग कर समानता वाले बौद्ध धर्म को ग्रहण करके 'बुद्ध और धर्म' नामक वैज्ञानिक खोजपूर्ण महान बौद्ध ग्रंथ लिखकर बौद्ध-जगत को ही नहीं बल्कि सम्पूर्ण विश्व में फैले हुए धार्मिक अन्धविश्वास के अँधेरे को सूर्य के प्रकाश की भाँति नष्ट कर दिया।

डॉ. अम्बेडकर यदि ब्राह्मण होते तो पंडित नेहरू उन्हें देवता मानकर उनके जीते जी ही उनकी मूर्ति बना कर पूजा करते।

आचार्य कृपलानी विरोधी-दल से भूतपूर्व समय में एम.पी. का चुनाव लड़े, नेहरू ने कहा—आचार्य कृपलानी बहुत काबिल हैं। उनका विरोधी होते हुए भी एम.पी. होना जरूरी है। इसलिए उनके खिलाफ कांग्रेस पार्टी अपना उम्मीदवार नहीं लड़ाएगी। नहीं लड़ाया। मगर जब अछूत नेता डॉ. अम्बेडकर एम.पी. का चुनाव शैड्यूल्ड कास्ट फैडरेशन से लड़े तो नेहरू का काबिलीयत वाला उपरोक्त सिद्धान्त कपूर बन कर उड़ गया। उनके खिलाफ उनकी विद्वत्ता के मुकाबिले में अनपढ़ कजरौलकर को अगणित रुपये खर्च करके जिताया। डॉ. अम्बेडकर को हराया।

पुनः एम.पी. के उप-चुनाव में भी डॉ. अम्बेडकर को हराने में नेहरू ने एड़ी से चोटी तक का पसीना एक कर के हरा दिया।

तुलसी-कृत 'मानस' की चौपाई 'पूजहि विप्र सकल गुण हीना। शूद्र न पूजहु वेद प्रवीणा॥' के अनुसार, स्पष्ट सिद्ध है कि ब्राह्मण नेहरू के नजदीक डॉ. अम्बेडकर महाशूद्र होने के कारण उनकी काबिलीयत की कोई इज्जत नहीं। इज्जत है, जातिगत आचार्य कृपलानी ब्राह्मण की।

सन् 1952 ईसवी में कोलम्बो (सीलोन) में विश्व के महानतम विद्वानों की कॉन्फ्रेंस इसलिए बुलाई गई कि खोज की जाए कि संसार में सर्वश्रेष्ठ कानूनदां कौन है? राष्ट्रपति राजेन्द्र प्रसाद ने प्रधानमंत्री नेहरू से कहा कि इस कॉन्फ्रेंस में भारत की ओर से नुमाइन्दगी करने के लिए डॉ. अम्बेडकर को भेजा जाए। जातिवादी नेहरू ने सोचा—कानून में प्रथम विद्वान होने का श्रेय यदि डॉ. अम्बेडकर को ही मिल गया तो केवल भारत ही नहीं, अपितु विश्व की धरा धसक जागेगी और ब्राह्मणी बड़प्पन की नकली कलई कानून की प्रखर किरणों के सामने विश्व की निगाह में उड़ जाएगी। नेहरू ने डॉ. सर्वपल्ली राधाकृष्णन ब्राह्मण को कोलम्बो भेजा। अध्यक्ष महोदय ने इनकी ब्राह्मणी-शास्त्रार्थ के ढंग वाली बेतुकी-बेढंगी कानूनी बहस सुनकर जिस बे-इज्जती के रिमार्क के साथ वापस कर दिया, उसे लिखने और सुनने में शर्म आती है, लिखा—...इनकी इस प्रकार की व्यर्थ की बहस से सदन की कार्रवाई आगे बढ़ने नहीं पा रही है। आखिर झक मारकर ब-दर्जे मजबूरी नेहरू ने राजेन्द्र प्रसाद की बात मान ली। डॉ. अम्बेडकर ने कहा—हे नेहरू! मैं कोलम्बो जाने का शौकीन पहले भी नहीं था, परन्तु अध्यक्ष द्वारा की गई बे-इज्जती केवल डॉ. सर्वपल्ली राधाकृष्णन की ही नहीं बल्कि सम्पूर्ण भारत की है। इस बे-इज्जती के दाग को मिटाने के लिए अवश्य जाऊँगा। गए। इनके विद्वत्तापूर्ण विचारों से प्रभावित होकर सदन ने डॉ. अम्बेडकर को 'डॉक्टर ऑफ लॉज' (कानून का डॉक्टर) की पदवी दी। इस प्रकार भारत की बे-इज्जती इज्जत में बदल गई। अतः हे अम्बेडकर! आप धन्य हैं।

15 अगस्त, सन् 1947 ई. को डॉ. अम्बेडकर ने कहा था कि फौज को आर्म्ड पुलिस की वर्दी पहना कर शक्ति द्वारा पूर्वी पाकिस्तान को तत्काल समाप्त कर दिया

जाए। विश्व की अदालत में 'पुलिस कार्रवाई' के नाम से अच्छी से अच्छी कानूनी पैरवी करके जिताने की जिम्मेदारी मेरी है। आदर्शवादी—नहीं-नहीं, राजनीति से शून्य नेहरू ने उनकी बात नहीं मानी।

डॉ. अम्बेडकर ने कहा था कि कश्मीर को हिन्दू व मुस्लिम आबादी के हिसाब से भारत और पाकिस्तान आपस में आधा-आधा बाँट लें। नेहरू ने ऐसा नहीं किया यहाँ यह भी बताना बड़ा जरूरी है कि आज कश्मीर की करीब-करीब पैंतीस प्रतिशत भूमि पर आजाद-कश्मीर-सरकार (राजधानी मुज्जफराबाद) का कब्जा है। फिर भी भारत अपनी खुद की गन्दी राजनीति के कारण कश्मीर की समस्या ठीक-ठीक हल नहीं कर पा रहा है।

इस प्रकार डिक्टेटर नेहरू ने अनेक बार विभिन्न विद्वानों की विद्वत्तापूर्ण मशविरों को ठुकरा कर, जनतंत्र का खून करके भारत को अपार क्षति पहुँचाई है, जिसे इतिहासज्ञ क्षमा नहीं कर सकते हैं।

नेहरू ने अपने जीवन में सुभाष आदि व्यक्तिगत नेताओं की तरक्की में रोड़े अटकाए। पार्टीगत भी किसी अन्य विरोधी पार्टी को फलने-फूलने नहीं दिया। उन्होंने अपने 18 वर्षीय शासन में देश को घोर गरीबी, भुखमरी, भ्रष्टाचार, घूसखोरी और भाई-भतीजावाद आदि के जाल में फँसा दिया ताकि भूखी-प्यासी, दुखी-पीड़ित जनता अपना आधा पेट भरने में ही दिन-रात पागल सरीखी घूमती रहे, वह नेहरू की तरह प्रधानमंत्री या कांग्रेस की तरह मजबूत पार्टी कभी भी न बना सके।

स्वतंत्र भारत डॉ. अम्बेडकर, डॉ. राममनोहर लोहिया, सावरकर और डॉ. श्यामाप्रसाद मुखर्जी की बुद्धि का नेहरू के कारण कोई सकारात्मक लाभ नहीं उठा पाया। ये महान विभूतियाँ अब दुबारा पैदा नहीं होंगी। प्रतिवर्ष इन्हें श्रद्धांजलियाँ अर्पित करते रहिए और साथ-ही-साथ अपने स्वार्थी नेहरू को भी ऐसे मौकों पर कुछ कहते जाइए। लाभ है केवल शून्य। उलटे समय की बरबादी। ट्रेन छूट गई। दुर्बुद्धि-भारतीय नेहरू की बदौलत टिकट न ले पाए।

सहज पाठकगण डॉ. अम्बेडकर, डॉ. राममनोहर लोहिया, सरदार वल्लभ भाई पटेल, रफी अहमद किदवई और डॉ. श्यामाप्रसाद मुखर्जी की मृत्यु के सही-सही कारणों का भिन्न-भिन्न प्रकार से पता लगाएँ। आम जनता इस विषय में भीतर कुछ खुसुर-फुसुर करती नजर आ रही है। स्पष्ट शब्द कहने का अनुकूल अवसर देख रही है।

सूरजमल जाट ने युद्ध संचालक ब्राह्मण सदाशिव राव पेशवा से कहा था कि अहमदशाह अब्दाली को गुरिल्ला युद्ध द्वारा मैं अकेले जीत सकता हूँ। जात्याभिमानी पेशवा ने गुरिल्ला युद्ध न करने का हुक्म दिया। साथ-ही-साथ, सम्पूर्ण जाट जाति की बेइज्जती-सूचक शब्द भी सूरजमल जाट से कहे—

दुशालो फाटो भलो, साबुत भलो न टाट।
राजा भया तो क्या भया, रहा जाट का जाट॥

यह केवल जाट जाति की ही बेइज्ज्ती नहीं है, बेइज्ज्ती है सम्पूर्ण बैकवर्ड क्लास की।

महानतम शूरवीर सूरजमल जाट इस जातीय बेइज्ज्ती को लहू के घूँट की तरह चुपचाप पी गया।

सिकन्दर के आक्रमण के बाद भारत में 'खरोष्ठी' लिपि आई। यह उर्दू व अरबी की तरह उलटी लिखी जाती है।

बौद्धकालीन शिलालेख सर्वप्रथम पालि लिपि में, तत्पश्चात् खरोष्ठी लिपि में व इसके बाद देवनागरी लिपि और संस्कृत भाषा में लिखे गए।

बौद्धकाल के पहले हिन्दू काल के कोई शिला-लेख या ताम्र-लेख संस्कृत भाषा में या अन्य भाषा में प्राप्त नहीं हैं। इससे स्पष्ट सिद्ध है कि वह पिछड़ा हुआ समय था। ऐसे पिछड़े समय को अगड़ा समय बताना कलम की कल्पना मात्र है।

भारत को इस उन्नत शिखर पर पहुँचाने का सम्पूर्ण श्रेय केवल बौद्ध धर्म को ही है।

आर्य-हिन्दू कहते थे—समुद्र यात्रा से या स्थल यात्रा से विदेश जाने से खान-पान द्वारा धर्म नष्ट हो जाएगा।

बौद्धों ने आर्य-हिन्दुओं के उपरोक्त कथन का घोर विरोध किया। वे विदेश गए। बौद्ध काल में व्यापार द्वारा विदेशों से भारी मात्रा में सोना भारत में आया।

यश लूटने के लिए आर्य-हिन्दू कहते हैं कि भारत को उन्नति के शिखर पर पहुँचाने का श्रेय आर्य-हिन्दुओं को है। उनका ऐसा कथन झूठ है। आर्य-हिन्दुओं के यहाँ विदेश से लौटने पर सर्वप्रथम गाय के गोबर में कई दिनों तक दबा कर रखा जाता था। फिर गाय का पेशाब आदि पिलाया जाता था और न जाने क्या-क्या किया जाता था। अन्त में उसे बिरादरी को एक बहुत बड़ा भोज, साथ-ही-साथ, ब्रह्म-भोज भी देना पड़ता था, तब वह अपनी जाति बिरादरी में मिलाया जाता, वर्ना जाति बिरादरी से अलग कर दिया जाता।

इतना ही नहीं, बाद के युग में भी अनेक नीचे लिखी ऊट-पटाँग किताबें अपने स्वार्थ की पूर्ति के लिए लिख डालीं। कहते हैं, वाममार्गियों ने लिखी हैं। जब वाममार्गियों ने यह किताबें लिखीं, तब दक्षिणपंथी कहाँ सोते रहे और दक्षिणपंथी उन्हीं किताबों के आधार पर काम-कला का मजा क्यों लूटने लगे? अब भी मौका बे-मौका किसी-न-किसी रूप में मजा लूट रहे हैं।

जबकि वाममार्गियों के लिए पढ़ाई-लिखाई तक के द्वार बन्द थे, तब वे संस्कृत के विद्वान कैसे बन गए?

मद्यं मांसं च मीनं च मुद्रा मैथुनमेव च।
एते पंच मकारा स्युर्मोक्षदाहि युगे युगे॥

अर्थ : मद्य, मांस, मछली, मुद्रा (पूड़ी, कचौड़ी, बड़े) और मैथुन के पाँच मकार युग युग में मोक्ष देनेवाले हैं। (कालीतंत्र)

प्रप्रवृत्ते भैरवी चक्रे 'सर्वे वर्णा द्विजातयः।
निवृत्त भैरवी चके सर्वे वर्णा पृथक् पृथक्॥

अर्थ : भैरवी चक्र में प्रवेश होने पर सम्पूर्ण वर्ण द्विजाति है, भैरवी चक्र के बाहर सब वर्ण अलग-अलग हैं। (कुलार्णवतंत्र)

मातृयोनिं परित्यज्य, विहरेत सर्वे योनिषु।
वेदशास्त्र पुराणानि, सामान्यगणिका इव॥
एकैव शाम्भवी मुद्रा गुप्ता कुलवधूरिव।
अहं भैरवस्त्वं भैरवी ह्यावयोरस्तु संगमः।

अर्थ : माता की योनि को छोड़कर सम्पूर्ण योनि (बहन, भानजी व पुत्री आदि) के साथ विहार करे। वेद, शास्त्र व पुराण आदि मामूली वेश्या अर्थात् रंडी के समान हैं। केवल शम्भु मुद्रा ही कुल-वधू की तरह गुप्त है। मैं भैरव हूँ, तुम भैरवी हो, यह अच्छा संगम है। (ज्ञान संकलिनी तंत्र)

रजस्वला पुष्करं तीर्थं, चांडाली तु स्वयं काशी,
चर्मकारी प्रयागः स्यात् रजकी मथुरा मता।

(अयोध्या पुक्कसी प्रोक्ता, रुद्रयाल तंत्र)

अर्थ : रजस्वला के साथ समागम करने से पुष्कर, चांडाली (भंगिन) के साथ समागम करने से काशी, चमारिन के साथ समागम करने से प्रयाग, धोबिन के साथ समागम करने से मथुरा और कंजरी के साथ समागम करने से अयोध्या तीर्थ करने का फल मिल जाता है।

नटी कापालिका वेश्या रजकी नापितांगना।
ब्राह्मणी शूद्रकन्या च तथा गोपाल कन्यका॥
मालाकारस्य कन्या च नव कन्याः प्रकीर्तिता।

अर्थ : नटिनी, कापालिक की कन्या, वेश्या, धोबिन, नाइन, ब्राह्मणी व शूद्र की लड़की, ग्वाला की लड़की और माली की कन्या, ये नौ कन्याएँ साधना में काम आती हैं। (गुप्त साधन-तंत्र)।

मनु-स्मृति के अध्याय 6 श्लोक नम्बर 31 के अनुसार, स्वर्ग के अभिलाषी व्यक्ति पानी में डूबकर या आग में जलकर (मर कर) 'महा-प्रस्थान' करने लगे, राजा 'शूद्रक' इसी प्रकार मरा था।

भूसा या घास में आग लगाकर व्यक्ति मर कर 'तुषानल' द्वारा स्वर्ग पाने लगे। 'कुमारिल भट्ट' ने बौद्धों से ज्ञान प्राप्त किया, फिर बौद्ध धर्म का खंडन किया। इस पाप से मुक्ति पाने के लिए वह 'तुषानल' द्वारा मरा।

गिरनार और सतपुड़ा पर्वतों की मनौती की दशा में पहली सन्तान को महादेव के नाम पर पहाड़ की चोटी पर से पटक कर मार डालते।

जगन्नाथपुरी की रथयात्रा, काशी-करवट, गंगा-प्रवाह, चरक-पूजा, सती-प्रथा, कन्या-वध, नरमेध-यज्ञ, हरि-बोल, धरना, देव-दासी, महा-प्रस्थान, तुषानल और भृगूत्पन्न आदि सभी कु-प्रथाओं को अंग्रेजों ने बन्द कराया। उन्हें अनन्त धन्यवाद।

हिन्दू धर्मशास्त्रानुसार ब्राह्मण को किसी भी जुर्म में कोई भी दंड नहीं दिया जाता था। सन् 1817 ई. में अंग्रेजों ने सम्पूर्ण भारत के लिए एक ही दंड विधान लागू कर के उपरोक्त स्वार्थी दंड विधान का मान-मर्दन कर डाला।

वर्तमान समय में ब्राह्मण, क्षत्रिय व वैश्य ही भारत के शासक हैं, यह लोग अपने से निम्न वर्ण के व्यक्तियों के साथ समानता का कानून बन जाने के बाद भी शासन के भीतर व बाहर समान व्यवहार करने में व्यावहारिक रूप में असफल सिद्ध हुए हैं। जब इनसे इस विषय में कुछ कहा जाता है, तब उत्तर देते हैं कि हमारी स्त्रियाँ पुराने खयालात की दकियानूस हैं, इसीलिए हम भी मजबूर हैं।

इस असमानता की समस्या को ऋषि दयानन्द व नेहरू आदि ने ठीक-ठीक ढंग से जान-बूझकर इसलिए नहीं सुलझाया, क्योंकि उनके ऐसा करने से उनके ही द्वारा उनकी जाति वालों की गरिमा ध्वस्त हो जाती। यह लोग अपने निहित स्वार्थ की सिद्धि-मात्र हेतु भोली-भाली जनता के मन को कब्जे में करने के लिए आकर्षक नारा लगाया करते थे, लगाया करते हैं, लगाया करेंगे।

पूना-पैक्ट के समय सन् 1932 ई. में ढोंगी मदन मोहन मालवीय आदि भारत के सभी सवर्ण नेताओं ने, जिनकी कथनी व करनी में जमीन-आसमान का अन्तर था, बम्बई की विशाल सभा में डॉ. अम्बेडकर के एक प्रश्न के उत्तर में आम जनता के सामने झूठ बोल कर अपना उल्लू सीधा किया। अछूतों के पृथक निर्वाचन क्षेत्र और दो वोट का अधिकार छीनने की साजिश में एक कड़ी और जोड़ दी।

इन हिन्दू धर्म के ठेकेदार नेताओं ने बड़े दम-खम के साथ हाथ उठाकर कहा था कि हम देश से छुआछूत अतिशीघ्र मिटा देंगे।

प्रिय पाठकगण इन स्वार्थी नेताओं के ठगईगीरी के जाल को अवश्य परखें।

ब्राह्मणों ने हमेशा क्षत्रियों को अवतार इसलिए माना ताकि साधन सम्पन्न सबल क्षत्रिय जाति की आड़ में उनके सभी ढोंग व पाखंड चलते रहेंगे, उनके सम्पूर्ण स्वार्थों की सिद्धि होती रहेगी। जो इनका विरोध करेगा, उसको क्षत्रियों से जुतिया कर ठीक करा देंगे, आदि। नाना प्रकार से परेशान करा कर तबीयत दुरुस्त करा देंगे।

इन अवतारों की आड़ में गरीबों की गाढ़ी कमाई यह लोग बिना कमाए सदा खाते रहे हैं। अब भी खा रहे हैं और यदि इनमें स्वाभिमान न जागा, वर्ग-चेतना न आई तो भविष्य में भी खाते रहेंगे। कहावत अपनी जगह अटल है—'बुद्धिमान खाते हैं, मूर्ख खिलाते हैं।'

कहते हैं, राजा पृथु व दशरथ आदि चक्रवर्ती महाराजाधिराज थे बिलकुल गलत है। जब कोलम्बस ने नई दुनिया की खोज की, तब उसे वहाँ उनकी कोई कहानी तक सुनने को नहीं मिली, उनके राजतंत्र सम्बन्धी भग्नावशेष भी नहीं मिले।

यह कहना कि राजा पृथु दिग्विजय हेतु निकले। उनके रथ के पहिये की चाल से पैसिफ़िक व अटलांटिक आदि सात महासागर बन गए। यह तो भारतीय इतिहास का मजाक उड़ाना है।

और तो और, तथाकथित अवतारी कहे जानेवाले पुरुषोत्तम राम व कृष्ण के सिक्कों का तो पता है ही नहीं, अन्य भग्नावशेषों का कहीं भी पता नहीं है। लेखक ने स्वयं अयोध्या व मथुरा को भली प्रकार देखा है। सब पंडों व पुजारियों का नया ठगई का जाल फैला है। अयोध्या में नव-निर्मित कोठरी को कैकेयी का कोप भवन बताकर, कैकेयी की मूर्ति दिखाकर पुजारिन यात्रियों से ईनाम के नाम से रुपये ऐंठती हैं। यही दशा मथुरा के मन्दिरों की भी है। यमुना के किनारे वाले राजा कंस के किले की ईंटें हजार वर्ष पुरानी कतई नहीं हैं।

अर्जुन का विवाह अमेरिका में नहीं बल्कि मणिपुर-नरेश की राजकुमारी 'उलूपी' से हुआ था।

स्पष्ट सिद्ध है कि भारत में कभी भी कोई ऐसा चक्रवर्ती राजा नहीं हुआ, जिसका सम्पूर्ण भूमंडल पर साम्राज्य रहा हो। राम व कृष्ण साधारण पुरुष थे। स्वार्थी लेखकों ने हवा में महल बना रखे हैं। झूठी तारीफ के पुल बाँध रखे हैं।

कहते हैं कि शंकराचार्य जगतगुरु थे। बिलकुल गलत है।

यदि वे जगतगुरु थे तो ईसाइयों, बौद्धों, मुसलमानों व पारसियों आदि को अपने-अपने धर्मों को छोड़कर चार वर्ण-युक्त हिन्दू धर्मानुयायी हो जाना चाहिए था, किन्तु उन्होंने ऐसा नहीं किया। इससे स्पष्ट सिद्ध है कि जगतगुरु झूठी व ठगईगीरी की उपाधि भोली-भाली जनता को अपने जाल में फाँसकर मनमानी मौज उड़ाने के लिए धारण की गई है। इसके अतिरिक्त कुछ नहीं।

चिन्दवरम नगर (दक्षिण भारत) निवासी एक ब्राह्मण जंगल में तपस्या करने लगा। उसकी स्त्री 'चिन्दवरम' नामक देवता की गुप्त करामात से गर्भवती हुई, फलस्वरूप शंकराचार्य पैदा हुए।

कोई कहते हैं कि विधवा ब्राह्मणी के गर्भ से पैदा हुए।

कोई कहते हैं कि पिता के गर्भाधान द्वारा उनकी मृत्यु के बाद पैदा हुए।

हमें उनकी पैदाइश के बारे में कुछ नहीं कहना है। हमें तर्क करना है कि "शंकराचार्य के प्रबल तर्कों से बौद्ध धर्म भारत में विलीन हुआ।" यह बात गलत है।

वास्तविकता यह है कि शंकराचार्य के साथ उज्जैन (मालवा प्रदेश) के राजा 'सुधन्वा' की सेना चला करती थी। जो व्यक्ति बौद्ध-धर्म को त्यागकर हिन्दू धर्म को ग्रहण नहीं करता था, राजा सुधन्वा की सेना उस व्यक्ति का कत्ल कर देती थी, बन्दी बना लेती थी। शंकराचार्य व सुधन्वा दोनों से गिड़गिड़ाते हुए हाथ जोड़कर माफी माँगने और हिन्दू धर्म ग्रहण करने पर छोड़ दिए जाते थे। अन्यथा कत्ल कर दिए जाते थे।

शंकराचार्य की इच्छानुसार राजा सुधन्वा ने अपने भाइयों को हुक्म दिया था कि रामेश्वर सेतु से हिमालय अर्थात् दक्षिण से उत्तर तक के बौद्धों को उनके बूढ़ों तथा बच्चों सहित मार डालो। जो उनको मारने से हिचके, उसे भी मार डालो।

इस प्रकार शंकराचार्य के प्रबल तर्कों अर्थात् शास्त्रार्थ द्वारा बौद्ध धर्म नष्ट नहीं हुआ बल्कि नष्ट हुआ है, उसके संहार के लिए आह्वान और राजा सुधन्वा के संहारक शस्त्र-बल से।

पुष्यमित्र शुंग-वंशीय ब्राह्मण राजा ने पाटलिपुत्र व जालन्धर के सभी बुद्ध बिहारों को जला डाला था। उसने शाकल (वर्तमान स्यालकोट) में घोषणा की थी कि जो व्यक्ति जितने बौद्ध-श्रमणों (बौद्ध-भिक्षुओं) का सिर काट कर लाएगा, उसे प्रति मस्तक (सिर) एक सौ अशर्फियाँ (स्वर्ण-मुद्राएँ) इनाम में दी जाएँगी।

पंजाब के आर्य-हिन्दू राजा मिहिरकुल ने पाँच-खंडों (अर्थात् उत्तर, दक्षिण, पूर्व, पश्चिम व मध्य भाग) के बौद्ध-भिक्षुओं को मार डालने की आज्ञा दी। यह राजा बौद्धों का सबसे बड़ा शत्रु था। कान्धार-विजय के बाद उसने वहाँ के बौद्ध-धर्मी राजवंश को नष्ट कर डाला। बौद्ध धर्म के संघारामों व स्तूपों को तुड़वा डाला। अधिकांश भिक्षुओं को कत्ल कर दिया। शेष इधर-उधर भाग गए। इसने सिन्धु नदी के तट पर तीन लाख बौद्धों का एक साथ कत्ल किया।

बौद्ध धर्म से हिन्दू धर्म ग्रहण करने के बदले में बौद्धों को तलवार का भय, स्त्री और शराब का लालच भी दिया गया।

आर्य हिन्दू ब्राह्मणों ने बख्तियार खिलजी को समझाया कि नालन्दा बुतपरस्ती का केन्द्र है। इसलिए 'बख्तियार खिलजी' ने नालन्दा विश्वविद्यालय को जला दिया। वास्तव में, हिन्दू ब्राह्मणों ने नालन्दा विश्वविद्यालय को जलाकर राख कर दिया। अध्यापकों को भिक्षु-भेस में एक सरीखे वस्त्र पहने दिखाकर ब्राह्मणों ने मुसलमानों को समझाया—ये प्रशिक्षित सैनिक हैं। उनका कत्ल करवा दिया। वहाँ के विद्यार्थी भाग गए।

अन्य मुस्लिम हमलावरों से भी केवल बौद्ध-भिक्षुओं को प्रशिक्षित सैनिक समझा कर कत्ल करवा दिया।

यहाँ यह भी बता देना बड़ा जरूरी है ताकि भोली-भाली जनता को भ्रम न हो कि हिन्दू राजाओं ने जान-बूझकर बौद्धों व बौद्ध-भिक्षुओं का बौद्ध धर्म मिटाने की गरज से कत्लेआम किया। परन्तु मुसलमानों ने केवल बौद्धों का बौद्ध धर्म मिटाने

के मतलब से कत्ल नहीं किया। मुसलमानों की दृष्टि में हिन्दू व बौद्ध दोनों बराबर हैं या दोनों हिन्दू ही हैं।

लेखक का दृढ़ विश्वास है कि यदि मुसलमानों को यह मालूम हो जाता कि बौद्ध धर्म जाति-पाँति एवं चोटी-जनेऊ रहित, मानवता-प्रेमी, समता, बन्धुता तथा स्वतंत्रता युक्त वैज्ञानिक धर्म है तो वे सम्पत्ति तो जरूर ही लूटते, परन्तु बौद्धों और बौद्ध-भिक्षुओं का कत्ल हरगिज नहीं करते।

कहते हैं, कृष्ण विश्व-वन्द्यम् थे। यह भी बात समझ में नहीं आती है। कृष्ण-धर्मी व्यक्ति उनके समय में भी यूरोप व अफ्रीका आदि में नहीं थे और न अब भी हैं। कृष्ण चातुर्वर्ण को मानते थे, परन्तु विदेशियों ने चार वर्ण को कभी नहीं माना। इससे स्पष्ट सिद्ध है कि कृष्ण विश्व-वन्द्यम् नहीं थे।

कहते हैं, मोहनदास करमचद गांधी विश्व-वन्द्यम् हैं। यह भी गलत है। विश्व भर की कौन कहे, संसार की लगभग आधी से अधिक आबादी कम्युनिस्ट है, परन्तु गांधी कम्युनिस्ट नहीं थे। जाने दीजिए। विदेशों की बात।

भारत में गांधी की बात उनके सामने ही कायदे-आजम मिस्टर मोहम्मद अली जिन्ना और महान विभूति डॉ. भीम राव रामजी राव अम्बेडकर ने कभी भी नहीं मानी।

नाथूराम गोडसे व उनके साथियों ने उनके जीते जी गांधी की बात नहीं मानी। न मरने पर मानी बल्कि ब्राह्मण गोडसे ने गांधी की हत्या कर दी।

अब भी भारत में गांधी की बात माननेवाले बहुत कम हैं, इनमें से कुछ तो अवसरवादिता के कारण उनकी बात बदर्जे मजबूरी मानते हैं।

स्पष्ट है कि मोहनदास करमचन्द गांधी विश्व-वन्द्यम् नहीं हैं।

कहते हैं, 'याज्ञवल्क्य' ने राजा 'जनक' के दरबार में 'गार्गी' को ब्रह्मवाद के शास्त्रार्थ में हराया था। बिलकुल झूठ है।

वास्तविकता यह है कि ब्रह्मवाद की कल्पना कन्नौज (उत्तर प्रदेश) के क्षत्रिय राजा 'प्रवाहण' ने सर्वप्रथम जान-बूझकर इसलिए की थी, ताकि इस ब्रह्मवाद के जाल की आड़ में मूक-जनता की गाढ़ी कमाई ब्राह्मण एवं क्षत्रिय लूट-लूटकर खाएँ। जहाँ जनता राजी से पैसा न दे, वहाँ राज-दंड द्वारा जबरन पैसा इसी बहाने वसूल किया जाए।

जनसेविका गार्गी इस ब्रह्मवादी प्रचार के सख्त खिलाफ थी। राजा जनक और उनकी परिषद् के सामने जब महानतम विद्वान गार्गी ने प्रश्नों द्वारा स्वार्थी याज्ञवल्क्य को ब्रह्मवाद के विरुद्ध चारों ओर से घेर लिया तो वे क्रोधित होकर भौंहें तानते हुए, बैठक से उचककर उच्छृंखलतापूर्वक डाँटते हुए गार्गी से बोले, 'री गार्गी! तूने यदि आगे प्रश्न किया, तो तेरा सिर कटकर गिर जाएगा।'

बेचारी अकेली गार्गी आखिरकार स्त्री जाति की ठहरी। वहाँ उसकी विद्वत्तापूर्ण बातें सुननेवाला कोई नहीं था। तुरन्त समझ गई कि याज्ञवल्क्य के ब्रह्म-तेज से तो

मेरा सिर कदापि नहीं गिर सकता है, परन्तु याज्ञवल्क्य के इशारे पर उनके हट्टे-कट्टे जवान गुंडे चेले जो पास उनकी पैरवी के लिए बैठे हुए हैं, मुझ गार्गी का सिर तलवार आदि से जरूर ही गिरा देंगे। सहमकर चुप रह गई। इस प्रकार याज्ञवल्क्य की जीत हुई।

उपरोक्त घटना गार्गी ने अपनी वृद्धा बुआ 'लोपा' (क्षत्रिय राजा प्रवाहण की स्त्री) को रो-रो कर कन्नौज में सुनाई थी। यह भी कहा था। हाय! क्या करें रोजाना लुटनेवाली देहाती मूक-जनता को पेट भरने के अलावा मेरी सच्ची बात सुनने तक की फुरसत नहीं है। यदि वह धोखे में भी मेरी सच्ची बात सुन ले, तब तो उसका कल्याण हो ही जाए।

आर्यों की आदत है—खुद तो करेंगे नहीं, दूसरों की कला को अपनी कला बताते हैं। पुरानी किताबों के सीधे-सीधे अर्थ को बदलकर अपने ढंग पर सिद्ध करने की असफल कोशिश करते हैं।

कहते हैं, आत्म-शक्ति का मतलब है एटम बम। हम महाभारत काल में एटम बम बनाना जानते थे।

महाभारत काल के बाद आधुनिक 'हिरोशिमा' नगर जापान पर द्वितीय विश्वयुद्ध के समय डाले गए एटम-बम की भाँति मनोवैज्ञानिक एवं रासायनिक असर महाभारत काल में क्यों नहीं पड़ा। 'हिरोशिमा' में चौबीस वर्ष बाद अब भी उस बम के असर के कारण अन्धे, लंगड़े एवं लूले बच्चे पैदा हो रहे हैं।

कहते हैं, आर्यों ने सूर्य के प्रकाश में सात रंगों की सर्वप्रथम कल्पना की। उसी की नकल रात में सात रंग के बिजली के बल्ब लगाकर अमेरिकनों ने 'मिस्सीसिपी' नदी के 'न्याग्रा प्रपात' नामक झरना में पर्यटकों के मन को लुभाने के लिए लगाकर दिन की सूर्य वाली प्राकृतिक सात रंग की कमी को पूरा कर दिया है।

वास्तव में उपरोक्त खोज स्वतः अमेरिकनों की है। आर्यों की नहीं।

कहते हैं कि दक्षिणी अमेरिका के पीरू (पेरू) सूर्य मन्दिर के भग्नावशेष भारतीय आर्य-सभ्यता है, झूठ है।

वास्तव में पनामा थल डमरूमध्य (वर्तमान पनामा नहर) का, जो उत्तरी अमेरिका को दक्षिणी अमेरिका से मिलता था, सर्वप्रथम 'मैगलिन फ्रैंक' ने असफल पता लगाया था। द्वितीय 'कोलम्बस' ने सफल पता लगाया। फिर क्या आर्य-सभ्यता हवा में उड़कर विश्व में छा गई थी।

भारत का सर्वप्रथम सूर्य-मन्दिर जामवन्ती-पुत्र (कृष्ण-सुत) 'साम्ब' के कोढ़ (कुष्ट) नामक बीमारी का इलाज शक द्वीपी शकों द्वारा करने में डॉक्टरी फीस के बदले में सूर्य-पूजक शकों की प्रेरणा से साम्ब ने 'मुलतान' (पश्चिमी पाकिस्तान) में बनवाया था। उलटे भारतीय आर्य-ब्राह्मणों ने इस सूर्य-मन्दिर का विरोध किया की सूर्य की प्रतिमा स्थापित करने का अनुष्ठान नहीं किया एवं सूर्य-मन्दिर निर्माता 'साम्ब' को नीच जाति वाला कहा। उसने शक द्वीपी डॉक्टरों से ब-दर्जे मजबूरी

सूर्य की मूर्ति की स्थापना कराई और उन्हें ब्राह्मण एवं उनके सम्मानित साथियों को क्षत्रिय व वैश्य तथा सबकों शूद्र घोषित किया। वे सब भारत में स्थायी निवास करने लगे। बाद को उन लोगों के सगे-सम्बन्धी व मित्र आदि भी भारी संख्या में आकर भारत में रहने लगे। शक द्वीप में भारत जैसी वर्ण-व्यवस्था वाली जातियाँ नहीं थीं।

इन शक द्वीपी सेवक शूद्रों में से एक जाति 'मंगद' ने बिहार प्रान्त में 'मगह' नामक नगर बनाया। यही और इसके आसपास अधिकाधिक तादाद में निवास करने लगी। यही 'मगह' नगर आगे चलकर 'मगध' नगर तथा 'मगध-राज्य' कहलाया।

मुल्तान के इस सूर्य-मन्दिर को, जिसे साम्ब ने बनवाया था, सन् 640 ई. में चीनी यात्री 'ह्वेनसांग' ने देखा था।

स्पष्ट सिद्ध है कि कृष्ण का समय आज से हजार वर्ष पूर्व का नहीं था, बल्कि गौतम बुद्ध के सात-आठ सौ वर्ष पहले का था, क्योंकि हड़प्पा व मोहनजोदड़ो की सभ्यता इस मन्दिर से अति ही प्राचीन है।

ध्यान रहे कि विद्वत्ता एवं प्राचीनता की डींग हाँकनेवाली आर्य-सभ्यता साम्ब के कोढ़ नामक बीमारी को ठीक करने में असफल रही। इससे सिद्ध है कि सभ्य कहे जानेवाले महाभारत काल में भी भारतीय कोढ़ आदि गम्भीर रोगों की औषधि नहीं जानते थे।

कहते हैं कि गैलीलियो, मारकोनी, सर आइजक न्यूटन व जार्ज स्टीफिंशन आदि ने भारतीय वेद-मंत्रों द्वारा सफलता पाई, समझ में नहीं आती। वास्तव में, यह मिथक और धर्म की रोटी खानेवाले पागलों का प्रलाप है। जबकि वह उनकी स्वतः की मौलिक खोज है।

पुष्पक विमान लंकावासी असुर लोगों अर्थात् भारत के आदिनिवासियों का बनाया हुआ था, जिसे रावण ने लंका विजय के समय युद्ध में कुबेर से जीता था।

राम के भाई लक्ष्मण ने 'लक्ष्मणपुरी' (वर्तमान लखनऊ) नगर नहीं बसाया। वास्तव में, कोई भी नवीन नगर किसी शासक के नाम से बसाए जाते हैं। सम्पूर्ण जीवन में उन्हें यह सु-अवसर आधी घड़ी का भी नहीं मिला। उनका सारा जीवन दासत्व में बीता। ज़बकि वास्तविक राजाओं के नाम पर दशरथपुरी व रामपुरी आदि नगर कहीं नहीं बसाए गए। तब केवल लक्ष्मणपुरी ही बसाने की कौन-सी जरूरत आ पड़ी। फिर भरतपुरी व शत्रुघ्नपुरी न बसाकर उनका घोर अपमान क्यों किया गया?

वास्तविकता यह है कि लखना (पासी) ने अपनी खोजपूर्ण, कुशाग्र-बुद्धि से अति मजबूत लखौरी ईंट तैयार करके बादशाह वाजिदअली के सामने पेश की। बादशाह ने इस ईंट को स्वीकार करके नया नगर लखनऊ बसाया। लखना से 'लखौरी ईंट' और लखौरी से लखनऊ नाम सही है। अतः लखनऊ को लाखन पासी ने बसाया।

कहते हैं कृष्ण ने कानपुर (कान्हपुर) बसाया। समझ में नहीं आता, कृष्ण की जैसी दुर्गति मथुरा में मगध-नरेश जरासन्ध ने की थी, वह किसी से छिपी नहीं है। कब बसाया। महाभारत कालीन एक ईंट का भी पता नहीं।

वास्तविकता यह है कि अंग्रेजों ने अपना फौजी पड़ाव इस स्थान पर डाला था, जिसे अंग्रेजी भाषा में 'कैम्प' कहते थे। कैम्प से कम्पू और कम्पू से कानपुर वर्तमान नाम पड़ा।

कहते हैं, मोहनदास करमचन्द गांधी ने कहा—एक बन्दर अपनी दोनों आँखें, दूसरा अपने दोनों कान और तीसरा अपना मुँह अपने दोनों हाथों से बन्द रखता था। पूछने पर बन्दरों ने उत्तर दिया। पहले ने कहा—मैं किसी की बुराई देखना, दूसरे ने कहा—मैं किसी की बुराई सुनना, तीसरे ने कहा—मैं किसी की बुराई करना अच्छा नहीं समझता। संसार के ऊपर का बड़प्पन थोपने के लिए गांधी का नाम झूठ लिखा गया है।

वास्तव में, उपरोक्त कहानी चीन देश में बहुत पहले से प्रचलित थी।

कहते हैं कुतुब मीनार और ताजमहल राजपूतों के बनवाए हैं यह भी गलत है। वास्तविकता भारत का बच्चा-बच्चा जानता है।

57 वर्ष ईसा पूर्व मालवा प्रदेश में वीर विक्रमादित्य नाम का कोई राजा राज्य नहीं करता था, जब इस नाम का कोई राजा ही नहीं था तो नया विक्रमी संवत चलाने का प्रश्न ही नहीं उठता।

वास्तव में 57-58 वर्ष ईसा पूर्व 'तक्षशिला' के पार्थिव-वंशीय राजा 'एजेस प्रथम' ने अपना संवत चलाया। बाद में मालवा राजाओं ने मान लिया।

सन् 640 ई. में 'ह्वेनसांग' चीनी यात्री ने मालवा के सुप्रसिद्ध राजा विक्रमादित्य के पुत्र शिलादित्य को देखा था। इससे पता चलता है कि सुप्रसिद्ध राजा विक्रमादित्य सन् 640 ई. के लगभग बीस साल पहले अर्थात् सन् 620 ई. में राज्य करता होगा।

कहते हैं कि भारतीय कांग्रेस की नींव योगेशचन्द्र चटर्जी ने सन् 1885 ई. में डाली बिलकुल गलत है।

वास्तविकता यह है कि भारतीय कांग्रेस की नींव सन् 1885 ई. में 'सर ह्यूम' नाम के अंग्रेज ने इसलिए डाली थी, ताकि भारत के लिए बननेवाले कानून का मसौदा जो लन्दन (इंग्लैंड) की पार्लियामेंट में बनता था, उस पर भारतीय जनता की प्रतिनिधि की हैसियत से भारतीय कांग्रेस अपनी सम्मति व संशोधन प्रकट करे। फिर उसके मुताबित पार्लियामेंट में कानून बने, ताकि भारतीय जनता उसे अपना ही बनाया हुआ कानून समझकर, भविष्य में न तोड़े। बात सही यह है।

यह कहना है कि कांग्रेस ने आर्य-समाज के उसूलों को मानकर आजादी प्राप्त की है बिलकुल गलत है।

वास्तविकता यह है कि आज के ढाई हजार वर्ष पहले महान गौतम बुद्ध ने कहा था—दु:ख, दु:ख का कारण व दु:ख का निवारण है। संसार में नब्बे प्रतिशत

व्यक्ति दुखी हैं। जियो और जीने दो। बहुजन हिताय-बहुजन सुखाय। संघम् शरणम् गच्छामि...आदि सिद्धान्तों को ईसा, मोहम्मद, कबीर, रैदास, नानक और नाभादास आदि ने अपने संत ढंग पर माना। (पूर्ण जानकारी के लिए संत मत पर बौद्ध-धर्म की छाप' पढ़िए।)

गौतम बुद्ध के इन्हीं उपदेशों को विश्व के विभिन्न राजनीतिक विद्वानों नेपोलियन, अब्राहम लिंकन, कार्ल मार्क्स, लेनिन, स्टालिन, हिटलर, मुसोलिनी, जान एफ. कनैडी, राबर्ट कनैडी, मार्टिन लूथरकिंग, मार्टिन लूथर किंग द्वितीय, मोहनदास करमचन्द गांधी, सुभाषचन्द्र बोस, डॉ. अम्बेडकर, डॉ. श्यामाप्रसाद मुखर्जी, कायदे-आजम मिस्टर मोहम्मद अली जिन्ना, डॉ. राममनोहर लोहिया व सरदार भगतसिंह आदि आदि ने अपने-अपने ढंग पर अर्थ निकाला। इससे स्पष्ट सिद्ध है कि स्वराज्य की सम्पूर्ण रूपरेखा बौद्ध-दर्शन पर आधारित थी, जो अब भी है। केवल स्वार्थपरता ने सब की बुद्धि को अपने-अपने ढंग पर बरगला रखा है।

प्राचीन समय में गौतम बुद्ध के पंचशील शिक्षाएँ—1. मैं हिंसा नहीं करूँगा, 2. मैं चोरी नहीं करूँगा, 3. मैं व्यभिचार नहीं करूँगा, 4. मैं झूठ नहीं बोलूँगा, और 5. मैं नशा नहीं करूँगा—को आदमी बौद्ध धर्म के नाम पर अपनी इच्छानुसार पालन करते थे। किन्तु अब भारतीय दंड विधान के भय के कारण उपरोक्त पंचशील अक्षरशः ज्यों-का-त्यों पालन करते हैं। इस प्रकार केवल भारत ही नहीं, बल्कि सम्पूर्ण संसार बौद्ध-दर्शन का चिर-ऋणी होकर उसे अपने-अपने ढंग पर, वह ढंग चाहे धार्मिक हो या राजनीतिक! अवश्य ही मानता है।

वेद पवित्र, स्वतः प्रमाण व गलती की सम्भावना के परे है—मानना भारी भूल है। ऐसा मान लेने से मनुष्य की विचारशील बुद्धि अ-कारण ही निष्क्रिय बनती है।

वेद आर्यों व अनार्यों के युद्धों का इतिहास है। खान-पान के विषय में लिखा है कि वैदिक-आर्य गाय व बैल का भी मांस खाते थे। इस काम के लिए स्थान-स्थान पर कसाईखाने भी थे। (पूर्ण जानकारी के लिए 'अछूत कौन और कैसे?' लेखक डॉ. अम्बेडकर पढ़िए) वेद और वैदिक-ऋषि सत्य को अँधेरे में ढूँढ़ते फिरे, मिला नहीं। वेदों में कल्पित ईश्वर और कल्पित देवताओं से आर्यों के कल्याण और अनार्यों (दासों व दस्युओं) के विनाश की प्रार्थनाएँ की गई हैं, ऐसी अन्धविश्वासी प्रार्थनाएँ आदमी को हर प्रकार से हिजड़ा बनाने के अलावा और कोई दूसरा मतलब नहीं रखतीं। वैदिक सिद्धान्त केवल मानसिक उड़ानें हैं, यथार्थ से कोई सम्बन्ध नहीं। (और जानकारी के लिए 'अंगुलिमाल नाटक' पढ़िए)

हजारों वर्ष के बाद देहातों में अब भी कहावत बड़े जोरों से प्रचलित है, 'जो गीत अहीर-गड़रियों ने गाए, वे वेद मंत्र कहलाए' का साफ मतलब है कि प्रारम्भ में सारा विश्व भेड़-बकरी व पशु पालक अर्थात् 'गड़रिया' था। इस प्रकार आदिनिवासियों व आर्यों के सम्मिलित तजुर्बे में स्वार्थी आर्यों ने अपने स्वार्थ की बातें मिलाकर वेद

नाम रखा। वेद शब्द का मतलब है—जानना। जिन बातों का जिक्र वेद में नहीं है, परन्तु आप उन्हें जानते हैं, अतः वे बातें भी वेद वाक्य ही हैं। इसमें कभी दो राय नहीं हो सकती है।

इतिहासकार मैक्समूलर और मैकडानल के अनुसार, 1,000 वर्ष ईसा पूर्व से लेकर 800 वर्ष ईसा पूर्व तक के समय में वेद लिखे गए। वेद पहले मौखिक थे।

वेद आदिकाल से हैं। यह बात बिलकुल ही गलत है, क्योंकि संसार का निर्माण नहीं, विकास हुआ है।

विश्व की सबसे भारी आबादी ईसाइयों, बौद्धों, मुसलमानों व पारसियों की है। ये सर्व देशी समतावादी-धर्म हैं। इन धर्मों में मनुष्यत्व है। यह धर्म आदमी को आदमी। दुखी व्यक्ति को दुखी व्यक्ति समझते हैं। ये लोग वेद धर्मानुयायी नहीं हैं।

आपने कभी ठंडे दिमाग से बैठकर सोचा ही नहीं कि क्या वजह है कि हिन्दू धर्म व आर्य-धर्म प्रचारक विदेशों में जाकर अपनी चातुर्वर्णी थ्योरी के अनुसार, विधर्मियों को अहीर, चमार, महार और भंगी आदि बनाने का उपदेश देने में क्यों असफल सिद्ध हुए हैं?

कोई भी स्वस्थ-धर्मी (समतावादी-धर्म) व्यक्ति कभी भी अस्वस्थ-धर्मी (असमतावादी-धर्मी) अर्थात् कोढ़ी के साथ रहना पसन्द नहीं करेगा।

कहते हैं कि पुराने जमाने में आदमियों की आयु हजारों वर्ष की थी, यह बात बिलकुल गलत है।

वास्तविकता यह है कि वेदों में ही लिखा है कि 'मैं सौ वर्ष तक जिऊँगा, मैं सौ वर्ष तक सुनूँगा, मैं सौ वर्ष तक देखूँगा और मैं सौ वर्ष तक सुखी (अदीना) जीवन बिताऊँगा' से स्पष्ट सिद्ध है कि हजारों वर्ष जीवित रहनेवाली बात धुएँ का महल है। पुराने जमाने में भी मनुष्य की आयु एक सौ वर्ष के लगभग ही थी।

ऋषि दयानन्द सरस्वती के काल में हिन्दू से केवल ईसाई छिटपुट बन रहे थे। मुसलमान बिलकुल नहीं बन रहे थे। उन्होंने 'सत्यार्थ-प्रकाश' के अगले संस्करण में चौदहवाँ समुल्लास लिखकर बड़ी भारी गलती यह की है कि इसके पढ़ने से मुसलमानों और हिन्दुओं के मध्य कटुता बढ़ी, यहाँ तक बढ़ी कि उस कटुता ने पश्चिमी और पूर्वी दो पाकिस्तान बनाकर भारत की सुरक्षित सीमा को सदा-सदा के लिए अरक्षित बना दिया। यदि उन्होंने यह चौदहवाँ समुल्लास लिखकर, बे-वक्त की शहनाई बजाकर, बे-सुरा राग अलापा न होता तो पाकिस्तान की जंजीर में एक कड़ी की कमी रह जाती और पाकिस्तान कदापि न बन पाता।

ऋषि दयानन्द सरस्वती ने 'सत्यार्थ-प्रकाश' के चौथे समुल्लास में वेद की रीति के अनुसार होनेवाली 'नियोग-प्रथा' को जायज बताया है। लिखा है, स्त्रियाँ और पुरुष नियोग द्वारा ग्यारह-ग्यारह सन्तानें तक पैदा कर सकती हैं। ग्यारह-ग्यारह सन्तानें उत्पन्न करना, चाहे वह वेद की नियोग-रीति से हों या प्रेमी-प्रेमिका

की रीति से हों या बलात्कार की रीति से हों, सब खुला निकृष्ट व्यभिचार है। ऐसे नियोग हमेशा ही अधिकतर बलात्कार की सीमा रखते हैं। वास्तव में, नियोग सभी ना-जायज हैं। जरूरत पड़ने पर नियोग के बजाय विधवा विवाह जायज हैं, जो आदिनिवासियों (शूद्रों व महाशूद्रों) में आदिकाल से प्रचलित था। अब भी प्रचलित है।

ऋषि दयानन्द सरस्वती की स्वत: की खोज कुछ भी नहीं है। वे वेदों के पीछे-पीछे आँख बन्द करके चल दिए।

आर्य-समाज ने शूद्रों व महाशूद्रों 'बढ़ई, लुहार व नाई आदि को शर्मा, अहीर को यादव, गड़रिया को पाल, किसी को वर्मा और किसी को गुप्ता' नामक उपाधियाँ 'आसिफउद्दौला के इमाम-बाड़ा' (लखनऊ) की भूल-भुलैया की तरह जनेऊ सहित बाँट दीं, जो तर्क की कसौटी पर कसे जाने पर साफ-साफ मिनर्वा गोल्ड अर्थात् मुलम्मा (नकली सोना) दिखाई पड़ा। क्योंकि मौजूदा ब्राह्मण, क्षत्रिय व वैश्य समाज ने इन आर्य-समाजियों की नकली उपाधियों को बिलकुल ही मान्यता नहीं दी। 'धोए लेंड़ बघारे लेंड़, रहे लेंड़ के लेंड़' नामक कहावत के अनुसार, बनौधिया यादव की लड़की किसी भी गौर, सेंगर, चौहान, तोमर व पमार आदि ने न ली और न दी। तरक्की-तरक्की का ढोल पीटने में समय व धन दोनों की व्यर्थ बरबादी हुई। यदि डॉ. अम्बेडकर की नसीहत के मुताबित ये शूद्र व महाशूद्र चलना अब प्रारम्भ कर दें। 'देर आयद दुरुस्त आयद' तो वे अब भी बड़ी आसानी से अपनी रोटी, कपड़ा, मकान और इज्जत की समस्या हल कर सकते हैं।

सुधारक ज्यादा तादाद में ब्राह्मण जाति में सिर्फ अपना उल्लू सीधा करने के लिए हुए हैं। याद रखो—जहाँ ये लोग अपने व्यक्तिगत और जातिगत हितों पर आँच आते देखते हैं, वहाँ दूसरे व्यक्तियों, दूसरी जाति वालों, अन्य समाज वालों और यहाँ तक कि सामूहिक देश के हितों को कुचल कर अपने और अपनी जाति के हितों की रक्षा करते हैं।

ऋषि दयानन्द सरस्वती और उनकी आर्य-समाज संस्था आज तक एक भी विद्वान भंगी को ब्राह्मण और कु-कर्मी ब्राह्मण को महाशूद्र नहीं बना पाई।

उनके मरने के बाद यह संस्था, संस्था मात्र रह गई। सनातन धर्म में विलीन हो गई। वास्तव में, जैसे लड़ाई के मोर्चे पर सेना के आगे के रास्ते को साफ करने के लिए 'सफर मैन' पल्टन चलती है। ठीक यह आर्य-समाज भी सनातन धर्म की 'सफर मैन' पल्टन मात्र थी। जो अपना काम समाप्त करके समाप्त हो गई।

एक नि:सन्तान भंगी आर्य-समाजी मरता है तो उसकी स्त्री को सान्त्वना देने के लिए उसके घर पर कोई भी आर्य समाजी ब्राह्मण की स्त्री नहीं आती है। हमदर्दी के दो शब्द कहना कि बहन जी रोइए मत। एक दिन सब को मरना है। आज तुमको, कल हमको। चलो आज मेरे घर पर ही रूखा-सूखा खाना खाइए

या कहो तो अपने बच्चे के हाथ खाना यहीं भेज दें।...तो बड़ी बात है। याद रखिए, यह वह मूर्खों का देश है, जहाँ कि यदि ब्राह्मणी उसके घर पर ही नहीं, अपितु यदि वह उसके दरवाजे पर ही कहीं धोखे से भी ऐसे मौके पर पहुँच जाए तो हिन्दू समाज 'रसातल में चल जाएगी', 'धरा धसक जाएगी', 'आसमान गिर जाएगा'...। यह है, नुमायशी आर्य-समाज की आँख-देखी विडम्बना, पाखंड, करनी-कथनी में अपार अन्तर।

मुसलमानों ने सड़कें, नहरें, तालाब, कुएँ, सराएँ, (धर्मशालाएँ) और शफाखाने (अस्पताल) बनवाए। दिल्ली-नरेश पृथ्वीराज और कन्नौज-नरेश जयचन्द आदि ने ऐसा नहीं किया। इन्हें अपने गम से ही आजीवन फुरसत नहीं मिल पाई।

अंग्रेजों ने रेल, तार, डाकखाने, अस्पताल, पक्की सड़कें, नहरें, बिजली और वायरलेस आदि बनाए। उन्हें धन्यवाद।

आर्य कहते हैं कि दक्षिण 'भारत के असुर' राजा 'रम्भ' की स्त्री भैंस थी। भैंस गर्भवती हुई। रम्भ मर गया। उसके साथ भैंस सती होने चली। गर्भ के पुत्र ने सोचा कि माताश्री मुझे भी जला डालेगी। पुत्र भैंस के पेट में से जननेन्द्रिय द्वार से निकलकर भाग खड़ा हुआ। भैंस सती हो गई। उस पुत्र का नाम 'महिषासुर' पड़ा। इस प्रकार का सफेद झूठ और गन्दा साहित्य लिखकर आदिनिवासियों को ही केवल बेइज्जत नहीं किया गया है बल्कि सभ्य संसार के सामने रही-सही भारतीय इज्जत गर्द-बर्द करके अपने पैरों में जानबूझकर कुल्हाड़ी मारकर अपनी आर्य-लेखन कला की अ-बुद्धिमत्ता का अभूतपूर्व परिचय दिया है।

वास्तविकता यह है कि रम्भ ने पशु पालक आदिनिवासी-जाति अहीर की युवा लड़की से शिकार की दशा में जंगल में ही गन्धर्व रीति से विवाह किया। गर्भवती हुई। रनिवास में रानी बनकर रही। लड़का पैदा होने के आधा घंटा पहले रम्भ मर गए। रानी भी इस पुत्र प्रसव-काल में मर गई। इसलिए राजा व रानी दोनों का दाह-संस्कार एक साथ हुआ।

महिषासुर का पालन-पोषण एवं शिक्षा-दीक्षा का अच्छे-से-अच्छा प्रबन्ध रम्भ की माताश्री ने किया। महान प्रतापी राजा महिषासुर ने नवीन राजधानी महिष-मंडल अर्थात् वर्तमान मैसूर नगर बसाया। महिष-मंडल प्रदेश पर योग्यतापूर्वक शासन किया। इसने एक बार इन्द्र को इन्द्रपुरी से खदेड़ दिया। इनकी आर्यों ने दुर्गा नामक आर्य कन्या ने छलपूर्वक हत्या करा दी। इस प्रसंग का वर्णन इसी पुस्तक के शुरुआती पृष्ठों में है।

आदिनिवासियों में विधवा विवाह होता था। इसलिए महिषासुर की माताश्री को अपने पति रम्भ के साथ सती होने की कोई आवश्यकता न थी। आर्यों ने अपनी कुप्रथा सती-प्रथा को आदिनिवासियों पर जबरन सिद्ध करने के लिए यह कथा झूठ गढ़ी है।

तुलसीदास की 'रामचरितमानस' की चर्चा बड़े जोरों पर है। उन्होंने शैव-मत और वैष्णव-मत वाले हिन्दुओं को आपस में मेल कराने का असफल प्रयास किया।

तुलसीदास खुद तो ब्राह्मणों में गुसाईं जाति के निम्न जाति ब्राह्मण थे परन्तु उन्होंने ब्राह्मणी गरिमा को बहुसंख्यक किसान, मजदूर व दस्तकार आदि निम्न वर्गीय जनता से जबरन मनवाने की जो सफल कोशिश की, उसके लिए जहाँ ब्राह्मण-समाज उन्हें जितना धन्यवाद दे रहा है, वहाँ उस रामायण और रामचरितमानस के नायक राम के सहस्त्रों चित्र पेरियार ई.वी. रामास्वामी के नेतृत्व में विशाल जन समूह के सामने मद्रास, तमिलनाडु में दिनांक—1 अगस्त, 1956 ई. में आदिनिवासी द्रविड़ों के साथ जलाकर राम के प्रति अनन्त गुना घृणा का सफल परिचय दिया है।

दिनांक—11 अप्रैल, 1960 ई. को उत्तर प्रदेश की लखनऊ असेम्बली की भरी सभा में श्री भूप किशोर लोधी (खेतिहर पिछड़ी जाति) ने 'रामायण' के शूद्र-विरोधी पन्ने फाड़कर पाखंडी हिन्दू धर्म की धज्जियाँ उड़ा दीं।

याद रखो! अधिक आदमियों को थोड़े दिनों के लिए मूर्ख बनाया जा सकता है परन्तु थोड़े आदमियों को भी अधिक समय के लिए मूर्ख कदापि नहीं बनाया जा सकता।

तुलसीदास ने शूद्र तथा स्त्री समाज को सदा दास बनाए रखने की जो शरारत की है, उसका वर्णन करने से एक पृथक ग्रंथ ही बन जाएगा। अत: इस विषय की जानकारी के लिए 'तुलसी के तीन पात' तथा 'सच्ची रामायण' पढ़िए।

ब्रह्मा के चार सिर, रावण के दस सिर व बीस भुजाएँ, लक्ष्मी व सरस्वती आदि के चार-चार भुजाएँ नहीं थीं। चित्रकारों की यह मनगढ़ंत कल्पना विज्ञान युगीन छोटे-छोटे बच्चों के दिमाग पर बुरा असर डालती हैं।

गणेश के सूँड़ नहीं थी। बड़े-से-बड़े आदमी की गर्दन पर छोटे-से-छोटे हाथी का सिर कभी भी ठीक-ठीक नहीं रखा जा सकता है। हाथी का सिर बहुत बड़ा होता है। गण-नायक या जन-नायक का मतलब है, चुना हुआ राजा।

कहते हैं कि कर्मानुसार अगला जन्म अमीर या गरीब घरों में होता है, बिलकुल गलत है। यदि पूँजीपति गरीबों का शोषण न करें। उन्हें ठीक-ठीक मजदूरी दें तो गरीब कभी भी गरीब नहीं रह सकते।

कहते हैं कि कर्मानुसार अगला जन्म ब्राह्मण या मेहतर के घरों में होता है, बिलकुल गलत है। यदि भारत के लिए इसे ऐसा ही मान लिया जाए तो अमेरिका व यूरोप आदि देशों में जहाँ ब्राह्मण व भंगी जाति ही नहीं हैं, वहाँ की तौल के लिए कौन-सी तराजू होगी। ध्यान रहे—ब्राह्मण व भंगी शब्द-जाल ब्राह्मणी कल्पित-माया है। इसे शीघ्र उखाड़ फेंकें।

कहते हैं कि पुण्य कर्म से स्वर्ग व पाप कर्म करने से नरक मिलता है बिलकुल गलत है। स्वर्ग व नरक की कल्पना पुरोहितों, पंडों व पुजारियों का हमेशा तर-माल उड़ाने के लिए ठगई का जाल है।

कृष्ण 'गीता' में कहते हैं कि 'चातुर्वर्ण्यं मया सृष्टं गुणकर्मविभागश:'। बिलकुल गलत है। उन्हीं के जमाने में कर्ण, गुरु द्रोण व उनके पुत्र अश्वत्थामा को क्षत्रिय और दासी पुत्र विदुर को ब्राह्मण गुण व कर्मानुसार किसी ने नहीं कहा।

मौजूदा जमाने में लालबहादुर शास्त्री तथा डॉ. भीमराव रामजी राव अम्बेडकर को ब्राह्मण और करियप्पा कमांडर इन चीफ ऑफ इंडिया को क्षत्रिय गुण व कर्मानुसार किसी ने नहीं कहा। प्रबुद्ध पाठक परखें—'गीता' के इस ठगई के जाल को।

कृष्ण 'गीता' में कहते हैं कि 'कर्मण्येवाधिकारस्ते मा फलेषु कदाचन।' अर्थात् कर्म करना तेरे अधिकार में है, परन्तु उस कर्म के फल (परिणाम या नतीजा) पर तेरा अधिकार कदापि नहीं है। स्पष्ट है, उनकी थ्योरी के अनुसार, फल ईश्वर (कृष्ण) के अधीन है। यह पहेली बिलकुल ही गलत है, जो आदमी को पुरुषार्थी नहीं बल्कि अकर्मण्य और हिजड़ा बनाती है। यदि विद्यार्थी को कक्षा में उत्तीर्ण होने की शत प्रतिशत आशा न हो तो उसका पढ़ने में मन कतई नहीं लग सकता।

जार्ज स्टीफिनशन को यदि सफलता की आशा न होती तो केवल गर्म बटलोई की भाप से उस बटलोई के ऊपर ढँके हुए ढक्कन के खटखटाने मात्र से भाप द्वारा संचालित रेलवे इंजन की खोज में तन-मन-धन से कदापि कोशिश न करता।

कहते हैं, सन् 1857 ई. का गदर गदर नहीं बल्कि स्वतंत्रता संग्राम था, यह भोली-भाली जनता को बरगलाना है।

इस गदर के बाद सवर्णों-ब्राह्मणों आदि ने अंग्रेजों से सुलह करके पिछड़ी जातियों, अनुसूचित जातियों तथा अनुसूचित जन-जातियों को रेग्यूलर फोर्स (सेना आदि) तथा इर्रेग्यूलर (सिविल) की सभी नौकरियों के और तरक्की के अन्य साधनों पर रोक लगवा दी। स्वत: ही अकेले अंग्रेजों के शासन में साझीदार बन बैठे।

हम इसे यदि प्रथम स्वतंत्रता संग्राम, जो बहादुरशाह, अन्तिम मुगल-सम्राट को भारत का राजा मानकर उनके नेतृत्व में लड़ा गया था, मान लें तो हम वीर शिवाजी और गुरु गोबिन्द सिंह का महान अपमान करते हैं। अन्तर तिल-मात्र भी नहीं। सभी भारत का सम्राट बनना चाहते थे।

भारत के सम्राट यदि महाराणा प्रताप व बहादुराशाह बन जाते तो दीन-हीन व मूक-जनता को क्या देते? उत्तर स्पष्ट है कि कुछ नहीं।

वीर विक्रमादित्य, पृथ्वीराज, महाराणा प्रताप, वीर शिवाजी, गुरु गोबिन्द सिंह व अन्तिम मुगल सम्राट बहादुरशाह ने दीन-हीन व मूक-जनता का क्या शोषण नहीं किया? क्या उनके राज्य में गरीबों का पूँजीपतियों ने शोषण नहीं किया? क्या पूँजी का वितरण समान किया? क्या सभी भूमिहीनों में भूमि बराबर-बराबर बाँटी?

क्या बालिग मताधिकार द्वारा शासन व्यवस्था की? क्या छुआछूत मिटा दिया? क्या सबके लिए रोटी, कपड़ा, मकान व इज्जत की समुचित व्यवस्था की? क्या सभी बीमार पशुओं के इलाज की नि:शुल्क व्यवस्था की? क्या बच्चों की ऊँची से ऊँची शिक्षा की बे-पैसे की व्यवस्था की? क्या ब्राह्मणी ठगई के जाल पाप-पुण्य व स्वर्ग-नरक आदि के फन्दे से मूक जनता को छुड़ाने का कोई प्रबन्ध किया?... आदि-आदि। इन सब बातों का इकट्ठा एक ही उत्तर 'नहीं' के अतिरिक्त अन्य कुछ भी नहीं है।

पृथ्वीराज चौहान के जमाने की 'आल्हा' नामक पुस्तक की नीचे लिखी एक कड़ी अब भी हृदय को चीरे दे रही है, जो सम्पूर्ण भारत में दिन-रात पढ़ी जाती है, सुनी जाती है—

जाति बनाफर की ओछी है, कोई न पिये घड़ा को नीर।

पेशवा ब्राह्मणों ने शिवाजी को खुद ही शूद्र कहकर अपमानित किया इसीलिए उन्होंने शिवाजी का राज-तिलक नहीं किया।

'सिक्ख-नेशन' के निम्न शब्द भी सदैव हृदय-विदीर्ण करते रहते हैं रैदसिया (अर्थात् चमार) व मजहवी (अर्थात् भंगी) आदि।

जब उपरोक्त जन्मसिद्ध अधिकारों की सुरक्षा की कोई गारंटी नहीं, तब ऐसे तानाशाही सन् 1857 ई. के गदर को स्वतंत्रता-संग्राम कहना ठीक नहीं। वह कुछ स्वार्थियों द्वारा सत्ता हथियाने के असफल उपाय से अधिक और कुछ नहीं था।

बालगंगाधर तिलक, जो 'स्वराज' शब्द के खोजी थे, कहते थे—जब कांग्रेस का स्वराज्य होगा तो केवल पढ़ा-लिखा आदमी वोट (राय अर्थात् मत) देगा, तब सरकार बनेगी। पढ़ा-लिखा का मतलब है—ब्राह्मण, क्षत्रिय, वैश्य व कायस्थ। केवल चार जातियों की मनमानी सरकार। शेष भारतीय खत्री, शूद्र व महाशूद्र गए चूल्हे-भाड़ में।

पढ़े-लिखे की परिभाषा उनके समय में जूनियर हाई स्कूल (कक्षा 8) थी, किन्तु आज पढ़े-लिखे की परिभाषा शिक्षा विभाग द्वारा इंटर मीडिएट (कक्षा 12) है जो अति शीघ्र बी.ए. (कक्षा 15) की ओर पदार्पण करनेवाली है।

बालगंगाधर तिलक क्यों न दुहरावें उपरोक्त कथन? स्मृतियाँ चिल्ला-चिल्लाकर कहती हैं कि 'स्त्री शूद्रौ न धीयताम्' अर्थात् स्त्री और शूद्र को विद्या नहीं पढ़ानी चाहिए। विद्या न पढ़ने देने का तात्पर्य है—उन्हें ज्ञान, शासन और सत्ता से सदा दूर रखना।

तुलसीदास कहते हैं कि :

ढोल, गवार, शूद्र, पशु, नारी सकल ताड़न के अधिकारी।
स्वपच सबर खस जमन जड़ पावँर कोल किरात।

मनुस्मृति कहती है कि 100 वर्ष के क्षत्रिय को 10 वर्ष के ब्राह्मण को पिता के समान सम्मान करना चाहिए अर्थात् पैर छूना चाहिए। ('शोषितों पर धार्मिक डकैती' व 'शोषित पर राजनीतिक डकैती', लेखक—पेरियार ललई सिंह, पढ़िए।)

अमेरिका में भारतीयों ने जो गदर पार्टी भारत को स्वतंत्र कराने के लिए बनाई थी, उसमें तय हो चुका था कि जब भारत में स्वराज्य होगा, तब लाला हरदयाल सम्पूर्ण भारत के महाराजा बनाए जाएँगे।

इन काली करतूतों ने जनमत पर कैसी पैनी छुरी पहले से ही चलाने की रूपरेखा तैयार कर रखी थी—प्रबुद्ध पाठकगण फुरसत के समय में इस विषय पर अवश्य ही विचार करें।

पहली राउंडटेबल कॉन्फ्रेंस में मोहनदास करमचन्द गांधी, जो कि कांग्रेस की ओर से केवल औपनिवेशिक-स्वराज्य चाहते थे, लन्दन (इंग्लैंड) नहीं गए। अन्य कांग्रेसी प्रतिनिधि लन्दन गए। उन्होंने केवल औपनिवेशिक-स्वराज्य की माँग की, परन्तु अछूत नेता माननीय डॉक्टर भीमराव रामजीराव अम्बेडकर ने उसी समय प्रथम राउंडटेबल कॉन्फ्रेंस में कहा कि हम लोगों को सम्पूर्ण स्वराज्य चाहिए। औपनिवेशिक-स्वराज्य से हम लोगों का काम कतई नहीं चलेगा।

15 अगस्त, सन् 1947 ई. को यदि नेहरू व गांधी को भारत का संविधान बनाने का कर्ता-धर्ता नियुक्त किया गया होता तो वे लोग 1. बालिग-मताधिकार, 2. स्त्री मताधिकार तथा 3. गोपनीय मताधिकार वाला कानून कदापि नहीं बनाते। अच्छा ही हुआ। संविधान-निर्माता भुक्तभोगी डॉक्टर अम्बेडकर को नियुक्त किया गया। उन्होंने संविधान में उपरोक्त कानून बनाकर कोटि-कोटि मूक नर-नारियों के अधिकारों की रक्षा खून के चसकीले ब्राह्मणवादी, सामन्तवादी तथा पूँजीवादी भेड़ियों से की।

भारत की बहु-संख्यक गरीब जनता ने नाममात्र की स्वतंत्रता केवल शब्दों में ही प्राप्त की है। हाँ, गोरे अंग्रेजों के बजाय गोरे-भूरे आर्य भारतीयों का राज्य हो गया है। इससे अधिक कुछ नहीं। अंग्रेजों के जमाने में सभी भारतीयों अमीर, गरीब, ब्राह्मण, मेहतर की जान, माल व इज्जत पूर्णतया सुरक्षित थी। आज यों तो सब की, किन्तु खास तौर से गरीबों, अनुसूचित तथा अनुसूचित जनजातियों की जान, माल व इज्जत बिलकुल सुरक्षित नहीं है।

संध्या समय एक अमीर भोजन करके सोता है, उसे पता नहीं प्रात: होते-होते कब कत्ल हो जाएगा या कब लूट लिया जाएगा। इस बात का भय उसे सदा बना रहता है।

एक गरीब व्यक्ति संध्या को भूखा सोता है। प्रात: भूखा उठता है। कोई काम धन्धा मिल भी गया तो पता नहीं कि मालिक कितनी अधिक मेहनत ले? कम-से-कम कितने पैसे दे? इस बीच मालिक की ओर से कितनी गालियाँ मिलें? पीटा

जाए। मेरे पास तो ऐसे भी सबूत हैं, जहाँ लगातार विकट परिश्रम के बाद मजदूर ने विश्राम माँगा, मालिक ने उसे विश्राम न देकर इतना पीटा कि मजदूर जान से मर गया। शर्म! शर्म!! शर्म!!!

एक अनुसूचित या अनुसूचित जनजाति का व्यक्ति अपने ही दरवाजे की चारपाई पर बैठता है, जुतिया दिया जाता है, सार्वजनिक कुओं पर या नलों पर पानी भरता है, जुतियाने के अतिरिक्त कभी-कभी जान से मार डाला जाता है। शर्म! शर्म!! शर्म!!!

कानून का सहारा क्यों नहीं लेते? यह प्रश्न सबको अँधेरे में रखे हुए है। घूस के सामने गरीबों के लिए और ब्राह्मण आदि के समक्ष पिछड़ों, अनुसूचित और अनुसूचित जनजातियों की कोई सुनवाई नहीं।

सिफारिश, जातीय सिफारिश, सामाजिक तथा राजनीतिक दलीय सिफारिश, घूस, पुलिस, अदालती, अन्धाधुन्ध तारीख, पेशियाँ और वकीलों की भारी फीस से गरीबों का कचूमर निकला जा रहा है। कानून उनके लिए धोखा है।

आज विदेशियों की आँखों के सामने सुर्खरू रहने के लिए भारतीय संविधान आदि विधानों द्वारा भारत शासित है कि दिखावटी दुहाई दी जा रही है।

वास्तव में, भारत व्यवहार रूप में उपरोक्त कानूनों द्वारा पूर्णतया शासित नहीं है बल्कि 'वेदों', 'पुराणों', 'उपनिषदों' व 'स्मृतियों' आदि प्राचीन धर्म-ग्रंथीय कानूनों द्वारा संचालित शासित है।

इन धर्म ग्रंथों में लिखा है कि शूद्र तथा महाशूद्र को मार डालने में उतना पाप लगता है, जितना कुत्ता, बिल्ली, गधा व नेवला आदि के मार डालने से पाप लगता है। यदि वह उच्च जाति के बराबर बैठे तो उसका चूतड़ काट लेना चाहिए। यदि वेद वाक्य कान से सुन ले तो कान में गर्म सीसा डालना चाहिए। वेद वाक्य पढ़े तो जीभ काट लेनी चाहिए तथा मनन करे, तो जान से मार देना चाहिए...।

इसीलिए प्रतिवर्ष समूचे भारत की कौन कहे, केवल आन्ध्र प्रदेश में एक हजार व्यक्ति छोटे-छोटे अपराधों (जिनमें बहुत से गैर-दस्तन्दाजी पुलिस होते हैं) में मार डाले जाते हैं, जिन्दा जला दिए जाते हैं, काट कर नदी में बहा दिए जाते हैं...

इस तरह मरनेवालों में ज्यादातर शूद्र, महाशूद्र एवं साधारण जनता ही होती है। (अवलोकन हेतु, 'दैनिक जागरण', कानपुर, दिनांक—11 अप्रैल, पृष्ठ नं. 2, कालम नं. 1-2)

इन धर्मग्रंथों ने मरनेवालों को हीन बताकर इनके मनोबल को गिराया और मारनेवालों को सर्वोपरि बताकर उनके मनोबल को इस कु-कृत्य, अन्याय व अत्याचार करने के लिए बढ़ावा दिया है। इसीलिए यह धार्मिक जालिम कानून की कतई परवाह नहीं करते।

चूँकि सन् 1857 ई. में गदर हुआ था, इसलिए गरीबों, शूद्रों व महाशूद्रों ने समझा कि सन् 1957 ई. में भी गदर होगा। परन्तु यह गदर दिनांक—15 अगस्त, 1947 ई.

को हो गया और सम्पूर्ण सरकारी पदों पर चतुर, चालाक सवर्ण शासनारूढ़ हो गए। आदिनिवासी ताकते रह गए।

अन्य देशों में केवल अमीर व गरीब के बीच की खाई मिटाने की केवल एक ही समस्या है, किन्तु इस कमबख्त भारत में अमीर और गरीब के बीच की खाई मिटाने से भी बढ़कर दूसरी अति ही गम्भीर समस्या है—ब्राह्मण और मेहतर के बीच की खाई को मिटाने की। मतलब जाति की खाई सबसे बड़ी है।

पश्चिमी देशों में राजनीतिक सफलता कार्ल मार्क्स आदि को तब मिली, जब वहाँ वाल्टेयर तथा मार्टिन लूथर ने धार्मिक व सामाजिक गरिमा की जड़ें उखाड़कर फेंक दी थीं। किन्तु हमें महान दुःख है कि इस कमबख्त भारत में महान गौतम बुद्ध के बाद आज तक कोई वाल्टेयर या मार्टिन लूथर पैदा नहीं हुआ। फिलहाल पैदा होने की कोई आशा भी नहीं है।

अतः अधिकार-वंचित व्यक्तियों और समाज को चाहिए कि वह अपने स्वाध्याय के बल पर खुद ही अपनी चौमुखी प्रगति के मार्ग पर चल पड़े। जीत निश्चित है। देर आयद, दुरुस्त आयद।

उपसंहार

इस पुस्तक में मेरे आजीवन अध्ययन की अनुभूतियाँ हैं, जिन्हें लिखकर पाठकों के सम्मुख मैंने उपस्थित कर दिया है। पाठकों से निवेदन है कि उन्हें शान्ति के साथ पढ़ें, समझें और उन पर निष्पक्ष भाव से विचार करें। मेरा विश्वास है कि जो कुछ मैंने लिखा है, वे उसे अक्षर-अक्षर सत्य पाएँगे।

वास्तविक बात यह है कि वैदिक आर्य-ब्राह्मणों का लिखा हुआ साहित्य ऐसे विजातीय, विधर्मी, विजेता एवं शासक जाति का साहित्य है, जिसका उद्देश्य विजित, दुर्बल, असहाय व अनाथ आदिनिवासियों को भुलावे में डालकर उनका दोहन-शोषण तथा उनसे अपनी दासता एवं समाज के समस्त कड़ी मेहनत वाले काम कराना है और उन्हें अपने ही स्वार्थी विचारों की ऐसी अनुपम घुट्टी पिलाना है कि सिवाय उसके जो उन्हें पढ़ाया गया है, के अतिरिक्त अन्य कुछ सोच ही न सकें। महामानव गौतम बुद्ध ने इसे 'ब्रह्मजाल' तथा लोकोपकारी ज्ञानी संतों ने ब्राह्मणों का 'शब्दजाल' या 'माया-जाल' कहा है। इस 'ब्रह्मजाल', 'शब्दजाल' व 'माया-जाल' से निकलना बहुत कठिन है, किन्तु यदि तनिक भी ज्ञान की दृष्टि मिल जाए तो कुछ भी कठिन नहीं है।

उदाहरण के लिए एक साधारण स्कूल के चौथे दर्जे का विद्यार्थी पढ़ता है कि "सूर्य आग का बहुत बड़ा गोला है, जो हमारी इस पृथ्वी से तेरह लाख गुना बड़ा है। हमारी पृथ्वी उसी सूर्य का टूटा हुआ एक टुकड़ा या ग्रह है। यह पृथ्वी अपने चन्द्रमा आदि उपग्रहों के साथ अपनी धुरी पर घूमती हुई, तीन सौ पैंसठ दिन आठ घंटे में सूर्य का एक चक्कर लगाती है। सूर्य अब तक इतना गर्म है कि उसके अधिक निकट पहुँचने से पृथ्वी भस्म हो सकती है।"

भक्तिकालीन हिन्दी कविता-गगन के सूर्य तुलसीदास दुबे ने करोड़ों हिन्दुओं को अपनी कविता द्वारा यह पढ़ाया है कि पृथ्वी पर एक बन्दर के छोटे से बच्चे ने पैदा होने के पश्चात भूख लगने पर उस सूर्य को निगल गया, अर्थात् खा गया। फिर बड़ा होकर वही बच्चा हनुमान जी होकर उसी सूर्य से विद्या पढ़ने गया। सूर्य ने कहा—अरे भाई! मुझे तो एक क्षण का भी विश्राम नहीं है, मेरा रथ कल्पनातीत गति से पृथ्वी की परिक्रमा करता है। तुम मुझ से विद्या कैसे पढ़ सकोगे? जब हनुमान ने

विद्या पढ़ने की जिद्द की, तब सूर्य ने कहा कि मैं गुरु जी के बराबर कैसे बैठूँगा? आपके रथ के आगे उलटा चलकर आप से विद्या पढूँगा। कौन जाने पढ़ा या नहीं पढ़ा? लेकिन कथा ऐसी ही है।

इतना ही नहीं। ब्राह्मणों का सूर्य केवल आग का गोला ही नहीं, वरन हाथ, पैर, आँख, कान-नाक, अंग-प्रत्यंग वाला कोई मनुष्य है, जो स्त्री-सम्भोग भी करता है, उसका वंश चलता है। वह केवल अपनी स्त्री से सन्तुष्ट नहीं है। दूसरी स्त्रियों से भी सम्भोग करता है। 'महाभारत' में लिखा है कि कुन्ती जब कुँआरी थी, तब उसने मंत्र द्वारा सूर्य को बुलाया। सूर्य अपना काम-धन्धा छोड़कर तुरन्त कुन्ती के सामने आ धमका। वह डर गई। बोली—मैं तो कुँआरी हूँ। तुम से सम्भोग कैसे करा सकती हूँ। कामी सूर्य बोला—तूने मुझे क्यों बुलाया? मैं अब खाली नहीं लौट सकता। यदि तू सम्भोग के लिए अपनी योनि नहीं दे सकती, तो अपना कान ही दे दे। इस प्रकार सूर्य ने उसके कान में अ-प्राकृतिक मैथुन करके कर्ण नामक एक लड़का पैदा किया। यदि किसी को तनिक भी बुद्धि है तो वह इस कहानी को महा-झूठ ही समझेगा। परन्तु साधारण हिन्दू तथा स्नातक हिन्दू सभी इसे सत्य मानते हैं। तभी तो बड़े प्रेम से पढ़ते हैं।

इस बुद्धि-दृष्टि से यदि पाठक मेरी इस पुस्तक को पढ़ेंगे तो मुझे पूर्ण आशा है कि मैंने जो कुछ लिखा है, उसे तो ठीक पाएँगे ही तथा जिन बातों का जिक्र मैंने नहीं किया है, उन्हें भी इसी वैज्ञानिक-बुद्धि की कसौटी पर कसकर परख लेंगे और सत्य-असत्य का निर्णय कर सकेंगे। मैंने सोचने-विचारने तथा सत्य-असत्य के निर्णय का एक रास्ता-मात्र दिखाया है।

स्पष्टीकरण

'आर्यों का नैतिक पोल प्रकाश' पुस्तक की कुछ प्रतियाँ सम्मति हेतु विभिन्न विद्वानों की ओर भेजी गईं। उनके सुझाव के अनुसार, स्पष्टीकरण प्रस्तुत है :

1. (पृष्ठ नं. 18) नागों की एक शाखा अहीर, कुर्मी व लोधी आदि (पिछड़ी जातियों) ने सबसे पहले, तत्पश्चात नागों की दूसरी शाखा चमार, महार व मेहतर आदि ने आर्यों से सुलह की तथा नागों की तीसरी शाखा नट, कंजर, भील, सन्थाल व नागा (अनुसूचित जातियों) ने आज तक आर्यों से सुलह नहीं की।

अनुसूचित जाति, अनुसूचित जनजातियों की सबसे बड़ी पहचान यह है कि वे भूतकाल से अब तक कोई भी संस्कार (कर्मकांड) विवाह आदि ब्राह्मणों से कतई नहीं करवाते हैं।

2. (पृष्ठ नं. 21) यदि सती-प्रथा बन्द होते ही, खास तौर से हिन्दू धर्म के ठेकेदार ब्राह्मणों ने विधवा विवाह की प्रथा अपनाई होती तो बंगाल प्रान्त की तिरस्कृत विधवाएँ इस्लाम की शरण में न जातीं और उसके फलस्वरूप मुस्लिम आबादी एकाएक इतनी शीघ्रता से कदापि न बढ़ पाती। जब मुस्लिम आबादी न बढ़ पाती, तब पूर्वी पाकिस्तान बनने का कोई सवाल ही नहीं था।

भारत की सुरक्षित सीमा में पूर्ववत सम्पूर्ण बंगाल व आसाम अक्षय रूप से होते। इस प्रकार अपनी कुल्हाड़ी को अपने ही पैरों में मारकर अरक्षित पूर्वी सीमा के लिए दिन-रात ब्राह्मणों को कोसिए। नतीजा है शून्य।

3. (पृष्ठ नं. 34) लक्ष्मण के सहयोग से राम ने शूद्र तपस्वी शम्बूक को गोदावरी के किनारे दंडकारण्य में व भरत-शत्रुघ्न ने शम्बूक के शूद्र शिष्य लवणासुर को मधुवन (मथुरा) में और श्रीकृष्ण के बड़े भाई बलदाऊ ने सूत लोमहर्षण को नौमिषारण्य में व्यासासन पर प्रवचन करते हुए मारा। इसीलिए आजकल भी किसी-न-किसी बहाने अनुसूचित जाति तथा अनुसूचित-जनजाति के व्यक्तियों को यत्र-तत्र-सर्वत्र कत्ल किए जाने की सूचनाएँ लेखक के पास मौजूद हैं।

4. (पृष्ठ नं. 36) एक युवा लड़की की नस चढ़ गई थी। हकीम अजमल खाँ साहब की समझाइश के अनुसार, नर्स ने उसे घुटनों तक की घँघरिया पहनाई। हकीम साहब व लड़की का भाई आगे-आगे तथा लड़की का पिता पीछे-पीछे और

नर्स तथा लड़की बीच में, बगीचे में टहलने लगे। लड़की को बातों में उलझाकर नर्स ने घँघरिया के नाड़ा को सरकाकर फूँदी के ढंग वाली गाँठ के एक कोने को झटक दिया। घँघरिया नीचे खिसकती देख बेपरदगी के भय के कारण लड़की ने एकाएक झुककर घँघरिया ऊपर को समेट ली। इस प्रकार उसकी न झुकनेवाली कमर स्वतः क्रियाशील बन गई।

5. (पृष्ठ नं. 48) विश्वामित्र, मित्र, वरुण, विभांडक, सुधिष्ण, भारद्वाज, व्यास, पराशर व वसिष्ठ आदि ऋषियों की कामान्धता का वर्णन करना, जिसमें फुसलाना तथा शक्तिमय सम्भोग भी सम्मिलित है, का ब्यौरेवार वर्णन करना परले दर्जे की उजबकता और निर्लज्जता है, जबकि आदर्शवादियों के इतने घृणित कुकर्म हैं, तब वे हम लोगों से अपने चरित्र की नकल करने की बात कहने का साहस बिलकुल नहीं कर सकते।

6. (पृष्ठ नं. 49) राजा मोरध्वज ने अपने लड़के को बेहोशी की दवा खिला दी होगी, फिर जादूगरों की तरह दिखावटी आरा से चीर डाला होगा। पुनः होश में आने की कोई जड़ी-बूटी खिलाई होगी। पुत्र का आरा से चीरा जाना, तत्पश्चात उसका जीवित हो जाना एक मनगढ़न्त झूठ कहानी इसलिए गढ़ी गई है, ताकि अन्धविश्वासी जनता भगवान के नाम पर अपना तन-मन-धन तथा पुत्र आदि सब धर्म के ढोंगियों को अर्पण कर दे।

7. (पृष्ठ नं. 54, 55) जिस प्रकार कश्यप पुत्र बामन ने राजा बलि के नाम से साढ़े तीन झूठ राजाज्ञाएँ प्रसारित की थीं, उसी का अनुसरण स्वार्थी प्रधानमंत्री पंडित जवाहरलाल नेहरू ने अपने एम.पी. के चुनाव सन् 1962 ई. में जीतने के लिए एम.पी. की सीट के अन्तर्गत एम.एल.ए. की सीट के निर्दलीय उम्मीदवार श्री संग्राम सिंह के विरुद्ध अन्त समय में झूठा प्रचार किया कि "संग्राम सिंह बैठ गए हैं, अर्थात् चुनाव नहीं लड़ेंगे, इसलिए अब आम जनता को चाहिए कि वह अपना एम.एल.ए. का वोट कांग्रेस उम्मीदवार को और एम.पी. का वोट मुझ नेहरू कांग्रेसी को दे।" साधन-सम्पन्न नेहरू की आम सभाओं के पीछे-पीछे साधनहीन बेचारे संग्राम सिंह ने अनेक गाँवों में कहा कि "नेहरू झूठा है, मैं बैठा नहीं हूँ। मैं चुनाव लड़ रहा हूँ।" परन्तु प्रधानमंत्री ने नक्कारखाने के सामने संग्राम सिंह की तूती की आवाज नहीं सुनी गई।

नेहरू को भय ही नहीं, बल्कि सच्चा भय था कि जो एम.एल.ए. का वोट कांग्रेस को नहीं मिलेगा, वह एम.पी. का वोट भी मुझ नेहरू कांग्रेसी को नहीं मिलेगा। फलतः मैं हार जाऊँगा। इसलिए मोतीलाल-सुत जवाहरलाल ने कश्यप-पुत्र बामन के चरित्र की सफल नकल की।

पंडिता श्रीमती इन्दिरा गांधी ने सन् 1962 ई. में लेखक के सामने अनेक स्थानीय सभाओं में कहा कि "मेरे पिताजी ने गोवा प्रदेश जीता है, इसलिए मेरे पिताश्री तथा

कांग्रेस को वोट दीजिए।" इस प्रकार ग्रामीण भोली-भाली जनता के सामने घुमावदार प्रदेश शब्द का झूठा चकमा दिया गया, क्योंकि ग्रामीण बे-पढ़ी जनता ने समझा कि प्रदेश का मतलब है उत्तर प्रदेश सरीखा 54 जिले वाला प्रदेश गोवा भी होगा। जनता को ठीक-ठीक यह किसी ने नहीं बताया कि गोवा प्रदेश एक जिले के बराबर है।

इसी प्रकार कांग्रेस पार्टी और उसके मठाधीश व उच्च कोटि के नेता हर चुनाव में अपने स्वार्थ की सिद्धि के लिए राई का झूठा पहाड़ जनता को बताकर जीतते हैं। इस गन्दी राजनीति से सच्चाई बहुत दूर है। कभी कहते हैं—हमने कश्मीर जीता है। फिर बकते हैं—हमने हैदराबाद जीता है। कभी चिल्लाते हैं—हमने गोवा जीता है। कभी शोर मचाते हैं—हमने चीनियों को पीछे खदेड़ दिया। परन्तु आँख के अन्धे, कान के बहरे यह कभी क्यों नहीं कहते कि हमने तिहाई से अधिक कश्मीर बेरूबाड़ी, कच्छ का रण और नेफा (नॉर्थ-ईस्ट-फ्रंटियर) की हजारों वर्ग मील भूमि आदि अपने दुश्मनों को अपनी शासनिक कमजोरी के कारण डरकर दे दी। ये हैं कश्यप-पुत्र वामन की झूठी राजाज्ञाओं के कुछ नमूने।

8. (पृष्ठ नं. 71) सोमनाथ के मन्दिर को महमूद गजनवी से लुटवाने के लिए उस मन्दिर के फाटक को ब्राह्मण ने ही खोला था।

जयचन्द की चिट्ठी लेकर ब्राह्मण ही मुहम्मद गोरी के पास गया था।

सिक्खों के गुरु, गुरु गोबिन्द सिंह के दोनों बच्चों को ब्राह्मणों ने ही मुसलमान सिपाहियों से पकड़वा दिया था, जिन्हें बाद को सरहिन्द के सूबेदार ने किले की दीवाल को तुड़वाकर उन दोनों बच्चों को (जिसमें बड़े बच्चे की उम्र 8 साल और छोटे बच्चे की उम्र 6 साल थी) उस दीवाल में जीवित ही चुनवा दिया। इस स्थान को आजकल 'फतेहगढ़ साहब' कहते हैं।

ऋषि दयानन्द सरस्वती को ब्राह्मण ने जहर देकर मार डाला।

मोहनदास करमचन्द गांधी की ब्राह्मण नाथूराम गोड़से ने गोली मारकर हत्या कर डाली थी।

कश्यप-पुत्र वामन (ब्राह्मण) ने राजा बलि को नाग-सेना द्वारा बन्दी बनाकर राज्य सहित उसका सर्वनाश कर दिया था।

ब्राह्मणी साहित्यानुसार जब ब्राह्मण ऋषि अगस्त ने समुद्र का पानी पीने के बाद पेशाब कर दिया। तब से उसका पानी खारा हो गया। इस खारे पानी के कारण समुद्र तटवासी परेशान हैं। (वास्तविकता यह है कि समुद्र का पानी जब भाप बनकर उड़ता है, तब उस पानी का नमक नहीं उड़ता है। इसलिए वह पानी दिनोंदिन अधिकाधिक खारा होता चला जा रहा है।)

कपिल मुनि ब्राह्मण ने राजा 'सगर' के साठ हजार पुत्रों को शाप द्वारा जला दिया। (वास्तविकता यह है कि शाप द्वारा भस्म कर देना असम्भव है। उन्होंने अपने चेलों द्वारा मरवा डाला था या चेलों द्वारा रात में मरवाकर जलवा दिया था।)

दुर्वासा ऋषि ब्राह्मण ने शाप द्वारा छप्पन करोड़ यादवों का सर्वनाश किया। (वास्तविकता यह है कि शाप द्वारा नहीं, बल्कि दुर्वासा की कूटनीति ने गृह-युद्ध का रूप धारण कर लिया। फलतः यादवों का सर्वनाश हो गया।)

विश्वामित्र (प्राचीन क्षत्रिय) नवीन ब्राह्मण ने राजा हरिश्चन्द्र को उनकी स्त्री व पुत्र सहित छल द्वारा बिकवाया।

अखिल भारतीय कांग्रेस के वरिष्ठ कर्मचारी सुनील दास ने फरक्का बाँध का ब्ल्यू प्रिंट नक्शा सन् 1967 ई. में पाकिस्तान को दे दिया।

इस प्रकार इन लोगों ने सदा ही अनर्थकारी काम किए हैं।

9. (पृष्ठ नं. 80) जगन्नाथ की रथ यात्रा—प्रति तीसरे वर्ष लगनेवाले जगन्नाथ के मेला की रथ-यात्रा में मोक्ष के अभिलाषी व्यक्ति उस रथ के पहिए के नीचे दबकर मर जाते थे।

काशी करवट—मोक्ष के अभिलाषी व्यक्ति काशी में महादेव के मन्दिर के पास वाले कुएँ में गिरकर मर जाते थे।

गंगा प्रवाह—सन्तान न होने पर गंगा की मनौती पर प्रथम सन्तान को गंगा में बहाकर मार डालते थे।

चरक पूजा—मोक्ष के अभिलाषी व्यक्ति देवी जी की पूजा के समय अपने गले में दोनों ओर घुमावदार टेढ़े हुक के एक-एक सिरे को घुसेड़ लेते थे। दूसरे सिरों पर अलग-अलग एक-एक रस्सी बाँधकर दोनों रस्सियों को एक साथ चर्खी द्वारा अन्य व्यक्ति घुमाता था। इस प्रकार दोनों रस्सियाँ एक साथ कड़ी होती जाती थीं और दोनों हुक गले में धँसते चले जाते थे। फलस्वरूप आदमी मर जाता था।

कन्या वध—कन्या के माता-पिता को विवाह के समय कन्या के पति तथा उसके माता-पिता आदि के सामने अधीनता स्वीकार न करनी पड़े, इसलिए कन्या को मार डालते थे। यह कु-प्रथा राजपूताने के क्षत्रियों में अधिक थी।

हरि-बोल—वृद्ध या मरणासन्न रोगी के सिर को नदी या तालाब में 'हरि-बोल, हरि-बोल' कहते हुए बार-बार डुबो कर मार डालते थे। यह कु-प्रथा बंगाल में अधिक थी।

धरना—साधु, संत या अन्य जन मन चाही धन-राशि किसी एक व्यक्ति से या सम्मिलित व्यक्तियों से प्राप्त करने के लिए उसके दरवाजे या कई व्यक्तियों के दरवाजों के बीच में बैठ जाते थे। इस प्रकार धरना द्वारा धन-राशि प्राप्ति करते थे।

देवदासी—सन्तान न होने पर मनौती द्वारा प्राप्त प्रथम सन्तान को मन्दिर में दान देने की प्रथा पुरोहितों ने प्रारम्भ कराई। पुत्र देव और पुत्री देवी कही जाती थी। इन देवियों को पुजारियों, राजाओं, मंत्रियों, सन्तरियों और यात्रियों के साथ सम्भोग करना स्वाभाविक नैतिक नियम था। जिससे वे देवता की दासी कही जाती थीं। इन्हें सीधे देवदासी कहा जाता था। इस सम्भोग में गर्भ ठहर जाने पर जो सन्तान उत्पन्न

होती थी। उसका पिता कौन है? यह सवाल खड़ा हुआ तो बड़ी चालाकी से उत्पन्न सन्तान को मन्दिर के पुरोहितों ने 'हरिजन' कहा। 'हरि' अर्थात् 'ईश्वर' और 'जन' अर्थात् 'जन्मा' मतलब ईश्वर से जन्मे हुए लोग। इस प्रकार 'हरिजन' का अर्थ हुआ—रखैल की सन्तान। गांधी ने आधुनिक भारत में 'हरिजन' शब्द को 1920 में पुन: व्याख्यायित, स्थापित, प्रचारित, प्रसारित किया। 'हरिजन' नाम से अखबार निकाला। दलितों को 'हरिजन' कहकर चालाकी से गाली दी। दलितों को हरिजन कहना उन्हें रखैल की सन्तान कहना है। इसी प्रकार गुरु पेरियार ई.वी. रामास्वामी ने सन् 1922 में लिखा—शूद्र का अर्थ होता है—वेश्या की सन्तान और हरिजन का अर्थ होता है—रखैल की सन्तान। वास्तव में, यह दोनों शब्द हम आदिनिवासियों को गाली है। आज यदि कोई 'दलित' को 'हरिजन' कहे तो समझिए कि वह दलितों को गाली दे रहा है। यह कु-प्रथा दक्षिण भारत में अधिक प्रचलित थी।

भृगूत्पन्न— की परिभाषा 'तुरषानल' के नीचे पृष्ठ 80 पर अंकित है।

10. (पृष्ठ नं. 81) मान्यवर रेमजे मेकडॉनल प्रधानमंत्री ने दिनांक—20 अगस्त, सन् 1932 ई. में अछूतों के पृथक् निर्वाचन की घोषणा की, अर्थात् उनको दो वोट का अधिकार दिया गया। (एक वोट अछूत लोग अछूत उम्मीदवार को और दूसरा वोट अन्य उम्मीदवार को दे सकें।) 'देख न सकें पराई विभूति' के अनुसार, गांधी ने इस घोषणा के विरुद्ध आमरण-अनशन प्रारम्भ कर दिया। डॉक्टर अम्बेडकर के साथ 'पूना पैक्ट' नामक ऐतिहासिक समझौता दिनांक—24 सितम्बर, सन् 1932 ई. में हुआ। प्रथम निर्वाचन के बजाय सम्मिलित प्रणाली मान ली गई।

पंडित मदनमोहन मालवीय ने अध्यक्ष पद से भारत के सभी प्रमुख हिन्दू धर्म के ठेकेदारों सहित बम्बई की विशाल सभा में दिनांक—25 सितम्बर, सन् 1932 ई. में डॉक्टर अम्बेडकर और भारत के करोड़ों अछूतों को अपनी वाक्पटुता द्वारा ठगने के लिए उक्त 'पूना-पैक्ट' की सहानुभूति में घोषणा की कि "हम लोग छुआछूत शीघ्र मिटा देंगे।" मगर अब तक नहीं मिटा।

11. (पृष्ठ नं. 89) लक्ष्मणपुरी शब्द को किसी भी तरह तोड़ा-मरोड़ा जाए। उसका अपभ्रंश लखनऊ शब्द हरगिज नहीं बन सकता। लेखक ने लखनऊ जाकर खोज की। पता चला—प्राचीन समय में जब सड़कें नहीं थीं, व्यापार नदियों से होता था, तब उस अज्ञात नगर में एक वर्ष में 'लाख नाव' (एक लाख नाव) अर्थात् प्रतिदिन 278 नाव माल आया-जाया करते थे। फलत: इस अज्ञात नगर का नाम 'लाखनाव' पड़ गया। यही लाखनाव नामक नगर अपभ्रंश होकर 'लखनऊं' बन गया।

धन्यवाद!

15 अगस्त, 1970 ई. **—पेरियार ललई सिंह**

परिशिष्ट-1

लेखक—श्री राधेलाल यादव बी.ए.
निरीक्षक—अशोक पुस्तकालय (रजि.),
झींझक, जिला—कानपुर, उ.प्र.
दिनांक—1 अगस्त, 1968 ई.

प्रारम्भिक काल में सम्पूर्ण मानव-समाज चरवाहा था। जब पशु-धन बढ़ने लगा, तब उसे नई-नई चरागाहों की तलाश में इधर-उधर जाना पड़ा। उस समय उसने सूखा, अति वर्षा, गर्मी-आँधी, ओला, बीमारी, साँपों व जंगली हिंसक जानवरों के प्रकोप को दैवी-प्रकोप कह कर ईश्वर तथा विभिन्न देवी-देवताओं की कल्पना की। उन्हें प्रसन्न रखने के लिए समाज में से ही एक वर्ग पुरोहित बना। धीरे-धीरे जब इन देवी-देवताओं के मन्दिर बनें, तब इन देवी-देवताओं को प्रसन्न रखने के लिए पुजारी व पंडा बने। राजा लोग भी इन पुरोहितों व पुजारियों के माध्यम से देवी-देवताओं को प्रसन्न रखते थे, ताकि राज्य दैवी-प्रकोप और शत्रु-आक्रमण से सुरक्षित रहे।

यूरेशिया से आए हुए इन आर्यों ने जब छल-कपट एवं साम-दाम-दंड-भेद द्वारा भारत के मूलनिवासियों (आदिनिवासियों) को हराकर उन्हें अपना दास बना लिया, तब उसका अधिकाधिक शोषण करने के लिए इन आर्य ब्राह्मणों-पुरोहितों ने कर्म-कांड की जटिलता बहुत बढ़ा दी, जिसने आगे चलकर हिंसामय यज्ञों का रूप धारण कर लिया। इतना ही नहीं, इन शोषक (अनर्जक) आर्य-ब्राह्मणों ने दासों (अर्जकों) को सहस्त्रों जाति-उपजातियों में बाँटकर उनमें ऊँच-नीच की घृणा का भाव इतना गहरा भर दिया कि चांडाल जाति के व्यक्ति को यदि कोई दूसरी जाति का व्यक्ति छू तक ले तो छूनेवाले व्यक्ति को नहाना पड़ता और न जाने क्या-क्या करना पड़ता, तब पवित्र होता था। और यदि चांडाल के हाथ का बना हुआ भोजन कोई दूसरी जाति वाला व्यक्ति कर ले तो वह व्यक्ति अपनी जाति से बहिष्कृत होकर चांडाल जाति में जबरन ढकेल दिया जाता था।

गौतम बुद्ध के नए धर्म अर्थात् बौद्ध धर्म के प्रचार से हिंसामय-यज्ञ उस समय तो बिलकुल ही बन्द हो गए, परन्तु जातीय-उपजातीय ऊँच-नीच भेद-भाव बौद्ध-धर्म

के भीतर-ही-भीतर चुपचाप पनपता रहा। समय पाकर प्राचीन हिन्दू ब्राह्मण धर्म इतने जोर से बढ़ा कि बौद्ध धर्म भारत से नष्ट हो गया। जातीय-उपजातीय, ऊँच-नीच का भेदभाव आजकल चरम-सीमा पर तो है ही, उससे अधिक चरम-सीमा पर है ब्राह्मणी व्यवस्थानुसार-निर्मित कर्म-कांड, जिसकी चक्की में गरीब दिन-रात पीस रहे हैं।

केवल उत्तर प्रदेश में ब्राह्मण, पुरोहित व पुजारी (अनर्जक) वर्ग कर्म-कांड द्वारा इन शोषितों अर्थात् अर्जकों (पिछड़ी, अनुसूचित व अनुसूचित जनजाति से प्रति वर्ष 2 लाख बच्चों को पैदाइश पर 100 रुपये प्रति बालक (छठी व मूल आदि) के हिसाब से दो करोड़ रुपये, 7 लाख विवाहों पर 40 रुपये प्रति विवाह के हिसाब से 2 करोड़ 80 लाख रुपये, 6 लाख मौतों पर 250 रुपये प्रति मौत (नौबार एकादशा, तेरही, छमछी व वर्षी आदि) के हिसाब से 15 करोड़ रुपये, 30 लाख सत्यनारायण की कथाओं पर 15 रुपये प्रति कथा के हिसाब से 4 करोड़ 50 लाख रुपये व 1 लाख भागवत पर 50 रुपये प्रति भागवत के हिसाब से 5 करोड़ रुपये व 2 लाख ब्रह्म-भोज पर 5000 रुपये प्रति ब्रह्म-भोज के हिसाब से 2 करोड़ रुपये। इस प्रकार कुल मिलाकर 31 करोड़, 30 लाख रुपये जबरन छीन लेते हैं। इतनी बड़ी धन-राशि से प्रतिवर्ष भाखड़ा-बाँध सरीखा दूसरा बाँध बाँधा जा सकता है या अन्य प्रगतिशील निर्माण कार्य किया जा सकता है।

मैं बताना चाहता हूँ कि कर्म-कांड का सरलीकरण अर्थात् पुंसवन संस्कार में गर्भवती को सरदार भगत सिंह, नेताजी सुभाषचन्द्र बोस, नेपोलियन बोनापोर्ट व अब्राहम लिंकन आदि की कथाएँ कोई भी सुनाए, बच्चा पैदा होने पर प्रसविणी को दशमूल काढ़ा या दशमूलारिष्ट या अन्य औषधियाँ खिलावें। चरुआ का मुहूर्त पूछने की कोई आवश्यकता नहीं। नक्षत्र आकाश में कल्पित हैं। उनमें से 'मूल' नक्षत्र कभी किसी बालक पर नहीं पड़ता। ब्राह्मण से मूल नक्षत्र पूछना बन्द करें। नाम स्वतः अच्छा-सा रखें। नाम के साथ में दास, सेवक, राम या कृष्ण, गोत्र, जाति न हो। सुयोग्य वर व कन्या का विवाह करें। मृतक भोज बन्द करें। तीर्थ स्थान ठगी के जाल हैं।

याद रखिए! कहावत 'मूर्ख खिलाते हैं, बुद्धिमान खाते हैं' के अनुसार, जब तक अर्जक (शोषित) खिलाते रहेंगे, तब तक अनर्जक (पुरोहित, पुजारी व पंडा आदि) खाते रहेंगे।

आप सबने यदि इतना ही रुपया बचाकर अपने बच्चों की पढ़ाई-लिखाई तथा रोजगार-धन्धे में लगाकर तनिक भी तरक्की कर ली, तो हम सब लोग अपने परिश्रम को सफल समझेंगे।

पाठकों को धन्यवाद!

परिशिष्ट 2

लेखक—कुँअर रघुराज सिंह यादव
मंत्री—अशोक पुस्तकालय (रजिस्टर्ड), झींझक, जिला—कानपुर, उ.प्र.
ग्राम—कठारा, रसूलाबाद (कानपुर) दिनांक—6 अगस्त, 1968 ई.

यूरेशियन आर्य शोषक जातियों ने भारत की मूल-निवासी (आदिनिवासी) परिश्रमी, किसान, मजदूर तथा दस्तकार जातियों का हर प्रकार का दोहन-शोषण करने के लिए अपने को दो वर्गों में बाँट रखा है।

प्रथम वर्ग है—पुरोहित, पुजारी, पंडा व महन्त आदि, जो शोषितों (अर्जकों) का धार्मिक, सामाजिक व आर्थिक शोषण करता है।

द्वितीय वर्ग है—नेता। जो शोषितों (अर्जकों) का आर्थिक व राजनीतिक शोषण करता है।

शोषकों (अनर्जकों) के इन दोनों वर्गों ने एक लम्बे समय से अपने माया-जाल में शोषितों को फाँस लिया है। हम सब लोगों का महान कर्तव्य है कि शोषितों को उस माया-जाल से मुक्त करा के उन्हें सम्पूर्ण अधिकार दिलाने का सही मंत्र देना।

इस मंशा से लिखा गया 'आर्यों का नैतिक पोल प्रकाश' सर्वांगीण ग्रंथ है।

पाठकों को चाहिए कि किसी बात को तब मानें, जब वह बात स्वत: के अनुभव में तर्क की कसौटी पर खरी उतरे तथा सम्पूर्ण मानव समाज को बुद्ध का एक ही सन्देश दे कि 'जिओ और जीने दो', 'बहुजन हिताय, बहुजन सुखाय'।

परिशिष्ट 3

लेखक—कुँअर बृजराज सिंह बौद्ध
बौद्ध नगर, झींझक (कानपुर)
दिनांक—7 अगस्त, 1968 ई.

तुलसीदास ने 'रामचरितमानस' में लिखा है :

श्रीमद्रामचरित्रमानसमिदं भक्त्यावगाहन्ति ये।
ते संसारपतंगघोरकिरणैर्दह्यन्ति नो मानवाः॥

अर्थ : जो मनुष्य भक्तिपूर्वक इस रामचरितमानस में गोता लगाते हैं अर्थात् पढ़ते हैं, वे संसार रूपी सूर्य की अति प्रचंड किरणों से नहीं जलते हैं।

रुद्राष्टकमिदं प्रोक्तं विप्रेण हरतोषये।
ये पठन्ति नरा भक्त्या तेषां शम्भुः प्रसीदति॥

अर्थ : भगवान रुद्र की स्तुति का यह अष्टक शंकर की प्रसन्नता के लिए ब्राह्मण द्वारा कहा गया है। जो मनुष्य इसे भक्तिपूर्वक पढ़ते हैं, उन पर भगवान शंकर प्रसन्न होते हैं।

धार्मिक ग्रंथों की इस प्रकार की अगणित शिक्षाएँ मानव-समाज को अकर्मण्य बनाती हैं। आधुनिक सभ्य मानव-समाज को चाहिए कि ऐसे अकर्मण्यतावादी ग्रंथों का अतिशीघ्र बायकाट कर दें, तभी उनका व राष्ट्र का भला होगा।

परिशिष्ट 4

लेखक—श्री धर्मेन्दु राय जाटव
एम.ए.,पी-एच.डी.
राजकीय महाविद्यालय, श्रीगंगानगर (राजस्थान)
दिनांक—8 अगस्त, 1968 ई.

'आर्यों का नैतिक पोल प्रकाश' पुस्तिका बड़ी ही रोचक है। भाषा तथा ढंग भी बहुत सरल है, ताकि हर एक साधारण व्यक्ति उसे समझ ले।

मैं नहीं समझता कि उसमें कोई परिवर्तन करने की आवश्यकता है। लेकिन यह बात अवश्य है कि हमारा जितना भी साहित्य हो, वह यदि भावात्मक हो, तो अच्छा है...।

ब्राह्मणवाद एक विकट समस्या है, जिसका सामना तभी हो सकता है, जब हम अपने अन्तर्गत क्रान्ति लाएँ, अपने विचार पूर्णतः परिवर्तित करें...।

कथित नस्लीय श्रेष्ठता पर बुद्ध का विचार

[तथागत गौतम बुद्ध ने आश्वलायन-गृह-सुत्त में कहा है कि ब्राह्मणी, क्षत्राणी व वैश्याणी भी विश्व की सभी स्त्रियों की भाँति ऋतुमती होने पर गर्भवती होकर निश्चित समय के बाद बच्चा पैदा करती हैं, इस प्रकार सम्पूर्ण मानव-समाज का पैदाइशी ढंग एक समान होकर सभी समान है अर्थात् न कोई किसी से छोटा है और न बड़ा। हे आश्वलायन! तुम्हारा यह कथन कि ब्रह्मा ने ब्राह्मणों को मुख से पैदा किया है। इसलिए वे सबसे बड़े हैं, बिलकुल ही मिथ्या है।]

प्रस्तुति

15 अगस्त, 1968 ई. **—ललई सिंह**

परिशिष्ट 5

लेखक—दीपनारायण सिंह एडवोकेट (सुप्रीम कोर्ट)
भूतपूर्व एम.एल.ए., प्रकाश-विकास निवास,
शादीपुर खुर्द, फतेहपुर (उत्तर प्रदेश)
दिनांक—17 अगस्त, 1968 ई.

सामाजिक, आर्थिक एवं राजनीतिक क्षेत्रों में गत हजार वर्षों से आर्य अथवा सुर कही जानेवाली विदेशी आक्रामक नस्लों व उनकी सन्तानों के द्वारा बुरी तरह सताई जानेवाली इस जम्बूद्वीप अर्थात् भारत के मूलवासी असुर या द्रविड़ या अनार्य कही जानेवाली उन मेहनती, किन्तु आर्यों की ब्राह्मणी धर्मशास्त्रीय मर्यादाओं, मान्यताओं व राजनीतिक जालों में बुरी तरह फँसी हुई और अपने गौरवशाली पुरातन को भूली हुई शोषित जातियों को पुनः क्रान्तिकारी जाग्रति का सन्देश देते रहनेवाले और सामाजिक, आर्थिक व राजनीतिक समानता की शंखध्वनि करते रहनेवाले श्री पेरियार ललई सिंह की लिखी इस 'आर्यों का नैतिक पोल प्रकाश' नामक पुस्तक से वे लोग बहुत अधिक बौखलाएँगे, जो गोराशाही के उत्तराधिकारी बन शोषित जातियों की मनमानी राजनीति, प्रशासन और समाज में लूट जारी रखना चाहते हैं।

ऐसे राष्ट्रीयता, भारतीयता आदि के दिखावटी नारे देकर भोली-भाली शोषित जनता को बहुत दिनों तक अँधेरे में नहीं रख सकेंगे, जब कि स्वतंत्रता संग्राम में सर्वाधिक त्याग भारत की कुल जनसंख्या के आधे भाग वाली अहीर, कुर्मी, लोधी, केवट, लुहार, बढ़ई, कुम्हार आदि किसान व दस्तकार जातियों का संरक्षण संविधान में सुरक्षित न होने के कारण प्रशासन के उच्च पदों में अब तक गत 21 वर्षों के कांग्रेसी शासन में न कुछ के बराबर है और अल्पसंख्यक (ब्राह्मण, क्षत्रिय, वैश्य, खत्री तथा कायस्थ) अपनी संख्या के अनुपात से कई गुना अधिक पदारूढ़ हैं। उत्तर प्रदेश की हाईकोर्ट में इस समय लगभग 35 जज हैं। परन्तु गत 21 वर्षों के कांग्रेसी शासन में एक भी पिछड़ी जातियों का जज नहीं बनाया गया, जबकि हजारों प्रतिभाशाली एडवोकेट इस राज्य में पिछड़ी जातियों के मौजूद हैं। आज तक उत्तर प्रदेश के 54 जिलों में पिछड़ी जाति का कोई जिलाधीश तक दृष्टिगत नहीं हुआ।

'हरिजन' कहे जानेवाले अछूतों को संरक्षण प्राप्त होने पर भी हाईकोर्ट के जज के पद अभी तक प्राप्त नहीं हो सके, फिर भी पिछड़ी व दलित जातियों के लालची व अवसरवादी नेता (आजकल) शोषक जातियों के सामन्ती व पूँजीवादी नेतृत्व को मजबूत करने में तल्लीन हैं और अपनी जातियों के जाग्रति-शून्य (मूर्ख) लोगों को अपने पीछे चलाकर शोषकों की तानाशाही को दृढ़ करने में लगे हुए हैं। जिस प्रकार द्रविड़ों या असुरों के बड़े नेता शंकर महादेव को सुरों के उप-सेनापति उपेन्द्र, विष्णु का पुजारी इस कारण बनना पड़ा कि सुन्दर-सुन्दर ललनाएँ सती और पार्वती शंकर को दे दी गई थीं।

समुद्र यात्रा के समय में सुरों और असुरों के मिले-जुले प्रयास के फलस्वरूप लाए गए चौदह रत्नों में से केवल विष शंकर ने पाया, जो उन्हें पीना पड़ा। सुरों के महासेनाध्यक्ष इन्द्र को एरावत हाथी, अप्सराएँ आदि सुन्दर वस्तुएँ मिलीं। सुरों के उपेन्द्र (विष्णु) को लक्ष्मी तथा सुरों को अमृत मिला। मृत्यु अर्थात् शेष नाग के फन के समीप रहनेवाले (युद्ध क्षेत्र के अग्र-भाग में रहकर शत्रु से लड़नेवाले) असुरों को एक बूँद अमृत का नहीं मिला व जिस 'राहु' ने उस अमृत का एक घूँट पान किया, उसके टुकड़े-टुकड़े उसी विष्णु ने कर दिए जिसके अवतार राम और कृष्ण की पूजा आज भी असुरों की सन्तानें सछूत अर्थात् पिछड़े वर्ग के लोग व अछूत अर्थात् 'हरिजन' लोग कर रहे हैं।

लेखक ने बड़ी खोज व समझ के साथ जन-साधारण की भाषा में आधुनिक परिस्थितियों के उदाहरण देकर यही सिद्ध करने का प्रयास किया है कि हजार वर्ष पूर्व मध्य एशिया अर्थात् पामीर के पठार से आनेवाले विदेशी आर्य या सुर जातियों ने अपने से श्रेष्ठ भारत की असुर, द्रविड़ व नाग जातियों पर विजय अपनी धूर्तता, तोड़-फोड़ व अपनी जाति की सुन्दर स्त्रियों के द्वारा उनके नेताओं को लुब्ध तथा पथभ्रष्ट करके प्राप्त की।

वे अब भी पिछड़ी व अछूत जातियों के त्यागी व योग्य नेताओं को इन्हीं जातियों के अपने दलालों के माध्यम से हराने में समर्थ हो रहे हें। इन बहुसंख्यक शोषित जातियों को छोटी-छोटी नौकरियाँ, काम व लालच देकर उच्च पदों से दूर रखकर अपनी तानाशाही चला रहे हैं।

शोषित जातियाँ जन्म से लेकर मरने तक न केवल आर्यों की, ब्राह्मणों की धार्मिक-लीला में फँसी रहती हैं, वरन उनके राजनीतिक जाल में भी फँसी हुई हैं। अभी तक अपने सुदृढ़ नेतृत्व को उभार में नहीं ला सकी हैं।

लेखक ने आर्यों के नेतृत्व की पोल खोली, परन्तु उसने यह नहीं बताया कि अंग्रेजों के लखनऊ व दिल्ली से चले जाने के बाद सभी प्रमुख-प्रमुख स्थानों पर मह-जन-समुदाय सत्तारूढ़ हो गया, किन्तु इन शोषित जातियों को सत्तारूढ़ होने में सफलता क्यों नहीं मिली?

जहाँ शोषक आर्यों के नेता श्री चन्द्रभानु गुप्त के जन्मदिवस पर लाखों रुपये की धनराशि उन्हें दी जा सकती है, वहाँ बहुसंख्यक शोषित जनता के किसी भी नेता को उसकी आधी भी धनराशि क्यों नहीं दी गई? (क्योंकि वह धनराशि सुदृढ़ संगठन बनाने में काम आती।)

पाकिस्तान निर्माता मिस्टर मुहम्मद अली जिन्ना को मुसलमानों का सफल नेतृत्व मिला, परन्तु वहीं नेतृत्व शोषित जातियों की ओर से किसी शोषित नेता को क्यों नहीं मिला?

चाणक्य ने 'चाणक्य नीति' में कहा है—'अनायका विनश्यन्ति नश्यन्ति बहुनायका:।' शोषित जातियों में बहुत नायक हैं। सब अपनी-अपनी अलग-अलग बात कहते हैं। ऐसा न करके उनमें एक नायक की बात मानने की क्षमता पैदा करनी चाहिए, तभी उनका व सबका भला होगा, अन्यथा टाँय-टाँय फिस्स।

मेरी राय में लेखक व उनके साथियों को शोषित जातियों के भीतर के उप-जातिवाद को मिटाकर सही एक नेतृत्व को दृढ़ करने की दिशा में अग्रसर होना चाहिए।

शोषक जातियों के गरीब व्यक्तियों तथा शोषित जातियों को इकट्ठा करके एक ऐसा मोर्चा गठित किया जाए, जो राजनीतिक होने के साथ-ही-साथ ब्राह्मणवादी पाखंडों को नष्ट करने में भी समर्थ हो सके।

हमें ब्राह्मण से घृणा नहीं है। घृणा ब्राह्मणवाद से है। इसी आधार पर हमें ऐसे ब्राह्मणवादी पिछड़ी व अछूत जातियों के लोगों से जो सामाजिक उच्चता के भाव से ओत-प्रोत हैं, उनसे भी घृणा है।

पुस्तक विचार व मनन करने योग्य है।

परिशिष्ट 6

लेखक—श्री चौधरी चुन्नीलाल एडवोकेट (हाईकोर्ट)
(मकान) 19 बेली इलाहाबाद (हाईकोर्ट), कमरा नं. 29, इलाहाबाद
(दफ्तर) 24 थार्नहिल रोड, इलाहाबाद, टेलीफोन नं. 3639
दिनांक—28 अगस्त, 1968 ई.

'आर्यों का नैतिक पोल प्रकाश' में लेखक की सभी बातें, जो इस पुस्तक में उद्धृत की गई हैं, यह अवश्य है कि इसमें प्राचीनता एवं नवीनता का सम्मिलित वर्णन किया गया है, इसको लेखक ने अपनी गहन अध्ययन की दृष्टि से लिखा है। कहीं भी इसमें त्रुटि का आभास नहीं है। पुस्तिका अपने आप पूर्ण है।

इसमें 'मनुस्मृति' का अधिक माने में खंडन किया गया है, जो कि हिन्दू-संस्कृति की जड़ है। यह वास्तव में सत्य भी है, क्योंकि 'मनुस्मृति' के कारण ही भारतवर्ष आज भी रूढ़िवादिता में बँधा हुआ है।

इस पुस्तक में हर जगह अन्धविश्वासी बातों का खंडन करके उसका सत्य निराकरण किया गया है। जैसे—कहा जाता है कि अत्याचार के समय शंकर जी का तीसरा नेत्र खुलता है। परन्तु लेखक ने जो उदाहरण महमूद गजनवी की चढ़ाई सोमनाथ के मन्दिर पर दिखाया है, उससे स्पष्ट है कि शिवजी का तीसरा नेत्र न कभी खुला है और न कभी खुलेगा।

इस प्रकार यह पुस्तिका बहुत परिश्रम के साथ लिखी गई है। आशा है कि यह पुस्तक सबको लाभान्वित करेगी।

परिशिष्ट 7

लेखक—श्री देवराज सिंह पाल, एम.एससी.
प्रोफसेर एवं अध्यक्ष, भौतिक विज्ञान विभाग, पी.पी.एन.
स्नातोत्तर कॉलेज, कानपुर (उ.प्र.) टेलीफोन नं. 37308
दिनांक—11 सितम्बर, 1968 ई.

प्रस्तुत पुस्तक में श्री पेरियार ललई सिंह की इच्छा किसी वर्ग विशेष के प्रति दुर्भावना फैलाना नहीं है, बल्कि प्रयोजन केवल एक ही है कि हिन्दू समाज में फैली कूप-मंडूकता, अन्धविश्वास, जातीय बड़प्पन एवं जातीय छोटापन वाली बातों को समाप्त किया जाए एवं समाज तथा राष्ट्र की उन्नति में जो व्यक्ति रोड़े अटकाते हैं, उनका मामूली तरीके से ही नहीं बल्कि सशक्त विरोध किया जाए।

हिन्दू धर्म के धर्मवादी एवं लाखों साधु कहते हैं कि अधर्म बढ़ जाने के कारण सूखा, अनावृष्टि तथा नाना प्रकार की बीमारियाँ आदि दैवी-प्रकोप भुगतने पड़ने हैं। परन्तु यदि उनके कथनानुसार पूजापाठ, कथा-भागवत, तीर्थ दर्शन, यज्ञ व ब्रह्म-भोज आदि किए जाएँ तो क्या उपरोक्त विपदाएँ दूर हो जाएँगी? मेरा ऐसा विश्वास है कि कदापि नहीं।

लाखों साधुओं तथा धर्म प्रचारकों का यह कहना कि हम लोग धर्म-प्रचार करते हैं, सफेद झूठ है। वास्तव में, ये लोग अन्धविश्वास व अ-कर्मण्यता द्वारा अ-धर्म का प्रचार करते हैं। ये लोग कहते हैं :

अजगर करे ना चाकरी पंछी करे ना काम।
दास मलूका कह गए सब के दाता राम॥

अधिकांश मनुष्य नैतिकता में किसी तरह का अन्तर नहीं मानते हैं। इसलिए उनकी इस अ-ज्ञानता का लाभ हमारे धर्मोपदेशक, कथा-वाचक, पुजारी व पंडे आदि उठाते हैं।

धर्म नाम के पीछे कल्पित ईश्वर, देवी व देवता की कपोल-कल्पित शक्ति छिपी रही है, परन्तु नैतिकता के पीछे मानव-समाज की वास्तविक शक्ति जुड़ी रहती है।

धर्म के अन्तर्गत कल्पित पाप-पुण्य, स्वर्ग-नरक, भाग्य एवं पुनर्जन्म की मीमांसा होती है, परन्तु नैतिकता द्वारा अच्छे एवं बुरे का निर्णय होता है।

अधिकाधिक व्यक्ति पाप-पुण्य, स्वर्ग-नरक, भाग्य व पुनर्जन्म को अच्छे या बुरे के साथ जोड़ देते हैं, यह उनकी महान मूर्खता है।

मानव-समाज की नैतिकता जब तक धर्म के अन्धविश्वासी विशेष आदेशों से मुक्त नहीं होगी, तब तक मानव-समाज कदापि उन्नति नहीं कर सकता है। यही कारण है कि हिंसा-मुक्त-यज्ञ, सती-प्रथा व कन्या वध आदि कु-प्रथाओं को बन्द कराते समय नैतिकता की धर्म-ध्वजियों से कस कर टक्कर हुई। अन्त में नैतिकता की विजय हुई।

सभ्य मानव-समाज को तीन बातों में से एक को चुनना जरूरी है—

1. धार्मिक-शासन—परन्तु यदि धर्म नैतिकता द्वारा शासित नहीं है तो अराजकता छा जाएगी। ऐसा धर्म धर्म नहीं, अपितु अ-धर्म है।
2. धर्मविहीन शासन—अर्थात् पुलिस व सेना द्वारा शासन हो, अर्थात डिक्टेटरशिप हो।
3. संयुक्त शासन—कुछ धर्म-प्रभावित एवं कुछ न्यायाधीशों द्वारा शासन हो।

हमारा विश्वास अराजकता व डिक्टेटरशिप में नहीं है।

धर्म की वास्तविक परिभाषा है—

(1) अन्धविश्वास रहित वि-शुद्ध बुद्धि वाला व

(2) दया या प्रेम के आचरण वाला।

हिन्दू धर्म में उपरोक्त दोनों बातों की सदा से कमी रही है तथा ये कमी आज भी ज्यों-की-त्यों बनी हुई है। संघर्ष का मूल कारण यही है।

स्वतंत्र भारत के इक्कीस वर्षों में हिन्दू धर्म में ब्राह्मणवाद की जड़ें गहरी करने की साजिश की गई है। समानता का नारा शोषित जातियों को भुलावा देने के लिए दिया जाता है, परन्तु समानता का एक प्रतिशत भी हम प्राप्त न कर सके। शोषित एवं अछूतों को प्रतिदिन अपमानित एवं पीड़ित किया जाता है, जान से मारा जाता है। आर्थिक स्थिति गिरती जा रही है। ऊँची कहलानेवाली जातियों के पास सम्पत्ति एकत्रित होती जा रही है तथा शोषित व अछूत जातियाँ गरीब होती जा रही हैं एवं विनाश के कगार पर खड़ी हुई हैं। राजनीति में उनका स्थान नगण्य है। उच्च कहलानेवाली जातियों के दैनिक व्यवहार से वे अब इतनी अधिक पीड़ित हो चुकी हैं कि उनके धैर्य का बाँध टूट चुका है।

मैं यह अनुभव कर रहा हूँ कि वर्तमान अराजकता एवं विभिन्न मुठभेड़ों को देखते हुए एक ऐसी क्रान्ति की आवश्यकता है, जो देश में बढ़ते हुए ब्राह्मणवाद के विरुद्ध मानवता एवं समानता लाने के लिए होगी।

इन शोषित एवं पीड़ित जातियों में धीरे-धीरे स्व-सम्मान की भावना जाग्रत हो रही है और यदि उच्च वर्गों ने बढ़ते हुए ब्राह्मणवाद को त्याग कर समानता एवं न्याय का व्यवहार न अपनाया तो अपने अधिकार प्राप्त करने के लिए ये जातियाँ रक्तिम-क्रान्ति के लिए भी बाध्य होंगी।

लेखक एवं सभी परिशिष्ट लेखकों के प्रयासानुसार यदि अधिकार-वंचित जातियों में स्वाभिमान जाग गया तो हम सभी अपने परिश्रम को सफल समझेंगे।

धन्यवाद!

परिशिष्ट 8

लेखक—श्री लाहौरी राम 'बाली'
सम्पादक—'भीम पत्रिका', नकोदर रोड
जालन्धर सिटी (पंजाब)
दिनांक—28 सितम्बर, 1968 ई.

पिछले सफेहात के पढ़नेवाले यह बखूबी जान गए होंगे कि किस तरह गलत धर्म ने बहमपरस्ती (दिमागी गलत उलझन) के किस्म-किस्म के जाल में भोली-भाली आम जनता को फँसाए रखा और उनकी मेहनत की कमाई पर मौजें उड़ाते रहे।

अक्सर लोग यह कहते सुने जाते हैं कि यह ब्राह्मणवाद की ही खूबी और हिम्मत थी कि इतने देशी एवं विदेशी हमलों के बाद भी वह जिन्दा रहा, लेकिन सवाल तो यह है कि ब्राह्मणवाद किस तरह की हालत में जिन्दा रहा। क्या यह एक हकीकत नहीं कि ब्राह्मणवाद एक जलील, नीच व गुलाम सिद्धान्त के तौर पर जिन्दा रहा और अपनी इस जलालत व गुलामी का असर उसने लाखों-हिन्दुस्तानियों पर डाला। जलील, गुलाम व बदहाल होकर जिन्दा रहना तो कोई जिन्दगी नहीं है। (कोढ़ी और पहलवान दोनों के जिन्दा रहने में जमीन व आसमान का अन्तर है।)

अगरचे अब पहले से (सरीखे) हालात नहीं रहे। हिन्दू-समाज में काफी तब्दीली आ चुकी है लेकिन वह तब्दीली किसी वक्त भी पहली हालत (प्राचीन दशा) को मुड़ सकती है। घड़ी की सुइयाँ फिर पीछे की तरफ लगाई मोड़ी या घुमाई जा सकती हैं और हिन्दू-सभाई किस्म के लीडर इसकी सख्त कोशिश कर रहे हैं।

बहुत से लोग यह कहते सुने जाते हैं कि हिन्दू-समाज में सुधार होना चाहिए यानी री-फार्म के लिए काफी लोग मुत्तफिक हैं, लेकिन गिरावट, नफरत और भेदभाव पैदा करनेवाली राय-निहाद इलहामी (ईश्वरीय) धार्मिक किताबों को अगर जलाने या सुधारने के लिए न कहें, तो कम-से-कम अजायब घर में ही रखने के लिए कहने पर बहुत कम लोग तैयार हैं।

'रामायण', 'महाभारत', 'गीता' व 'मुतअदिद' (विभिन्न) ब्राह्मणी किताबें हर साल लाखों की तादाद में छपती हैं और सेठ 'बिरला' ऐसे लोग अपनी तरफ से घाटा

डालकर उन्हें सस्ते दामों पर बिकवाते हैं। समाजी ना-बराबरी के खिलाफ प्रचार करनेवाले वैसे ही कम लोग हैं और जो हैं भी उनके पास साधन बहुत ही कम हैं, लेकिन इसके उलट ना-बराबरी का प्रचार करनेवाले लोगों की तादाद लाखों में है और केवल हिन्दुस्तान ही नहीं बल्कि दुनिया भर के सरमायेदार (पूँजीपति) उनकी मदद पर हैं।

इस तरह की हालत में सुधार हो तो कैसे हो? हिन्दुस्तान दिमागी, समाजी व मुल्की गुलामी से निजात (छुटकारा) पाए तो किस तरह पाए? इसके दो तरीके हैं, अव्वल तरीका यह है कि नफरत व ना-बराबरी के उसूलों (नियमों) का प्रचार करनेवाली सभी किताबों का चाहे वह किसी भी धर्म की क्यों न हों, उन्हें भारतीय संविधान के बुनियादी उसूलों के खिलाफ करार देकर तबात व इशाअत (छापना) कानूनी तौर पर ममनूअ (मना) किया जा कर जुर्म करार दिया जाए और दूसरा तरीका यह है कि इनसे कता-ताल्लुक (सम्बन्ध-विच्छेद या बायकाट) कर लिया जाए। पहली बात किसी हिन्दू को मंजूर नहीं। यह तो 'दयानन्द' के 'सत्यार्थ-प्रकाश' में तब्दीली के खिलाफ मोर्चा लगा देते हैं, फिर 'गीता' और 'वेदों' की तरमीम (संशोधन) पर तो कुहराम मच जाएगा।

इसलिए दूसरा तरीका ही मौजू (अच्छा) और मुअस्सर (असरदार) लगता है। ब्राह्मण-धर्म से नाता तोड़ने से ही हिन्दुस्तान के लोग जहालत, अन्धविश्वास, समाजी—ना-बराबरी नफरत (अलहदगी) व कुदूरत (घृणा) से छुटकारा हासिल कर सकते हैं। यही वजह है कि बाबा साहब डॉक्टर भीमराव रामजीराव अम्बेडकर ने दिनांक—14 अक्टूबर, सन् 1956 ई. को हिन्दू धर्म को त्याग कर बौद्ध-धर्म इख्तियार किया।

इसलिए हमें चाहिए कि जितनी जल्द हो सके, हम हिन्दू धर्म के या यों कहना ज्यादा दुरुस्त होगा कि ब्राह्मणी धर्म के चंगुल (पंजे) से आजाद होकर बौद्ध-धर्म इख्तियार करें।

परिशिष्ट 9

लेखक—(1) श्री धनीराम चौरसिया, एडवोकेट
(2) श्री नरेन्द्रसिंह कटियार, एडवोकेट
कचहरी, कानपुर (उत्तर प्रदेश)
दिनांक—19 अक्टूबर, 1968 ई.

प्रस्तुत पुस्तक 'आर्यों का नैतिक पोल प्रकाश' को हो सकता है कि कुछ पुराने विचारों वाले सज्जन कहें कि यह पुस्तक साम्प्रदायिक है परन्तु जब वे इसे मानवता की दृष्टि से लेखक के सूक्ष्म विचारों का गहन अध्ययन करने के पश्चात सोचेंगे कि यदि मैं स्वयं किसी का धार्मिक, सामाजिक एवं आर्थिक गुलाम होता तो उससे मुक्ति पाने के लिए क्या उचित व अनुचित उपाय न करता?

न्यायाधीश का काम न्याय करना है, न कि कानून की आड़ में न्याय का गला घोंटना।

धार्मिक व सामाजिक नियम तथा रूढ़ियाँ आदि जो व्यक्तिगत, समाजगत एवं राष्ट्रगत प्रगति में बाधक हों, उनका स-शक्त विरोध करने का सब को जन्मसिद्ध अधिकार है।

इन्हीं कसौटियों के आधार पर हम लोग डंके की चोट से बलपूर्वक कह सकते हैं कि 'आर्यों का नैतिक पोल प्रकाश' साम्प्रदायिक पुस्तक नहीं है। यह एक मानवतावादी पुस्तक है।

साम्प्रदायिक की परिभाषा है—जिस जन-समुदाय के धार्मिक व सामाजिक सिद्धान्त दूसरे जन-समुदाय से अलग हों व अन्य सम्प्रदाय से टकराव करें, उसे सम्प्रदाय कहते हैं।

साधारणतया कुल मानव-समाज दो भागों में बँटा हुआ है—एक, ईश्वर को माननेवाला और दूसरा, ईश्वर को न माननेवाला।

ईश्वरवादी सम्प्रदाय के चतुर व्यक्ति ईश्वर की आड़ में या किसी पुरुष को आदर्श-पुरुष मानकर उसकी आड़ में आम-जनता का धर्म व समाज के नाम पर मनमाना दोहन व शोषण करते हैं।

उनकी इस प्रकार की खुली लूट को बन्द करने या बन्द कराने के लिए सभाएँ की जाएँ, भाषण दिए जाएँ, प्रस्ताव पास किए जाएँ, पुस्तकें लिखी जाएँ, अखबार छापे जाएँ या आन्दोलन किए जाएँ तो वे साधन-सम्पन्न चतुर चूड़ामणि व्यक्ति चिल्लाते हैं कि बैकवर्ड व अछूतों का यह काम साम्प्रदायिक है। स्पष्ट है :

जाके पैर न फटी बिवाई।
सो क्या जाने पीर पराई॥

कोई विद्वान उन चतुर महानुभावों से पूछे कि हमारे गुलाम रहने से तुम्हें गुलामी कराने का लाभ है, परन्तु तुम्हारे मालिक रहने से हमें क्या लाभ है? या इस प्रकार पूछे कि तुम्हारे द्वारा हमें नीच जाति वाला कहने से तुम्हारे बड़प्पन की जड़ें अधिकाधिक मजबूत होती जाएँगी, परन्तु हमारे द्वारा तुम्हें बड़ी जाति वाला कहने से हमें क्या लाभ है? का उत्तर वे लोग हाँ, हूँ व टाल-मटोल के अतिरिक्त कुछ नहीं दे सकेंगे। वास्तव में, उत्तर कुछ है ही नहीं।

अछूत लोगों में जिन्हें सवर्ण (महाजन) व बैकवर्ड (बहुजन) दोनों उप-समाजों की दोहरी गुलामी करनी पड़ती थी, माननीय डॉक्टर भीमराव रामजीराव अम्बेडकर के सफल नेतृत्व की बदौलत काफी चेतना आ गई है। यदि सवर्णों के इकहरे गुलाम बैकवर्ड इन अछूतों की प्रगति के मार्ग में रोड़े न अटकावें तो हम लोगों का पूर्ण विश्वास है कि वे लोग अति शीघ्र धार्मिक, सामाजिक व आर्थिक स्वतंत्रता प्राप्त कर सकते हैं। इस काम के लिए चाहे उन्हें धर्म-परिवर्तन ही क्यों न करना पड़े।

अछूतों की प्रगति में बैकवर्ड इसलिए रोड़े अटकाते हैं कि अज्ञानी बैकवर्ड (बहुजन) उप-समाज किसी बैकवर्ड नेता का सफल नेतृत्व न पा सकने के कारण यह समझ रहा है कि हाय! हमारे सहस्त्रों साल के पले हुए गुलाम अछूत धीरे-धीरे स्वतंत्र होते जा रहे हैं। उस बैकवर्ड को यह ज्ञात ही नहीं है कि हमें भी सवर्णों की गुलामी से मुक्ति प्राप्त करनी है।

अत: बैकवर्ड समाज को अतिशीघ्र निर्णय लेना चाहिए कि हम लोग न तो सवर्णों के गुलाम रहेंगे और न अपना गुलाम अछूतों को रखेंगे, तभी हम सबका भला होगा, अन्यथा कदापि भला नहीं हो सकता है।

किसी विद्वान ने कहा है कि यदि गुलाम की समझ में आ जाए कि मैं गुलाम हूँ तो वह गुलामी से मुक्त होने के लिए स-शक्त विद्रोह कर देगा।

प्रस्तुत पुस्तक में लेखक एवं परिशिष्ट लेखकों ने बैकवर्ड व अछूत दोनों उप-समाजों को भली प्रकार समझाया है कि हम लोग धार्मिक, सामाजिक एवं आर्थिक गुलाम हैं, परन्तु अब गुलाम नहीं रहेंगे।

'चेंज ऑफ ला इन दी नेचर' अर्थात् परिवर्तन ही संसार का नियम है।

क्रान्ति अमर रहे! क्रान्ति अमर रहे!! क्रान्ति अमर रहे!!!

हिन्दू जाति के सुधाराकांक्षी प्रत्येक व्यक्ति का कर्तव्य है कि वह हिन्दू धर्मशास्त्रों की धज्जियाँ उड़ाना शुरू कर दे...और तब तक दम न ले, जब तक हिन्दुओं के मस्तिष्क में विषैले कीटाणुओं की तरह घुसे हुए उनके कलुषित उपदेशों का प्रभाव नष्ट न हो जाए।

—रजनीकान्त शास्त्री

'हिन्दू जाति का उत्थान और पतन' से

जो सुधारक अ-स्पृश्यता मिटाने का यत्न कर रहे हैं, जिनमें महात्मा गांधी भी शामिल हैं, वे इस बात को नहीं समझ पाते कि लोगों के आचरण का मूलाधार धर्मशास्त्र है, वर्ण-भेद, जाति-भेद, अधिकार-भेद और अ-स्पृश्यता इत्यादि बुराइयों को मिटाने का मौलिक उपाय हिन्दू-शास्त्रों का विरोध और उनके विरुद्ध घृणा का प्रचार करना है। व्याकरण तथा तर्क द्वारा शास्त्रों का अर्थ बदलना उपयुक्त नहीं। हममें यह कहने का साहस होना चाहिए कि सम्पूर्ण बुराई की जड़ हिन्दू धर्मग्रंथ हैं, जिन्होंने वर्ण-भेद और जाति-भेद की पवित्रता का प्रचार किया है।

—डॉ. बी.आर. अम्बेडकर

* नमो बुद्धाय *

आदिनिवासियों की पहचान

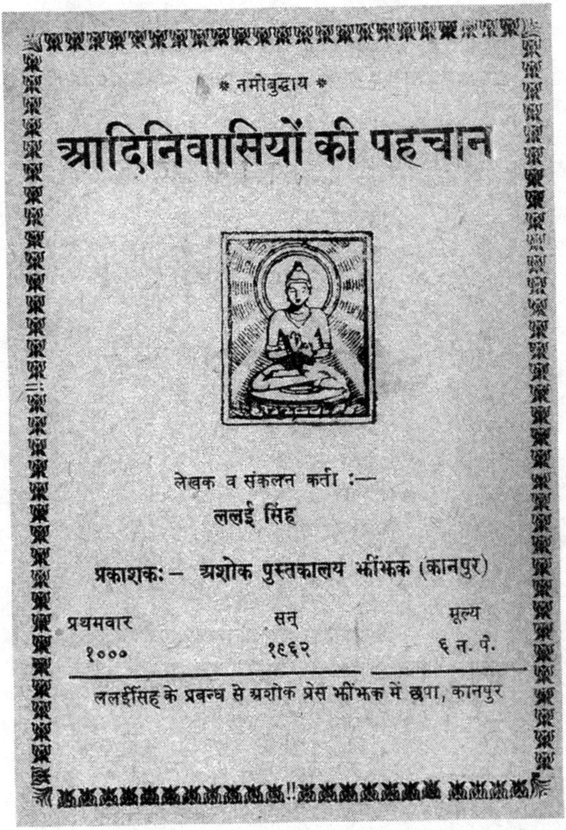

* नमोबुद्धाय *

आदिनिवासियों की पहचान

लेखक व संकलन कर्ता :—

ललई सिंह

प्रकाशकः— अशोक पुस्तकालय झींझक (कानपुर)

प्रथमवार	सन्	मूल्य
१०००	१९६२	६ न. पै.

ललईसिंह के प्रबन्ध से अशोक प्रेस झींझक में छपा, कानपुर

लेखक
पेरियार ललई सिंह

अशोक पुस्तकालय
झींझक, जिला—कानपुर, उत्तर प्रदेश, भारत-209302

प्रथम बार 26 जनवरी, 1962 ई.
प्रथम बार 1000 प्रतियाँ प्रकाशित हुईं
द्वितीय बार सन् 1963 ई.
तृतीय बार सन् 1965 ई.
चौथी बार सन् 1968 ई.
पाँचवीं बार सन् 1970 ई.
छठी बार सन् 1972 ई.
सातवीं बार सन् 1974 ई.
आठवीं बार सन् 1978 ई.
नौवीं बार सन् 1981 ई.
दसवीं बार सन् 1984 ई.
ग्यारहवीं बार सन् 1987 ई.

प्राप्ति पता
अशोक पुस्तकालय
झींझक, जिला—कानपुर, उत्तर प्रदेश, भारत-209302

मुद्रक
सस्ता प्रेस
झींझक, कानपुर, उत्तर प्रदेश, भारत-209302

मूल्य : 75 नए पैसे

!!समर्पण!!

उन सभी मूलनिवासी योद्धाओं को,
जिन्होंने महान सैन्धव सभ्यता की मानवता को
बचाने के लिए आक्रान्ता आर्यों से लड़ते हुए
सर्वोच्च मानव मूल्य—
समता, स्वतंत्रता और बन्धुता के लिए
अपनी जान दे दी, जिनके अस्थि अवशेष
आज भी सैन्धव सभ्यता की खुदाई में मिलते हैं,
जिन पर आज भी खंजरों के निशान हैं।

—पेरियार ललई सिंह

दो शब्द

अतीत से आज तक अनेक प्रबुद्ध आदिनिवासी सपूत निस-दिन आर्यों द्वारा गहरी मानवीय घृणा और थोथी नैतिकता की मानसिक गुलामी के भेद की पोल का प्रकाशन करते चले आ रहे हैं। उसके बाद भी आर्य नित नई कूटनीति की चाल चलते आ रहे हैं, जिसका पता लगा पाना असम्भव हो जाता है, क्योंकि आर्य अत्यन्त खतरनाक विधि से आदिनिवासियों के साथ व्यवहार करते हैं। आर्यों के इस गुप्त नैतिक भेद के पोल प्रकाश का भंडाफोड़ अति आवश्यक है। आदिनिवासियों की सामाजिक-सांस्कृतिक चेतना के लिए प्रश्नोत्तर शैली में यह आपके समक्ष प्रस्तुत हो रहा है।

आज से हजार साल पहले की बात है। जब भारतभूमि पर घुमन्तू आक्रान्ता आर्यों का पहला आक्रमण हुआ, पहली बार तो ये अपने गायों और घोड़ों के लिए चरागाहों की तलाश करते हुए सिन्धु भूमि अर्थात् भारतभूमि के पास तक पहुँचे थे, उसके बाद आर्य घोड़ों के साथ धीरे-धीरे भारतभूमि के भूगोल में घुसे।

आक्रान्ता आर्यों ने देखा कि सिन्धु भूमि प्राकृतिक सम्पदा और संसाधनों से भरा हुआ देश है। इन संसाधनों का उपभोग हम अपने लिए और अपने घोड़ों के लिए कर सकते हैं। इस तरह आक्रान्ता आर्यों ने भारतभूमि को तोड़ते-जोड़ते हुए सबसे पहले इस भूमि को अपना उपनिवेश बनाया। उपनिवेश बनाने और समय बीतने के साथ ही आर्यों ने यहाँ पर रहने का मन बनाया। इस वास करने के मन से हर चीज को देखने और विचारने लगे। अब हर चीज को लोभ-लालच और लूट की नजर से देखने लगे।

आर्यों ने देखा कि यहाँ के आदिनिवासी साँवले रंग के हैं और हम गोरे-भूरे रंग के हैं। इन सभी स्थितियों पर विचार करने के बाद आर्यों ने सोचा कि अब हम इन्हें अपने में मिलाएँ कैसे और इन्हें लूटें कैसे? इस स्थिति में बहुत चालाकी से अपनी गोरी-भूरी सुन्दर युवतियों का विवाह आदिनिवासी गणराज्य के सरदारों से करना शुरू किया। इस रिश्ते के साथ ही आर्यों ने यहाँ के मूलनिवासी राजाओं से हाथ जोड़कर भारतभूमि पर रहने के लिए भूमि और सुरक्षा माँगी। अब रिश्तेदार होने के कारण आर्यों को यहाँ के गणराज्य के सरदारों ने भूमि, सुरक्षा देने के साथ ही यहाँ वास करने की वैधता-अनुमति प्रदान कर दी।

यहाँ के आदिनिवासी सरदारों से विवाह करने के क्रम में आर्यों के कबीला सरदार हिमाचल (हिमाचल पर्वत से होकर आनेवाले आर्य अपना नाम हिमाचल रखे थे) ने अनार्य आदिवासी शिव से अपनी पुत्री पार्वती अर्थात् देव पर्वत से आनेवाली पुत्री का विवाह कराया। इसी तरह आर्यों ने कन्या दुर्गा का सम्बन्ध राजा महिषासुर से बनवाया। वेद में 'कन्या' का अर्थ है, वह स्त्री जो विवाह से पहले किसी भी पुरुष के साथ सम्बन्ध बनाती है लेकिन विवाह के बाद वह एक ही पुरुष के साथ सम्बन्ध बनाती और जीवन जीती है।

गोरे-भूरे रंग की राधिका और रुक्मिणी का सम्बन्ध आर्यों ने साँवले रंग के अनार्य कृष्ण से बनवाया। ऐसे विवाह और सम्बन्ध बहुत सारे मिल जाएँगे आपको आर्यों के साहित्य में ही। साथ ही, भारतभूमि उस समय विद्या सर्जना का भी केन्द्र थी। इसे आप महान सैन्धव सभ्यता के ज्ञान-विज्ञान की महान प्रगति से देख सकते हैं। इस ज्ञान को प्राप्त करने को भी ध्यान में रखकर उन आर्यों ने यहाँ वास करना शुरू किया। इस तरह 'फूट डालो, राज करो' की नीति आर्यों ने शुरू किया, जबकि आज के आर्य प्रचारित करते हैं कि इसे अंग्रेजों ने शुरू किया, जो पूरी तरह झूठ है।

कुछ समय बाद आर्यों ने एक और नीति चली। वे इस चाल में अपनी सुन्दर गोरी-भूरी कन्याओं को कई राजाओं के यहाँ ले जाते थे और वे राजाओं से कहते थे कि इस कन्या का विवाह आपके साथ करूँगा, लेकिन अमुक राजा जबरदस्ती मेरी कन्या को ले जाना चाहता है। इस तरह यहाँ के कबीले के सरदारों और राजाओं को आर्यों ने आपस में लड़ाना शुरू किया। इसके साथ इस गणराज्य भूमि का तहस-नहस शुरू हुआ। कई राजाओं को लड़ाने के बाद आर्य उस कन्या का विवाह अन्तिम विजेता राजा से कर देता था और उस राजा से उस कन्या के बदले खूब धन और सम्पत्ति वसूलता था। इस तरह फूट डालो और राज करो की नीति अंग्रेजों ने नहीं बल्कि आर्यों ने शुरू की थी। जबकि आज आर्य (सवर्ण हिन्दू) प्रचारित करते हैं कि फूट डालो राज करो की नीति अंग्रेजों ने शुरू की थी।

ध्यान दें कि गणराज्य की भूमि पर एकतंत्रीय राज्य बनाए जाने की प्रक्रिया को आर्यों ने शुरू कर दिया। अब गण का राज्य समाप्त होने लगा। एकतंत्रीय राजा बनना शुरू हो गए। साथ ही, स्त्री प्रधान भूमि अर्थात् इस मातृ प्रधान सैन्धव भूमि भारत पर आर्यों ने गोरी-भूरी कन्याओं का इस्तेमाल कर स्त्री अधिकारों का संहार शुरू कर दिया। अब पुरुष वर्चस्व का समाज बनाना शुरू कर दिया। यहीं से सबसे पहले पितृसत्ता का समाज बनना शुरू हुआ। इस तरह आर्यों का भारतभूमि में घुसना-बसना शुरू हुआ और भारतभूमि की आदिनिवासी जनता के अधिकारों और गणराज्य के अन्त की शुरुआत हो गई।

आर्य अपनी स्थिति में परिवर्तन के बाद जब कोई रास्ता नहीं निकाल पाते थे तो पेट पालने के लिए भीख माँगना शुरू कर दिए। इस समृद्ध भारतभूमि पर भीख

माँगने की संस्कृति आर्यों ने ही शुरू किया, जिसको समय के साथ आगे चलकर यज्ञों-मन्दिरों आदि के माध्यम से वैधता प्रदान कर दी। इन मन्दिरों में अकूत धन संचय शुरू कर दिया। भारतभूमि कंगाल होने लगी। आर्यों के भीख माँगने और संचय के वैध केन्द्र मन्दिर समृद्ध होने लगे। इस भीख माँगने की प्रक्रिया में आर्यों ने पूरे भारत में घूमना और निरिक्षण करना शुरू कर दिया। सब कुछ जानने के बाद आर्यों ने उपद्रव करना शुरू किया।

आर्यों ने यहाँ के राजाओं को आपस में लड़ाकर कमजोर बनाना शुरू कर दिया था और मन्दिरों में अकूत धन-सम्पत्ति रख लेने के बाद वे समृद्ध और मजबूत हो गए। आर्यों का उपद्रव आगे चल कर लड़ाई में बदल गया और लड़ाई से युद्ध में बदल गया। चूँकि आर्य ने सैन्य शिक्षा नहीं ली थी और यहाँ के आदिवासी सैन्य रूप से प्रशिक्षित थे, इसलिए हजारों बार आक्रान्ता आर्यों को भारतभूमि से आदिनिवासी योद्धाओं ने खदेड़ा। आक्रान्ता आर्य हजारों बार भारतभूमि में घुसपैठ करने की प्रक्रिया में खदेड़े और भगाए गए। लेकिन छली-छद्मी-धूर्त आक्रान्ता आर्यों ने चालाकी से रिश्तेदारी आदि स्थापित कर ली, जिसके बहाने वे यहाँ पुनः आना-जाना शुरू कर दिए।

इस प्रक्रिया में आर्य एक बार पुनः भारतभूमि पर अधिकार जमाने की कोशिश में छल के बल को हथियार बनाए और छल-प्रपंच की लड़ाई शुरू कर दी। इसमें आर्य लगातार सफल होते रहे और भोले-भाले आदिवासी इस विद्या के शिकार होते रहे। इसके साथ ही अनार्य आदिवासी अपना आधिपत्य खोते गए। अन्ततः आर्यों का वर्चस्व भारतभूमि पर स्थापित हो गया। इस वर्चस्व स्थापित होने के साथ ही आर्यों ने आदिनिवासी की प्रगति और उन्नति के सारे द्वार बन्द करना शुरू किया! जैसे—विद्या अर्जन, अच्छा खाना खाना, साफ-सुथरे वस्त्र पहनना, ऊँचे स्थानों पर बैठाना, बराबरी की आवाज में बोलना, सम्पत्ति रखना, सत संगति करना, संगठित रहना, अस्त्र-शस्त्र आदि की विद्या सिखाना, प्रकृति से प्रेम करना आदि।

मानव प्रगति के मौलिक अधिकार—समानता, स्वतंत्रता और बन्धुता से आदिनिवासी को आर्यों ने पूर्णतः वंचित-प्रतिबन्धित कर दिया। इसके साथ ही आदिनिवासी की महान सैन्धव सभ्यता, संस्कृति और इतिहास को नष्ट-भ्रष्ट करना शुरू कर दिया। यह नष्ट-भ्रष्ट करने की आर्यों की कोशिश आज तक जारी है। भारतभूमि के मूलनिवासी आदिवासियों के ऊपर आर्यों ने इतना अत्याचार किया है कि वह समस्त संसार के अत्याचारों को मात देता है। आर्यों ने आदिनिवासियों पर चरम सीमा तक अत्याचार किया है। इन सब बातों के प्रमाण आर्यों द्वारा ही गढ़े गए ग्रंथ 'वेद', 'पुराण', 'उपनिषद्', 'स्मृति' आदि में मौजूद हैं।

आज जितनी भी पुस्तकें स्कूलों, कॉलेजों, विश्वविद्यालयों में पढ़ाई जाती हैं, सब आर्यों द्वारा आर्यों के वर्चस्व की मानसिकता से लिखी गई हैं। सारे के सारे लेखक शर्मा, शुक्ला, तिवारी, चतुर्वेदी, पांडे, डांडे आदि आर्य हैं। हमारे आदिनिवासियों का

इतिहास किसी भी संस्थान में नहीं दिया जाता है। न ही आदिनिवासियों की मानवतावादी चेतना से लिखी गई कोई पुस्तक कहीं भी पढ़ाई जाती है। क्या आदिनिवासियों में बड़े-बड़े विद्वान नहीं हुए हैं?

अस्तु, अहीर-महाड़-मेहतर से लेकर न जाने कितने विद्वान हुए हैं। लेकिन किसी का भी नाम आर्यों ने इतिहास में नहीं दिया है। हमारी सारी महान विभूतियों को ब्राह्मणी-पुरोहिती-मनुवादी संस्कृति ने निगल लिया। सच तो यही है कि आदिनिवासियों की पुस्तकें न तो किसी विश्वविद्यालय में लगाई जाती हैं और न तो कहीं पढ़ाई जाती हैं। उलटे इनकी पुस्तकों को खोज-खोज कर जलाया जाता है, नष्ट किया जाता है। इसे आप आदिनिवासियों और बौद्ध साहित्य, दर्शन को नष्ट किए जानेवाले आर्यों के अभियान से समझ सकते हैं। आर्यों ने अभियान चलाकर मानवतावादी साहित्य दर्शन को नष्ट किया।

आइए, इनके इस अनैतिक मूल्य की पोल संवादात्मक शैली में खोलते हैं!

धन्यवाद!

दिनांक—26 जनवरी, 1962 ई.

आप सबका

—पेरियार ललई सिंह

इतिहास

भारत के आदिनिवासी—द्रविड़, दमिल, तमिल, कोल, भील और संथाल आदि हैं, जो कि अतीत काल में सम्पूर्ण भारत के शासक थे। उनके नाम इस प्रकार हैं—हिरण्याक्ष, हिरण्यकश्यप, राजा बलि, सहस्त्रबाहु और बालि आदि।

आज से कई हजार वर्ष पहले आर्य तिब्बत, मध्य एशिया ध्रुव प्रदेशों से भारत में छोटे-छोटे गिरोह बनाकर एक के बाद एक आए और यहाँ के आदिनिवासी राजाओं में से किसी को युद्ध में हराकर, किसी को दान का झूठा महत्त्व, स्वर्ग तथा अगले जन्म में मालदार घर में पैदा होने का बताकर और किसी को छल-कपट द्वारा अपने वश में करके उनका राज्य छीन लिया।

फिर—

जाकी धन-धरती लई, ताहि न लीजै संग।
जो संग राखे ही बने, तौ कर राखु अपंग॥
तौ कर राखु अपंग, फेरी पनपे सो न कीजै।
कपट-रूप बतराई, तासु को मन हर लीजै॥
कह गिरधर कविराय, खटक जैहे नहिं ताकि।
कोटि दिलासा देउ, लई धन-धरती जाकी॥

आक्रान्ता आर्यों ने अपने में तीन वर्ण—ब्राह्मण, क्षत्रिय और वैश्य बनाए तथा हारे हुए आदि-निवासियों को मनु, गौतम, याज्ञवल्क्य, वसिष्ठ, हारीत, आपस्तम्ब, पराशर और विष्णु आदि सभी स्मृतिकारों ने शूद्र, अतिशूद्र, अनुलोम, प्रतिलोम, वर्णसंकर, बहिष्कृत, अबहिष्कृत, नीच, महानीच, अन्त्यज, पादप, जघन्य, दस्यु, अनाड़ी, अनार्य, राक्षस, संस्कार वर्जित, वृषभ, बानर और भालू आदि लिख कर बनाया।

आजकल शूद्र को पिछड़ी जाति—अहीर, गडरिया, काछी, कुर्मी, सिन्धिया, होलकर आदि और महाशूद्र को अनुसूचित जाति—चमार, भंगी आदि व आदिमजाति को नागा, भील आदि कहते हैं।

ऑल इंडिया बैकवर्ड क्लास कमीशन ने बामन, क्षत्रिय, वैश्य को महजन या अल्पजन, शूद्र को बहुजन व महाशूद्र में अनुसूचित जाति को हरिजन तथा आदिम जाति को गिरिजन लिखा, जिसकी पुष्टि सभी जातियों के प्रमुख-प्रमुख नेताओं ने आगे लिखी 'पहचान' बताकर की। वह इस प्रकार है :

पहचान

1. जिन जातियों में जातीय पंचायतें हैं, जातीय चौधरी और नायब हैं, हुक्काबन्दी, बहिष्कार, प्रायश्चित्त आदि जातीय दंड हैं, क्योंकि आर्य, शक, यवन आदि विदेशी विजेताओं के महँगे न्याय और कठोर दंडों से बचने के लिए इनके पूर्वजों ने जातीय पंचायतें बनाईं जिनमें अपने घरेलू मामलों के फैसलें वे अपने ही पंचों से कर लेते थे।
2. जिन जातियों की उत्पत्ति हिन्दू स्मृतियों में अनुलोम-प्रतिलोम वर्णसंकर लिखी है, हिन्दू विधायकों ने जिन्हें शूद्र और महाशूद्र कहा है और कठोर कानूनों द्वारा जिनका वे भूतकाल से अब तक दोहन, शोषण और उत्पीड़न करते आए हैं।
3. जिन जातियों के विवाह आदि संस्कार सनातनी ब्राह्मण वेद मंत्रों द्वारा वैदिक विधि से न करा कर पौराणिक पद्धति व कपोल कल्पित मंत्रों द्वारा कराते हैं, जिन जातियों का खाद्यान्नादि स्मृतियों के धान्य-विवेक में वैदिक यज्ञों में निषिद्ध है तथा जिन जातियों के लोग यज्ञ-मंडपों, प्रदष-मंडलों एवं अन्य वैदिक अनुष्ठानों में ब्राह्मण के बीच बैठ नहीं सकते।
4. जिन जातियों के कच्चे घड़ों का जल तथा जिनकी स्त्रियों का बनाया कच्चा-पक्का भोजन आज भी कट्टर बामन ग्रहण नहीं करते तथा जिन जातियों के लोग ब्राह्मण, क्षत्रिय, अग्रवाल, मारवाड़ी, खत्री, भार्गव आदि अग्रसर हिन्दू-जातियों के भोजों में खुल्लमखुल्ला भोजनादि की कौन कहे, जल भी नहीं परोस सकते।
5. जिन जातियों के लिए संस्कृत और हिन्दी साहित्य में खल, अधम, अशुच, वर्णाधम, अनुलोम-प्रतिलोम, वर्णसंकर, शूद्र, महाशूद्र, पादप, अन्त्यज, जघन्यज, अनार्य, अनाड़ी, दास, व्रात्य, बृषल, संस्कार-वर्जित, पंचम आदि अपमानजनक शब्दों का प्रयोग किया गया है तथा जिन जातियों के उच्च कोटि के विद्वान व्यक्तियों को भी व्यास-आसन पर बैठकर धर्म कथा कहने, मन्दिरों में पूजा करने, चरणामृत बाँटने, हिन्दू-धार्मिक सभाओं के मंच पर खड़े होकर तथा ऊँचे आसनों पर बैठकर धर्मोपदेश करने का अधिकार नहीं है।

6. जिन जातियों में देखा-देखी बारातें निकालकर विवाह करने तथा अनेक नई-नई रस्में ग्रहण कर लेने पर भी जातिगत रूप से डोला, पैपुजी, विधवा-विवाह, घर-बैठा, छुट्टा-मुट्टी बिरादरी-भोज, पंचायत, एक ही मृतक-भोज आदि प्रथाएँ हैं।
7. जिन जातियों ने अंग्रेजी अमलदारी में अपमान से बचने के लिए अपनी जातियों का असली और प्राचीन नाम छिपा कर ब्राह्मण, क्षत्रिय व वैश्य वर्ण-द्योतक नामों से अपनी-अपनी जातीय सभाएँ तथा महासभाएँ बना ली हैं। जैसे—लुहार, बढ़ई व नाई आदि शर्मा बामन-द्योतक और अहीर ने यादव, गड़रिया ने पाल व काछी ने कुशवाह आदि ने क्षत्रिय-द्योतक तथा महाजन आदि ने गुप्ता वैश्य-द्योतक रख लिये।
8. जिन जातियों के घर विजेता क्षत्रिय—ब्राह्मणादि राजाओं अथवा ग्रामपतियों द्वारा बसाए हुए या अधिकृत ग्रामों के किनारे या गाँव के बाहर प्राय: उत्तर-दक्खिन दिशा में पाए जाते हैं।
9. जिन जातियों में हल की मुठिया पर हाथ रखकर या अन्य विधि से खेत जोतने, सरावन चलाने, खेत बोने, सींचने, निराने, दाने माड़ने आदि में कोई जातिगत दोष, हिचक या शर्म नहीं है।
10. जिन जातियों के लोगों को हिन्दू धर्म की मर्यादानुसार शिव-लिंग, देवी-पूजा आदि का तो अधिकार है किन्तु विष्णु या विष्णु के रामादि अवतारों की पूजा, आरती व भोग का अधिकार नहीं है।

नोट : आर्यों के बनवाए काशी-विश्वनाथ मन्दिर के दरवाजे पर लिखा है—'आर्येतराण प्रवेशों निषिद्धै:' से स्पष्ट है कि यह शिव की मूर्ति न हो कर किसी 'आर्यनाथ' की मूर्ति है, तभी तो आदि-निवासियों के लिए प्रवेश निषिद्ध है।

11. जिन जातियों में शिव, देवी, नाग, वृक्ष, नदी, तड़ाग, भुइयाँ, भवानी आदि की पूजा जातिगत रूप से प्रचलित है तथा जिनमें साधु-संतों व योगियों की सेवा-भक्ति अधिक पाई जाती है।
12. जिन जातियों का अन्न, ईख, पान, फूल, शाक-सब्जी, कराना इत्यादि की खेती करना सोना, चाँदी, पीतल, ताँबा, काँसा, लोहा आदि धातुओं एवं लकड़ी, बाँस हाथी-दाँत, पत्थर, सींग, बाल आदि की दस्तकारी करना, रेशम-रूई-ऊन इत्यादि का सूत निकालना और कपड़ा बुनना, सूत व रेशम की गुथाई करना, मिट्टी के बर्तन, खिलौने व ईंट आदि बनाना, अन्न भूनना, मिठाई बनाना, धान कूटना, चूरा-लाई आदि बनाना, मेमारी करना, तेल निकालना, अर्क खींचना, सुरा, गुड़, खांड, नमक, सज्जी दोना-पतरी बनाना इत्यादि का जाति गत आबाई (खानदानी) पेशा है।

13. जिन जातियों में बड़े-बूढ़े बुजुर्ग के मरने पर बिरादरी को केवल एक ही भोज देना अनिवार्य प्रथा है, दसवाँ-एकादसा-तेरही तिपक्खी-स्यापा आदि सूतक-पातक की पाबन्दी नहीं है।
14. जिन जातियों का लोन, तेल, तमाखू, ईंधन, दूध, रस, सब्जी बेचना, बगुचा, टट्टू लादना, फरिहाई, मजदूरी, सेवा-टहल करना, लढ़िया, फावड़ा-कुदाल चलाना, जंगल काटना, बाग लगाना, कुआँ मकान बनाना, छप्पर छाना इत्यादि जातिगत आबाई पेशा है।
15. जिन जातियों का गाय, भैंस, भेड़, बकरी, सुअर पालना, दूध, दही, खोया और घी बनाना आदि जातिगत आबाई पेशा है।
16. जिन जातियों में सरकारी गजेटेड अफसरों, मिनिस्टरों, बड़े-बड़े बैरिस्टरों, डॉक्टरों, इंजीनियरों, फौजी अफसरों, प्रोफेसरों, शिक्षा संचालकों, न्यायाधीशों, लिमिटेड बैंकों, कम्पनियों, बड़े-बड़े प्रेसों, प्रकाशनों, अखबारों आदि के संचालकों, नाटक, सिनेमा और रेडियो के विधाताओं, व्याकरणों, ज्योतिषियों, साहित्य-निर्माताओं इत्यादि की बहुत कमी है, बड़े उद्योग-धन्धे नहीं हैं, जो धार्मिक, सामाजिक, साहित्यिक व राजनीतिक संस्थाओं के मंत्री व बड़े नेता नहीं हैं, बड़ी शिक्षा नहीं हैं, जिनके पास बड़ी पूँजी नहीं है बल्कि थोड़ी पूँजी के कारण बड़े व्यापारों में जिनकी गति नहीं है, जो जवाहरात-सोना-चाँदी-कपड़ा आदि की दलाली नहीं कर पाते, जिनका अधिकांश भाग कृषक है, जो प्राय: भूमिहीन या अलाभकर जोतों के मालिक हैं, इत्यादि-इत्यादि।
17. जो कठोर कर्म कर के जीविका कमाते हैं।

नई दिल्ली में पिछड़ा-वर्ग पार्टी के सालाना अधिवेशन तारीख 16 अक्टूबर, 1961 को उसके प्रधान श्री नवद्वीप चन्द्र घोष (यादव) एम.एम., एल.एल.बी., एडवोकेट हाईकोर्ट पटना ने कहा है कि—हम लोगों को गरीबी इतना नहीं चुभती जितना कि बड़ी जातियों द्वारा होनेवाली सामाजिक बेइज्जती जैसे कि पिछड़ा-वर्ग-आयोग से पटना में कहा गया कि यहाँ छोटी जाति के एक आदमी को जो एक राजपूत के घर के सामने खाट पर खड़ाऊँ पहने बैठा था, उसे उस राजपूत ने अपनी बराबरी करते देखकर जान से मार डाला।

आदि— *आर्य का अर्थ क्या होता है?*

पेरियार ललई सिंह—आर्य का अर्थ होता है यूरेशिया-ईरान से 'सिन्धु भूमि' की तरफ घुसते-बढ़ते चलते आए हुए आक्रान्ता व्यक्तियों का समूह। इन्हें आदिनिवासियों ने 'आर्य' कहा। आर्य मतलब आए हुए लोग। ये साधारण, भूखे-नंगे लोग, जो अपने और गायों-घोड़ों के लिए भोजन की तलाश में 'आदि कबीले' तक आए। इस प्रकार मुख्यतः सिन्धु भूमि की तरफ यूरेशिया से आनेवाले लोगों को 'आर्य' कहा गया।

ये रंग के गोरे थे। ये साधारण भूखे-नंगे आर्य प्रारम्भ में अपना पेट भरने के उद्‌देश्य से आदि कबीले की समृद्ध जनता और सरदारों से हाथ फैलाकर भीख माँग कर जीवन-यापन शुरू किए।

इस भीख माँगने को धीरे-धीरे इन लोगों ने अपने स्वभाव में उतार लिया और सदा भीख माँगते रहे। यह प्रवृत्ति इनकी जीविका का मुख्य आधार बन गई। इस पहचान का जो भी व्यक्ति मिलता था, उसे यहाँ के आदि कबीले अर्थात् महान सैन्धव सभ्यता के आदिनिवासी 'आर्य' कहते थे। यह सम्बोधन उसी तरह था, जिस तरह आज भी आदि लौह प्रदेश झारखंड के आदिवासी-मूलनिवासी बाहर से घुसनेवाले प्रत्येक बाहरी व्यक्ति को 'दिकू' कह कर सम्बोधित करते हैं। आज भी प्रत्येक बाहरी व्यक्ति को आदिवासी 'दिकू' सम्बोधन के साथ पहचानते हैं। 'दिकू' अर्थात् आर्य/अंग्रेज अर्थात् बाहर से आए हुए लोग। एकदम ऐसे ही हजार साल पहले आदि-कबीले की तरफ यूरेशिया से जो लोग भिखारी बनकर, चुपके से और आक्रमण करते हुए सिन्धु भूमि की तरफ घुसते आए उन्हें आदि सैन्धव भूमि के मानवों ने 'आर्य' कहकर सम्बोधित किया।

समय के साथ आगे चल कर इन आर्यों ने छल के बल से आदिभूमि अर्थात् महान सैन्धव सभ्यता पर अपना वर्चस्व स्थापित कर लिया। उसके बाद आर्यों ने 'आर्य' शब्द में गौरव भाव भरना शुरू किया, 'आर्य' का अर्थ श्रेष्ठ बताया। इस शब्द को इतना महिमामंडित किया इन भिखारियों ने कि 'आर्य' शब्द का अर्थ 'श्रेष्ठ' अर्थात् सबसे ऊँचे लोग के रूप में स्थापित हो गया। साधारण जनमानस में यही रूढ़ हो गया। घर कर गया। इस स्तर तक इन देवपुत्रों ने इसे प्रचारित-प्रसारित कर डाला, जबकि यह झूठ है।

सच यह है कि ईरान के देव पर्वत से आनेवाले ये साधारण लोग थे। आर्यों के देव पुत्र इन्द्र एकदम भ्रम फैलानेवाली व्याख्या करते हुए कहते हैं कि हम सब मनुष्यों में श्रेष्ठ हैं, सबसे ऊँचे हैं। आज जो ईरान है, वह देव पुत्रों अर्थात् आ बसे हुए आर्यों का देश कहा जाता था। चूँकि वहाँ ये सब ठहरे थे। समय के साथ यह 'आर्य' शब्द बिगड़ते-बिगड़ते 'ईरान' हो गया। मुख्यत: 'ईरान' शब्द अयान, आयान अर्थात् 'आर्यन' शब्द का अपभ्रष्ट रूप है, अर्थात् बिगड़ा हुआ रूप है। 'आर्य' शब्द को अयान-आयान-आर्यन अर्थात् ईरान भी कहते हैं। भारतभूमि पर आकर 'ईरान' का अपभ्रंश 'आर्यन' या 'आर्य' शब्द पूरी तरह स्थापित हो गया। वास्तव में, यह आर्य एक नस्ल है, एक सामान्य नस्लीय जातीय समूह है, न कि श्रेष्ठ लोगों का समूह।

आदि— *आर्य कहाँ से आए हैं?*

पेरियार ललई सिंह— आर्य यूरेशिया से घुसपैठिये और आक्रान्ता के रूप में सिन्धु भूमि में घुसे। यूरेशिया—यूरोप और एशिया के बीच के भाग को कहते हैं। यूरेशिया से ये लोग भूखे-नंगे, लड़ते-झगड़ते, आक्रमण करते सैन्धव भूमि अर्थात् भारतभूमि तक पहुँचे। भारतभूमि की ओर भोजन और घास की तलाश करते हुए आर्य घोड़ों से पहुँचे। इस बात की पुष्टि कई सारे यूरोपीय और अमेरिकी विद्वानों और वैज्ञानिकों ने किया है।

साथ ही, ब्राह्मण बालगंगाधर तिलक और पंडित जवाहरलाल नेहरू ने अपने अनुसन्धानपरक खोज में अपने आर्य पूर्वजों के यूरेशिया से आने को सिद्ध किया है। तिलक ने 'माई होम इन वेदाज' और ब्राह्मण पंडित जवाहरलाल नेहरू ने 'डिस्कवरी ऑफ इंडिया' नामक रिसर्चबुल पुस्तक लिखी, जिसमें अपने आर्य पूर्वजों का मूलघर यूरेशिया में होने और वहाँ से सिन्धु भूमि तक आने और आक्रमण करने, यहाँ वर्चस्व बनाने, बस जाने की बात को सिद्ध किया है। एक और महत्त्वपूर्ण बात कि दोनों ब्राह्मण विद्वानों ने इस विषय पर अंग्रेजी में किताबें लिखी हैं।

आदि— *आर्यों की क्या पहचान है? इनके भोजन आदि क्या थे?*

पेरियार ललई सिंह— यूरेशियन होने के कारण आर्य लम्बे कद, गोरे रंग, सुआ की चोंच की तरह लम्बी नाक वाले होते थे। इनका मस्तक चपटा होता है। ये सोलह संस्कार करते हैं। गर्भाधान संस्कार से लेकर विद्या संस्कार, उपनयन संस्कार, अन्तिम संस्कार आदि। ये श्रमशील लोग नहीं थे। जीवनयापन करने के लिए इन लोगों ने पहली बार भीख माँगने जैसी निहायत ही श्रमहीन संस्कृति शुरू की। भीख माँगने की प्रथा यहीं से शुरू हुई। इनकी पहचान भगौड़े-भिखारी आदि की थी।

ये लोग मांस खाते थे। मांस में घोड़े, गाय और गाय के बछड़े का मांस इनको सबसे प्रिय था। इस बात का उल्लेख और प्रमाण आर्यों के आप्त ग्रंथ 'वेद' में है।

इनके देवताओं को अतिथि भोजन में गाय और बछड़े का मांस परोसा जाता था, जिन्हें ये पूरे आनन्द से खाते थे। उसके साथ इन्हें सुरा पिलाया जाता था। इसी कारण इन्हें 'सुर' कहा जाता था। 'सुर' अर्थात् जो सुरापान करता है, शराब पीता है। 'असुर' अर्थात् जो सुरापान नहीं करता, शराब नहीं पीता है।

आदि— *आर्यों ने इस महान सैन्धव भूमि, मतलब भारतभूमि पर वर्चस्व कैसे स्थापित किया?*

पेरियार ललई सिंह—आर्यों ने भिक्षा, चोरी, जुआ, शराब आदि द्वारा यहाँ के आदिनिवासियों के अर्थ-धन आदि को हड़पना शुरू किया। साथ ही, यहाँ वर्चस्व होने पर आर्यों ने यहाँ के मूलनिवासियों को वर्ण और जाति-व्यवस्था जैसा विधान बनाकर उन्हें बाँटना और बिखेरना शुरू कर दिया, जिससे यहाँ के मूलनिवासी सदा असंगठित हो गए। इसका फायदा उठाकर आर्यों ने भूमि अधिग्रहण अभियान चला दिया, जिसे वे 'यज्ञ' के माध्यम से अंजाम देते थे।

आर्यों की अनेक यज्ञों में से एक 'अश्वमेध यज्ञ' होता था। इस 'अश्वमेध यज्ञ' में यूरेशिया से लाए गए किसी एक मजबूत घोड़े को आर्य खुला छोड़ते थे। वह दौड़ते-दौड़ते जिस भी कबीले, जन-क्षेत्र, जनपद आदि को पार कर जाता था, आर्य वहाँ तक की भूमि को अपने साम्राज्य में जीता हुआ मान लेते थे। लेकिन जिस भी कबीले का सरदार अपने अधिकार या राजा क्षेत्र अर्थात् साम्राज्य भूमि की सीमा पर उस घोड़े को रोक देता था, उस सरदार या राजा से भूमि को हड़पने के लिए आर्य युद्ध शुरू कर देते थे। उस भूमि को जीतने के लिए अनेक हथियार और छल के बल का अख्तियार करते थे। इसी तरह अन्य यज्ञों में आर्य अधिक से अधिक भूमि और पशु आदि वस्तुओं को दान में माँग लेते थे।

आदि— *आर्यों ने 'भिक्षा' माँगने जैसी प्रथा से कैसे 'भारतभूमि' पर राज किया?*

पेरियार ललई सिंह—कुछ धन और राज्य भिक्षा से, कुछ चोरी से और अधिक से अधिक छल के बल से अपने अधिकार क्षेत्र में मिला लिया! जैसे—आदिनिवासी राजा बलि के राज को आर्य ब्राह्मणों ने एक ब्राह्मण के साथ मिलकर बामन का कथित रूप धारण कर छल के बल से सम्पूर्ण राज्य ही हड़प लिया और उनकी हत्या कर दी।

आदि— *आर्यों की राजनीतिक पुस्तक कौन-सी है?*

पेरियार ललई सिंह—मनु द्वारा गढ़ा गया स्मृति ग्रंथ, 'मनुस्मृति' ही आर्यों की राजनीतिक पुस्तक है? 'गीता', 'महाभारत' आदि भी हैं।

आदि— *आर्यों की धार्मिक पुस्तक कौन-कौन हैं?*

पेरियार ललई सिंह— 'वेद', 'पुराण', 'स्मृति', 'रामायण', 'गीता', 'महाभारत', 'रामचरितमानस' आदि इनकी धार्मिक पुस्तकें हैं।

आदि— *आर्यों का सबसे क्रूरतम नेता कौन हुआ?*

पेरियार ललई सिंह— आर्यों का सबसे क्रूरतम नेता 'मनु' हुआ। मनु ने भारतभूमि के आदिनिवासियों को सभी मानवीय अधिकारों से वंचित करने और इस देश की पूँजी, धन और सत्ता को हड़पने के लिए 'मनुस्मृति' लिखकर विधिवत विधान बना दिया, जिसमें यहाँ के मूलनिवासी-आदिनिवासियों को शिक्षा, सम्मान, ज्ञान, धन-सम्पत्ति आदि से सदा वंचित रखने की बात है। किसी भी नस्ल या वर्ग की दो-तीन पीढ़ी को शिक्षा से काट दीजिए। उसकी अगली पीढ़ी अज्ञानता के अन्धकार में जन्मेगी जो पूरी तरह मूर्ख, जड़ और मानसिक गुलाम होगी। यही किया आर्यों ने आदिनिवासियों के साथ, जिससे मानसिक गुमाल मूलनिवासियों को नियंत्रित-संचालित करना एकदम आसान हो गया। साथ ही, उनके जन्मना श्रमकार्य निर्धारित कर दिए। यहीं से जाति साफ निर्धारित हो गई। मनु ने उसे लिखित रूप से बाँध दिया।

आदि— *मनु महाराज ने 'मनुस्मृति' नीति ग्रंथ में क्या लिखा?*

पेरियार ललई सिंह— 'मनुस्मृति' में चार मुख्य बातें हैं—1. भारत और यहाँ के मनुष्यों को कंगाल बनाना, 2. ब्राह्मणों के वर्चस्व और श्रेष्ठता को बनाए रखना, 3. स्त्री, शूद्रों-अतिशूद्रों को विद्या से सदा वंचित रखना, 4. आदिनिवासियों को सदा गुलाम बनाकर रखना। इसके साथ और बहुत सारी बातें हैं।

आदि— *शूद्र-अतिशूद्र कौन हैं? शूद्र-अतिशूद्र और स्त्रियों को विद्या प्राप्त करने के अधिकार से आर्यों ने क्यों सदा वंचित रखा?*

पेरियार ललई सिंह— इस बात को ऐतिहासिक सन्दर्भ में समझना चाहिए। यूरेशिया से आक्रान्ता आर्य लूटते-लड़ते-झगड़ते-आक्रमण करते हुए, दक्षिण-पूर्व एशिया की तरफ बढ़ते आए। सिन्धु भूमि तक पहुँचने के साथ आर्यों ने देखा कि यहाँ के आदिनिवासियों स्वस्थ, सुखी और जनतांत्रिक जीवन जी रहे हैं। इस एशियाई भाग में कई प्रकार की ऋतुएँ, प्रकृति और सम्पदा आदि हैं। यहाँ की भूमि उर्वर है।

इस स्थिति में आर्यों ने यहीं बसने का मन बनाया। आर्यों के भारतभूमि पर बसने के विचार का यहाँ के आदिनिवासियों ने विरोध किया। आर्य कबीले के सरदारों से भारतभूमि के कबीलाई सरदारों ने कहा कि आप सब अपनी भूमि वापस चले जाइए। अपनी 'मातृभूमि' को स्वस्थ-सुखी, जनतांत्रिक और विकसित मानवता की की भूमि

बनाइए। इस बात को आक्रान्ता आर्यों ने मानने से इनकार कर दिया और यहाँ स्थायी रूप से निवास करने के मन से आर्यों ने यहाँ की जल, जंगल, जमीन और स्त्रियों को हड़पने का अभियान चला दिया। इस स्थित में लड़ाइयाँ शुरू हो गईं। यहाँ के मूलनिवासी हथियारों आदि का जीवन में व्यवहार नहीं करते थे। वहीं आर्य धारदार हथियार, घोड़े आदि का प्रयोग करते थे।

ये देवी-देवता हथियारों से लैस रहते थे। आज तक लैस हैं और अपने हाथों में कोई न कोई हथियार अवश्य लिये हुए रहते हैं। इस स्थिति के साथ यहाँ के आदिनिवासियों का आर्यों ने जनसंहार शुरू कर दिया। इस बात का प्रमाण देखिए कि आज सैन्धव सभ्यता की खुदाई में मिलनेवाली जो लाशें हैं। आदिनिवासियों के घर के अन्दर-बाहर और सड़क पर कटी-फटी हुई क्षत-विक्षत अवस्था में पड़ी हड्डियाँ मिलती हैं। घर-नगर के गलियों-मुहल्लों और इससे दूर बाहर सैकड़ों-हजारों लाशों के अवशेष कटे-फटे बिखरे पड़े हुए हैं। उन पर खंजरों के निशान हैं।

यह आक्रान्ता आर्यों द्वारा चलाए गए मूलनिवासियों के जनसंहार अभियान की देन और सबूत है। इस जनसंहार युद्धाभियान में आर्यों द्वारा जो आदिनिवासी पकड़ लिये गए, उन्हें गुलाम बनाते हुए 'शूद्र' कहा। जो आदिनिवासी उनसे बचकर जंगलों में भाग गए, वे आज के 'आदिवासी' हैं और जो लोग इनके बीच रह गए अर्थात् जो न जंगलों में गए, न पूरी तरह मैदानों में रहे, वे आर्यों के आदेश को नहीं मानते थे। उनका आर्यों ने सामाजिक बहिष्कार किया। वे आर्यों के आधिपत्य क्षेत्र में पूरी तरह न आ सके, उन्हें आर्यों ने 'चांडाल' कहा। यही आज के 'दलित' हैं अर्थात् अति-शूद्र या महाशूद्र। 'चांडाल' अर्थात् अतिशूद्र। आर्यों ने इन्हें हर प्रकार के मानवीय अधिकारों से वंचित कर दिया। इस तरह यहाँ के आदिनिवासी तीन भौगोलिक अस्मिताओं के साथ विभाजित हो गए।

आदि— *क्या आर्य अपने साथ स्त्रियाँ लाए थे? या स्त्रियाँ यहीं की मूल निवासी हैं?*

पेरियार ललई सिंह— स्त्रियाँ यहीं की आदिनिवासी हैं। आर्य अपने साथ बहुत कम स्त्रियाँ लाए थे। इसलिए वे शूद्रों-अतिशूद्रों और स्त्रियों को कभी ज्ञान प्राप्त करने का अधिकार नहीं दिए। वे इन्हें सदा अज्ञानी-अन्धविश्वासी बनाकर रखते थे। एक और महत्त्वपूर्ण बात कि आर्य भारतभूमि पर कई जत्थों में आए। लेकिन सबमें एक बात समान थी कि सबके सब आर्य वर्ण-व्यवस्था के वर्चस्व को लगातार स्थापित करते हुए आगे बढ़े। बाद के आक्रान्ता आर्य कुछ स्त्रियों को अपने साथ लाए, लेकिन अधिकतर आर्य यहाँ की मूलनिवासी स्त्रियों को चुराकर, अपहृत कर अपनी सन्तान उत्पत्ति की। इसी कारण 'अपहरण विवाह' शुरू हुआ। 'अपहरण विवाह' आर्यों की ही देन है। इसमें आर्य मूलनिवासी स्त्री को अपहृत कर अपने कबीले में लाकर उससे शादी करते थे।

इस अपहरण का एक और प्रकार था! जैसे—किसी मूलनिवासी का विवाह हो रहा है, उसी समय आर्य घोड़े पर सवार हो हाथों में तलवार लेकर आते और आदिनिवासी स्त्री को उठा लेते थे, अपहृत कर ले जाते थे। उसके बाद उस स्त्री से विवाह कर लेते थे। यदि जिस मूलनिवासी पुरुष से उस स्त्री का विवाह हो रहा होता, वह आर्यों के इस अपहरण का विरोध करता था तो आर्य उस पुरुष से लड़ते हुए उसका सिर तलवार से काट देता था और उस मूलनिवासी पुरुष के खून से उस स्त्री की माँग को भर देता था और उसी खून से अपने माथे पर तिलक लगाता। वहीं उस आर्य का विवाह हो जाना मान लिया जाता था।

उस स्त्री से विवाह करने के बाद उसकी माँग में सदा लाल सिन्दूर और गले में एक विशेष प्रकार का धागा पहनना होता था, जिसे आज 'मंगल सूत्र' कहा जाता है। वह आदिनिवासी स्त्री सम्पूर्ण जिन्दगी माँग में लाल 'सिन्दूर' और गले में 'मंगल सूत्र' पहनती थी। इस चिह्न से आर्य उस स्त्री को पहचान जाते थे कि यह हमारे किसी आर्य बन्धु की ही पत्नी है। यहाँ के मूलनिवासियों में सिन्दूर लगाने की प्रथा नहीं थी। समय के साथ इस अपहरण और जनसंहार से बचने के लिए यहाँ के आदिनिवासी स्त्रियों ने भी सिन्दूर और मंगल सूत्र जैसी कु-प्रथा को अपना लिया।

आदि— *आक्रान्ता आर्यों ने इस भारतभूमि पर आधिपत्य कैसे बनाया और हम पर राज कैसे किया?*

पेरियार ललई सिंह— भारतभूमि की महान सैन्धव सभ्यता को आर्यों ने जनसंहार और आगजनी से पूर्णत: नेस्तनाबूद कर दिया, उसके बाद मातृ-प्रधान समाज को पुरुष-प्रधान समाज में बदल दिया और समाज को नई अमानवीय 'वर्ण-व्यवस्था' की सामाजिक संरचना में विभाजित किया। इसमें समाज ब्राह्मण-वर्ण, क्षत्रिय-वर्ण, वैश्य-वर्ण और शूद्र-वर्ण के सामाजिक संरचना के चतुर्वर्ण रूप में विभाजित हो गया। इसका उल्लेख वेदों में है।

समाज में मनुष्य का कद और पद कर्म के आधार पर निर्धारित होता था। ब्राह्मण का कर्म था—विद्या आदि का अर्जन, पुरोहितगीरी, यज्ञ आदि करवाना। उन यज्ञों में कुछ के नाम सुनिए—'देव यज्ञ', जिसमें आदिनिवासियों की सम्पत्ति को दान रूप में माँगकर जलाया जाता था। दूसरा था—'गो-मेध यज्ञ'। इसमें बहुत सारी गायों और उसके बछड़े को काट-काटकर यज्ञ हवन में डाला जाता था। उन भुने हुए गाय-मांस को आर्य खाते थे। इसी तरह 'अश्वमेध यज्ञ' था, जिसमें घोड़ों की बलि दी जाती थी। ऐसे ही 'नरमेध यज्ञ' था। नर-नारी अर्थात् नर मतलब पुरुष और नारी मतलब स्त्री होता है। इस 'नरमेध यज्ञ' में यहाँ के आदिनिवासियों को होम हेतु काट-काटकर डाला जाता था।

इसी तरह 'बलि वैश्य यज्ञ' था, जिसमें तमाम कक्ष, मक्ष, पशु, पक्षी आदि को भुना जाता था। इस कार्य को आर्य अन्तिम रूप और आहुति कहते थे। 'क्षत्रिय-वर्ण' का कार्य था—भूमि अधिग्रहण अभियान का विस्तार और वर्ण-व्यवस्था को समाज में स्थापित करना। जो आदिनिवासी समता की सामाजिक व्यवस्था की बात करते थे, उनसे ये युद्ध कर उनका संहार अर्थात् हत्या करते थे। किन्तु उनके छली स्वरूप को देखिए कि यदि आदिनिवासी संख्या में अधिक होते तो ये लोग पीछे हट जाते, छिप जाते, भाग जाते!

वहीं द्रविड़ आदिवंशी संख्या में कम होते तो ये छलपूर्वक वहाँ पहुँचते और घात लगाकर हमला कर देते, लड़ाई शुरू कर देते। 'वैश्य-वर्ण' व्यापार का कर्म करते थे और ब्राह्मणों को जीविकोपार्जन हेतु अर्थ और धन देते थे। इसके साथ ही एक खतरनाक कार्य यह भी था कि यह वर्ण अनेक वस्तुओं में आदिनिवासियों को गुप्त जहर अर्थात् विष देता और उसकी सम्पत्ति को हड़प लेना आदि कार्य भी करता था। चौथा 'शूद्र-वर्ण' था, जो आर्यों की सदा सेवा करता था।

आदि— *आर्य ऐसा क्यों करते थे?*

पेरियार ललई सिंह—आदिनिवासियों को गुलाम बनाने के लिए आर्य ऐसा करते थे। समय के साथ कुछ दास बनाए गए आदिनिवासी द्रविड़ों को आर्यों ने अपने में मिलाते हुए अपने पास रखा, जिससे उनका मनोबल और संख्या दोनों बढ़ गई। इस वर्ण को उन लोगों ने शूद्र वर्ण का दर्जा दिया। ये हारे हुए आदिवंशी द्रविड़ थे।

आर्यों ने इन द्रविड़ों को अपमानित करने के लिए उनके नाम आदि बीभत्स-अपमानित करनेवाले रखने शुरू कर दिए! जैसे—दैत्य, दानव, निशाचर, भालू, बन्दर, कपि, राक्षस आदि। राक्षस का अर्थ होता था—जो आक्रांत आर्यों से—स्त्री, पशु, जल, जंगल और जमीन की रक्षा करे। इन गुलामों पर आर्य मनमाने कानून लागू करने लगे। मनु द्वारा लिखी गई 'मनुस्मृति' में इन्हीं कानूनों का वर्णन है। इन्हीं कानूनों के माध्यम से आर्यों ने तमाम आदिनिवासियों और उनकी भूमि को हड़पते हुए गुलाम बना लिया।

आदि— *आर्यों ने यहाँ के मूलनिवासियों को गुलाम बनाने के बाद उनके गले में हंडिया और कमर के पीछे झाड़ू बाँधकर रास्ते पर चलने की प्रथा क्यों शुरू की?*

पेरियार ललई सिंह—हाँ, आदिनिवासियों को ऐसा करना होता था किन्तु जहाँ आर्यों का राज था, उसी भूगोल में यह क्रूर प्रथा प्रचलित थी। इस देश के पच्चासी प्रतिशत से अधिक भू-भाग पर यहाँ के आदिनिवासी ही राजा थे। इस कारण आर्यों की क्रूर प्रथा वर्ण-व्यवस्था उनके भौगोलिक राज सीमा तक ही प्रचलित थी, जैसे—प्राचीन समय में बौद्धधर्मी सम्राट वृहद्रथ की पुष्यमित्र शुंग द्वारा हत्या करके स्थापित शुंगवंश उसके बाद शक वंश तक और आधुनिक समय में रत्ती भर पेशवा आदि के राज में। इसके पीछे जो सबसे बड़ा मनोवैज्ञानिक कारण था, वह यह कि आर्य लगातार

अपने को शुद्ध, पवित्र और श्रेष्ठ होने का समाज में निहायत ही झूठा भ्रम फैलाए जा रहे थे, जिसका मानवतावादी-समतावादी आदिनिवासी लगातार विरोध कर रहे थे। जिस कारण आर्यों ने गहरी साजिश रची और आदिनिवासियों के अन्दर हीनभावना की मानसिकता पैदा करने की कोशिश करने लगे।

आर्य चाहते थे कि यहाँ के लोग अपने आपको हीन मानें और हमें श्रेष्ठ मानें। इसी हीनता-बोध को पैदा करने के लिए आर्यों ने आदिनिवासियों के लिए यह अमानवीय प्रथा शुरू की और वे इसमें सफल भी रहे। इस प्रथा में आदिनिवासियों को गले में हंडिया और कमर के पीछे झाड़ू बाँधकर रास्ते पर चलना होता था। रास्ते पर चलते हुए आदिनिवासियों को उसी हंडिया में ही थूकना होता था। वे रास्ते या उसके अगल-बगल कहीं भी थूक नहीं सकते थे। आर्य यहाँ के आदिनिवासियों को अशुद्ध, अपवित्र और अछूत मानते थे। आर्यों का मानना था कि आदिनिवासी जिस रास्ते से जाते हैं, वह रास्ता अछूत और अपवित्र हो जाता है। इसलिए आदिनिवासी कमर में झाड़ू बाँधकर रास्ते पर चलें, जिससे उनके चलने के साथ ही रास्ता भी साफ होता रहे।

आर्यों द्वारा शुरू की गई यह प्रथा मुख्यत: आदिनिवासियों में हीनता-बोध की मनोग्रंथि पैदा करने के लिए शुरू की गई थी। इस अमानवीय और अत्याचारपरक व्यवहार के कारण यहाँ के आदिनिवासियों ने स्वयं द्वारा बनाए गए रास्तों पर चलाना छोड़ दिया, क्योंकि उस पर आर्य चलने लगते थे। आदिनिवासी नए रास्ते से चलते या जंगल-झाड़ी होते हुए चलते। इस अमानवीय कुप्रथा का मनोवैज्ञानिक प्रभाव आज तक हमें देखने को मिलता है। आज भी बहुत-सी ऐसी जातियाँ हैं, जो सीधे रास्ते पर न चल कर खेत-खलियान, जंगल, झाड़ी होते हुए चलती हैं। आज भी इसी देश में ऐसी बहुत-सी सड़के हैं, जिस पर आदिनिवासियों को चलने नहीं दिया जाता है। यदि वे उस पर चलने की कोशिश करते हैं तो उनको मारा-पीटा जाता है। उनकी हत्या कर दी जाती है।

आदि— *क्या आर्य, मूलनिवासी स्त्री को पुनर्विवाह का अधिकार नहीं देते थे? और क्या पति के मर जाने के साथ ही स्त्रियों को जला दिया जाता था? ऐसी प्रथा आर्यों ने क्यों चलाई?*

पेरियार ललई सिंह—हाँ, पुनर्विवाह का अधिकार आर्यों ने स्त्री को नहीं दिया था। इसका जो मुख्य कारण था, वह यह कि स्त्रियाँ यहाँ की मूलनिवासी थीं, जिन्हें आर्यों ने द्रविड़ आदिनिवासियों से छीना था, अपहृत किया था। आर्यों का मानना था कि यदि वह स्त्री दूसरी जगह जाती है तो सम्पूर्ण छल, बल और घात-भेद खोल देगी। इस कारण आर्य पुरुष के मृत्यूपरान्त अपनी स्त्रियों को जिन्दा जला देते थे।

एक और महत्त्वपूर्ण बात कि आर्यों ने अपनी कथित शुद्धता बचाने के लिए भी स्त्रियों को जिन्दा जलना शुरू कर दिया था। उन्हें इस बात का भी डर था कि

कहीं ये पतिविहीन स्त्रियाँ आदिनिवासियों से विवाह सम्बन्ध बनाकर हमारी सुचिता, पवित्रता और संस्कारों आदि को खंडित न कर दें। इसलिए आर्य स्त्रियों को जला देते थे। इस कोशिश में किसी भी तरह जीवित बच गई स्त्रियों को सदा वे उपेक्षित-अपमानित करते रहते थे। इस भावना के कारण उस स्त्री से कोई मूलनिवासी किसी भी प्रकार का सम्बन्ध नहीं बनाएगा।

आधुनिक समय में अंग्रेजों ने कानून बनाकर सती प्रथा को अवैध और अमानवीय कृत्य घोषित करते हुए इसे प्रतिबन्धित किया। अंग्रेजों ने इस प्रथा को दंड संहिता के अन्तर्गत रखा। इसके बाद इस कानून को लोगों के बीच राजा राममोहन राय ने प्रचारित-प्रसारित किया। इस तरह अंग्रेजों ने आदिनिवासी स्त्रियों को जलाने की प्रथा को सदा के लिए बन्द कर दिया।

आदि— *आर्य पुत्र और ठाकुर जाति में जन्मे रामचन्द्र ने आदिनिवासी आचार्य शम्बूक की हत्या क्यों की?*

पेरियार ललई सिंह—आक्रान्ता आर्य तार्किक और प्रबुद्ध आदिनिवासियों की लगातार हत्याएँ करते आ रहे थे। उसी कड़ी में शम्बूक और उनके गुरु लवणासुर की आर्यों ने हत्या की। आदिनिवासी शम्बूक और उनके गुरु लवणासुर ब्राह्मण धर्म अर्थात् सनातनी वर्ण-व्यवस्था पर आधारित सामाजिक संरचना का विरोध कर रहे थे। वे समतावादी सामाजिक संरचना को मानते थे। ऐसी ही सामाजिक संरचना को वे निर्मित करना चाहते थे, जिस कारण आर्य पुत्र क्षत्रिय राजा रामचन्द्र ने अपने गुरु विश्वामित्र, गुरुकुल और ब्राह्मणों के कहने पर शम्बूक और उनके गुरु लवणासुर का मर्डर कर दिया। ऐसा कर गुरुकुलि 'वसिष्ठ परम्परा' का निर्वहन किया गया।

आचार्य शम्बूक का मर्डर कर 'राम' मर्यादा पुरुषोत्तम कहलाए अर्थात् एक शूद्र आचार्य की हत्या कर वर्ण-व्यवस्था की मर्यादा की रक्षा की। उसकी सर्वोच्च मर्यादा का निर्वहन किया। इस कारण यह आर्य पुरुष सभी आर्य पुरुषों में उत्तम कहलाया। अत: वह वर्ण-व्यवस्था की मर्यादा का निर्वहन करने के कारण राम मर्यादा पुरुषोत्तम कहलाए। इस बात को आप पूरे विस्तार से 'शम्बूक-वध' नाटक (लेखक—पेरियार ललई सिंह) में पढ़ सकते हैं।

आदि— *जब आदिवासी, आदिनिवासी या मूलनिवासी बहादुर और वैज्ञानिक चेतना की प्रकृति के लोग थे, तो आर्यों ने कैसे इन्हें अपना गुलाम बना लिया? कैसे महान सैन्धव सभ्यता पर अपना साम्राज्य स्थापित कर लिया?*

पेरियार ललई सिंह—हमारे यहाँ चार समय सत्य माने गए हैं—1. सत्यम्, 2. कार्यम्, 3. युद्धम् और 4. विषयम्। इसे आर्यों ने चालाकी से 'चार आर्य सत्य' में बदल दिया। यहाँ के मूलनिवासी सबसे पहले जीवन में सत्यम् अर्थात् सत्य का

व्यवहार करते हैं। सत्यम् का समय सदा होता है। यहाँ की मानव सभ्यता में 'सत्यमेव जयते' की अवधारणा स्थायी सत्य तत्त्व के रूप में स्थापित है।

कार्यम्—आदिनिवासी श्रम को अपने जीवन का अहम् कार्य मानते थे। प्रातः से लेकर दोपहर तक जीवन हेतु श्रम कार्य करते थे। दोपहर में थोड़े से विराम के बाद युद्धम् का समय प्रारम्भ हो जाता था। इस समय में आदमी खेल, कूद, व्यायाम, गदा अभ्यास आदि करते थे। इसके बाद सायंकाल में विषयम् काल शुरू हो जाता था। विषयम् समय में आदिनिवासी बच्चे, बूढ़े, पुरुष, स्त्रियाँ आदि सभी बिलकुल खुले मैदान में गीत-संगीत-नृत्य आदि करते, साथ में सामूहिक बातचीत, संवाद, हँसी-ठहाका आदि लगाते थे।

महान सैन्धव भूमि पर छल-बल के साथ जब आक्रान्ता आर्य आए तो उन सबने बहुत चालाकी का परिचय दिया। आर्य ब्राह्मणों ने सुबह-सुबह उठकर झूठ बोलना, कर्मकांड आदि करना, अन्धविश्वास आदि शुरू किया। प्रातः से रात्रि तक हाथ फैलाए यह कहते हुए घूमते रहते कि हम दीन-हीन-गरीब कमजोर लोग हैं, हम से श्रम नहीं होता, हमें जीविकोपार्जन हेतु कुछ न कुछ अन्न और रहने हेतु कुछ न कुछ जमीन जरूर दें। आप सब बहुत सुखी स्वस्थ हैं। आपके जल, जंगल, जमीन और जोरू बहुत स्वस्थ और सुखी हैं। हमें भी अपने इस सुखी देश में शरण दें। यही आगे चलकर पुरोहित वर्ग बना।

इन्हीं आर्यों में से एक वर्ग ऐसा इन लोगों ने तैयार किया जिसने यहाँ की मानवता और प्रकृति का संहार शुरू कर दिया। यह 'क्षत्रिय वर्ग' कहलाया। इसका कार्य युद्ध करना और लोगों को आपस में लड़ाना होता था। ये लोग आदिनिवासियों की वस्तु/माल आदि को एक-दूसरे आदिनिवासियों के यहाँ रख देते थे और कई बार चुराया हुआ माल यज्ञ आदि में जला देते थे। इस तरह की सम्मोहन पैदा करनेवाली वस्तुओं को चुराने, जलाने के कारण आदिनिवासियों में आपस में ही धीरे-धीरे लड़ाई की स्थिति बनने लगी।

आगे चलकर आर्यों की यह खतरनाक चाल आदिनिवासी की आपसी युद्ध का मुख्य कारण बनी। आदिनिवासी के युद्ध के समय आर्यों द्वारा बनाया गया तीसरा 'वैश्य वर्ग' यहाँ की सम्पत्ति को गुप्त चोरी के माध्यम से लूटना शुरू कर देता था। इस तरह आर्यों ने आदिनिवासियों की आर्थिक स्थिति खराब करना शुरू किया, जिसमें सबसे संहारक होता था मूलनिवासियों की सम्पत्ति को जलाना, लूटना और नष्ट कर देना।

आदिनिवासीयों के इन्हीं चार समय—'सत्यम्, कार्यम्, युद्धम् और विषयम्' को आर्यों ने आगे चलकर अन्धविश्वास और कर्मकांड के माध्यम से चार युग—सतयुग, त्रेता युग, द्वापर युग और कलि युग कहा। सत्यम् को सत्य युग, कार्यम् को त्रेता युग, युद्धम् को द्वापर और विषयम् को कलि युग कहा।

आदि— *आर्यों और अनार्यों में क्या मूलभूत अन्तर है?*

पेरियार ललई सिंह—

द्रविड़	आर्य
• द्रविड़ मातृ प्रधान (माटी, भूगोल, क्षेत्र प्रधान)।	• आर्य पितृ प्रधान (वीर्य प्रधान)।
• वर्ण और जाति-भेद नहीं था।	• वर्ण और जाति-व्यवस्था का भेद था।
• चचाजाद भाई का विवाह हो।	• आर्यों में नहीं हो सकता था।
• भूइयाँ (पृथ्वी), यानी शंकर आदि की पूजा करते थे।	• आर्य सूर्य, चन्द्र, अग्नि आदि की पूजा करते थे।
• योग साधक थे।	• यज्ञ, पशु-यज्ञ कर्म कांड सुरा-सुन्दरी में मग्न रहनेवाले थे।
• उपास्य विरक्त, सर्वत्यागी शिव महायोगीश्वर थे। धर्म-त्याग का था।	• इन्द्र योगेश्वर-मय
• द्रविड़ संस्कृति दु:ख एवं संसार से निवृत्ति मोक्ष आधारित मानवतावादी थी।	• भोगैश्वर्य व यज्ञ द्वारा खर्च में भी सोमश्वर्य सूर्य-पूजक वंशवादी, गोत्रवादी, नस्लवादी, जन्मवादी व अध्यात्मवादी थे।
• आदिनिवासी द्रविड़ों का गणतंत्री शासन था।	• आर्यों का गुरुतंत्रीय, एकतंत्रीय राजतंत्री शासन था।
• द्रविड़ मानसिक सुन्दरता पर बल देते थे।	• आर्य शारीरिक सुन्दरता पर बल देते थे।
• द्रविड़ संस्कृति में मानव को सेवा देने का भाव था।	• आर्य संस्कृति में मानव से सेवा लेने का भाव था।
• द्रविड़ संस्कृति प्रेम-मयी, समता-मयी, मैत्री भावना और विकेन्द्रीयकरण की थी।	• आर्य संस्कृति घृणा-मयी, विष-मयी, विराग-मयी, असीम केन्द्रीकरण की थी।

आदि— *आदिनिवासियों के नियम क्या-क्या हैं?*

पेरियार ललई सिंह—

1. सत्य को मानना।
2. मानवतावादी और समतामूलक समाज की स्थापना।
3. जो विद्या, ज्ञान और तर्क से जानी जा सके, उसी सत्य को जीवन के व्यवहार में उतारना।

4. ज्ञान का प्रकाश करना, अज्ञानता का नाश करना।
5. अनुभवजन्य ज्ञान को अधिक महत्त्व देना।
6. सम्पूर्ण मानवता का उपकार करना।
7. सबके साथ समानता और बन्धुता का व्यवहार करना।
8. सामाजिक उन्नति में ही अपनी उन्नति मानना चाहिए।

आदि— *आर्य ईश्वर के साकार या निराकार किस रूप को मानते थे?*

पेरियार ललई सिंह— आर्यों की जो 'ढोंगी नैतिकता' है, उसके सामने सब कुछ घुटने टेक देता है। आर्यों के चार वेद, अठारह पुराण, छह शास्त्र मुख्य धर्म ग्रंथ हैं। ये सब अपनी-अपनी गाते हैं। वेदों में जहाँ निर्गुण ईश्वर को माना गया है। वहीं पुराणों में ईश्वर के साकार रूप को स्वीकार किया गया है। कोई निराकार और अजन्मा है तो कोई अवतार लेता है।

वास्तव में, इन लोगों की नैतिक चाल को हमें समझना होगा। ये लोग बहुत जटिल और कुटिल हैं। ये लोग ईश्वर के अस्तित्व को हर समय भ्रम की स्थिति में रखते हैं, क्योंकि ये नहीं चाहते कि उस ईश्वररूपी पत्थर से भ्रम का जाल हटे, लोगों को सत्य का ज्ञान हो। वास्तव में, ये लोग स्वयं को ही स्वयम्भू के रूप में स्थापित करना चाहते थे।

आदि— *आर्य यदि ईश्वर को नहीं मानते हैं तो मन्दिर क्यों बनवाते हैं? उसमें अपने ईश्वर को क्यों रखते हैं?*

पेरियार ललई सिंह— आज आप देखिए कि मन्दिर अर्थ के केन्द्र हैं? उसमें मानसिक गुलाम आदिनिवासी सबसे अधिक चढ़ावा चढ़ाने जाते हैं। आर्यों ने बहुत चालाकी से सबको उसमें अर्थ (पैसा) दान करवाने के लिए अनेक ईश्वर, देवी-देवता आदि बैठा दिया, जिसको देखने आशीर्वाद लेने ये मानसिक गुलाम मूर्ख मूलनिवासी जाते हैं? और अपना अर्थ-सम्पत्ति आर्य ब्राह्मणों को दान करके चले आते हैं? इस चालाकी से आर्यों ने मन्दिर का निर्माण किया और वहाँ से स्वर्ग-नरक का टिकट बाँटना शुरू किया।

आर्यों के मन्दिरों में 'प्रभु' की नहीं, बल्कि 'प्रभुत्व' की पूजा होती है। यह प्रभुत्व 'ब्राह्मण' का होता है। उस प्रभुत्व के खिलाफ जो भी जाता है, ये उसका संहार कर देते हैं। आप देखिए कि यहाँ के आदिनिवासियों के जीविकोपर्जन के मुख्य स्रोत जल, जंगल, जमीन और पशु थे। इन सबका आर्यों ने संहार करना शुरू कर दिया। यज्ञों में 'पशु बलि यज्ञ' को देखिए, उसमें हजारों-लाखों गाय, बैल, भैंस, भैंसा और अनेक पक्षियों की बलि दी जाती रही है। इसी तरह आज भी इस देश के मूलनिवासी-आदिवासियों का संहार जारी है।

आदि— *ये पंडा-पुरोहित ब्राह्मण घूम-घूमकर भिक्षादि क्यों माँगते हैं? और भ्रमादि क्यों फैलाते हैं?*

पेरियार ललई सिंह— आक्रान्ता आर्यों ने जब महान सैन्धव सभ्यता को नष्ट करके भारतभूमि पर अपना आधिपत्य जमा लिया, तब इन लोगों ने अन्धविश्वास, कर्मकांड, भाग्य, भगवान या ईश्वर का भय दिखाकर यहाँ के मूलनिवासियों से अर्थ और धन कर (जंग) रूप में लेने लगे।

इसके साथ जब ऐतिहासिक क्रान्तियाँ हुईं तो असुरों का शासन पुनः स्थापित हुआ। उस स्थिति में आर्य ब्राह्मण पुनः भीख माँगना शुरू कर दिए। इस भीख माँगने की कला को आर्यों ने हथियार की तरह प्रयोग किया, जिसमें जो शूद्र-अतिशूद्र अधिक अर्थ और धन सम्पन्न थे, उनके यहाँ ये अधिक भिक्षा माँगने जाते थे। इसमें इनकी चालाकी यह होती कि शूद्र-अतिशूद्र को किस तरह कंगाल बनाया जाए। उसे लूटने और लुटवाने के लिए इनकी नजर हर समय गड़ी रहती थी।

इस चालाकी को ये लोग यहाँ तक ले जाते थे कि उस शूद्र-अतिशूद्र के खिलाफ खूब मिथ्या अफवाह भी उड़ाते थे। उसे अनेक माध्यमों से बदनाम करते थे। इस कला का प्रयोग आर्य ब्राह्मण आज भी करता है। इनकी कोई भी अफवाह शूद्र-अतिशूद्र का संहार और आर्यों के लाभ के लिए ही होती। यह सिलसिला आज तक जारी है।

आदि— *देवी-देवताओं का क्या सच है?*

पेरियार ललई सिंह— देवी-देवताओं के सच को तथ्यात्मक और तार्किक तरीके से समझना होगा। ईरान में 'शाहनामा' नामक ग्रंथ है। इसके रचनाकार ईरान के महान कवि-विद्वान-लेखक 'फिरदौसी' हैं। यह रचना 12वीं-13वीं शताब्दी में लिखी गई है। इस ग्रंथ में 'देव' नाम के आदिवासियों का उल्लेख है। इसमें इस बात का उल्लेख है कि यूरेशिया से आनेवाले आर्यों ने ईरान में कुछ वर्षों के लिए विराम लिया।

ये लोग लड़ाकू और घुड़सवार होते हैं। यह सब बातें ईरान के राजा को पता चलीं। उस राजा को यह भी बात पता चली कि ये लोग गोरे रंग के हैं। इनके साथ आनेवाली औरतें एकदम गोरी हैं। उस राजा ने पाँच सौ यूरेशियन आर्यों को चयनित करके उन्हें उन्हीं के यूरेशियन घोड़ों पर सवार करवाया और साथ में उन्हें पर्याप्त खाना-खर्च राशन आदि सामग्री, और राजा ने कहा कि तुम सभी अपने देश जाओ, वहाँ से पाँच सौ गोरी युवतियों को अपहृत करके मेरे हरम के लिए लाओ।

यूरेशियन घुड़सवार पाँच सौ गोरी युवतियों को लाने निकल गए। वे यूरेशिया से पाँच सौ गोरी युवतियों को लेकर कुछ सालों बाद आए। 'ईरान' आने के बाद उन

लोगों ने देखा कि यहाँ के राजा की मृत्यु हो चुकी है। इस स्थिति में यूरेशियन आर्यों ने सोचा कि अब इन गोरी युवतियों को लेकर कहाँ जाया जाए? वहीं सामने स्थित देव पर्वत को आर्यों ने देखा और उन युवतियों को लेकर ऊँचाई पर स्थित 'देव पर्वत' पर जाकर छुप गए। उस 'देव' नामक पर्वत पर इन लोगों से जो पुत्र जन्मे, उन्हें 'देवता' कहा और जो पुत्रियाँ जन्मी, उन्हें 'देवी' कहा। 'ता' अर्थात् 'उससे उत्पन्न'।

आर्यों का यही जत्था सिन्धु भूमि तक आया। देव पुत्र की इन सन्तानों के सरदार को 'इन्द्र' की उपाधि दी जाती थी। जो लोग इस जत्थे में आए, वे 'देवता' कहे गए और जो स्त्रियाँ आईं, उन्हें 'देवी' कहा गया। ईरान में आज भी 'देव' नाम का पर्वत विद्यमान है। इस पर्वत पर इनकी जो सन्तानें/वंशजें रह गई थीं, के आज 'कुर्द' कहलाती हैं।

वैसे 'देव पर्वत' पर जन्मे यूरेशियन आर्य 'कुर्दों' को 'सन ऑफ माउंटेन' अर्थात् 'पर्वत पुत्र' कहा जाता है। इसी कारण इन्हें 'देव पुत्र' भी कहा जाता है। यही 'कुर्द' दुनिया भर के देशों में फैल गए। आज यह जाति ईरान, इराक, इजराइल, फिलीस्तीन, तुर्की आदि जगहों पर फैली हुई है। यही 'देव पुत्र' भारतभूमि में घुस आए। इनके वेद, पुराण, स्मृति, शास्त्र आज भी स्थापित रूप से कहते रहते हैं कि हमारे पूर्वज आर्यगण हिमालय पर्वत से आए हैं। ये आर्य ईरान के उसी 'देव पर्वत' से चलकर हिमालय पर्वत होते हुए भारत अर्थात् सिन्धु भूमि में घुस आए। इसी कारण ये हिमालय को 'देवभूमि' कहते हैं।

आर्य देव पुत्रों अर्थात् 'कुर्दों' का स्वभाव लड़ाकू और वर्चस्ववादी होने के कारण यहाँ के आदिनिवासियों के साथ लगातार लड़ाइयाँ होती रहती थीं। इन देव पुत्रों की आदिनिवासियों के साथ हुई लड़ाई का उल्लेख 'ऋग्वेद' में सुर-असुर संग्राम के रूप में है। बहुत चालाकी से आर्य-सुर-देव पुत्रों ने इस लड़ाई को 'संग्राम' कहा। इस लड़ाई या संग्राम का ही एक रूप देवासुर संग्राम है अर्थात् पर्वत पुत्र के देवताओं और भारतभूमि के असुरों के बीच की लड़ाई।

आप वर्ण-व्यवस्था को ऐतिहासिक सन्दर्भ में देखें तो ईरान के इस 'देव पर्वत' के कुर्द कबीलों में वर्ण-व्यवस्था का लक्षण लम्बे समय तक विद्यमान मिलेगा। जर्मनी में भी वर्ण-व्यवस्था का अति-सूक्ष्म लक्षण उसके शुरुआती समय में विद्यमान था। इसलिए देवी-देवताओं के इस मिथक और मानसिक गुलामी से आदिनिवासियों को बिना सोचे-समझे बाहर आ जाना चाहिए।

भगवान शब्द की उत्पत्ति को जानने के लिए हमें प्राचीन पालि भाषा और साहित्य में जाना होगा। यह प्रचलित 'भगवान' शब्द पालि भाषा का शब्द है। पालि में इसे 'भगवां' बोलते और लिखते हैं। हिन्दी में यह 'भगवान' के रूप में रूढ़ हो गया है। इसी रूप में लिखा और बोला जाता है। इसका अर्थ और परिभाषा प्राचीन पालि भाषा में आचार्य बुद्ध घोष ने 'विशुद्धि मग्ग' में किया है—'भग्ग रोगो! भग्ग

दोषो! भग्ग मोहो! चपि इतिपि सो भगवा।' 'भग्ग' मतलब 'समाप्त', भगा दे अर्थात् जो समाप्त कर दे रोग को। जो समाप्त कर दे दोष को, जो समाप्त कर दे मोह को, वही भगवान है।

भगवान वस्तुगत भौतिक संसार का शब्द है आध्यात्मिक संसार का नहीं। यह भौतिक पद भी भगवान पद से ही निकला जान पड़ता है। यह 'भग्ग' शब्द भी किस प्रकार भोजपुरी भाषा से निःसृत और उसका निहितार्थ लिये हुए है, उसे भी समझिए—'भग्ग' की भोजपुरी होगी 'भगा देना'। 'भग्ग रोगो' अर्थात् जो भगा दे रोग को। भग्ग दोषो, जो भगा दे दोष को। 'भग्ग मोहो' जो भगा दे मोह को। यही वह उत्स है जहाँ से जान पड़ता है कि भग्ग अर्थात् भगवान भोजपुरी भाषा का शब्द है। जिस भोजपुरी भाषा में बुद्ध अपना प्रवचन कहते थे।

आप वेद, स्मृति, पुराण का अध्ययन करके देखिए, आर्य अपने 'ईष्ट' के लिए देवी-देवता शब्द का प्रयोग करते हैं। उससे थोड़ा-सा आगे बढ़ते हैं तो 'ईश्वर' शब्द का प्रयोग करते हैं किन्तु 'भगवान' पद का प्रयोग वेद, पुराण, स्मृति आदि ग्रंथ में कहीं नहीं है। इससे यह भी सन्दर्भ निकल रहा है कि पालि, प्राकृत और भोजपुरी कितनी प्राचीन भाषा हैं। इसी तरह 'भग्ग', 'भाग्य' और 'भाग' के अन्तर को भोजपुरी में समझिए। जैसे भोजपुरी लोग कहते हैं न कि 'भाग में ना रहल ह।' अर्थात् भाग्य में नहीं था। तब यह सन्दर्भ और गहराई से समझ में आएगा।

आदि— *हमारी आदिम भाषा कौन-सी है?*

पेरियार ललई सिंह— हमारी महान सैन्धव सभ्यता की भाषा की लिपि और साक्ष्यों को आक्रान्त आर्यों ने पूरी तरह नष्ट कर दिया, जिस कारण अभी तक सैन्धव सभ्यता की महान भाषा पढ़ी नहीं जा सकी है। सैन्धव सभ्यता की भाषा के बाद आर्यों ने यहाँ के आदिनिवासियों को लम्बे समय तक अभाषा और अज्ञानता के गर्त में रखा।

इस दौरान यहाँ के आदिनिवासियों ने अपने टीलों और जंगलों में कई नई भाषाओं का सृजन किया। इसी दौर में आर्यों ने संस्कृत भाषा के वर्चस्व को स्थापित कर दिया। किन्तु आदिनिवासियों की आदि प्राचीन पालि आदि भाषाएँ साधारण जन में चलती रहीं। इसके बाद प्राकृत भाषा बनती है। उसके बाद अनेक भाषाएँ आती हैं। लेकिन संस्कृत भाषा से आदिनिवासियों का कोई लेना-देना नहीं है। अनार्यों की उस भाषा का स्रोत महान सैन्धव सभ्यता की भाषा से ही चलकर आज तक अनेक बोलियों के रूप में सतत् प्रवाहित हो रहा है।

आदि— *आर्यों का कहना है कि इस देश की सबसे प्राचीन भाषा संस्कृत है?*

पेरियार ललई सिंह— यह बात बिलकुल असत्य है, क्योंकि संस्कृत भाषा का अर्थ है संस्कार की भाषा अर्थात् जिनका संस्कार किया जाता था अर्थात् संस्कारित,

संशोधित, परिमार्जित भाषा। उनकी ही यह भाषा थी। संस्कार करने की कथित प्रथा आर्यों की थी। आदिनिवासियों में तो समता की बात है। उनमें संस्कार जैसा कुछ नहीं है। इसलिए इनकी भाषा भी समता की भाषा है। सैन्धव-सभ्यता की भाषा के बाद पालि, प्राकृत भाषाएँ बनीं। इसी को संस्कारित कर आर्यों ने संस्कृत भाषा गढ़ा। यह वेदों के समय की भाषा है।

अतः संस्कृत प्राचीन भाषा नहीं है। यह प्राचीन पालि/प्रकृति के बहुत बाद की भाषा है, जिसमें यूरेशियन शब्दों की भरमार है। आप सोचिए कि यूरोपिय भाषाओं के एक भी शब्द पालि-प्राकृत में नहीं है। न ही इस भाषा के एक भी शब्द यूरोप की किसी भाषा में है। जबकि संस्कृत में यूरोपीय भाषा के शब्दों की भरमार है। इस शब्द और भाषा के निर्माण और इतिहास से हम अन्दाजा लगा सकते हैं कि आर्य यूरेशिया से आए हैं। संस्कृत भाषा यूरेशियन भाषा है। विदेशी है। संस्कृत भाषा का दूसरा अर्थ है—संशय में डालनेवाली भाषा।

संस्कृत और हिन्दी दोनों इस देश की मूल भाषाओं को निचोड़ करके, परिमार्जिक करके, संस्कारिक करके बनाई गई हैं। संस्कृत जहाँ प्राचीन पालि और प्राकृत से वर्ण-संकर हो कर अपना अस्तित्व निर्मित की है। वहीं हिन्दी ने इस देश की मूल भाषा—भोजपुरी, बुन्देली, ब्रज, अवधी, ब्राचड, सिन्धी, गुजराती, पंजाबी आदि को निचोड़कर उन्नीसवीं सदी में अपना अस्तित्व निर्मित किया है। इस तरह संस्कृत और हिन्दी वर्णसंकर भाषा हैं।

वास्तव में, ये नकल करके निर्मित भाषाएँ हैं। ये डुप्लीकेट भाषाएँ हैं। सच तो ये है कि ये भाषाएँ ही नहीं हैं। यह दिलचस्प बात है कि जो इस देश की मूल भाषा है उसे आर्य/सवर्ण 'बोली' कहते हैं और जो नकल करके बनी है, उसे संस्कारित भाषा, राष्ट्रभाषा आदि कहते हैं। इस तरह जो 'भाषा' है, उसे ये सब 'बोली' कहते हैं और जो 'बोली' है, उसे ये सब 'भाषा' कहते हैं।

वास्तव में, जो भाषा ही नहीं है, उसे ये सब भाषा कहते हैं। संस्कृत दरअसल भाषा नहीं, आर्यों की कोड बोली थी। आर्य आपस में कोड में बात करते थे। वे कोड में बोली इसलिए बोलते थे कि यहाँ के आदिनिवासी उनकी बोली बात को समझ न पाएँ। इस कोड बोली को ही आर्यों ने संगृहीत-संकलित कर संस्कृत भाषा अर्थात् वर्ण-संकर संकर की भाषा का निर्माण किया, जो प्राचीन-पालि से अनुकृत है।

इसी कारण मैं बार-बार कहता हूँ, जो बोली थी, उसे ये सब भाषा कहने लगे। जो भाषा थी, उसे बोली। ऐसे ही हिन्दी जो वर्ण-संकर भाषा है। नकल की भाषा है। उसको मातृभाषा तक कहते हैं और इस देश की अकल और असल भाषा को बोली कहते हैं।

भोजपुरी जो एक पूर्ण भाषा है। जिस लोक भाषा में बुद्ध ने अपने प्रवचन कहे थे? जिसे बाद में अन्य भाषाओं में अनुवादित किया गया, उसे भी ये सब बोली कहते हैं। दरअसल, यह उनका खतरनाक भाषाई दोहरा चरित्र है। इसे इस देश के

आदिनिवासियों को समझना पड़ेगा। आर्यों की भाषा और साहित्य को जिस दिन आदिनिवासी समझ जाएँगे, उसी दिन से ये सभी प्रकार की गुलामी से मुक्त हो जाएँगे। सारा खेल भाषा का है, कारण कि दिमाग—भाषा और साहित्य से निर्मित होता है।

आदि— *क्या संस्कृत इस देश की मातृभाषा है?*

पेरियार ललई सिंह— नहीं! संस्कृत इस देश की मातृभाषा नहीं है। इस देश की मातृभाषा पालि, प्राकृत से निकलनेवाली अनेक वर्तमान मूल भाषाएँ हैं।

आदि— *संस्कृत भाषा में क्या है?*

पेरियार ललई सिंह— इस (संस्कृत) भाषा के इतिहास में वर्ण-व्यवस्था और जाति-व्यवस्था, ब्राह्मणवादी वर्चस्व को बानाए रखने का चिन्तन है। आर्यों के यहाँ आने और उनके वंश-वर्चस्व का इतिहास है?

आदि— *क्या आदिनिवासियों का इतिहास लोप हो चुका है?*

पेरियार ललई सिंह— आर्यों ने आदिनिवासियों की पहचान के शिलालेख, ताम्रपत्र पहाड़ों, गुफाओं के चिह्न को खोज-खोजकर नष्ट किया। आदिनिवासी राजाओं के नाम आदि को भी आर्यों ने इतिहास के गर्त में डाल दिया, जिससे उन सबका लोप हो चुका है। लेकिन उनके 'खेर' अर्थात् गढ़ियाँ अभी तक मौजूद हैं। इन खेरों में बचे हुए लेख भी मिल चुके हैं।

इनका इतिहास यह भी है कि आदिनिवासियों के यहाँ विवाह, पुनर्विवाह और बिन विवाह के भी स्त्री किसी भी पुरुष से स्व-इच्छा से और स्वतंत्र होकर सम्बन्ध बना सकती है। सन्तान उत्पन्न कर सकती है। उस सन्तान को पूरी सामाजिक वैधता प्राप्त होती है, जबकि यह आर्यों और आर्य स्त्रियों में नहीं है।

आज आदिनिवासियों को शूद्र-अतिशूद्र, दलित, पद-दलित, बहुजन, अनुसूचित जाति, अनुसूचित जनजाति आदि नामों से पुकारा जाता है। वैसे इन्हें आज राजनीतिक शब्दावली में पिछड़े, दलित, आदिवासी, अल्पसंख्यक आदि अर्थात् बहुजन के रूप में पुकारा जाता है।

सच्ची रामायण

पेरियार ई.वी. रामास्वामी
मालीगाई, पुथुर, तिरुचीराप्पल्ली-17 (तमिलनाडु प्रान्त)

प्रथम हिन्दी प्रकाशक
पेरियार ललई सिंह
अनुवादक—रामआधार

अशोक पुस्तकालय
झींझक, जिला—कानपुर, उत्तर प्रदेश, भारत-209302
अशोक विजय दशमी (दीक्षा दिवस) सम्वत् 2025 विक्रमी

प्रथम बार (तमिल भाषा) सन् 1930 ई.
प्रथम बार (अंग्रेजी अनुवाद) सन् 1959 ई.
प्रथम बार (हिन्दी अनुवाद) 1 अक्टूबर 1968 ई.
प्रथम बार 1,000 प्रतियाँ प्रकाशित
द्वितीय बार सन् 1971 ई.
तृतीय बार सन् 1972 ई.
चौथी बार सन् 1973 ई.
पाँचवीं बार सन् 1974 ई.
छठी बार सन् 1975 ई.
सातवीं बार सन् 1976 ई.
आठवीं बार सन् 1978 ई.
नौवीं बार सन् 1980 ई.
दसवीं बार सन् 1981 ई.
ग्यारहवीं बार सन् 1982 ई.
बारहवीं बार सन् 1984 ई.
तेरहवीं बार सन् 1986 ई.
चौदहवीं बार सन् 1988 ई.
पन्द्रहवीं बार सन् 1990 ई.
सोलहवीं बार सन् 1992 ई.

मुद्रक
सस्ता प्रेस
झींझक, कानपुर, उत्तर प्रदेश, भारत-209302

मूल्य : 2.75

!!समर्पण!!

जिला—रामनाथपुरम (तमिलनाडु प्रान्त)
के उन अमर शहीद अ-ब्राह्मण समुदाय
की पुण्य-स्मृति में
जिन्होंने धार्मिक एवं सामाजिक जन्मसिद्ध अधिकारों की प्राप्ति
हेतु सन् 1957 ई. में हँसते-हँसते प्राण न्योछावर किए,
सादर सप्रेम समर्पित। पंडित जवाहरलाल नेहरू प्रधानमंत्री ने
यदि इस (ब्राह्मण तथा अ-ब्राह्मण समुदाय के कल्पित,
ऊँच-नीच-विषयक) संघर्ष में जान बूझकर मतलहतन ढिलाई न बरती होती, तो
यह अ-घटित घटना किसी भी दशा में कदापि नहीं घट सकती थी।

दिनांक—1 अक्टूबर, सन् 1968 ई.

—पेरियार ललई सिंह

Permission Letter

(True Copy)

Maligai, Puthur, Tiruchirappalli,
Madras State.

To

Sir, Lalai Singh Yadava,
President—Ashok Pustakalya (Regd.)
Village & Post Office—Jhinjhak,
Disttrict—Kanpur, Uttra Pradesh, India

Sir,

You are permitted to publish in Hindi edition of 'The Ramayana : A True Reading' (English). Because those who were permitted in the past time has not published as it. Hence there permission should be treated and cancelled.

Thank you,

Dated—01.07.1968 E.

Your's Faithfully
Signature

Periyor E.V. Ramaswami

सच्ची रामायण

यों तो 'दि रामायना : ए ट्रू रीडिंग' का हिन्दी तरजुमा होता है—'रामायण : एक सच्चा अध्ययन', परन्तु हम लोगों ने कम पढ़े इनसानों की सहूलियत के लिहाज से 'सच्ची रामायण' नाम रखा है।

अशरफ खाँ अंसारी, प्रचार मंत्री

अशोक पुस्तकालय (रजिस्टर्ड), झींझक,
जिला—कानपुर, उत्तर प्रदेश

सच्ची रामायण

निर्णय

हाईकोर्ट ऑफ इलाहाबाद

हाईकोर्ट ऑफ जुडीकेचर इलाहाबाद
निर्णय : दिनांक—19 जनवरी, सन् 1971 ई.
उपस्थित फुल बैंच

(1) माननीय जस्टिस श्री ए.के. कीर्ति
(2) माननीय जस्टिस श्री के.एन. श्रीवास्तव
(3) माननीय जस्टिस श्री हरीस्वरूप

मुकदमा नम्बर 412 सन् 1970 ई.
क्रिमिनल मिसलेनियस एप्लीकेशन
अंडर सेक्शन 99 बी. क्रिमिनल प्रोसीजर कोड।

शीर्षक

ललई सिंह यादव, उम्र 60 साल आत्मज गज्जू सिंह यादव, अध्यक्ष अशोक पुस्तकालय (रजिस्टर्ड) ग्राम व पोस्ट—झींझक, पुलिस स्टेशन—मंगलपुर, जिला—कानपुर, उ.प्र.।

अपीलांट

विरुद्ध

गवर्नमेंट ऑफ उत्तर प्रदेश

रिस्पांडेंट

यह पुस्तक 'सच्ची रामायण' गवर्नमेंट ऑफ उत्तर प्रदेश की आज्ञा दिनांक—8 दिसम्बर, सन् 1969 ई. नोटीफिकेशन नम्बर 9733-बी/8-बी-2-1946-68 तथा गवर्नमेंट ऑफ उत्तर प्रदेश गजेट दिनांक—20 दिसम्बर, सन् 1969 ई. में प्रकाशित विज्ञप्ति के अनुसार, जब्त कर ली गई थी, क्योंकि यह पुस्तक कुछ नागरिक समुदाय की धार्मिक भावनाओं को जान-बूझकर चोट पहुँचाने तथा उनके धर्म एवं धार्मिक मान्यताओं का अपमानकरने के लक्ष्य से लिखी गई थी।

गवर्नमेंट ऑफ उत्तर प्रदेश की इस आज्ञा के विरुद्ध हाईकोर्ट ऑफ जुडीकेचर, इलाहाबाद में प्रकाशक ललई सिंह यादव ने क्रिमिनल मिसलेनियस एप्लीकेशन उपरोक्त शीर्षक की प्रस्तुति की।

हाईकोर्ट ऑफ जुडीकेचर इलाहाबाद ने उपरोक्त माननीय तीन जजों की स्पेशल फुल बैंच इस केस के सुनने के लिए बनाई। उन्होंने अपीलांट की ओर से योग्य एडवोकेट श्री बनवारीलाल यादव और रिस्पांडेंट की ओर से गवर्नमेंट एडवोकेट तथा उनके विशेष सहयोगी श्री पी.सी. चतुर्वेदी एडवोकेट व श्री आसिफ अंसारी एडवोकेट की बहस दिनांक—26, 27 व 28 अक्टूबर, सन् 1970 ई. को लगातार तीन दिन सुनी।

दिनांक—19.01.1971 ई. को माननीय जस्टिस श्री ए.के. कीर्ति ने बहुमत का निर्णय दिया—

(1) गवर्नमेंट ऑफ उत्तर प्रदेश की पुस्तक 'सच्ची रामायण' की जब्ती की आज्ञा निरस्त की जाती है।

(2) जब्तशुदा पुस्तक 'सच्ची रामायण' अपीलांट ललई सिंह यादव को वापस दी जाए।

(3) गवर्नमेंट ऑफ उत्तर प्रदेश की ओर से अपीलांट ललई सिंह यादव को तीन सौ रुपये खर्चे के दिलाए जाएँ।

नोट : अपीलांट ललई सिंह यादव की ओर से श्री बनवारीलाल यादव एडवोकेट, श्रीजयपाल सिंह कश्यप एडवोकेट, चौधरी चुन्नीलाल एडवोकेट, श्री गुलाब चन्द एडवोकेट, श्री गयाप्रसाद यादव एडवोकेट, श्री श्यामलाल यादव एडवोकेट, श्री सखाराम यादव एडवोकेट, श्री कुन्दन सिंह एडवोकेट, श्री आर.डी. गुप्ता एडवोकेट व श्री छेदी प्रसाद एडवोकेट आदि थे। उन्हें पाठकों की ओर से अनन्त धन्यवाद!

विनीत

—सोनेलाल संखवार

कोषाध्यक्ष, अशोक पुस्तकालय (रजि.) झींझक,
जिला—कानपुर, उत्तर प्रदेश

निर्णय

सुप्रीम कोर्ट ऑफ इंडिया, नई दिल्ली

1. यह पुस्तक 'सच्ची रामायण' उत्तर प्रदेश सरकार के गजेट दिनांक—20 दिसम्बर, 1969 ईसवी के अनुसार जब्त हुई।

2. अपीलांट श्री ललई सिंह यादव, क्रिमिनल मिसलेनियस एप्लिकेशन नम्बर 412/1970 ई. निर्णय हाईकोर्ट ऑफ जुडीकेचर इलाहबाद दिनांक—19 जनवरी, 1971 ई. के अनुसार अपीलांट श्री ललई सिंह यादव की जीत हुई। अपीलांट को तीन सौ रुपये खर्चे के दिए गए। जब्त शुदा पुस्तकें 'सच्ची रामायण' भी अपीलांट को वापस दी गईं।

फुल बैंच

माननीय सर्वश्री जस्टिस ए.के. कीर्ति,
माननीय सर्वश्री जस्टिस के.एन. श्रीवास्तव
माननीय सर्वश्री जस्टिस हरि स्वरूप थे।

3. अपीलांट उत्तर प्रदेश सरकार क्रिमिनल मिसलेनियस अपील नम्बर 291/1971 ई. निर्णय सुप्रीम कोर्ट ऑफ इंडिया, नई दिल्ली दिनांक—16 सितम्बर, 1976 ई. के अनुसार अपीलांट की हार हुई अर्थात् रिस्पाडेंट श्री ललई सिंह यादव की जीत हुई। ('सच्ची रामायण' की जीत हुई।)

फुल बैंच

माननीय सर्वश्री जस्टिस पी.एन. भगवती,
माननीय जस्टिस डी.आर. कृष्णा अय्यर,
माननीय जस्टिस मुन्तजा फाजिल अली थे।

4. श्री बनवारी लाल यादव एडवोकेट ने हाईकोर्ट, इलाहाबाद में और श्री शिवनारायण सिंह यादव एडवोकेट, मकान नं. ई-33, मस्जिद मोड, (नियर ग्रेटर कैलाश-2), नई दिल्ली-110048 ने सुप्रीम कोर्ट में श्री ललई सिंह यादव की ओर से बहस की है। उन्हें गुणग्राही पाठकों की ओर से धन्यवाद!

—पेरियार ललई सिंह

विनम्र निवेदन

[हिन्दी संस्करण]

आज तक सम्पूर्ण संसार एकमत होकर यह निर्णय नहीं कर पाया है कि ईश्वर है और वह अमुक स्थान पर स्थायी रूप से रहता है। परन्तु 'जब-जब होय धर्म की हानी', तब-तब ईश्वर पृथ्वी पर आकर मनुष्य का अवतार लेता है। धर्म की परिभाषा है 'गौ-द्विज हितकारी'।

1. गाय खानेवाले आक्रमणकारियों नादिरशाह व अहमदशाह अब्दाली आदि, गो-भक्षक मुसलमान बादशाहों, गो-संहारक ईसाई वायसरायों और गौ-हत्या अन्य राष्ट्रों में गाय की रक्षा के लिए उस ईश्वर ने कभी अवतार क्यों नहीं लिया? इस प्रश्न के उत्तर के लिए ब्राह्मणी संस्कृति क्यों चुप है?
2. आर्य मध्य एशिया से भारत में 1500 वर्ष ईसा पूर्व आए। गौतम बुद्ध का जन्म 500 वर्ष ईसा पूर्व हुआ। महाराजा रावण बौद्ध धर्मी होने के कारण आर्य-ब्राह्मणों के हिंसामय-यज्ञों के विरोधी थे। इससे सिद्ध है कि राम का कार्य-काल त्रेता युग गलत है।
3. वाल्मीकि ने 'फैरोह ऑफ इजिब्ट' में वर्णित मिस्र देश के 'रामेसस द्वितीय' की कहानी के ढंग पर राम कथा कल्पित गढ़ी है।
4. सूर्यवंशी राजा इक्ष्वाकु की एक शाखा की साठवीं पीढ़ी में राम और दूसरी साखा की चौबीसवीं पीढ़ी में सीता का जन्म होना लिखा है। यदि एक पीढ़ी पच्चीस वर्ष की मानी जाए तो साठ पीढ़ी में से चौबीस पीढ़ी घटाने पर छत्तीस पीढ़ी शेष रही। अब छत्तीस पीढ़ी में पच्चीस वर्ष का गुणा करने पर नौ सौ वर्ष बाद में राम पैदा हुए, सीता से। इससे सिद्ध है कि राम और सीता समकालीन नहीं हैं।
5. शिव जी ने राम कथा रच कर प्रथम अपनी स्त्री पार्वती को, तत्पश्चात् काकभुशुंडि को सुनाई। काकभुशुंडि ने पहले याज्ञवल्क्य को, फिर गरुड़ को सुनाई। याज्ञवल्क्य ने भरद्वाज मुनि को सुनाई।
6. तुलसीदास ने लड़कपन की कम बुद्धि के कारण राम-कथा, जिसे उन्होंने अपने गुरु से सूकरक्षेत्र में सुनी थी, ठीक-ठीक समझ नहीं पाया। चूँकि

तुलसीदास विशेष पढ़े-लिखे नहीं थे इसलिए उन्होंने संस्कृत भाषा में लिखी वाल्मीकि कृत 'रामायण' आदि नहीं पढ़ी। अपनी इस कमजोरी को छिपाने के लिए वे स्थान-स्थान पर वेद (श्रुति या आगम-निगम) आदि को साक्ष्य के रूप में गलत घसीटा है। वास्तव में, तुलसीदास ने गंजेड़ी-भंगेड़ी साधुओं से नशे की पिन्नक में जो सुना, सो लिखा जैसे—

[अ] सीता की शोभा वर्णन करने में 'सकुवहिं श्रुति' किन्तु वेदों में सीता की हवा भी नहीं है।

[ब] पुरोहित ने 'छरस चारि विधि जस श्रुति गाई', भोजन बनाया। मगर वेदों में छौंका-बघारी (पाक-शास्त्र) का वर्णन नहीं।

[स] 'डरपे गीध-वचन सुन काना', गीध केवल मरे हुए पशु का मांस खाता है। 'सम्पाती' अति ही बूढ़े आदमी थे। इनके वचनों को सुनकर अति बलशाली हनुमान, अंगद, नल, नील व महामंत्री जामवन्त कदापि नहीं डर सकते थे।

[द] 'सर्बस दान दीन्ह सब काहू। जेहिं पावा राखा नहिं ताहू॥' राम जन्म के समय यह सम्पूर्ण दान अन्त में कहाँ और किसके पास चला गया? कहीं ढूँढ़ने से भी पता नहीं लगता?

[य] 'कौतुक देखि पतंग भुलाना। एक मास तेइँ जात न जाना॥' राम जन्मोत्सव के कौतुक को देखकर सूर्य भी अपनी चाल भूल गए। एक महीना उन्होंने जाता हुआ नहीं जाना अर्थात् सूर्य एक महीना वहीं अयोध्या में ठहरे रहे। विश्व के सामने भारतीय भूगोल की मूर्खता इससे अधिक और क्या होगी? क्या इसी मूर्खता का नाम 'रामचरितमानस' अर्थात् 'रामायण' है।

[र] 'गर्जेउ मरत घोर रव भारी। कहाँ रामु रन हतौं पचारी॥' रावण का (सिर रहित) रुंड दो टुकड़े होने पर गम्भीर गर्जन के साथ यह कदापि नहीं कह सकता था कि 'राम कहाँ हैं? मैं उन्हें ललकारकर युद्ध में मारूँगा।' (मेरे सामाजिक लेख पढ़िए।)

7. 'स्वान्तः सुखाय तुलसी रघुनाथ गाथा' के अनुसार कातिल, चोर व डाकू आदि भी अपने सुख के लिए सब काम करते हैं। तुलसीदास ने भी ऐसा ही किया। अर्थात् 'रामायण' अपने सुख के लिए लिखी।

[ल] मुसलमानी राज्य में गिरती ब्राह्मणी गरिमा को 'विप्र वंश के अस प्रभुताई। अभय होहि जो तुम्हही डेराई॥'...'इन्द्र कुलिस मम सूल बिसाला। कालदंड हरि चक्र कराला॥ जो इन्ह कर मारा नहिं मरई। बिप्र द्रोह पावक सो जरई॥' आदि लिखकर बचा ही नहीं लिया, अपितु ब्राह्मणों को सर्वोच्च पद दे दिया।

[व] तुलसीदास ने शूद्रों तथा स्त्रियों के माननीय जन्मसिद्ध अधिकारों पर जो डाका डाला है, उनके लिए चूँकि वे मर गए हैं, अतः अब 'रामायण' के हीनता-सूचकों अंशों के प्रचारकों, प्रकाशकों एवं प्रिंटर्स के ऊपर भारतीय-संविधान, भारतीय दंड विधान, अस्पृश्यता-अपराध अधिनियम तथा तलाक-बिल के अनुसार शासन द्वारा दंड दिया जाए।

8. 'जा दिन तें हरि गर्भहिं आए' तथा 'भये प्रकट कृपाला', यह विरोधाभास क्षमा के योग्य नहीं है।
9. तुलसीदास की बाँह में प्लेग की गिल्टी (गाँठ या फोड़ा) से मवाद बहने तथा गम्भीर संग्रह के कारण मरते समय गंगा नदी के किनारे काशी में राम, शिव, पार्वती व हनुमान आदि सभी देवी-देवताओं से मदद के लिए प्रार्थना की, किन्तु उन्होंने तुलसीदास की प्रार्थना कतई नहीं सुनी। किसी प्रकार की कोई मदद न तो स्वतः की और न चाकरों से कराई।

[श] जब उन देवताओं व देवियों आदि ने प्रार्थना-लेखक तुलसीदास की नहीं सुनी, तब तो स्पष्ट सिद्ध है कि पाठकों की प्रार्थना बिलकुल ही नहीं सुनी जा सकती। (रजनीकांत शास्त्री कृत 'मानस-मीमांसा' पढ़िए।)

अतः अब आप (विज्ञानवादी शूद्र व महाशूद्र) लोग 'रामायण' सुनने, पढ़ने, पढ़ाने, राम-लीला व रास-लीला के लिए चन्दा आदि का सहयोग देने तथा उनके देखने में रुपया एवं समय बिलकुल ही नष्ट न करें।

शासन से अनुरोध है कि भारतीय-संविधान के विरुद्ध अंशों का प्रचार-प्रकाशन तथा बालि-वध व रावण-वध आदि जैसी राष्ट्रीय एकता विरोधी राम-लीला आदि को तुरन्त बन्द करावे, वर्ना वह दिन दूर नहीं जब कि 'सबसे अधिक जाति अपमाना' के अनुसार, अपमानित स्वाभिमानी बहुसंख्यक समुदाय इश्तिआलतबा (क्रोधित दशा में) बदले की भावना की दृष्टि से 'फाँसी-लीला' खेलने के लिए कहीं मजबूर न हो जाए, जिसमें संविधान के अनुच्छेद 19(1जी) द्वारा माननीय समानाधिकार प्राप्त तपस्वी 'शम्बूक' के हत्यारे 'राम' को संविधान के अनुच्छेद 94 एवं भारतीय दंड विधान की धारा 302 के अन्तर्गत निष्पक्ष जन-न्यायालय में दोषी ठहराया जाकर फाँसी का दंड दिया जाए। इसका परिणाम हो सकता है, भीषण गृह-युद्ध। शासन की ऐसी कु-व्यवस्था को इतिहासज्ञ कभी क्षमा नहीं कर सकते।

अन्त में, वयोवृद्ध, सुयोग्य, खोजी लेखक महोदय, सरल भाषी अनुवादक महोदय, विद्वान समीक्षक महोदयों और गुणग्राही प्रिय पाठकों को अनन्त धन्यवाद।

सब सुखी एवं स्वस्थ रहें!

दिनांक—1 अक्टूबर, 1968 ई.

आप सबका

—पेरियार ललई सिंह

प्रथम आवृत्ति पर दो शब्द

1. राम और 'रामायण' के सभी पात्रों को यदि भगवान का अवतार या दैवी-शक्ति वाला मान लिया जाए, तब तो किसी विषय पर बुद्धिगम्य-तर्क करते हिन्दू हिन्दू न रहकर विधर्मी कहा जाएगा। बुद्धियुक्त सच्ची मानवता खतरे में पड़ जाएगी।
2. अत: उन्हें केवल मानवमात्र समझकर उनके चरित्रों का विवेचन किया जाए तभी 'सच्ची रामायण' की शंकाओं का समाधान किया जा सकता है।
3. रामचरित्र उपाध्याय कृत 'रामचरित्र चिन्तामणि', मैथिलीशरण गुप्त कृत 'साकेत', केदारनाथ मिश्र कृत 'कैकेयी' व बालकृष्ण शर्मा नवीन कृत 'उर्मिला' के अनुसार, राम को केवल मानव-मात्र के रूप में चित्रित किया गया है।

   —'राम कथा', अनुच्छेद 301
4. चन्द्रिका प्रसाद 'जिज्ञासु' कृत्त 'रावण और उसकी लंका' छठी बार, पृष्ठ नं. 21 में श्री मेल्लांडी व्यंकटरत्लम द्वारा लिखित 'दी रामा ग्रेटेस्ट फैरोह ऑफ इजिप्ट' नामक पुस्तक में सिद्ध किया गया है कि राम, कौशल्या, लक्ष्मण, सीता व वसिष्ठ नाम के व्यक्ति भारत में कभी पैदा नहीं हुए हैं। इस मत को मान लेने से या असुरों को असीरियन कहने की शेखी व साहस करने से सम्पूर्ण 'रामायण' विदेशी बनाने में राम से भी हाथ धोना पड़ेगा और सारा गुड़-गोबर हो जाएगा। अतएव आर्य पंडित की यह स्थापना भयानवी है।

   रावण का द्रविड़ियन होना तो दक्षिणी भारत के सभी लोग स्वीकार करते हैं। अधिकांश इतिहास लेखकों का भी यही मत है कि द्रविड़ लोग भारत के मूल निवासी हैं।
5. कॉमिल बुल्के कृत 'राम कथा', अनुच्छेद 110 के अनुसार, राम की कथा के वानर, ऋक्ष (भालू) और राक्षस विन्ध्य प्रदेश तथा मध्य भारत की आदिवासी अनार्य जातियाँ थीं। इसके विषय में प्राय: किसी को भी किसी प्रकार का मतभेद नहीं है। यद्यपि 'वाल्मीकि रामायण' में इन आदिवासियों

को वास्तव में वानर व ऋक्ष आदि माना गया है। फिर भी आदि-काव्य के अनेक स्थलों से पता चलता है कि प्रारम्भ में वे सब 'मनुष्य ही थे' का समर्थन 'वाल्मीकि रामायण', युद्ध कांड, सर्ग 66/5 से होता है। कुम्भकरण के युद्ध के समय युवराज अंगद से नल, नील, गवाक्ष और कुमुद से कहा कि 'हे वीरो! तुम लोग श्रेष्ठ कुल में उत्पन्न हुए हो। इस बात को भूलकर निर्बलों की तरह कहाँ भागे जा रहे हो?'

का समर्थन जी. रामदास कृत 'दी इबारिजिनल ट्राइब्स इन दी रामायण मेन इन इंडिया', भाग-5, पृष्ठ-28 से 55 और 'एबारिजिनल मेन्स इन दी रामायण जर्नल बिहार उड़ीसा सोसाइटी', भाग-11, पृष्ठ-41 से 53 से भी होता है।

—'राम कथा', अनुच्छेद 110

'जैन रामायणों' के अनुसार, जिस जाति की ध्वजा पर बन्दर का चिह्न होता था, वह वानर जाति कहलाती थी। जैसा कि आजकल रूस देश की ध्वजा पर 'रीछ' का चिह्न होने से उन्हें रशियन बीयर्स और अंग्रेज जाति की ध्वजा पर 'शेर' का चिह्न होने से उन्हें 'ब्रिटिश लायन्स' कहते हैं।

जैन ग्रंथों की रावण कथा में वानर चिह्नांकित ध्वजा मुकुटधारी जाति वानरवंशीय कही गई है। विभिन्न विद्वान भी इसी मत से सहमत हैं। का समर्थन शिवनन्दन सहाय कृत 'तुलसीदास', पृष्ठ 496 से भी होता है।

—'राम कथा', अनुच्छेद 110

6. 'वाल्मीकि रामायण', सुन्दर कांड, 110 सर्ग के अनुसार, रावण के एक सिर व दो भुजाएँ थीं।
   चिन्ताहरण चक्रवर्ती कृत 'इंडियन्स् हिस्टोरिकल क्वाटरली', भाग-1, पृष्ठ-779 और एस.एन. व्यास कृत 'जर्नल ऑफ दी इंडियन इन्स्टीटूड बड़ौदा', भाग-4, पृष्ठ-1 से भी समर्थन होता है।

—'राम कथा', अनुच्छेद 112

7. 'राम कथा', अनुच्छेद 112 के अनुसार, रावण का दशग्रीव नाम पहले रूपक के रूप में प्रयुक्त हुआ होगा अर्थात् जिस मनुष्य की ग्रीवा दश अन्य साधारण मनुष्यों की ग्रीवा के समान बलवान हो, उसका नाम था, 'दशग्रीव रावण' और बाद में दशग्रीव धारण करनेवाले प्राणी के अर्थ में किया जाने लगा।

आप सबका

—पेरियार ललई सिंह

भूमिका

'रामायण' किसी ऐतिहासिक तथ्य पर आधारित नहीं है। यह एक कल्पना-कथा है। इसके अनुसार राम न तो तमिलनाडु के निवासी थे और न उससे किसी प्रकार सम्बन्धित थे। उनके द्वारा मारे गए रावण लंका के महाराजा थे।

राम में तमिल सभ्यता कण-मात्र न थी। उनकी स्त्री सीता तमिलनाडु की विशेषताओं से रहित उत्तरी भारत की निवासिनी थीं। तमिल मनुष्यों को बन्दर और राक्षस कह कर उनका उपहास किया जाता है। यही बात स्त्रियों के प्रति भी है।

'रामायण' युद्ध में उत्तरी भारत का कोई भी निवासी ब्राह्मण (आर्य) या देवता नहीं मारा गया।

एक शूद्र ने अपने जीवन का मूल्य इसलिए चुकाया था, क्योंकि एक आर्य-पुत्र बीमार होने के कारण मर गया था।

ये सब लोग जो इस युद्ध में मारे गए, आर्यों द्वारा राक्षस कहे जानेवाले तमिलनाडु के मनुष्य हैं।

रावण राम की स्त्री सीता को हर ले गया, क्योंकि राम के द्वारा उनकी बहन 'सूर्पणखा' के अंग भंग किए गए व उनका रूप बिगाड़ा गया, रावण के इस कृत्य के कारण लंका क्यों जलाई जाए? लंका निवासी क्यों मारे जाएँ? इस कथा का उद्देश्य केवल दक्षिण की ओर प्रस्थान करना है। तमिलनाडु में किसी सीमा तक सम्मान के साथ इस कथा का विष-पान अर्थात् प्रचार, उपदेश तथा वहाँ के निवासियों के लिए निंद्य तथा पीड़ोत्पादक रहा है। राम और सीता में किसी प्रकार की कोई देवी तथा स्वर्गीय शक्ति नहीं है।

इस प्रकार कथित स्वतंत्रता प्राप्त कर चुकने के बाद गौरांगों (आर्यों) की प्रतिमाएँ तथा प्रसिद्धताएँ उन स्थानों में ले जाई गईं और आर्यों के देवताओं के नाम पर उनके नाम रख लिये गए। तमिलनाडु के जिन निवासियों की नशों में पवित्र द्रविड़ रूधिर दौड़ और खौल रहा है, उनका यह कर्तव्य है कि वे आर्यों की इस प्रतिष्ठा तथा सभ्यता, जो तमिलनाडु के विचारों और सम्मान को दूषित करती है, उसे मिटा देने की शपथ लें और अभियान शुरू कर दें।

—पेरियार ई.वी. रामास्वामी

प्रकाशकीय
[अंग्रेजी एडीशन]

'रामायण' के विषय में किए गए अनुसन्धान का एक श्रेष्ठ अंश यहाँ प्रस्तुत किया गया है। तमिलनाडु के एक सिरे से दूसरे सिरे तक लगभग चालीस वर्ष या कुछ अधिक समय तक अपने दैनिक प्रचार कार्य का सम्पादन करते हुए इस पुस्तिका के लेखक तथा दक्षिण भारतीय आन्दोलन के वीर सेनानी 'श्री पेरियार ई.वी. रामास्वामी' ने उक्त काव्य की गहरी छानबीन की है।

उन्होंने ब्राह्मण लेखकों की 'वाल्मीकि रामायण', 'तुलसीदास रामायण', 'बौद्ध रामायण' व 'जैन रामायण' आदि के अनुवादों का सम्यक-अध्ययन किया है। अस्सी वर्ष के यह वयोवृद्ध लेखक आज भी प्रशंसनीय अभिरुचि के साथ उक्त महाकाव्यों में वर्णित मूर्खता, अयोग्यता, विपरीत-वचनों तथा भाषा और व्यवहार की रुक्षता का भंडाफोड़ करने के लिए उकन महाकाव्यों का अध्ययन कर रहे हैं।

हमने इस 'रामायण' का नाम 'दि रामायना : ए ट्रू रीडिंग' (रामायण का सच्चा अध्ययन) क्यों रखा है? इसलिए कि साहित्य के किसी अंश का अध्ययन आलोचनात्मक दृष्टिकोण से किया जाना चाहिए, उसे केवल पवित्र मानकर नहीं।

स्वामी वेदाचालम, पी.वी. मनिका नायंगर, पी. चिदम्बरम् पिल्लई, वी.पी. सुब्रमनियम मुदालियर, एम.एस. पुर्नालिंगम पिल्लई और चन्द्रशेखर पावलर इत्यादि प्रसिद्ध विद्वानों द्वारा तमिलनाडु में कुछ पुस्तकें लिखी गई हैं जिन्होंने आर्यों और प्राचीन द्रविड़ों के लिए रामायण के प्रमुख सूक्ष्म दूषित उद्देश्य को पहले से ही प्रमाणित कर दिया है।

स्वामी विवेकानन्द और पंडित जवाहरलाल नेहरू ने भी निश्चयपूर्वक तथा स्पष्ट रूप से 'रामायण' को आर्यों और द्रविड़ों के मध्य जीवनपर्यन्त हुए युद्ध की कल्पित कथा कहा था।

इस विषय में श्री पेरियार ई.वी. रामास्वामी का अध्ययन इतना गम्भीर है कि उनके विषय में कहा जा सकता है कि 'रामायण' का विस्तृत अध्ययन तथा विवरण उनकी अंगुलियों तथा ओठों पर है।

आश्चर्यजनक द्रष्टान्तयुक्त यह पुस्तिका अपने पक्ष तथा द्रष्टान्त का समर्थन सिद्ध करने के लिए एक ललकार है।

1. यह एक पवित्र पुस्तक नहीं है।
2. राम और सीता के चरित्र प्रशंसनीय नहीं हैं। उनके चरित्र संसार के तुच्छतम मानव के एक चतुर्थांश के लिए भी प्रशंसनीय तथा अनुकरणीय नहीं हैं।
3. रावण का चरित्र एक आदर्श चरित्र है।

'रामायण' के विषय में ये परिणाम तथा निर्णय उसके सच्चे अध्ययन पर आधारित हैं। पक्षपातपूर्ण तथा अपवित्र अध्ययन पर नहीं, जैसा कि इस जड़ तथा कल्पित कथा के प्रशंसकों ने राम को अपना आराध्य-मात्र समझ कर किया है।

पहली अगस्त सन् 1956 ई. को एक दिन राम की पूजा का विरोध करने के लिए विशाल द्रविड़-समूह [शूद्रों व महाशूद्रों] ने राम के सहस्त्रों चित्र विशाल जन समूह के समक्ष जला दिए थे।

कोई आश्चर्य की बात नहीं कि आज तमिलनाडु में राम की पूजा का निरन्तर ह्रास होता जा रहा है। वहाँ ब्राह्मण-वर्ग मात्र ही राम की पूजा करता है तथा उसके इतिहास को आदर्श समझता है। 'रामायण' बुद्धिमान तथा चतुर द्रविड़ों को न गुप्त रूप से और न प्रकट रूप से ही आकर्षित करती है।

अनुवाद के विषय में एक बात यह है कि तमिल भाषा से अंग्रेजी की मौलिक शुद्ध तथा पवित्र अनुवाद करना अत्यन्त दुष्कर कार्य है और हमारे अनुवादकों ने यह महान कार्य अतिशीघ्र एक सप्ताह में किया। हम लोगों को वाक्य-सरणि तथा त्रुटियों का ध्यान है। येन-केन-प्रकारेण तमिल भाषा का वर्णन करने की मौलिकता बनाए रखने का यथाशक्ति गम्भीरतापूर्वक प्रयत्न किया गया है। तमिल भाषा से अंग्रेजी में किए गए अनुवाद का सम्यक पुनरावलोकन कर लिया गया है। प्रकाशक आगामी संस्करण में त्रुटियों को दूर करने की आशा करता है।

—रेशनलिस्ट पब्लिकेशंस, मद्रास-2

प्रस्तावना

'रामायण' और 'बरेथम' (महाभारत) आर्य-ब्राह्मणों द्वारा चालाकी और चतुरतापूर्ण निर्मित प्रारम्भिक प्राचीन कल्पित कथाएँ हैं। वे द्रविड़ों [शूद्रों व महाशूद्रों] की अपनी मनुष्यता को नष्ट करने के लिए, उनकी बौद्धिक-शक्ति को मलिन करने के लिए, उनके अभिमान को सदैव के लिए समाप्त कर देने के लिए व उन्हें फुसला कर अपने जाल में फँसाए रखने के लिए रची गई हैं। राम और कृष्ण आर्य जातियों में से 'रामायण' और 'महाभारत' के क्रमशः प्रमुख पात्र हैं।

पुनः ये कथाएँ प्रमाणित बताई गई हैं कि उपरोक्त गल्पों के प्रमुख पात्र राम व कृष्ण उनके सम्बन्धियों तथा सहायकों के अलौकिक मनुष्य एवं देवताओं की भाँति समझा जाना चाहिए और मानवमात्र को एकमात्र पूज्य समझ कर सर्व-साधारण द्वारा पूजे जाने चाहिए।

मौलिक पुराणों का सचेत एवं सूक्ष्म अध्ययन प्रकट करता है कि कल्पित एवं घटित वृत्तांत और घटनाएँ असभ्यता, अशिष्टता तथा बर्बरतापूर्ण हैं। यह बात भी विचारणीय है कि इन पुराणों में शिक्षा ग्रहण करने के लिए, विशेष कर तमिलनाडु के निवासियों के लिए कोई उपयोगी तथ्य नहीं है। इससे केवल ब्राह्मणों का ही उल्लू सीधा होता है। विशेषतया ये पुराण तमिलनाडु के मनुष्यों के लिए नितान्त व्यर्थ हैं, धर्मोपदेश रहित हैं। प्रत्यक्ष रूप से ये पुराण ब्राह्मणों द्वारा महानतम बताने के लिए, स्त्री जाति को वशीभूत करने के लिए, उन्हें दास बनाकर रखने के लिए रचे गए हैं। ये ब्राह्मणों के मिथ्या सिद्धान्तों को और मनु की धर्म-संहिता को मानने को बाध्य करने के लिए रचे गए हैं, जो मानवमात्र के लिए अपमानजनक हैं। इन पुराणों के कल्पित सिद्धान्त राम और कृष्ण की सत्ता को जबरन अनन्त सिद्ध करते हैं।

मौलिक पुराण संस्कृत भाषा में रचे गए हैं। वे पुराण आर्यों द्वारा उनकी बौद्धिक योग्यतानुसार भिन्न-भिन्न समयों की स्थिति, विशेषानुसार विभिन्न काल्पनिक तथ्य को, उन लोगों को सन्तुष्ट करने के लिए बताए हैं, जिनके बीच वे उपदेश दिया करते थे। वे आर्य इनको वेद कहते हैं। मुक्तिदायक, आश्चर्यजनक तथा स्वर्ग से वंशानुक्रम गति से आए बताए गए हैं। वे पवित्र दैविक-धर्मशास्त्र हैं जो कि उपदेश देता है कि

मनुष्य को कैसा जीवन व्यतीत करना चाहिए। ये आर्य इन पौराणिक कथाओं को वेदों का सार पाँचवाँ वेद, आदि न जाने क्या-क्या कहते हैं, इस सफेद झूठ के द्वारा छल-प्रपंच से प्राप्त की हुई अपनी उच्च अ-स्थायी महत्ता को जिसके कि वे अधिकारी नहीं हैं, बनाए रखना चाहते हैं। इतना कहकर इतना सफेद झूठ बोलकर भी वे यहीं पर साँस नहीं लेते, उन्होंने इन कल्पित कथाओं को धर्म में घुसेड़ दिया है और वे उन पुराणों आदि को धर्म-स्तम्भ बताते हैं, जिन पर आर्यों का धर्म टिका हुआ है। ऐसा कहकर न केवल जनसाधारण को बल्कि शिक्षित वर्ग को भी बेवकूफ बना कर ठगा गया है। उन्हें धोखा दिया गया है। इन कहानियों को महत्त्वपूर्ण उपयोगी और पवित्र बताकर उनको बचपन से ही मनुष्य के रुधिर में इंजेक्शन की भाँति समाविष्ट कर दिया जाता है।

तमिलनाडु में नब्बे प्रतिशत लोग अ-शिक्षित हैं। अपने को शिक्षित माननेवाले शेष दस प्रतिशत लोग इतने अन्धविश्वासी हैं कि वे अपने स्वतंत्र विचार ही नहीं व्यक्त कर सकते हैं। वे द्रविड़ आर्यों के द्वितीय संसार स्वर्ग में विश्वास करते हैं और इस कपोल कल्पित विश्वास के दुष्परिणाम स्वरूप आर्यों के चिर-दास बने हुए हैं। वे द्रविड़ इन पुराणों में आर्यों द्वारा वर्णित इन आज्ञाओं को मानते चले आ रहे हैं। संक्षेप में, मुसलमानों और ईसाइयों के अतिरिक्त ये सभी द्रविड़ लोग 'रामायण' के धार्मिक-भक्त हैं।

इन पुराणों में वर्णित दुराचारपूर्ण प्रवृत्तियों, उद्‌देश्यों और उल्लंघनीय-आज्ञाओं का भंडाफोड़ करना आवश्यक हो गया है, ताकि केवल तमिलनाडु के निवासी ही नहीं, बल्कि आर्यों द्वारा कहे जानेवाले (सम्पूर्ण) भारत के द्रविड़ (शूद्र व महाशूद्र) अपना दृढ़ विचार रखकर इन पुराणों में वर्णित अन्धविश्वास व मूर्खतापूर्ण बातों से बच सकें और आर्यों के धर्म रूपी जुए से अपने आपको मुक्त कर सकें।

इस परिणाम को दृष्टि में रखते हुए कि भविष्य में 'रामायण' के पाठकों का समय अब इन कपोल कल्पित तथ्यों को पढ़ने में नष्ट हो, बल्कि एक सौ चालीस पृष्ठ की वार्तालाप के रूप में प्रकाशित 'वाल्मीकि रामायण कन्वरसेशन' अंग्रेजी में वर्णित 'रामायण' के संक्षिप्त और महत्त्वपूर्ण तथ्य को, जो कि विचारों को कम न करते हुए लिखी गई है, पढ़नी चाहिए।

हम लोग उन घटनाओं में विश्वास नहीं करते, जो किसी समय में हुई प्रमाणित की गई है। वास्तव में, वे घटनाएँ किसी समय नहीं हुई थीं तथा इस कथा, उप-कथा या प्रासंगिक-कथा का इतना अनुसन्धान क्यों किया जाता है? यह सब क्यों?

इसलिए कि मैं जनसाधारण के समक्ष अपने विचारों को रखता हूँ, विशेष कर भारतीय-द्रविड़ों (शूद्रों व महाशूद्रों) के समक्ष, जिनको आर्य लोग उपदेश देते हैं, प्रचार करते हैं और बहुत समय पूर्व उन्होंने हमारे आदमियों

द्वारा ख्याति प्राप्त कर ली है। मूल 'रामायण' में कोई प्रशंसनीय, उपदेशात्मक, कंठाग्र करने योग्य तथा अनुकरणीय तत्त्व नहीं है, जो कि तर्कसंगत हों। हमारे आदमियों द्रविड़ों (शूद्रों व महाशूद्रों) को आँखें खोलनी चाहिए और आर्यों की कथा को असत्यता तथा मिथ्या हेतु का अनुसन्धान करना चाहिए, कि ये कथाएँ कहाँ तक आर्यों को जन्म से ही दूसरे से श्रेष्ठ होने तथा दूसरों द्वारा सम्मानित होने में सहायक होंगी।

यहाँ पर हम लोग आर्यों के ईश्वर को साकार रूप देने, देवताओं ऋषियों, इन्द्र तथा इसी सदृश्य दूसरे महात्माओं के गुणों को देखेंगे। आर्य जिन्होंने द्रविड़ों (शूद्रों व महाशूद्रों) की प्राचीन भूमि पर आक्रमण किया, तत्पश्चात् उन्हें अपमानित किया, गालियाँ दीं, उनके साथ दुर्व्यव्यहार किया तथा मिथ्या और भ्रमोत्पादक वह इतिहास लिखा, जिसे वे 'रामायण' कहते हैं, जिसमें राम और सीता द्वारा दूसरे के प्रति अपराध करने में सहायता देनेवालों को भी आर्य कहा गया है। रावण को राक्षस, हनुमान सुग्रीव व बालि आदि को बन्दर, महामंत्री जामवन्त को रीछ व वयोवृद्ध नेता जटायु को गीध व महान विद्वान काकभुशुंडि को कौवा आदि कहा गया है। यह वह निर्णय है कि जिस पर अनुसन्धान के विद्वान विद्यार्थी पहुँच सकते हैं।

आर्यों को जो शक्ति दी गई है, उसके द्वारा किस अपमानित ढंग से दूसरी जातियों को तुच्छतम, स्वाभिमान से अनभिज्ञ बता कर और इतना ही नहीं, उन्हें इस प्रकार तुच्छतम, घृणित तथा निम्न स्तर के प्राणी कह कर उन द्रविड़ों (शूद्रों व महाशूद्रों) को रामायण में वर्णित आर्य-चरित्रों का प्रेमी बनाया गया है और उन आर्यों ने अपने को पूज्य, सर्वश्रेष्ठ व देवता आदि बता कर तथा द्रविड़ों (शूद्रों व महाशूद्रों) को अधर्मी, छली, राज-द्रोही, कपटी व विश्वासघाती आदि-आदि कहा है। तमिलनाडु के निवासियों तथा भारत के समस्त द्रविड़ों (शूद्रों व महाशूद्रों) के लिए यह विषय उनके जीवन दर्पण के समान है।

सबसे महत्त्वपूर्ण प्रश्न यह है कि तमिलनाडु के निवासी विशेषत: 'कम्बा रामायण' पढ़ते हैं। तमिलनाडु के ब्राह्मणों द्वारा जो 'कम्बा रामायण' को कंठस्थ करके इसे दूसरे को सिखा कर और इसके सम्बन्ध में जनता के समक्ष भाषण देकर अपनी साहित्यिक योग्यता का प्रदर्शन कर अपनी जीविका चलाते हैं। 'वाल्मीकि रामायण' की कथा को चाटकर (छिपाकर) उसकी सत्यता और मौलिकता को समाप्त कर किस प्रकार दुष्ट एवं पापी कम्बाओं द्वारा सूक्ष्म पर्दा डाला गया है? इसकी शिक्षा सर्वसाधारण को दी जानी चाहिए। बड़े खेद की बात है कि तमिलनाडु के विद्वान विद्यार्थी भी अपनी मर्यादा तथा सम्मान को हथेली पर रखकर 'कम्ब' के कार्यों की पवित्रता तथा महानता का उपदेश देने के लिए जनता के समक्ष उपस्थित होते हैं।

यदि इस पुस्तक के निष्पक्ष पाठकों को कोई अ-श्रुत व अद्भुत संकेत मिले, तो वे कृपया सन् 1877 ई. में श्री आनन्द चैरियर, इससे पूर्व पंडित एम. नतेसा शास्त्री, मेसर्स आर. श्रीनिवास आयंगर, नरसिमा चैरियर, गोविन्द राजार, अनंग चैरियर तथा दूसरे ब्राह्मणों द्वारा संस्कृत से तमिल भाषा में अनुवादित पुस्तकों को पढ़ें। पंडित मन्मथनाथ दातार संस्कृत के महान बंगाली विद्वान द्वारा अनुवादित पुस्तक को भी ध्यान देकर पढ़ने की पाठकों से आशा की जाती है। श्री विल्सन का अंग्रेजी अनुवाद तथा दूसरों का सच्चा अनुवाद भी विवरण के लिए पढ़ना आवश्यक है।

—पेरियार ई.वी. रामास्वामी

सच्ची रामायण

(The Ramayana : A True Reading)

(रामायण : एक सच्चा अध्ययन)

कथा प्रसंग

'रामायण' की घटनाएँ और कथा-क्रम बहुत कुछ 'अरबी योद्धा', 'मदन कामराव' और 'पंचतंत्र' नामक पुस्तकों के समान कल्पित हैं। वे मानव-मात्र की समझ और गूढ़ विचारों से दूर हैं। इसके फलस्वरूप यह दृढ़तापूर्वक कहा जा सकता है कि 'रामायण' कोई वास्तविक कथा नहीं है। कोई भी कह सकता है कि 'रामायण' केवल अनोखी बातों और कल्पित स्वर्ग तथा ईश्वर द्वारा भोले-भाले अशिक्षित मनुष्यों पर अपनी स्वार्थपूर्ण बातों का प्रभाव डाला जा सकता है किन्तु कोई भी समझ सकता है कि 'रामायण' में वर्णित तत्त्व निराधार हैं, निरर्थक और अनावश्यक हैं। तो भी उन परिस्थितियों में जिनमें सद्गुण, दूरन्देशी, करुणा तथा शुभेच्छाओं की शिक्षा, जिस असत्य तथा निर्मूल रूप में दी गई है, वे मानव-शक्ति तथा समझ के परे हैं, जबकि इस बात पर अत्यधिक जोर दिया गया है कि 'रामायण' के प्रमुख पात्र 'राम' मनुष्य रूप में स्वर्ग से उतरे और उन्हें ईश्वर समझा जाना चाहिए। वाल्मीकि ने स्पष्ट कहा है कि राम विश्वासघात, छल-कपट, लालच, कृत्रिमता, हत्या, आमिष-भोजी और निर्दोष पर तीर चलाने की साकार मूर्ति थे। आगे पाठक स्पष्ट देखेंगे कि राम तथा उनकी कथा में कोई स्वर्गीय-शक्ति नहीं है और उनके विषय में वर्णित गुण मानव-मात्र की समझ से बाहर हैं तथा वे तमिलनाडु के निवासियों एवं भारत के समस्त शूद्रों तथा महाशूद्रों के लिए शिक्षाप्रद एवं अनुकरणीय नहीं हैं।

कथा स्त्रोत

'रामायण' की कथा न तो धर्मसंगत है और न चेतन प्राणी के लिए उपयुक्त है। देवताओं ने चतुर्मुख ब्रह्मा से शिकायत की कि 'राक्षस लोग हमारे यज्ञों में विघ्न

डालते हैं'—ब्रह्मा ने यह बात अपने पिता विष्णु से कही। विष्णु ने राम के रूप में पृथ्वी पर अवतार लेने तथा राक्षसों के महाराजा रावण को मारने का निश्चय किया। यह 'रामायण' की कथा का स्रोत (प्रारम्भ) है।

—बाल कांड, सर्ग 15

विष्णु ने पृथ्वी पर अवतार धारण करने के पश्चात् बहुत से कष्टों और यातनाओं का अनुभव किया, जिसके कारणों को आर्यों के पवित्र पुराण वर्णन करते हैं। वे कारण हैं कि, विष्णु ने पहले बहुत से दुराचारपूर्ण, घृणित और अमानवीय कार्य किए थे, जिसके दंड और दुष्परिणाम स्वरूप उसे उन ऋषियों-मुनियों द्वारा शाप दिए गए, जिनके प्रति उन्होंने अपराध किए थे। ये शाप क्यों? क्योंकि उन विष्णु ने विरुहु मुनि की स्त्री को मार डालने का घृणित पाप किया था।

उन विष्णु ने मनुष्यों के समक्ष दिन-दहाड़े जालन्धर की स्त्री का सतीत्व छल तथा कपट से लूटा था।

कदाचित क्या यह सब लीला दिखाने के लिए? पुराणों में इस प्रकार की सैकड़ों घृणात्मक कहानियाँ पाई जाती हैं। ये कथाएँ जैसी भी हों, हमें उन्हें छोड़कर यह देखना चाहिए कि देवता और असुर कौन हैं? यज्ञों का अर्थ क्या है? और ईश्वर होते हुए भी विष्णु चोरी, हत्या व व्यभिचार जैसे घृणित कार्यों के दास कैसे बन गए? क्या इन घृणित कार्यों के कर्ता को ईश्वर समझा जाना चाहिए? ये कार्य कब और कहाँ किए गए? कल्पित स्वर्ग या मृत्युलोक में देवताओं का निवास स्थान कहाँ है? वे मृत्युलोक में यज्ञ करने क्यों आए? क्या मदिरा पिए हुए मतवालों के साथ वेद-मंत्रों का उच्चारण करते हुए छल-कपटपूर्ण उपायों द्वारा बेचारे जानवरों को मार कर उनका गोश्त खाना ही यज्ञ की परिभाषा है?

इन बातों से क्या यह कहा जा सकता है कि परमात्मा इन देवताओं व यज्ञ के कर्ता अन्य मनुष्यों से प्रसन्न होता है और उन्हें ऐसा करने की आज्ञा देता है तथा कदाचित ऐसा करने से वह उन्हें उच्च पद व शुभ फल देता है। क्या गूँगे जानवरों के प्रति की जानेवाली इस प्रकार की निर्दयता को रोका जाना पाप है? अन्याय है? अधर्म है? क्या परमात्मा के पक्ष में इन निर्दयी हत्यारे देवताओं के यज्ञों को रोकनेवालों को राक्षस कहा जाना उचित है?—विद्वान पाठकों को इस पर गम्भीरतापूर्वक विचार करना चाहिए।

आजकल मादक पदार्थों का खाना-पीना और पशुओं के प्रति निर्दयता का व्यवहार करना जनता एवं राज्य दोनों के द्वारा कारागार तथा जुर्माना दोनों प्रकार से दंडनीय अपराध है। क्या इन अपराधों को रोका जाना रावण काल में उचित नहीं रहा था? महाराजा रावण शिव के भक्त थे और जैसा कि एक भक्त के लिए उचित है कि चाहे उनके राज्य में अकाल पड़ जाए, किन्तु वह अपने राज्य में होनेवाले जानवरों के वध सम्बन्धी निर्दयता-पूर्ण यज्ञों को अपनी आज्ञा तथा कानून से बन्द

कर दे। क्या यह उचित है कि ईश्वर रावण जैसे महाराजा के वंश, देश व प्रजा का नाश करने के लिए अवतार ले? क्योंकि वे अमानवीय कार्यों को होने देने से रोकते थे। इन बातों पर विचार करने से पता चलता है कि 'रामायण' सभ्यता, विद्वत्ता व सार्थकता से परिपूर्ण ग्रंथ नहीं है।

यज्ञ

'रामायण' के बालकांड, सर्ग 8 में वर्णन किया गया है कि अयोध्या के राजा दशरथ पुत्र-प्राप्ति की इच्छा से यज्ञ करने का विधान बना रहे थे। उस यज्ञ में बाल कांड, सर्ग 14 के अनुसार, यज्ञ वाले घोड़े के अतिरिक्त तीन सौ अन्यान्य पशु तथा चिड़ियों के अलावा जल के जीवों को भी वध करने के लिए संग्रह किया गया था। कितनी भयानक बात है कि एक पिता बनने के लिए केवल अपने स्वार्थ सिद्ध होने की आशा से इतने पशुओं का वध किया जाए? क्या यह सहन करने योग्य बात है कि यज्ञ की अग्नि में असंख्य जीव बलि दिए जा चुकने के पश्चात् ईश्वर ने उन्हें पुत्र होने का वरदान दिया? क्या देवता ऐसे वध से प्रसन्नता का अनुभव कर सकते थे? इन देवताओं के 'इन्द्र' नामक अपने राजा थे। पुराणों में इन्द्र की जिस दुष्टता, घृणित तथा सिड़ीपन की बातों का वर्णन किया गया है, उससे आर्यों की सभ्यता व चरित्र का पता चलता है।

यज्ञ का विषय क्या है? रामायण के बाल कांड के 14वें सर्ग के अनुसार, दशरथ की रानियों में से कौशल्या यज्ञ के लिए संकल्प किए गए एक घोड़े का सिर काट कर मरे हुए घोड़े के साथ चिपटी हुई सम्पूर्ण रात पड़ी रही, यदि यही आर्यों का ईश्वरीय धर्म है, तो हम उनके मानव-धर्म के विषय में विचार कर सकने में असमर्थ हैं। इतना ही नहीं, यदि कोई योगशास्त्र के अनुसार, अपने विचारों के अनुसार, यह सोचे कि यज्ञ क्या है? तो यह उसके मस्तिष्क और शरीर को दहला देनेवाले घृणित कार्य के अतिरिक्त और कुछ नहीं हो सकता।

कुडी अरासु प्रेस से प्रकाशित पुस्तक 'ग्वाना सूर्यान' में उस यज्ञ का घृणित वर्णन किया गया है। यज्ञ का सम्पादन करने के लिए उसके सम्पादनार्थ शुल्क के रूप में राजा दशरथ ने सुमित्रा व कैकेयी नामक रानियों के साथ अपनी प्रथम रानी कौशल्या को भी अपने तीनों पुरोहितों को भेंट कर दीं। इन तीनों पुरोहितों ने अपने पाश्विक स्वभावानुसार तीनों रानियों के साथ न्याय करके अर्थात् उनके साथ विषय-भोग करके उन्हें राजा दशरथ को वापस कर दीं और राजा दशरथ ने इस पर कोई आपत्ति नहीं की। (बाल कांड, 14वाँ सर्ग) इसके पश्चात् रानियाँ गर्भवती हो गईं।

मन्मथनाथ दातार अपने अंग्रेजी अनुवाद में लिखते हैं कि 'होता', 'अध्वर्यु' व 'उद्गाता' (युक्ध) नामक तीनों पुरोहितों से अपनी तीनों रानियों के साथ सम्भोग करने

की प्रार्थना दशरथ ने की। इन उपायों से पुत्र प्राप्त करने के लिए यज्ञ क्यों? यदि हम अपनी भावनाओं के अनुसार, इस पर विचार करें तो पूर्णतया स्पष्ट हो जाएगा कि योगशास्त्र और पुराणों के अनुसार, सम्पादित यज्ञ की रीति पुत्रों के जन्म का कारण नहीं बन सकी होगी बल्कि राजवंशीय तीनों रानियों के गर्भवती होने के वास्तविक कारण तीनों पुरोहित मात्र थे।

'कम्ब रामायण' के अनुसार, निम्न तथ्य पुष्टीकरण हेतु पर्याप्त है कि जिस समय दशरथ यज्ञ करा रहे थे, उस समय उनकी अवस्था साठ वर्ष की थी और उनकी साठ हजार स्त्रियाँ थीं। स्पष्ट है कि उस समय दशरथ शक्ति-हीन वृद्ध थे। वे केवल मांस के पुंज थे। सन्तानोत्पत्ति करने की शक्ति के बिना एक ऐसे वृद्ध मनुष्य का स्त्रियों के लिए मतवाला या पागल होना, उन्हें फुसलाना तथा उनमें काम-शक्ति पैदा करना स्वाभाविक नहीं है।

यह ध्यान देने योग्य बात है कि अपनी अवस्था के संध्या-काल में डगमगाने और लड़खड़ानेवाले इन शक्तिहीन वृद्ध दशरथ द्वारा वर्षों से बन्ध्या चली आई ये तीनों स्त्रियाँ क्या यज्ञ के दूसरे दिन गर्भवती हो सकती हैं?

तीनों पुरोहितों को अपनी-अपनी इच्छानुसार उन्हें तीनों रानियाँ भेंट कर दी गईं और तत्पश्चात् तीनों पुरोहितों ने अपने अभिलाषित समय तक उनके साथ यथेच्छ सम्भोग करके उन्हें राजा दशरथ को वापस कर दीं। फलस्वरूप राजा ने तीनों पुरोहितों को इच्छित-शुल्क (दान-दक्षिणा) दिया।

कौन कह सकता है कि तीनों स्त्रियों के गर्भवती होने का कारण राजा दशरथ थे? राम, लक्ष्मण, भरत व शत्रुघ्न यदि राजा दशरथ से पैदा न होकर, कथित पुरोहितों द्वारा पैदा हुए तो भी आर्य-धर्म के अनुसार, कोई दोष या पाप न हुआ। यह बात उनके शास्त्रों में लिखी है। यदि कोई ब्राह्मण-स्त्री निस्सन्तान है तो वह निश्चित दशाओं में किसी दूसरे आदमी से सन्तान उत्पन्न करा सकती है। इस बात के प्रमाण तथा समर्थन के लिए आर्यों की दूसरी पुस्तक 'महाभारत' देखी जा सकती है। बिना यज्ञ के बहाने अपने परिवार के गुरु व्यास द्वारा बहुत-सी विधवा स्त्रियाँ अनुचित एवं शास्त्र-विरुद्ध सम्बन्धों से माताएँ बन गई थीं। धृतराष्ट्र व पांडु इसी कोटि की सन्तानें थीं। 'महाभारत' में इस प्रकार के बहुत से जन्म पढ़ने को मिलते हैं। (यह 'नियोग प्रथा' है।)

सीता को प्राप्त करने के लिए सीता की माता ने किसी अपरिचित मनुष्य से सम्भोग किया था और उत्पन्न बच्चे को एक जंगल में फेंक दिया था। सीता ने स्वयं स्वीकार किया है कि मेरे माता-पिता के अज्ञात होने के कारण मेरा विवाह विलम्ब से हुआ है।

पुराणों में एक विचित्रता और पढ़ी जाती है कि कई स्त्रियों ने मनुष्यों से नहीं, बल्कि जानवरों से भी गर्भ धारण किए थे।

इन बातों में प्रकट है कि सन्तान उत्पन्न कर सकने में 'यज्ञ' का कोई महत्त्व तथा शक्ति नहीं है बल्कि ये इच्छित आनन्द, उत्सव मनाने, शराब पीने और गोश्त खाने के साधनमात्र थे।

अब हम 'रामायण' की विशेषताओं पर ध्यान दें—जैसा कि हम उसमें पढ़ते हैं।

राजा दशरथ

यज्ञ के पश्चात् हमें दशरथ के द्वारा राम-राज्याभिषेक की तैयारी की ओर दृष्टि डालनी होगी। इन सम्बन्धित सर्गों में राजा दशरथ की स्त्रियों, पुत्रों, मंत्रियों और गुरुओं की धर्मांचरण सम्बन्धी नीचता का वर्णन किया गया है।

1. कैकेयी से ब्याह करने के पहले दशरथ ने उनसे प्रतिज्ञा की थी कि उनसे उत्पन्न पुत्र को अयोध्या की राजगद्दी दी जाएगी। कुछ कथाओं में वर्णन किया गया है कि ब्याह के समय दशरथ ने अपना राज्य कैकेयी को सौंप दिया था और दशरथ उनके प्रतिनिधि मात्र होकर शासन करते थे।
2. डॉ. सोमसुन्द्रा बरेथियर एम.ए., बी.एल. की अपनी पुस्तक 'कैकेयी की शुद्धता और दशरथ की नीचता' में मौलिक कथा की कलई खोली गई है।
3. राजा दशरथ के उक्त प्रभाव से राम और उनकी माँ कौशल्या अनभिज्ञ न थीं। वृद्ध राजा ने राम को प्रकट रूप से बता दिया था कि राम राज्य-तिलकोत्सव के समय कैकेयी के पुत्र भरत का अपने नाना के घर चला जाना शुभ संकेत है। दशरथ ने भरत को उसके राज्याधिकार से च्युत रखने की नीचतापूर्ण उद्देश्य से उन्हें उनके नाना के यहाँ दस वर्ष तक रखा था।

—अयोध्या कांड, सर्ग 8

अयोध्या में बिना कभी वापस आए दस वर्ष के दीर्घकाल तक भरत को अपने नाना के यहाँ रहने की कोई आकस्मिक आवश्यकता नहीं थी। दशरथ ने अपनी पूर्व-सुनिश्चित योजनानुसार भरत को उनके नाना के यहाँ भेज दिया था। भरत की अयोध्या राजधानी में शीघ्र उपस्थिति उसे [भरत को] अयोध्या निवासियों की सहानुभूति प्राप्त करने में असमर्थ बना देती। दशरथ की यह भी धारणा थी कि "भरत को ठीक राज्याभिषेक के समय पर उनके नाना के यहाँ पठवा देने में मुझ दशरथ की लोगों से शत्रुता बढ़ जाएगी।"

4. एक दिन पूर्व ही दशरथ ने अगले दिन राम-राज्याभिषेक की झूठी घोषणा कर दी थी।

5. यद्यपि मंत्री वसिष्ठ व अन्य गुरु-जन भली भाँति और स्पष्टतया जानते थे कि भरत राजगद्दी के उत्तराधिकारी हैं, तो भी चतुर, धूर्त व ठग लोग राम को गद्दी देने की मिथ्या हामी भर रहे थे।
6. राम की माता कौशल्या भी अपने देवी-देवताओं को मनाया करती थीं कि मेरे पुत्र राम को राज्यगद्दी मिले।
7. पुरोहितों व पंडितों को सूचना तथा उनके परामर्श के बिना और कैकेयी, जनक, भरत एवं शत्रुघ्न आदि को बिना आमंत्रित किए दशरथ ने राजतिलक का शीघ्र प्रबन्ध कर दिया था।

—अयोध्या कांड, सर्ग 1

8. दशरथ ने राम से गुप्त रूप से कहा था कि यदि भरत के लौट आने से पहले भरत की अनुपस्थिति में ही भरत के लिए राजतिलकोत्सव स्थगित कर देने की स्थिति उत्पन्न हुई, तो मैं दशरथ इस बात को बिना किसी विरोध के शान्तिपूर्वक स्वीकार कर लूँगा, क्योंकि भरत उदार व अच्छी प्रकृति के हैं और सज्जन होने के नाते जो कुछ पहले हो जाएगा, वे उसे स्वीकार कर लेंगे।

—अयोध्या कांड, सर्ग 4

9. कैकेयी ने हठ किया कि उनका पुत्र राजा बनाया जाए और इसकी सुरक्षा का विश्वास दिखाने के लिए राम को वनवास दिया जाए। तो दशरथ उन्हें मनाने के लिए उनके पैरों पर गिर पड़े और उनसे प्रार्थना करने लगे कि "मैं आपकी इच्छानुसार कोई भी तुच्छतम् कार्य करने के लिए तैयार हूँ, राम को वनवास भेजने का हठ न करो।"

—अयोध्या कांड, सर्ग 12

10. दशरथ ने कैकेयी से कहा कि "आपने पूर्व आयोजित सभी प्रयत्न विफल कर दिए।" उन्होंने इस सम्बन्ध में कैकेयी से एक शब्द भी नहीं कहा कि "राम मेरा प्रथम पुत्र होने के कारण राजगद्दी का वास्तविक उत्तराधिकारी है।" जब अन्त में दशरथ के कैकेयी को मनाने के सभी प्रयत्न निष्फल हो गए, तब दशरथ ने राम को अपने पास बुलाया और उनके कानों में चुपके से कहा कि "मेरा कोई बस न चल सकने के दुष्परिणाम स्वरूप अब मैं भरत को राज-तिलक करने को तैयार हो गया हूँ। अतः तुम्हारे ऊपर कोई बन्धन नहीं है। तुम मुझे गद्दी से उतार कर अयोध्या का राजा हो सकते हो।"

—अयोध्या कांड, सर्ग 34

11. सभी प्रयत्न निष्फल हो चुकने के पश्चात् दशरथ ने 'सुमंत्र' को आज्ञा दी कि "कोषागार का सम्पूर्ण धन, खत्तियों का अनाज, व्यापारी, प्रजा व वेश्याएँ राम के साथ वन को भिजवाने का प्रबन्ध करो।"

—अयोध्या कांड, सर्ग 36

12. कैकेयी ने इस पर भी आपत्ति प्रकट की और विवावास्पद तर्क उपस्थित करते हुए दशरथ को असमंजस में डाल दिया कि "तुम केवल देश चाहते हो न कि सम्पूर्ण सम्पत्ति?"

—अयोध्या कांड, सर्ग 36

13. दशरथ ने कोषागार में रखे हुए सम्पूर्ण आभूषण सीता को सौंप दिए।

—अयोध्या कांड, सर्ग 36

14. राम और सीता को वनवास भेजने के कारण घबड़ा कर दशरथ ने कैकेयी के ऊपर गालियों की बौछार की, किन्तु दशरथ को राम के साथ लक्ष्मण को वनवास भेजने में कोई बेचैनी नहीं हुई। लक्ष्मण की स्त्री का कोई वर्णन नहीं है।

श्री सी.आर. श्रीनिवास आयंगर प्रोफेसर संस्कृत कॉलेज मद्रास ने 1925 ई. में प्रकाशित वाल्मीकि रामायण का संस्कृत से तमिल भाषा में अपने अनुवाद 'अयोध्या कांड पर टिप्पणी' नामक पुस्तक के द्वितीय संस्करण में लिखा है कि दशरथ स्वात्मघाती थे। दशरथ ने सुमित्रा व कैकेयी के कार्यों पर हस्ताक्षर कर दिए थे। लेखक ने दशरथ पर बीस दोषारोपण किए हैं—

(1) दशरथ ने बिना विचार किए हुए कैकेयी को दो वरदान देने की भूल की।

(2) कैकेयी से विवाह करने के पूर्व दशरथ ने उनसे उत्पन्न पुत्र को राजगद्दी देने का वचन देने की भूल की।

(3) साठ वर्ष का दीर्घ समय व्यतीत कर चुकने के पश्चात् भी अपने पशुवत विचारों के दास बने रहने के दुष्परिणाम स्वरूप अपनी प्रथम स्त्री कौशल्या तथा द्वितीय स्त्री सुमित्रा के साथ वह व्यवहार नहीं कर सके, जिसकी वे अधिकारिणी थीं।

(4) कैकेयी को दिए गए मूर्खतापूर्ण वचनों ने उनसे उनकी खुशामद कराई।

(5) अपनी प्रजा के समक्ष राम को राजतिलक करने की घोषणा कैकेयी व उनके पिता को दिए गए वचनों का उल्लंघन है।

(6) कैकेयी की स्वेच्छानुसार उन्हें दिए गए वरदानों के फलस्वरूप राम को राजगद्दी देने की अपनी पूर्व घोषणा से वे निराश हो गए।

(7) इन पापों ने दशरथ द्वारा भरत को राजगद्दी देने के असम्भव वचनों को निरस्त कर दिया।

(8) वसिष्ठ ने परामर्श दिया था कि इक्ष्वाकु-वंशीय, परम्परानुसार परिवार के ज्येष्ठ पुत्र को राजगद्दी मिलनी चाहिए, किन्तु कैकेयी के प्रेम में पागल दशरथ ने उस परामर्श को लात की ठोकर मार कर अलग कर दिया।

(9) दशरथ को अपनी मूर्खता का प्रायश्चित्त करना तथा कुछ मूल्य चुकाना चाहिए था, किन्तु उलटे उन्होंने कैकेयी को शाप दिया।

(10) वे भूल गए कि मैं कौन व क्या हूँ? तथा मेरी स्थिति क्या है? और कैकेयी के पैरों में गिर पड़े।

(11) सुमंत्र और वसिष्ठ जो दशरथ के वचनों से अवगत थे। कैकेयी के प्रति किए गए वचनों की ओर संकेत कर सकते थे। दशरथ को सचेत कर सकते थे। राम को राजगद्दी न देने का परामर्श दे सकते थे, किन्तु उन्होंने ऐसा नहीं किया।

(12) वसिष्ठ जो कि भविष्यवक्ता थे, राम राजतिलकोत्सव के शुभ अवसर को शीघ्रता से निश्चय कर दिया। यद्यपि वे भली भाँति जानते थे कि यह योजना निष्फल हो जाएगी।

(13) कैकेयी अपना न्यायसंगत स्वत्व एवं अधिकार माँगती थीं। किन्तु सिद्धार्थ, सुमंत्र व वसिष्ठ विपरीत परामर्श देने कैकेयी के पास दौड़े गए। इस पर निष्फल होने पर उन्होंने उन्हें फटकारा।

(14) राम के वन जाने के पहले दशरथ अपनी, प्रजा व ऋषियों की अनुमति ज्ञात कर चुके थे कि राम वन को न जाएँ, फिर भी उन्होंने दूसरों की कोई चिन्ता किए बिना राम को वनवास भेज दिया। यह दूसरों की इच्छा का अपमानकरना तथा घमंड है।

(15) इसीलिए अपमानित प्रजा व ऋषियों ने इस विषय में न कोई आपत्ति की और न राम को वन जाने से रोका।

(16) राम अपनी उत्पत्ति तथा दशरथ द्वारा भरत को राजगद्दी देने के व कैकेयी के प्रति किए गए वचनों को भली भाँति जानते थे, तो भी यह बात अपने पिता को बिना बताए मौन रहे और राजगद्दी के इच्छुक बने रहे।

—अयोध्या कांड, सर्ग 17

(17) दशरथ ने राम से कहा कि "हमारे सभी प्रबन्ध और कार्यक्रम निरस्त हो जाएँ। दूसरे भरत उदार, सरस-हृदय, धर्मात्मा तथा बुद्धिमान हैं। भरत को अपने नाना के यहाँ गए बहुत समय हो गया है। दृढ़ तथा निश्चय विचार वाले परदेशी व्यक्ति का भी मस्तिष्क परिवर्तित हो सकता है।"

अत: दशरथ का यह विचार था कि भरत के आने के पहले ही राम-राजतिलकोत्सव समाप्त हो जाए। (अयोध्या कांड, सर्ग 4) इस प्रकार भरत को अपना उचित अधिकार प्राप्त करने में धोखा दिया गया और चुपके से राम को राजतिलक करने का निश्चय किया गया। राम ने भी इस षड्यंत्र को चुपचाप स्वीकार कर लिया।

(18) जनक को आमंत्रण नहीं दिया गया था, क्योंकि कदाचित भरत को राजगद्दी दे दी जा तो राम के राज्याधिकार न होने के कारण वे असन्तुष्ट हो जाते।

(19) कैकेयी के पिता को निमंत्रण नहीं दिया गया था, क्योंकि यदि भरत के प्रति किए गए वचनों को न मानकर राम को राजगद्दी दे दी जाती तो वे नाराज हो जाते।

(20) इन्हीं उपरोक्त कठिनाइयों के कारण अन्य राजाओं को राम राजतिलकोत्सव में नहीं बुलाया गया था। कैकेयी व मन्थरा के उचित कार्यों तथा अधिकारों के विषय में पर्याप्त तर्क हैं। बिना इन पर विचार किए हुए कैकेयी आदि पर दोषारोपण करना, उन्हें गाली देना न्यायसंगत नहीं है।

राजा राम

अब हमें राम और उनके चरित्र के विषय में विचार करना चाहिए :

1. राम इस बात को भली भाँति जानते थे कि कैकेयी के ब्याह के पूर्व ही अयोध्या का राज्य कैकेई को सौंप दिया गया था। यह बात राम ने स्वयं भरत को बताई थी।

—अयोध्या कांड, सर्ग 107

2. राम का अपने पिता, कैकेयी व प्रजा के सर्वप्रिय व्यवहार, अच्छा स्वभाव एवं शील केवल राजगद्दी को अन्याय से छीन लेने के लिए दिखावटी था। इस प्रकार राम सबकी आस्तीन के साँप बने हुए थे।
3. भरत की अनुपस्थिति में अपने पिता द्वारा राजगद्दी मिलने के प्रपंचों से राम स्वयं सन्तुष्ट थे।
4. कहीं ऐसा न हो कि राजगद्दी मिलने के मेरे सौभाग्य के कारण लक्ष्मण मुझसे ईर्ष्या तथा द्वेष करने लगें—इस बात से डर कर राम ने लक्ष्मण को फाँस कर मीठी-मीठी बातें बनाकर उनसे कहा कि “मैं केवल तुम्हारे लिए राजगद्दी ले रहा हूँ, किन्तु अयोध्या का राज्य वास्तव में तुम्हीं करोगे।” अन्त में राजा बन जाने के बाद राम ने लक्ष्मण से राजगद्दी के विषय में कोई सम्बन्ध नहीं रखा।

—अयोध्या कांड, सर्ग 4

5. राजतिलकोत्सव सफलतापूर्वक सम्पन्न हो जाने में राम के हृदय में आद्योपान्त सन्देह बना हुआ था।
6. जब दशरथ ने राम से कहा कि “तुम्हारा राजतिलक नहीं किया जाएगा, तुम्हें वनवास जाना पड़ेगा।” तब राम ने गुप्त रूप से शोक प्रकट किया था।

—अयोध्या कांड, सर्ग 19

7. उन्होंने शोक प्रकट करते हुए अपनी माता से कहा था कि “ऐसा प्रबन्ध किया गया है कि मुझे राज्य से हाथ धोना पड़ेगा। राज्य-वंशीय भोग-

विलास व स्वादिष्ट गोश्त की थालियाँ छोड़कर मुझे वनवास जाना होगा और वन के कन्द-मूल-फल खाने पड़ेंगे।"

—अयोध्या कांड, सर्ग 20

8. उन्होंने भारी हृदय से अपनी माता व स्त्री से कहा था कि "जो राजगद्दी मुझे मिलनी चाहिए थी, वह मेरे हाथों से निकल गई और वनवास जाने के लिए मेरा प्रबन्ध किया गया है।"

—अयोध्या कांड, सर्ग 20, 26 व 94

9. उन्होंने लक्ष्मण के पास जाकर पिता को दोषी तथा दंडनीय बताते हुए कहा कि "क्या कोई ऐसा मूर्ख होगा, जो अपने उस पुत्र को वनवास दे, जो सदैव उनकी आज्ञाओं का पालन करता रहा हो?"

—अयोध्या कांड, सर्ग 53

10. राम ने बहुत-सी स्त्रियों के साथ विवाह किया था। यह बात श्री सी.आर. श्रीनिवास आयंगर द्वारा सन् 1925 ई. प्रकाशित 'वाल्मीकि रामायण' के अनुवाद के द्वितीय संस्करण में पाई जाती है।

—अयोध्या कांड, सर्ग 8, पृष्ठ 28

राम ने सीता के साथ केवल रानी बनाने के लिए विवाह किया था। श्री मन्मथनाथ दातार लिखते हैं कि आनन्द लेने के लिए राम की स्त्रियाँ नौकरों की स्त्रियों का साथ किया करती थीं। इस प्रकार कैकेयी की बहू तथा भरत की स्त्री दु:ख में डूबी रहती थी। राम की स्त्रियों का वर्णन रामायण के अनेक स्थलों पर आया है। इस प्रकार राजवंशीय नियमानुसार राम ने अपनी विषयिक-इन्द्रिय का आनन्द लेने के लिए कई दूसरी स्त्रियों के साथ विवाह किया था।

11. यद्यपि राम के प्रति कैकेयी का प्रेम सन्देहयुक्त न था किन्तु राम का प्रेम कैकेयी के प्रति कपटी और बनावटी था।
12. राम कैकेयी के प्रति स्वाभाविक एवं सच्चा होने का बहाना करते रहे और अन्त में उन्होंने कैकेयी पर दुष्ट-स्त्री होने का आरोप लगाया।

—अयोध्या कांड, सर्ग 31, 53

13. यद्यपि कैकेयी दुष्टतापूर्ण तथा नीच विचारों से रहित थीं, तो भी राम ने उन पर दोषारोपण किया कि वे मेरी माता के साथ नीचतापूर्ण व्यवहार कर सकती हैं।

—अयोध्या कांड, सर्ग 31, 53

14. वे मेरे पिता को मरवा सकती हैं। इस प्रकार उन्होंने कैकेयी पर दोषारोपण किए।

—अयोध्या कांड, सर्ग 53

15. वनवास में जब कभी राम को निकट भविष्य के दु:खपूर्ण समय से सामना करना पड़ा तो उन्होंने यही कहा कि अब कैकेयी की इच्छा पूर्ण हुई होगी, अब वे सन्तुष्ट हुई होंगी।
16. राम ने लक्ष्मण से वनवास में कहा था कि चूँकि हमारे पिता वृद्ध व निर्बल हो गए हैं और हम लोग यहाँ आ गए हैं। अब भरत अपनी स्त्री सहित बिना किसी विरोध के अयोध्या पर शासन कर रहे होंगे। इस बात से राम की राजगद्दी की इच्छा व भरत के प्रति ईर्ष्या की स्वाभाविक तथा निराधार अभिलाषा प्रकट होती है।

—अयोध्या कांड, सर्ग 53

17. जब कैकेयी ने राम से कहा कि "हे राम! राजा ने मुझे तुम्हारे पास तुम्हें यह बताने के लिए भेजा है कि भरत को राजगद्दी मिलेगी और तुम्हें वनवास।" तब राम ने उनसे कहा कि राजा ने मुझसे यह कभी नहीं कहा कि "मैं भरत को राजगद्दी दूँगा।"

—अयोध्या कांड, सर्ग 19

18. उन्होंने अपने पिता को मूर्ख और पागल कहा था।

—अयोध्या कांड, सर्ग 53

19. उन्होंने अपने पिता से प्रार्थना की थी कि "जब तक मैं वनवास से वापस न लौट आऊँ, तब तक आप अयोध्या पर राज करते रहें और किसी को गद्दी पर न बैठने दें।" इस प्रकार उन्होंने भरत के सिंहासनारूढ़ होने में अड़चन लगा दी।

—अयोध्या कांड, 34 सर्ग

20. राम ने यह कहकर सत्यता व न्याय का गला घोंटा कि "यदि मुझे क्रोध आया तो मैं स्वयं अपने शत्रुओं को मार कर या कुचल कर स्वयं राजा बन सकता हूँ किन्तु मैं यह सोच कर रुक जाता हूँ कि प्रजा मुझसे घृणा करने लगेगी।"

—अयोध्या कांड, सर्ग 53

21. उन्होंने अपनी स्त्री सीता से कहा कि "तुम भरत के अनुकूल चलना, हमारे लिए बहुत लाभदायक होगा।"

—अयोध्या कांड, सर्ग 26, 53

22. राम के वनवास चले जाने का समाचार सुनकर भरत उन्हें अयोध्या लौटा लाने के लिए वन में उनके पास गए। भरत को देखकर राम ने उनसे प्रश्न किया कि "हे भरत! क्या तुम प्रजा द्वारा खदेड़ भगाए गए हो? क्या तुम अनिच्छा से हमारे पिता की सहायता करने आए हो?"

—अयोध्या कांड, सर्ग 100

23. राम ने भरत से पुनः कहा कि "अब आपकी माँ का मनोरथ सिद्ध हो गया होगा। क्या वह प्रसन्न है?"

—अयोध्या कांड, सर्ग 100

24. भरत ने राम को विश्वास दिलाया कि "मैंने सिंहासन प्राप्त करने के स्वत्व को त्याग दिया है।" तब राम ने रहस्योद्घाटन करते हुए भरत को बताया कि "दशरथ अयोध्या का राज्य पहले ही तुम्हारी माँ को सौंप चुके हैं।"

—अयोध्या कांड, सर्ग 107

25. भरत वन में ही अयोध्या की राजगद्दी राम को सौंपकर और उनकी खड़ाऊँ लेकर अयोध्या लौटे। भरत ने उन्हें सिंहासन पर रखकर चौदह वर्ष तक एक तपस्वी का जीवन व्यतीत किया। भरत इस चिन्ता में क्षीणकाय हो गए, कि राम चौदह वर्ष के पश्चात् भी अयोध्या में वापस न आएँगे। अतः उन्होंने चिता में जलने की तैयारी की।

राम ने ऐसे सज्जन और सच्चे व्यक्ति पर सन्देह किया। राम चौदह वर्ष वनवास भोग चुकने के पश्चात् जब वापस अयोध्या के किनारे आए, तब उन्होंने भरत को यह सूचित करने के लिए सर्वश्रेष्ठ योद्धा हनुमान को उनके पास भेजा कि "अब मैं (राम) एक विशाल सेना लेकर विभीषण एवं सुग्रीव सहित आ गया हूँ।" इस समाचार को सुनकर भरत के मुखारविन्द पर पड़े हुए प्रभाव व सभी प्रकार के भोग तथा प्रसन्नता से परिपूर्ण अयोध्या को त्यागकर राम के पास शीघ्र चल देने की बात पर ध्यान दीजिए, क्योंकि सभी प्रकार के भोगोपभोग और सर्व-सुख सम्पन्न अयोध्या को छोड़कर तत्काल राम के स्वागत हेतु चल देना अति दुष्कर कार्य है।

—युद्ध कांड, सर्ग 128

26. राम सीता के चरित्र पर सन्देह करते रहे और अग्नि-परीक्षा द्वारा उनसे अपने सतीत्व को सिद्ध करने को कहा। राम की व्यवस्थानुसार सीता को यह कष्ट सहन करना पड़ा तो भी राम ने सीता को गर्भवती पाया। अतः सीता के सतीत्व के सन्देह प्रजा की चर्चा का विषय बना रहा। सीता के सतीत्व के सम्बन्ध में प्रजा के इस विचार के कारण उसी समय सीता को वन में छोड़ देने के अपने निर्णय को बिना सीता को बताए, उन्हें गर्भवती दशा में ही जंगल में छुड़वा दिया था।

27. जब वाल्मीकि ने सीता के पवित्र सतीत्व के विषय में दृढ़तापूर्वक राम से कहा, तो भी राम को विश्वास नहीं हुआ और सीता को पृथ्वी के अन्दर समा जाना पड़ा।

28. यह जानते हुए भी कि सुग्रीव व विभीषण अपने भाइयों को मरवा कर राजगद्दी पर अधिकार कर लेने के उद्देश्य से उनके पास आए हैं फिर भी राम ने उन स्वार्थियों से मित्रता कर ली।
29. उन्होंने विश्वासघाती भाई की भलाई के लिए उन (बालि) को छिपकर मारा, जिन्होंने पीठ पीछे भी राम का अहित नहीं किया था। जो राम बालि के सामने युद्ध करने का साहस नहीं कर सकते थे, उन राम की मूर्ख ब्राह्मणों द्वारा अत्यधिक प्रशंसा की गई है, वह भी उन्हें एक शूरवीर मानकर।
30. विभीषण द्वारा राम की अधीनता स्वीकार कर लेने पर भी अज्ञानतावश राम ने अपनी बुरी भावनाओं तथा छल-कपट को प्रकट कर दिया। राम ने भरत की प्रशंसा की कि "भरत चाहे कितने दुष्ट व पापी क्यों न हों, उनके सदृश्य बड़े भाई का आज्ञाकारी तथा धर्म-भक्त कोई नहीं है।" इस प्रकार राम ने व्यंग्यात्मक ढंग से भरत को दुष्ट कहा।

—युद्ध कांड, सर्ग 17

31. बालि को मारते हुए अपने इस कार्य को न्यायोचित बताते हुए राम ने उन बालि से व्याख्या की कि जहाँ तक जानवरों का सम्बन्ध है, वहाँ धर्म का विचार नहीं करना चाहिए। तो भी राम ने बालि को इस कारण मारा कि वे चेतन जीव के समान व्यवहार नहीं करते थे। बालि के प्रति आरोपित दोषों के प्रति उन्हें कुछ भी कहने का अवसर नहीं दिया गया। राम ने बालि को पूर्णतया सुग्रीव के स्वार्थपूर्ण कथनानुसार मारा।
32. राम ने बहुत-सी स्त्रियों के कान, नाक व स्तन इत्यादि काट कर उन्हें कुरूप बना दिया था और उन्हें बहुत यातनाएँ दीं।

[सूर्पणखा और अयोमुखी]

33. राम ने बहुत-सी स्त्रियों को मार डाला था।

[ताड़का और थदगाई]

34. राम ने कई अवसरों पर स्त्रियों को गालियाँ दीं।
35. राम ने स्त्रियों के प्रति ऐसा कहते हुए उन्हें अपमानित किया कि "उन पर विश्वास नहीं करना चाहिए। उन्हें गुप्त भेद नहीं बताना चाहिए।"

—अयोध्या कांड, सर्ग 100

36. राम हमेशा अनुचित विषय-भोग में तल्लीन रहते थे।

—उत्तर कांड, सर्ग 42

37. राम ने अनावश्यक रूप से कई जीवों को मारा व उन्हें खा गए।
38. राम ने कहा था कि "मैं केवल राक्षसों को मारने के लिए वन गया था। मैंने राक्षसों के संहार करने का दूसरों को वचन दिया था।"

—अरण्य कांड, सर्ग 10

39. राम ने राक्षसों को लड़ाई में लाने का निश्चय किया और सीता के विरोध करने पर भी उन्होंने रावण के देश में प्रवेश किया।

—अरण्य कांड, सर्ग 9

40. 'खर' से लड़ते हुए राम ने कहा कि "लोगों से प्रेरित होकर मैं केवल राक्षसों का वध करने हेतु वन में आया हूँ।"

—अरण्य कांड, सर्ग 29

41. स्वार्थपूर्ण उद्देश्य से राम ने अयोग्य एवं कपटी सुग्रीव को व्यर्थ ही आत्म-समर्पण कर दिया कि "मुझे स्वीकार करो। मुझ पर दया करो।"

[किष्किन्धा कांड]

42. यह जानते हुए कि विभीषण अपने भाई रावण को धोखे से पकड़ाना चाहता है। फिर भी राम ने विभीषण का पक्ष लिया।

—युद्ध कांड, सर्ग 17

43. लंका का राज्य पहले से ही विभीषण को देने का वचन देकर राम ने अंगद को रावण के पास यह सूचना देने के लिए भेजा था कि "यदि महाराजा रावण सीता को लौटा देंगे तो मैं लंका पर चढ़ाई नहीं करूँगा और लंका उनके लिए छोड़ दूँगा।" इससे यह सिद्ध होता है कि महाराजा रावण अन्य प्रत्येक प्रकार से निर्दोष थे। वह अ-विश्वसनीय नहीं थे।

—युद्ध कांड, सर्ग 40

44. भरत, कैकेयी, प्रजा व गुरु आदि सभी वन में राम के पास गए और राम से अयोध्या लौट चलने का सत्याग्रह किया, किन्तु कठोर हृदय राम ने उत्तर दिया कि "मैंने अपने पिता के वचनों का पालन करने का निश्चय कर लिया है और मैं किसी का कहना न मानूँगा।" इस प्रकार उन्होंने लौटने से इनकार कर दिया और उन्हीं राम ने अपने पिता के वचनों का तिरस्कार करके अयोध्या का राजा बनना स्वीकार कर लिया। (दशरथ के प्रति भरत को राजगद्दी देने का वचन।)

—युद्ध कांड, सर्ग 130

45. राम न केवल गद्दी प्राप्त करने के इच्छुक थे बल्कि वे अपने पिता के वचनों के अनुसार, वन जाने के समय से ही पिता के वचनों का पालन करते हुए वन में रहकर अयोध्या लौटने पर स्वयं राजा बनना चाहते थे। राम को गद्दी पर बैठने की आशा, चिन्ता तथा इच्छा के अतिरिक्त कुछ ज्ञान न था। राम ने समय-समय पर ये विचार अपनी बातचीत में प्रकट किए।

46. शूद्र होकर तपस्या करने के कारण राम ने 'शम्बूक' का कत्ल किया।

—उत्तर कांड, सर्ग 76

47. एक साधारण मनुष्य की भाँति राम लक्ष्मण को सरयू नदी के गुप्तार घाट में ढकेलकर स्वयं उसी नदी में गिरकर मर गए।

—उत्तर कांड, सर्ग 106 व 110

तत्पश्चात् राम उपेन्द्र अर्थात् विष्णु के रूप में अवतार लिये।

48. संस्कृत श्लोक में वर्णन है कि राम ने अपने दाहिने हाथ को सम्बोधन करते हुए कहा कि "क्या तू राम का अंग नहीं है? तूने बीमार ब्राह्मण-पुत्र को जीवित करने के लिए एक निर्दोष-शूद्र 'शम्बूक' का बिना किसी हिचकिचाहट के निर्दयतापूर्वक वध कर दिया।"

संकेत : यदि आज राम सदृश्य राजा होते तो शूद्र कहे जानेवाले लोगों की (उपरोक्त घृणित कर्म को देखकर या सुनकर) क्या मनोदशा होती?

49. राम ने जो धनुष तोड़ा था, वह शिव का था और वह पहले से ही टूटा था। (देखिए 'अबिदहंस चिन्तामणि' नामक पुस्तक के पृष्ठ नं. 157, 331, 571, 661, 663, 894, 1151, 1173 व 1194)

50. विभिन्न रामायणों और परशुराम के द्वारा समर्थन किया गया है कि जब राम ने धनुष तोड़ा था, उस समय राम की अवस्था माता कौशल्या के अनुसार पाँच वर्ष, पिता दशरथ के अनुसार दस वर्ष और उनकी स्त्री के अनुसार 12 वर्ष की थी। कुछ भी हो, विभिन्न कथाओं के अनुसार, धनुष पहले से ही टूटा था।

डॉक्टर सोमसुन्द्रा बरेथियर का दृष्टिकोण—

1. 'वाल्मीकि रामायण' के अनुसार, राम कोई धार्मिक व्यक्ति नहीं थे। उनका अनेक कपटपूर्ण कार्यों में हाथ था।
2. राम इस बात को पूर्णतया जानते थे कि अयोध्या के राज्य का वास्तविक अधिकारी मैं (राम) न होकर भरत ही राज्य का कानूनन अधिकारी है।
3. राम के पिता दशरथ ने भरत की माता कैकेयी से विवाह करने के पूर्व ही उन्हें वचन दे दिया था कि "कैकेयी से उत्पन्न पुत्र को ही अयोध्या का राजा बनाया जाएगा।" केवल इसी शर्त पर कैकेयी के पिता ने दशरथ को कैकेयी दी थी।
4. राम ने स्वयं भरत से इस बात का संकेत किया था और राम ने भरत से प्रार्थना की थी कि वे अपनी माँ पर दोषारोपण न करें।
5. उक्त बात राम की माँ, ऋषियों, गुरु व मंत्रियों को विदित थी।
6. संक्षेप में, राम की माता, ऋषि, गुरु व मंत्री अयोध्या की राजगद्दी को भरत से छीनकर उसे (राम को) दिलाने में दशरथ के घृणित व कपटपूर्ण षड्यंत्र के सह-अपराधी थे।

आबेल मेनन नामक एक अमेरिका निवासी के प्रकाशित *रूसी समाचार-पत्र* के लेख के अनुसार 'रामायण'—'शिकागो गैंगस्टर' की प्रकृति के राम और रावण नामक राक्षस द्वारा ले जाए जाने के प्रसंग में सीता तुच्छ हृदय की बालिका थी।

(देखिए, 20 नवम्बर, सन् 1954 ई. वॉल्यूम नं. 13, जिल्द नं. 263, पृष्ठ 2 का 'सोवियत यूनियन' नामक समाचार-पत्र)

सीता

आओ, अब हम सीता के चरित्र का निरीक्षण करें। सम्पूर्ण 'रामायण' में मुश्किल से एक शब्द भी सीता की प्रशंसा में नहीं लिखा गया है।

1. वे राम की अपेक्षा आयु में बड़ी हैं। उनका जन्म सन्देहजनक और आपत्तियुक्त था।

—बाल कांड, सर्ग 66

2. वे कहती हैं कि "मैं धूल में पाई गई, इसलिए मेरे माता-पिता के न होने की वजह से बहुत दिनों तक कोई मुझसे प्रेम करने को तैयार न होने के कारण मेरी अवस्था बड़ी हो गई।"
3. विवाह हो जाने के पश्चात् कुछ समय बाद मैं भरत द्वारा अलग कर दी गई।
4. राम ने सीता को बताया कि "तुम भरत द्वारा प्रशंसा की पात्र नहीं हो।"

—अयोध्या कांड, सर्ग 26

5. सीता ने राम को स्वयं बताया कि "मैं उन (भरत) के साथ नहीं रहना चाहती जो मुझसे घृणा करते हैं।"
6. सीता अपने पति राम का उपहास उड़ाती थीं। मूढ़ तथा मूर्ख कहा करती थीं।
7. उन्होंने राम से कहा कि "आप मानवीय गुणों से रहित मनुष्य हैं।"
8. "आप आकर्षण-शक्ति तथा हाव-भाव से रहित हैं।"
9. "आप उस व्यापारी से अच्छे नहीं हैं जो अपनी स्त्री को किराए पर उठा कर जीविका चलाता है, आप मुझसे लाभ उठाना चाहते हैं।"

—अयोध्या कांड, सर्ग 30

10. सीता ने यह जान कर कि राम हमेशा मेरे चरित्र के विषय में सन्देह किया करते हैं। सीता ने कहा कि "राम! आप मुझे बचानेवाले हैं। मैं केवल आपके प्रेम के अतिरिक्त किसी के प्रेम पर विश्वास नहीं करती हूँ। मैंने यह बात कई बार आपकी शपथ खाकर कही तो भी आप मुझ पर विश्वास नहीं करते हैं।"
11. राम ने कहा कि "मैं तुम्हारी परीक्षा कर चुका हूँ।"

—अयोध्या कांड, सर्ग 6 से 11

12. राम ने सीता का ठाठ-बाट और नीचता का स्मरण कर सीता से कहा कि "यदि तुम मेरे साथ वनवास चलना चाहती हो तो तुम्हें अपने उत्तम आभूषण उतार देने चाहिए।"

—अयोध्या कांड, सर्ग 30

13. सीता ने अन्य कार्य राम के कथनानुसार ही किए, किन्तु उत्तम आभूषण पहने रहीं।

—अयोध्या कांड, सर्ग 30

14. कौशल्या, जो सीता के चरित्र को जानती थीं, सीता से एक सज्जन तथा सुचरित्रवती महिला की भाँति आचरण करने को कहा। "कभी अपने पति का अपमान न करना।" सीता ने अपनी सास को असभ्यतापूर्ण उत्तर देते हुए कहा कि "मैं यह सब जानती हूँ।" और उन्होंने अपने उत्तम आभूषण नहीं उतारे।

—अयोध्या कांड, सर्ग 39

15. जब राम और लक्ष्मण बल्कल-वस्त्र (पेड़ों की छाल के बने वस्त्र) धारण किए हुए थे, तब सीता ने ऐसे वस्त्र पहनने से इनकार कर दिया।

—अयोध्या कांड, सर्ग 37

16. दूसरी स्त्रियों ने जो सीता के वन जाने की अनिच्छा से अवगत थीं, सीता के प्रति दयालुता प्रकट की और उन्हें अपने साथ न ले जाकर यहीं अयोध्या में छोड़ देने की राम से प्रार्थना की तो भी राम ने सीता को छाल के कपड़े पहनने के लिए बाध्य किया और उन्हें वन में साथ ले गए, क्योंकि कैकेयी दूसरी स्त्रियों के विचारों से सहमत न थीं।

—अयोध्या कांड, सर्ग 37, 38

17. तथापि सीता ने इस सम्पूर्ण परामर्श की ओर ध्यान नहीं दिया। वे सुन्दर वस्त्र और उत्तम आभूषण पहने रहीं। इससे स्पष्ट है कि भरत सीता से घृणा करते थे और यह कि कैकेयी यह नहीं चाहती थीं कि सीता अयोध्या में रहें। सीता को वन ले जाने के यही उपरोक्त कारण हैं।

18. वनवास जाते समय गंगा नदी पार करते हुए सीता ने गंगा नदी से प्रार्थना की थी कि "हे नदी गंगा! यदि मैं पति सहित सकुशल अयोध्या लौट आऊँगी और राम अयोध्या का राज्य पा लेंगे तो मैं आपको हजारों गाएँ और मदिरा (शराब) से परिपूर्ण बर्तन चढ़ाऊँगी।"

—अयोध्या कांड, सर्ग 52

19. वनवास में जब कभी सीता निकट भविष्य के खतरे से भयभीत होती तो वे मन में कहा करतीं कि मेरे दुखों में कैकेयी प्रसन्न और सन्तुष्ट होती होगी। इस प्रकार वे कैकेयी से अपनी शत्रुता प्रकट करती थीं।

20. जब कभी राम सीता को न देखकर उदास होते तो लक्ष्मण कहा करते थे कि "आपको एक साधारण स्त्री के लिए नीच मनुष्यों की भाँति विषाद (रंज) नहीं करना चाहिए।"

—अयोध्या कांड, सर्ग 66

21. लक्ष्मण ने कहा कि सीता का चरित्र आपत्तिजनक है। वे कर्कशा हैं। बुढ़िया हैं।

—अरण्य कांड, सर्ग 18

22. राम हिरण की खोज में बाहर गए थे। सीता राम की सहायता करने के लिए लक्ष्मण को तैयार कर रही थीं। सीता ने देखा कि लक्ष्मण मुझे यहाँ अकेला छोड़कर जाने में हिचकिचाते हैं। तब सीता ने लक्ष्मण पर बुरा प्रभाव डालते हुए कहा कि "राम के जीवन को बचाने में लापरवाही करके मुझे फुसलाने के लिए तुम यहाँ देर कर रहे हो। क्या तुम राम के सच्चे भक्त होकर वन में आए हो? (अर्थात् नहीं) तुम लुच्चे तथा दगाबाज हो। तुम मेरे साथ भोग-विलास करने के उद्देश्य से राम को मार डालने के लिए यहाँ आए हो। क्या भरत ने इसी उद्देश्य से तुम्हें हम लोगों के साथ भेजा है? मैं तुम्हारी तथा भरत की इच्छा को कभी पूरा न होने दूँगी।"

23. जब लक्ष्मण ने सीता के प्रति भ्रातृवत सम्मान प्रदर्शित करते हुए सीता से कहा कि "आपको ऐसी निर्लज्जता प्रकट करना शोभा नहीं देता है।" तब उन्होंने लक्ष्मण से कहा कि "तुम क्रूर, कपटी दुष्ट हो। तुम मेरे साथ आनन्द लेने के लिए मेरे साथ विश्वासघात करते हो और इस प्रकार तुम मेरा सतीत्व नष्ट करने के लिए अवसर ढूँढ़ रहे हो।"

—अरण्य कांड, सर्ग 45

24. रावण ने सीता को ले जाने के उद्देश्य से उसकी मनोस्थिति को बड़े ध्यान से देखा। उनकी सुन्दरता को देखकर वे उनके ऊपर मोहित हो गए और वे उनकी ओर बढ़े। वे उनके स्तनों और जादूभरी जाँघों की प्रशंसा करने लगे। इन सब बातों से सीता की क्या प्रतिक्रिया हुई होगी? क्या सीता ने रावण से घृणा की? क्या उन्हें अस्वीकार किया? क्या उन्होंने उसे फटकारा? नहीं, बिलकुल नहीं! रावण की इस समय सम्मानपूर्ण आगवानी की गई। स्वागत किया गया। बिना अपनी अवस्था अधिक प्रकट किए। उन्होंने रावण के समक्ष अपने सुन्दर यौवन की प्रशंसा की। सीता ने कहा कि "मेरी आयु अठारह वर्ष की है।"

—अरण्य कांड, सर्ग 46, 47

25. जब रावण ने सीता को बताया कि "मैं राक्षसों का प्रधान महाराजा रावण हूँ।" तब सीता ने उनसे घृणा की।

26. जब रावण सीता को अपनी गोद में लिये जा रहा था, तब उनके शरीर के कपड़े अस्त-व्यस्त थे। वह अर्द्ध-नग्न थीं। स्तन खुले थे।

—अरण्य कांड, सर्ग 49 से 54

27. जैसे ही उन्होंने अपने पैर रावण के महल में रखे, वैसे ही सीता का रावण के प्रति आकर्षण उत्तरोत्तर बढ़ता गया।

—अरण्य कांड, सर्ग 54

28. रावण ने अपने यहाँ सीता से कहा कि "आओ, हम दोनों मिलकर आनन्द (सम्भोग) करें।" तब सीता अर्द्धोन्मिलित आँखों-युक्त सिसकियाँ भरती रहीं।

—अरण्य कांड, सर्ग 55

29. रावण ने कहा कि "हे सीते! हमारा-तुम्हारा मिलन ईश्वर-कृत है। इसमें ऋषियों की भी सम्मति है।"

—अरण्य कांड, सर्ग 55

30. सीता ने कहा कि "आप मेरे अंगों का अलिंगन करने के लिए स्वतंत्र हैं, मुझे अपने शरीर की चिन्ता नहीं।" मुझे इस बात का पश्चात्ताप नहीं कि मैंने भूल की है।

—अरण्य कांड, सर्ग 56

इससे इस परिणाम पर पहुँचा जा सकता है कि सीता ने रावण को अपने साथ दुर्व्यवहार करने को अपनी स्पष्ट अनुमति नहीं दी।

31. राम ने सीता से कहा कि रावण ने तुम्हें बिना तुम्हारा सतीत्व नष्ट किए कैसे छोड़ा होगा। राम द्वारा इस दोषारोण पर सीता ने निम्नांकित उत्तर दिया जो कि उपरोक्त कथन की पुष्टि करते हैं।

32. सीता ने उत्तर दिया कि "आप सत्य कहते हैं, किन्तु आप ही बताओ कि मैं क्या कर सकती थी? मैं केवल अबला स्त्री हूँ। मेरा शरीर उनके अधिकार में था। मैंने स्वेच्छा से कोई भूल नहीं की है। मैं मन से आपके निकट रही हूँ। ईश्वर की ऐसी ही इच्छा थी।" सीता ने केवल इतना ही कहा किन्तु सीता ने दृढ़तापूर्वक यह नहीं कहा कि "रावण ने मेरा सतीत्व नहीं भंग किया।"

—अयोध्या कांड, सर्ग 118

33. सीता का गर्भ देखकर राम का सन्देह और पुष्ट हो गया। उन्होंने प्रजा द्वारा सीता के प्रति लगाए गए आरोपों की शरण ली और उन्होंने उन्हें

जंगल में छोड़ देने की लक्ष्मण को आज्ञा दी। तब सीता ने लक्ष्मण को अपना पेट दिखाते हुए कहा कि "देखो! मैं गर्भवती हूँ।"

—उत्तर कांड, सर्ग 48

34. जंगल में उन्होंने दो पुत्रों को जन्म दिया।

—उत्तर कांड, सर्ग 66

35. अन्त में, जब राम ने इस सम्बन्ध में सीता से पुनः शपथ खाने को कहा, तो अस्वीकार करते हुए वह मर गई।

—उत्तर कांड, सर्ग 97

36. रावण ने सीता को सिर झुका कर बड़े सम्मानपूर्वक अपनी ओर आकर्षित होने को कहा। इसका तात्पर्य यह है कि रावण ने सीता के प्रति अपनी किसी शक्ति का प्रयोग नहीं किया बल्कि सीता स्वयं उन पर मोहित हो गई थीं। सीता ने रावण की विषयेच्छा का स्वयं अनुसरण किया था। रावण पर मोहित न होने की दशा में वे सीता को छू तक नहीं सकते थे, क्योंकि रावण को शाप दिया गया था कि यदि वे किसी स्त्री को उनकी इच्छा के विरुद्ध छुएँगे, तो उनका सिर टुकड़े-टुकड़े हो जाएगा। ब्रह्मा का भी उन्हें यही शाप था कि यदि वे किसी स्त्री को उनकी अनिच्छा होने पर छुएँगे तो वे भस्म हो जाएँगे। अतः रावण ने किसी भी स्त्री को उनकी इच्छा के विरुद्ध न तो छुआ और न कभी छू सकते थे।

—उत्तर कांड, सर्ग 26 व युद्ध कांड, सर्ग 13

37. रावण से सीता को वापस प्राप्त करके तथा उन्हें अपनी स्त्री के रूप में पुनः स्वीकार करके राम अयोध्या में राज्य कर रहे थे। उनकी साली 'कुकुवावती' ने राम के पास जाकर कहा कि "हे श्रेष्ठ, आप अपने की अपेक्षा सीता को कैसे अधिक प्यार करते हैं? मेरे साथ आइए और अपनी प्यारी सीता के हृदय की वास्तविकता को देखिए। वह अब भी रावण को नहीं भुला सकी हैं। वे रावण के ऐश्वर्य पर गर्व करती हुई उनका चित्र अपने विजन (पंखा) पर बनाए हुए उसे अपनी छाती पर चिपकाए हुए अर्द्धोन्मिलित नेत्र-युक्त अपनी चारपाई पर लेटी हुई हैं।"

उसी समय राम के 'दुर्मुख' नामक एक गुप्तचर ने राम के निकट आकर उन्हें बताया कि "रावण के यहाँ से सीता को लाकर पुनः अपनी स्त्री बना लेना प्रजा में आपकी निन्दा और उपहास का विषय बना हुआ है।" यह सुनते ही राम तिलमिला गए और उन्हें क्रोध आ गया। उस समय राम को मन-ही-मन अपने अपमान और दुःख का अनुभव हुआ जो कि उनके चेहरे से प्रकट होता था। उन्होंने आहें भरीं और अपनी साली के साथ सीता के कमरे में गए। राम ने सीता को अपने विजन पर

रावण का चित्र बनाए हुए, उन्हें अपनी छाती पर चिपकाए हुए सोती हुई पाया। यह बात 'श्रीमती चन्द्रावती' द्वारा लिखित 'बंगाली रामायण' के पृष्ठ 199 और 200 में पाई जाती है।

घटनाओं के गम्भीर अध्ययन से प्रकट होता है कि राम ने सीता में उनके गर्भवती होने में दोष पाया। राम ने रावण के यहाँ से सीता को वापस लाकर पुनः उन्हें अपनी स्त्री के रूप में स्वीकार करके अयोध्या वापस आने के ठीक एक महीना के अन्दर राम द्वारा सीता के गर्भवती होने का समय हो सकता है।

38. श्री सी.आर. श्रीनिवास आयंगर की 'रामायण पर टिप्पणी' नामक पुस्तक के अनुसार, राम ने सीता को रंगे हाथों पकड़ा था। क्योंकि उन्होंने रावण का चित्र बना रखा था।
39. 'रामायण' के अनुसार, हम कह सकते हैं कि राम एक अयोग्य पुरुष थे और सीता एक अपवित्र स्त्री थीं।

राम ने सीता को अकेले जंगल में छुड़वाया। इसके प्रमाणस्वरूप बहुत से दृष्टान्त हैं।

जहाँ तक सीता का सम्बन्ध है, रावण के संसर्ग में रहने के कारण धर्म-नीति के अनुसार, पवित्र नहीं थीं। यदि राम का सीता को जंगल में छोड़ने का कृत्य उचित मान लिया जाए तो यह सभी को स्वीकार कर लेना चाहिए कि सीता रावण द्वारा गर्भवती हुई थीं।

यदि यह मानकर कि सीता ने कोई नैतिक अपराध नहीं किया था, वे राम के द्वारा गर्भवती हुई थीं। सीता की रक्षा की जाए तो यह सभी को स्वीकार कर लेना चाहिए कि राम द्वारा अ-बोध गर्भवती को जंगल में अकेले छुड़वाने का कार्य मानवोचित नहीं है। राम ने सीता के गर्भ के विषय में अन्वेषण किया था, तब ही उन्होंने दूसरे दिन प्रातः काल उन्हें जंगल में छुड़वा दिया था।

इससे यह सिद्ध होता है कि सीता भ्रष्ट थीं और राम गुंडा तथा विश्वासघाती था। यह प्रकट करता है कि ये चरित्र-चित्रण क्षम्य नहीं हैं।

तब यह कथन कैसे सत्य कहा जा सकता है कि राम ने आर्य-धर्म नीत्यानुसार मानवमात्र को उपदेश देने हेतु तथा सीता ने स्त्री-मात्र को सदाचरण तथा सतीत्व की शिक्षा देने के निमित्त अवतार लिये।

यदि ब्राह्मणों के इस उपदेश का प्रतिपादन करनेवाले दृष्टिकोण को अपनाया जाए कि राम और सीता ने जो कुछ किया था, वह उचित ही है। तो क्या यह बेचारे अ-बोध बुद्धिहीन मानवमात्र को पथभ्रष्ट करना नहीं है? सुधारक इस मूर्खतापूर्ण हास्यापद मत को कैसे सहन कर सकते हैं?

इन कारणों से हम अधिकारपर्वक कह सकते हैं कि "राम और सीता चरित्रहीन थे।"

सीता का गर्भवती होना

'वाल्मीकि रामायण' का गम्भीरता तथा सूक्ष्म अध्ययन स्पष्ट प्रकट करता है कि सीता राम द्वारा गर्भवती नहीं हुई थीं।

राम रावण को मार कर सीता को साथ लाकर अयोध्या लौटकर तिलकोत्सव के पश्चात् अयोध्या पर राज्य करने लगे, तब सुग्रीव, विभीषण और अन्य लोगों को अपने-अपने स्थान पर वापस भेज दिया। अन्त में 'पुष्पक विमान' भी वापस भेज दिया। पुष्पक विमान के चले जाने के पश्चात् शीघ्र ही भरत ने दोनों हाथ जोड़कर राम से कहा, "हे नाथ! आप स्वर्गीय-शक्ति हैं। आपके शासन के एक मास के अन्दर ही प्रजा सब प्रकार से आनन्दित तथा सन्तुष्ट है।"

कहा गया है कि दस हजार वर्ष शासन कर चुकने के पश्चात् एक समय राम और सीता प्रासादीय उद्यान में बैठे हुए थे। उस समय उन (राम) ने देखा कि सीता गर्भवती है। श्री श्रीनिवास आयंगर द्वारा अनुवादित 'वाल्मीकि रामायण' के पृष्ठ 163 में लिखा है कि राम ने दस हजार वर्ष राज नहीं किया है। वे अपनी सम्पादकीय टिप्पणी में लिखते हैं कि "यह श्लोक स्वयं वाल्मीकि द्वारा नहीं रचा गया है, बल्कि बाद में जोड़ दिया गया है।"

'वाल्मीकि रामायण' के उत्तरकांड, सर्ग 42 के अनुसार, राम ने सीता को जंगल में छुड़वा देने के पश्चात् दस हजार वर्ष राज्य किया। उन्होंने बहुत से अश्वमेध यज्ञ भी किए। (देखिए—'उत्तर कांड', सर्ग 99) यह कहा गया है कि यह श्लोक सीता को उनकी सन्देहजनक स्थिति में प्राण देने के लिए घुसेड़ दिया गया है। सीता एक महीने के अन्दर गर्भवती पाई गईं और उन्हें लक्ष्मण द्वारा वन में छुड़वा दिया गया। उसी समय सीता ने वन में लक्ष्मण को अपना पेट दिखाते हुए कहा कि "देखो, यह गर्भ चार महीने का है।" और लक्ष्मण ने सीता को अभिवादन करते हुए विदा ली। यदि यही मान लिया जाए, तो एक महीने के गर्भ को चार महीने का गर्भ कैसे मान लिया जाए? या यह कि यह गर्भ 'भ्रम' (संयम, नियम या जादू) द्वारा हुआ होगा।

लक्ष्मण

जहाँ तक लक्ष्मण का सम्बन्ध है, हम उनके चरित्र में कोई अपूर्व तथा अलौकिक बात नहीं पाते हैं। 'रामायण' में अनेक स्थलों में लक्ष्मण का वर्णन केवल इसलिए किया गया है कि वे सदैव साथ साथ रहे। इस बात का वर्णन कहीं नहीं मिलता कि उनमें कोई अलौकिक शक्ति थी। बड़े आश्चर्य की बात है कि उन्हें भी शेषनाग के अवतार का पद दिया गया है।

1. भरत से राजगद्दी छीनने के षड्यंत्र में उनका हाथ था।
2. राम ने अपने प्रति लक्ष्मण की भक्ति पर सन्देह करके, उन्हें छलपूर्वक फुसलाया था कि "राजतिलक मुझे होगा, किन्तु अयोध्या का राज वास्तव

में तुम्हीं करोगे।" यह सुन कर वे राम के राजतिलक में प्रत्येक प्रकार से, तन-मन से जुट गए। सुमित्रा ने पुत्र लक्ष्मण और शत्रुघ्न से क्रमशः राम और भरत का पक्ष लिया, क्योंकि वे जानते थे कि कदाचित् हम दोनों को राजगद्दी नहीं मिलनेवाली है।

3. लक्ष्मण ने अपने पिता दशरथ को गालियाँ देते हुए, उन्हें बुरा भला तथा विश्वासघाती कहा।
4. उन्होंने प्रस्ताव रखा कि "हमारे बाप को कारागार में डाल दिया जाए।"
5. उन्होंने कहा कि "हमारे पिता को मार डाला जाए।"
6. उन्होंने कहा कि "मनु के अनुसार, पिता को मार डालना धर्म है।"
7. उन्होंने कहा कि "मैं भरत व उनके मित्रों को बिलकुल मिटा दूँगा।"

—अयोध्या कांड, सर्ग 21

8. राम आहें भर रहे थे कि ईश्वर की कृपा ऐसी ही थी कि मैं राजा न हो सका। यह देखकर लक्ष्मण ने राम की आलोचना की कि केवल कायर और मूर्ख ईश्वर की इच्छा के विषय में बात किया करते हैं।
9. लक्ष्मण ने राम को बताया कि "दशरथ और कैकेयी ने अपनी पूर्व-सुनिश्चित योजननुसार आपको धोखा दिया तथा राजगद्दी देने में भिन्न-भिन्न मतों का अनुसरण किया है।"
10. उन्होंने ललकार कर राम से कहा कि "मैं दशरथ और कैकेयी को वन में भेज सकता हूँ और तुम्हें राजगद्दी पर बैठा सकता हूँ।"
11. उन्होंने राम से कहा कि "यदि आप अपना राजतिलक नहीं चाहते हो तो मैं राजगद्दी पर अधिकार करके अयोध्या का राज करूँगा।"

—अयोध्या कांड, सर्ग 23

12. वनवास के लिए देस छोड़ते समय उन्होंने कहा कि वे धन्य हैं जो सर्वसुख-सम्पन्न अयोध्या में राज्य करते हैं।

—अयोध्या कांड, सर्ग 51

13. वे इस सोच-विचार में पड़े रहे कि "क्या हम लोग अयोध्या सुरक्षित लौट आएँगे?"

—अयोध्या कांड, सर्ग 59

14. जब भरत राम को लौटाने के लिए चित्रकूट के समीप पहुँचे, तब लक्ष्मण ने क्रोधपूर्वक कहा कि "अब मैं भरत को मारने जा रहा हूँ।"

—अयोध्या कांड, सर्ग 96

15. 'विरोदन' को वन में देखकर उन्होंने कहा कि "मैं भरत से बदला लेने जा रहा हूँ। मैंने उनके ऊपर आरोप लगया है कि उन्होंने राजगद्दी हथिया ली है।"

—अरण्य कांड, सर्ग 2

16. उन्होंने सूर्पणखा से कहा कि "सीता कर्कशा है, चरित्रहीन है, बुढ़िया है, उसकी छातियाँ सूख गई हैं।"

—अरण्य कांड, सर्ग 18

17. सीता के प्रति उनका बर्ताव सीता के सन्देह का कारण बन चुका था। वे उनसे प्रेम करते थे और वे उनके साथ सम्भोग करना चाहते थे।
18. उन्होंने अपने ज्येष्ठ भाई की स्त्री के प्रति राम से कहा कि सीता को चाहे कोई भगा ले जाए, चाहे वह मर जाए, यह कोई बड़ी बात नहीं है। क्या हमें विषाद (रंज) करना चाहिए?
19. लक्ष्मण ने थदगाई, सूर्पणखा व अयोमुखी जैसी स्त्रियों के कान, नाक और स्तन काटकर उनका रूप बिगाड़ा था।
20. दुख में खोए हुए राम स्वयं आपकी शरण में आए हैं। उनके ऊपर दया कीजिए। ऐसा कहते हुए उन्होंने सुग्रीव को आत्म-समर्पण कर दिया।
21. इसके कुछ समय पहले उन्हीं सुग्रीव का कत्ल करने के लिए वे राम की आज्ञा चाहते थे।
22. वे राम की इच्छानुसार सीता से झूठ बोले थे और गर्भवती दशा में उन्हें जंगल में छलपूर्वक छोड़ आए थे।
23. राम और भरत दोनों उनके बड़े भाई थे। किन्तु वे राम के सहायक व भरत के विरोधी थे। इसी प्रकार वे कौशल्या के भक्त तथा कैकेयी से घृणा करते थे।

इन सब बातों का कारण क्या था? क्या उनकी राजगद्दी प्राप्त करने की इच्छा के अतिरिक्त कोई अन्य बात हो सकती है?

अन्य जन

अब हमें भरत, कैकेयी, सुग्रीव, शत्रुघ्न, सुमंत्र, अंगद, कौशल्या, वसिष्ठ, विभीषण, सुमित्रा, हनुमान, महाराजा रावण व राजा बालि का संक्षिप्त अध्ययन करना चाहिए।

भरत

हम भरत में कोई महत्त्वपूर्ण बात नहीं पाते हैं।

1. वे अपने नाना के महल में दस वर्ष के दीर्घ काल तक खिलाड़ी लड़के की भाँति बने रहे।

2. वे यहाँ से बुलाए जाने पर ही अयोध्या लौटे। उन्होंने अपने पिता, माता व परिवार की चिन्ता नहीं की।
3. अपने नाना के यहाँ से अयोध्या लौटने पर राम के विषय में उन्होंने छानबीन की कि राम किसी अन्य स्त्री को बलपूर्वक तो नहीं लिये जा रहे हैं।

—अयोध्या कांड, सर्ग 72

4. उन्होंने अपनी माता को बुरा-भला कहा तथा उन पर गालियों की बौछार की। उन्होंने उन्हें कर्कशा, पिशाचिनी, वेश्या, दुष्टा व नटखट स्त्री कहा तथा यह भी कहा कि "अच्छा होता कि वे मर जातीं।"..."तू देश से निकल जा, मुझे तुम्हारा पुत्र होने में दुःख है।" इस प्रकार उन्होंने अपनी माता को, जिन्होंने उन्हें राजगद्दी प्राप्त कराने में कठिनाइयाँ सहीं, जो राजगद्दी कैकेयी के विवाह के समय दशरथ द्वारा किए गए प्रण के नियमानुसार भरत के लिए थी, फटकारा और बुरा भला कहा। उन्होंने वस्तुस्थिति समझने व अपनी माता को समझाने का प्रयत्न नहीं किया।
5. उन्होंने अपने पिता को उपद्रवी व प्रजा-पीड़क की संज्ञा दी।

—अयोध्या कांड, सर्ग 73, 74

6. वन में राम से वार्तालाप करते हुए उन्होंने उनसे प्रार्थना की थी कि अयोध्या लौटकर राजगद्दी लीजिए और राजवंशीय स्त्रियों के बीच आनन्द मनाइए।

—अयोध्या कांड, सर्ग 105

7. भरत की भी बहुत सारी स्त्रियाँ थीं।

—अयोध्या कांड, सर्ग 100

शत्रुघ्न

1. उन्होंने अपनी सौतेली माता कैकेयी को गालियाँ दीं।
2. उन्होंने मन्थरा को फटकारा। मारा। अंग तोड़ दिए। क्योंकि वे आद्योपान्त सब भेद जानती थीं। वे न्याय स्थापित करने के लिए अपनी स्वामिनी के प्रति स्वामिभक्ता थीं, कर्तव्यपरायण थीं।

संकेत : इस भेद को ध्यानपूर्वक समझने की आवश्यकता है कि भरत और शत्रुघ्न जिन्होंने अपने माता-पिता को गालियाँ दीं और उन्हें अपमानित किया। अपने बड़े भाई के प्रति भक्ति प्रदर्शित करते हैं।

कौशल्या

उनका चरित्र बहुत-सी स्त्रियाँ रखनेवाले मनुष्य की स्त्रियों के समान निम्न कोटि के परिवार जैसा था।

1. उनके मस्तिष्क में अपने पुत्र राम को किसी-न-किसी प्रकार राजगद्दी मिलने की उत्कृष्ट अभिलाषा हर समय रही।
2. वे कैकेयी से द्वेष रखती थीं। वे उनकी शत्रु थीं।
3. उन्हें इस बात का दुख था कि मैं वृद्ध हो गई हूँ। अब मेरे शरीर का आकर्षण समाप्त हो गया है।

—अयोध्या कांड, सर्ग 20

4. अपने पति के प्रति तनिक भी सम्मान की भावना न रखते हुए उन्होंने उनको गालियाँ दीं।

सुमित्रा

उनमें वर्णन करने योग्य गुण नहीं थे।

1. वे जानती थीं कि उनके पुत्र को गद्दी नहीं मिलनी है। इस कारण वे राम के राजा होने की इच्छुक थीं।
2. चौदह वर्ष व्यतीत होते ही राम तुरन्त लौट आएँगे और भरत से राजगद्दी छीन लेंगे। इस प्रकार से कौशल्या को ढाँढस बँधाया करती थीं। इससे प्रकट होता है कि ये दोनों भरत के प्रति दुष्टा थीं।

कैकेयी

1. वे सुन्दर और वीरांगना रानी थीं।
2. उन्होंने दो अवसरों पर अपने पति की रक्षा की थी।
3. अयोध्या का राज्य उन्हीं का था, क्योंकि उन्होंने अपने पति का जीवन बचाया और उनसे ब्याह करते समय राजा दशरथ ने अपना राज्य उन्हीं को सौंप दिया था।
4. वे भरत से हर समय कहा करती थीं कि "मैं राम को राज्य सौंप दूँगी और मैं उन्हें सौंप चुकी हूँ।" इस पर भरत ने कैकेयी से कभी आपत्ति नहीं की।
5. उन्होंने अपने अधिकारों द्वारा राजगद्दी प्राप्त करने का प्रयास-मात्र किया। उन्होंने दुष्टतापूर्ण विचारों को अपने हृदय में स्थान नहीं दिया और न उन्होंने कोई तुच्छतापूर्ण कार्य किया।

सुमंत्र

यद्यपि वे मंत्री थे, किन्तु वे सच्चे व धार्मिक व्यक्ति नहीं थे।

1. दशरथ के साथ उनका व्यवहार छलकपटपूर्ण था। उन्होंने उन्हें कभी भी उचित परामर्श नहीं दिया।
2. वे राजा की रानी कैकेयी से उपहासास्पद वार्तालाप किया करते थे।

—अयोध्या कांड, सर्ग 35

3. वह झूठ भी बोलते थे।

वसिष्ठ

एक साधारण पुरोहित की भाँति उनका कोई अच्छा व्यवहार नहीं था।

1. यह पहले से ही जानते हुए कि राजगद्दी पर भरत का ही अधिकार है, उन्होंने राम का राज्याभिषेक करने की युक्ति निकाली थी।
2. भरत को राजगद्दी न मिल सकने के विषय में रचे गए षड्यंत्र को सफल बनाने के लिए उन्होंने राज्याभिषेक की तिथि शीघ्र ही निर्धारित कर दी।
3. उन्होंने राम राज्याभिषेक की ऐसी शुभ तिथि निश्चित की, जो अन्त में राम वनवास के रूप में परिणित हो गई।

हनुमान

यह एक साधारण व्यक्ति थे। उन्होंने कोई बुद्धिमत्ता का कार्य नहीं किया। कहा गया है कि उन्हें जो यश तथा प्रसिद्धि प्राप्त हुई, वह केवल उनके उन आश्चर्यजनक कार्यों के लिए, जो तर्क के समक्ष क्षणमात्र भी नहीं ठहर सकते।

1. उन्होंने अन्यायपूर्वक लंका में आग लगा दी। उन्होंने अनेक असहाय व निर्दोष मनुष्यों का वध किया और इस प्रकार उन्होंने बहुत बड़ी बरबादी की।
2. सीता से वार्तालाप करते समय उन्होंने निर्लज्जता तथा असभ्यतापूर्ण शब्दों का प्रयोग किया था। यहाँ तक कि उन्होंने मनुष्य-लिंग (राम के लिंग) के विषय में भी सीता से बातचीत की थी, जो कि उन्हें स्त्रियों के समक्ष नहीं करनी चाहिए थी।

—सुन्दर कांड, सर्ग 35

राजा बालि

राजा बालि किसी प्रकार भी मारने के योग्य नहीं थे।

1. वे अपने भाई को नहीं मारना चाहते थे।
2. सुग्रीव ने अनावश्यक रूप से उनके साथ झगड़ा खड़ा कर दिया था।
3. राजा बालि सम्भवतः निष्पाप थे, इस कारण उनका कोई दोष नहीं था।
4. वे अपनी स्त्री से सुग्रीव को न मारने की प्रतिज्ञा करके युद्धक्षेत्र में गए थे।
5. वे बहुत धैर्यवान तथा शक्तिशाली थे।
6. वे सच्चे, खरे व न्यायी थे।
7. कोई भी मनुष्य यहाँ तक कि अकेले राम भी उनके साथ आमने-सामने युद्ध करने में असमर्थ थे।
8. वे बहुत से महान व्यक्तियों के प्रिय मित्र थे।
9. उन्हें राम को सच्चा पुरुष समझने में भ्रम हो गया था।
10. राजा बालि की मृत्यु पर सुग्रीव ने उनके गुणों की प्रशंसा की थी और कहा था कि "मैं अपने ऐसे भाई को खो कर जीवित नहीं रहना चाहता, अब मैं चिता में जल कर भस्म हो जाऊँगा।"
11. राजा बालि जैसे योग्य पुरुष को मार डालने का कार्य धर्मसंगत बताने के लिए राम ने कहा था कि "पशुओं को मार डालने में धर्म का विचार नहीं करना चाहिए।" क्या राजा बालि पशु थे?

सुग्रीव

1. उन्होंने अपने भाई को धोखा दिया था।
2. वे केवल अपने भाई को मार डालने हेतु राम के दास बने।

अंगद

1. अंगद में आत्म-सम्मान की भावना नहीं थी। उन्होंने उन राम से मित्रता की, जिन्होंने उनके पिता को मार डाला था।
2. वे अपने चाचा सुग्रीव के प्रति शुभेच्छु नहीं थे और न उनसे प्रेम करते थे।
3. उन्होंने स्वयं का ज्ञान न रखनेवाले गुलाम के समान व्यवहार किया।

विभीषण

1. अपने भाई रावण की मृत्यु का कारण बन कर लंका का राजा स्वयं बन जाने के लालच से प्रभावित होकर उन्होंने अपने पारिवारिक शत्रु राम को आत्म-समर्पण कर दिया था।
2. जब इन्द्रजीत से पराजित होकर राम व लक्ष्मण धराशायी हो गए, तब अपना दुःख प्रकट करते हुए उन्होंने कहा कि "राम व लक्ष्मण की शक्ति पर भरोसा करके मैं अपना भविष्य बनाने के लिए उनके पास आया था, किन्तु अब मेरी सम्पूर्ण आशाओं पर पानी फिर गया। राज्य खो दिया। दूसरे मैं आपत्ति में फँस गया। मेरे शत्रु रावण की प्रतिज्ञा पूरी हो जाने के कारण वह प्रसन्न हैं।" इस प्रकार उन्होंने लंका का महाराजा बनने के लालच को स्पष्ट प्रकट किया था।

   —युद्ध कांड, सर्ग 49
3. हनुमान, सुग्रीव तथा अन्य जनों ने राम से उक्त संकेत किया था।
4. राम ने भी, जो इस बात को जानता था, कहा था कि "मुझे ऐसे ही नीच मनुष्य की आवश्यकता है।"

   —युद्ध कांड, सर्ग 17
5. रावण के जीवित रहते ही राम ने उन्हें राजा बना दिया था व उन्होंने उसे प्रसन्नतापूर्वक स्वीकार कर लिया था।

   —युद्ध कांड, सर्ग 18
6. इसके परिणामस्वरूप उन्होंने राम को बहुत से गुप्त भेद बताए।
7. उन्होंने अपने आपको राम के हवाले कर दिया और अपने भाई को केवल यह बहाना बनाकर कि मेरा भाई रावण सीता को हर लाया है, धोखा दिया। लंका का राजा स्वयं बन जाने के वास्तविक कारण ने ही उन्हें ऐसा करने को विवश किया था, न कि इस कारण से कि वे सच्चे और न्यायी थे—यह कैसे?
8. उन्होंने रावण की वाटिका में अनधिकृत रूप में प्रवेश करते हुए व वहाँ जानवरों का शिकार करते हुए राम पर कोई ध्यान नहीं दिया था।
9. जब उनकी बहन सूर्पणखा व अन्य सम्बन्धित स्त्रियों के नाक, कान व स्तन काट डाले गए तथा कुछ स्त्रियाँ मार भी डाली गईं, तब उनका खून नहीं खौला और न उन्हें कोई बेचैनी हुई।
10. ऐसी भयानक भूलों के कर्ता विभीषण को एक सच्चा, न्यायी और वीर मनुष्य मानकर उनकी प्रशंसा करना एवं भाई रावण से, जिन्होंने पूर्ण-रूप से अपनी अधीनता में हो गई सीता के साथ सम्मानपूर्वक बर्ताव किया,

एक दुष्ट मनुष्य की भाँति घृणा करना। इन सब बातों में महाराजा रावण को अनुचित रूप से दबाना, लंका के राज्य को अपने अधिकार में कर लेने की दूरन्देशी है।

ये सब बातें स्वार्थ एवं विचारों की संकीर्णता के अतिरिक्त और क्या हो सकती हैं?

महाराजा रावण

1. राजा रावण में नीचे लिखी विशेषताएँ थीं—
   (1) एक महान विद्वान,
   (2) बहुत बड़ा सन्त,
   (3) वेद शास्त्रों का ज्ञाता,
   (4) अपने सम्बन्धियों व प्रजा का दयालुतापूर्वक पालनकर्ता,
   (5) वीर योद्धा,
   (6) शक्तिशाली पुरुष,
   (7) शूरवीर सिपाही,
   (8) पवित्र आत्मा,
   (9) परमात्मा का प्रिय-पुत्र,
   (10) वरदानी पुरुष।

वाल्मीकि ने स्वयं रावण की उपरोक्त दस विशेषताओं का वर्णन किया है तथा उनकी प्रशंसा कई स्थलों पर की है।

2. रावण की सम्पूर्ण प्रभुता व सम्पन्नता से द्वेष रखनेवाला कमीना भाई विभीषण उनकी मृत्यु का कारण बना। रावण शीघ्र मारे गए, तो भी विभीषण उनकी अन्त्येष्ट-क्रिया पर मन मसोस कर अन्दर-ही-अन्दर दुखी होकर उनके योग्यतापूर्ण गुणानुवाद करता हुआ, उनके शव पर गिर पड़ा और कहा कि "आप न्याय करने में कभी असफल नहीं रहे तथा आपने सदैव महान पुरुषों का सम्मान किया।"

—युद्ध कांड, सर्ग 111

3. अपनी बहन सूर्पणखा के प्रति की गई असहनीय दुष्टता और अपमान से कुपित होकर उसके प्रतिकार स्वरूप रावण सीता को लंका में ले गए थे। सीता के प्रति अनुचित प्रेम होने के कारण नहीं, न दूसरे की स्त्री का सतीत्व भंग करने के उद्देश्य से।
4. हनुमान ने स्वयं रावण के प्रेम के विषय में सफाई देते हुए कहा कि "रावण के महल की सभी स्त्रियों ने स्वेच्छापूर्वक उनकी रानियाँ होना

स्वीकार किया था। उन्होंने किसी भी स्त्री को बिना उनकी इच्छा के छुआ तक नहीं।"

—सुन्दर कांड, सर्ग 9

5. रावण देवताओं और ऋषियों से घृणा करते थे। क्यों? क्योंकि ये यज्ञ के नाम पर छल-कपटपूर्ण स्व-धर्म नियमानुसार गूँगे पशुओं को आग में बलि देकर हृदय-विदारक जघन्य-अपराध करते थे। ये किसी अन्य कारणों से घृणा नहीं करते थे।

वाल्मीकि ने खुद कहा है कि "रावण एक सज्जन पुरुष थे। वे सुन्दर व उत्साही थे। किन्तु जब वे ब्राह्मणों को यज्ञ करते हुए व सोम रस पीते हुए देखते थे, तब उन्हें दंड देते थे।"

6. वाल्मीकि ने कहा है कि राम व लक्ष्मण के द्वारा सूर्पणखा के प्रति किए गए दुर्व्यवहार के दुष्परिणाम स्वरूप गम्भीर चिढ़ तथा अनुत्तरदायित्व पूर्ण उकसाए जाने पर भी रावण ने अपनी बहन सूर्पणखा के प्रतिकार स्वरूप सीता की छातियाँ, नाक और कान नहीं काटे।
7. पूर्व आयोजित ध्येयानुसार सीता को एकांगी जंगल में छोड़ दिया गया था, ताकि सीता को रावण द्वारा ले जाए जाने में सुविधा हो, क्योंकि सीता की भी यही अभिलाषा थी कि रावण उन्हें ले जाए। इसीलिए उन्होंने तैयारियाँ भी की थीं। इस विषय पर कई अनुवादकों की व्याख्या से यह दृष्टिकोण स्पष्ट हो जाता है।

उन्होंने अपने मंत्रियों की जो सभाएँ आमंत्रित की थीं, उनमें हुए विचार-विमर्श उनके दयाशील शासन के उदाहरण हैं।

संकेत : रामायण में चरित्र, आचरण और योग्यता का निरूपण वाल्मीकि द्वारा निर्मित 'रामायण' तथा स्वयं ब्राह्मणों द्वारा तमिल भाषा में अनुवादित पुस्तकों पर आधारित है। इससे पाठक विश्वास कर लेंगे कि 'रामायण' के वे आदर्श-चरित्र, जिनको पाठक ग्रहण किए हुए हैं। स्पष्ट और संक्षिप्त बात यह है कि 'रामायण' में ठीक तथा उचित विचारकों को अयोग्य, अधर्मी और इसके विपरीत मिथ्यावादी, विश्वासघाती एवं गुंडों को ऊँचा उठाया गया है। सम्मानित किया गया है। उनमें स्वर्गीय शक्ति मानी गई है।

इस पुस्तक का उद्देश्य इन मिथ्या विचारों को भोले-भाले मनुष्यों से हटाना तथा यह बताना है कि केवल भेस से कोई साधु नहीं हो सकता है।

बंगाली रामायण

'बंगाली रामायण' के 'लंकावतार-सूक्त' में वर्णन किया गया है कि रावण 'द्रविड़' महाराजा थे, जिन्होंने बौद्ध धर्म स्वीकार कर रखा था और वे 'अरस्तू' तथा 'प्लेटो'

के समान दर्शनशास्त्र के महान ज्ञाता थे। चूँकि बौद्ध-साहित्य में रावण की अति प्रशंसा की गई है इसी कारण ब्राह्मणों तथा पंडितों द्वारा निर्मित 'रामायण' में उनकी अनुचित ढंग से आलोचना तथा निन्दा की गई है। रामायण में 'कीरथवास' नामक विद्वान ने कहा है कि राजा रावण प्रेम एवं सम्मानपूर्वक अपने देश में शासन करते थे।

राजा रावण ने रणक्षेत्र में मरते समय राम को अपने पास बुलाकर दयालुता के सिद्धान्तों तथा राम द्वारा उनके साथ किए गए छल-कपटपूर्ण युद्ध के विषय में उनके कानों में बताया था। इस प्रकार हम 'कीरथवास रामायण' में पाते हैं कि राजा रावण सत्यता का उपदेश देते थे और वे न्यायी थे। (पृ., 124)

'रामायण' काल के मादक पेय पदार्थ

डॉक्टर एस.एन. व्यास ने दिल्ली में दिनांक—15 अगस्त, सन् 1954 ई. में 'कारवाँ' नामक प्रकाशित पुस्तिका में रामायण काल के मादक पेयों का वर्णन किया है।

1. किथ्यसुरा—यह कुछ वस्तुओं को उबाल कर बनाई जाती है।
2. मीराय्या—यह मसालों से तैयार की जाती है।
3. मद्य—यह बेहोश तथा मतवाला बना देनेवाला पेय पदार्थ है।
4. मन्धा—यह साधारण मादक पेय पदार्थ थी। यह पितमन्ध भी कहलाती थी। यह अधिक नशीली नहीं होती थी। इसे पीना सभी पसन्द करते थे।
5. सुरा या सुराबानम—यह उपरोक्त पेयों से भिन्न थी। यह कृत्रिम विधि से निथार कर बनाई जाती थी तथा यह प्राकृतिक मादक पेय थी। यह सर्व-साधारण का पेय पदार्थ थी। पुराणों में इसके विषय में बहुत वर्णन है।
6. सिन्धु—यह गुड़ के शीरे से बनाई जाती थी।
7. सब्वोकाक—यह धनहीनों की पेय थी।
8. वारुणी—यह सभी पेय पदार्थों में सबसे कड़ी व गहरी होती थी। इसे पीते ही लोग लड़खड़ाने लगते थे और धनवान ही इसका प्रयोग करते थे।

राम और सीता के चरित्र

'वाल्मीकि रामायण' के आधार पर श्री पेरियार इरोड वेंकट रामास्वामी द्वारा संगृहीत...।

ब्राह्मणों के साथ-ही-साथ छापाखाने (प्रिंटिंग प्रेस) भी हम लोगों के 'रामायण' में वर्णित मिथ्या तथा दुराचारपूर्ण बातों के प्रकट करने में हमारे शत्रु हैं। उनके समाचार-पत्रों में जो कुछ मैं तर्कपूर्ण बातें उपस्थित करता हूँ, बिना उससे सम्बन्धित तर्कपूर्ण सन्दर्भ को प्रकट करते हुए [मेरे लिखे हुए] समाचार के एक या दो पन्ने फाड़ कर [शेष अधूरे लेख को] भोलेपन से यह छपवा देंगे कि "पेरियार इरोड

वेंकट रामास्वामी कहते हैं कि "राम गुंडा तथा सीता वेश्या थी" इसका अर्थ क्या है? इसका तात्पर्य केवल यह है कि भ्रमोत्पादक काट-छाँट और [भ्रमोत्पादक] तर्क से लोगों को हमारे विरुद्ध खड़ा करना।

रामायण केवल कपोल-कल्पित गप्प है। यह ईश्वर की कथा नहीं है, जैसा कि सर्व-साधारण लोगों द्वारा समझी जाती है। इस बात को बहुत पुरुषों द्वारा स्वीकार किया गया है। श्री गांधी ने स्वयं कहा था कि "मेरा 'राम' 'रामायण' के 'राम' के समान नहीं है।"

श्री टी.के. चिदम्बरनाथ मुदालियर, जिनका उन्हें चिढ़ानेवाला उप-नाम 'कलियुग कम्बा' है, ने घोषणा की है कि 'रामायण' कोई स्वर्गीय कथा नहीं है। सेठ 'बिड़ला' जैसे धनवान एवं विद्वानों की सहायता से संचालित बम्बई की 'भारत इतिक्षा समाधि' के सदस्यों ने 'वैदिक युग' नामक स्वलिखित पुस्तक में वर्णन किया है कि किसी भी 'पुराण' की न कोई ऐतिहासिक पृष्ठभूमि है, न वे शिक्षाप्रद हैं, न उनके पात्रों के चरित्र अनुकरणीय हैं। केवल मिथ्या गप्प हैं। श्री सी. राजगोपालाचार्य ने घोषित किया है कि "वे ईश्वर नहीं हैं, वे केवल एक योद्धा हैं।"

क्या राम ईश्वर के अवतार हैं?

अनुसन्धान के अन्य विद्यार्थी तथा विद्वान इसी विचार के समर्थक हैं। वे राम को न तो ईश्वर का अवतार मानते हैं और न 'रामायण' को इस प्रकार स्वर्गीय-पुरुष का जीवन-इतिहास। वाल्मीकि के साथ-ही-साथ मौलिक 'रामायण' के अन्य लेखकों ने भी अपनी पुस्तक में राम को उतना सम्मानित नहीं किया है, जितना कि उन्हें ईश्वर का अवतार मानकर सम्मानित किया जाना चाहिए था।

सर्वप्रथम उद्‌गम पृष्ठभूमि जहाँ से कथा प्रारम्भ होती है, अनर्थक तथा हास्यास्पद है। यहाँ वर्णन किया गया है कि विष्णु ने 'बिरहू' मुनि की स्त्री को मार डाला। उसके दुष्परिणाम स्वरूप मुनि ने उन्हें शाप दिया कि "तू भविष्य में मनुष्य के रूप में पैदा होगा और तेरी स्त्री हर ली जाएगी। और इस प्रकार मेरी भाँति तू भी स्त्री-वियोग का दारुण दु:ख सहेगा।" एक कथा तो इस प्रकार है।

दूसरी कथा इस प्रकार चलती है कि वही विष्णु जलन्धर की पत्नी 'वृन्दा' पर मोहित हो गए और वे उनके पति जलन्धर को छल-कपटपूर्वक मार डालने में सफल हो गए, तब उन्होंने जलन्धर का भेस धारण कर उनकी स्त्री का सतीत्व लूटा। विष्णु द्वारा इस प्रकार ठगी जाने का रहस्य जानकर जलन्धर की स्त्री ने उन्हें शाप दिया कि "ठीक यही रहस्य घटना तुम्हारी स्त्री के प्रति हो।" इसी शाप के फलस्वरूप उसे पृथ्वी पर पुनर्जन्म ग्रहण करना पड़ा।

तीसरी कथा का स्रोत इस प्रकार है कि एक बार विष्णु अपनी 'थिरूमगल' नाम की पत्नी के साथ दिन-दहाड़े रति क्रिया में निमग्न थे। उसी समय शिव का प्रधान

गण वहाँ आ पहुँचा। इस पर तनिक भी ध्यान न देते हुए विष्णु अपने विषय-भोग में लगे रहे। अपने इस अपमान से कुपित होकर, वह गण नन्दी के पास गया और अपने अपमान का सम्पूर्ण समाचार शिव से निवेदन किया। इस पर शंकर ने उन्हें शाप दिया कि वे पुनः पृथ्वी पर जन्म लें और अपनी स्त्री के हरण किए जाने का शोक सहन करें। इस कारण उन्होंने पृथ्वी पर पुनः अवतार लिया।

राम के पृथ्वी पर अवतार धारण करने के कारण कितने निरर्थक तथा हस्यास्पद हैं।

अब हमें उस परिवार को देखना है कि जिसमें राम ने अवतार लिया। राम के पिता राजा दशरथ को अपनी तीन राजवंशीय स्त्रियों के अतिरिक्त साठ हजार स्त्रियाँ थीं। यह वे आदर्श कहे जानेवाले पिता हैं, जिनके पुत्र राम हुए। 'रामायण' में वर्णन किया गया है कि राम, लक्ष्मण, भरत व शत्रुघ्न यज्ञ की विधिवत सम्पूर्ति और समाप्ति के फलस्वरूप पैदा हुए।

अब हम यज्ञ की विशेषताओं पर ध्यान दें। कई प्रकार की चिड़ियाँ, जानवर, कीड़े-मकोड़े और जंगली जानवर मारे जाते थे और इन सभी मृत जीवों को आग में भून कर कबाब बना दिया जाता था और ब्राह्मण लोग उसे खाते थे। तत्पश्चात् दशरथ की तीनों स्त्रियाँ उन पुरोहितों को सौंप दी गईं, जिन्होंने यज्ञ किया था।

'रामायण' के अनुवादक जंगल निवासी पंडित मन्मथनाथ दातार लिखते हैं कि कौशल्या ने बड़ी उत्सुकतापूर्वक एक घोड़े के तीन टुकड़े कर डाले और बिना किसी मनोव्यथा के उस मृत घोड़े के साथ सम्पूर्ण रात बिता दी। 'होता', 'अद्धवर्यु' व 'उद्गाता' (युक्ध या युक्थ) और अन्य 'रिकविका' पुरोहितों ने तीनों रानियों के साथ सम्भोग किया। इस प्रकार दशरथ के पुत्रों की जन्म-कथा है।

क्या कोई अवतार लेने का ढंग है? क्या कोई कथा इस प्रकार बेढंगे तरीके से लिखी जानी चाहिए?

दशरथ का कमीनापन

कौशल्या देश के मूर्खतापूर्ण उद्देश्य एवं प्रयत्नों पर राम को राजगद्दी देने तथा तत्सम्बन्धी प्रबन्धों पर यदि हम विचार करते हैं तो दशरथ का कमीनापन प्रकट हो जाता है। भरत को उनके नाना के यहाँ भेज दिया गया था और लगभग दस वर्ष तक नहीं बुलाया गया था, ताकि कहीं ऐसा न हो कि उनकी उपस्थिति राम के राज्याभिषेक में रोड़ा न बन जाए। इसीलिए राज्याभिषेक का शीघ्र प्रबन्ध कर दिया गया था। कैकय देश के राजा को कोई आमंत्रण नहीं दिया था। इस उत्सव की सूचना भरत को भी नहीं दी गई थी।

दशरथ ने अपनी गुप्त वार्ता में राम से कहा था कि भरत का अपने नाना के घर में होने के कारण उनकी अयोध्या में अनुपस्थिति तुम्हारे राज्याभिषेक के निर्विघ्नतापूर्वक

हो जाने के पक्ष में है। यह काम भरत के लौट आने के पहले ही हो जाना चाहिए। कल ही यह कार्य होना है, तुम्हारे मित्र तुम्हारी रक्षा करेंगे, ताकि आज रात को कोई अप्रिय घटना न होने पाए। राजवंशीय लोगों के साथ-ही-साथ सभी लोग इस उत्सव पर प्रसन्न थे।

कैकेयी तक, जो कि राम तथा भरत को समान रूप से चाहती थीं, दशरथ द्वारा अन्धकार में रखी गई थीं। तो भी दशरथ के कपटपूर्ण प्रबन्ध को जान कर उन्होंने स्वयं हठ किया कि "भरत को राजगद्दी दी जाए और राम को वनवास।" कैकेयी को बिना सूचना दिए इस मामले को गोपनीय रखने के लिए दशरथ ने उन्हें कोई समुचित उत्तर नहीं दिया, बल्कि निर्लज्जतापूर्वक कैकेयी के चरणों में गिर पड़े और गिड़गिड़ाते हुए कहने लगे कि "ये दोनों वरदान न माँगो।" दशरथ ने कैकेयी पर दोषारोपण किया कि उन्होंने उत्सव सम्बन्धी सभी योजनाओं को विफल कर दिया।

दशरथ ने राम को गुप्त रूप से बताया कि "मेरी इच्छा तुम्हें वनवास भेजने की नहीं है, किन्तु यह सब केवल प्रकट रूप से दिखाने के लिए है कि मैं कैकेयी के प्रति किए गए वचनों को पूरा करने के लिए तैयार हूँ।" आगे दशरथ ने राम को यह भी उकसाया कि "तुम मेरी आज्ञाओं को न मानकर गद्दी पर अधिकार कर सकते हो।" वे चाहते थे कि राज्य का सभी खजाना, सेना व सामान आदि राम के साथ वन जाए।

कैकेयी के साथ विवाह करते समय दशरथ ने उन्हें वचन दिया था कि उनसे उत्पन्न पुत्र को ही अयोध्या की राजगद्दी दी जाएगी। अपने इस न्यायसंगत वचन का खंडन कर उन्होंने राम को राजगद्दी देने की योजना बना डाली और यह जानते हुए कि अयोध्या के राज्य अधिकारी भरत हैं। सत्यवादी व न्यायी परमात्मा राम राजगद्दी लेने को तैयार हो गए थे। दशरथ के गुरु, मंत्रिगण—सुमंत्र व वसिष्ठ आदि ने भी दशरथ को धर्म-विरुद्ध परामर्श दिया। दशरथ द्वारा राम को वनवास की घोषणा कर दिए जाने के पश्चात् लक्ष्मण अपने पिता दशरथ पर कुपित हुए और बोले कि "मैं आपको मार डालूँगा।" कौशल्या ने भी अपने पुत्र राम से दशरथ की आज्ञा न मानने तथा अयोध्या में रहने की बात कही थी।

एक साधारण श्रेणी में राम

इस प्रकार 'रामायण' में कई स्थलों पर राम को साधारण कोटि का मनुष्य कहा गया है।

जहाँ तक राम की विशेषताओं का सम्बन्ध है, हमें यह कहना पड़ता है कि उन्होंने अबोध 'ताड़का' का छल से कठोरतापूर्वक वध कर दिया, क्योंकि वे अपने राज्य में अनधिकृत रूप से प्रवेश करके वहाँ पर यज्ञ सम्पादन करनेवाले पुरोहितों को ऐसा करने के लिए मना करती थीं।

जब राम वनवास जाने को थे, तब उन्होंने गम्भीर दु:ख का अनुभव किया और उन्होंने अपनी माता व स्त्री को बताया कि "जो राज्य मुझे मिलनेवाला था, वह मेरे हाथों से निकल गया और मुझे वनवास दे दिया गया है।"

राम ने लक्ष्मण से वनवास में कहा था कि "क्या कोई ऐसा मूर्ख होगा जो कर्तव्यपरायण तथा आज्ञापालक अपने पुत्र को वन में भेज दे?" इस प्रकार अयोध्या का राज्य न मिल सकने के कारण शोक-निमग्न राम ने अपने पिता को निन्दनीय शब्द कहे।

वनवास में राम ने सूर्पणखा के कान और नाक काट लेने का अपराध किया, क्योंकि वे उनसे प्रेम करती थीं। वन में आकर राक्षसों का वध करने के निश्चय को अपना लक्ष्य बना कर उन्होंने स्वेच्छापूर्वक व्यर्थ में लड़ाई मोल ली। सुग्रीव की भलाई के लिए उन्होंने आड़ में छिप कर कायरतापूर्वक राजा बालि को मारा। बालि ने राम के प्रति कोई बुरा व्यवहार नहीं किया था। इस बात को भली भाँति तथा पूर्णतया यह जानते हुए कि "दुष्ट और विश्वासघाती विभीषण अपने भाई रावण का वध करवाकर स्वयं लंका का राज्य हथियाने के कपटपूर्ण उद्देश्य से मेरी शरण में आया है।" राम ने लंका पर राज्य करते हुए महाराजा रावण का वध करके विभीषण को वहाँ का राजा बनाया था।

राम के कपटपूर्ण विचार

सम्पूर्ण 'रामायण' में देखा जा सकता है कि राम— ठग, पाखंडी, छली, कपटी, दुष्ट और अपराधी था। उसे अपने स्वार्थ की सिद्धि के लिए कोई भी घृणित कार्य करने पर उतारू हो जाने के उद्देश्य से तैयार कर दिया गया था।

जब सीता उनके साथ वन जाने को तैयार थी, तब राम ने अपनी इच्छा प्रकट की थी कि "तुम भरत की सभी प्रकार की इच्छानुसार अयोध्या के महलों में रहो, क्योंकि इस प्रकार हम कुछ अधिक प्राप्त कर सकने में सफल हो सकेंगे।" इस पर सीता ने राम पर क्रोध करते हुए फटकारा और कहा कि "आप कायर तथा अशक्त हैं। आप मनुष्य के भेस में स्त्री हैं। मेरे पिता ने मेरा विवाह आपके साथ किया है। आप अपनी स्त्री को दूसरों को सौंपकर अनुचित जीविका-पैदा करनेवाले मनुष्यों में से हैं।" इस पर राम ने अपने असली विचारों को छिपाते हुए कहा कि "मैं केवल तुम्हारे मन की स्थिति का परीक्षण कर रहा था।" तब वे उन्हें अपने साथ वनवास को ले गए।

जब कभी राम वनवास में अनुभव करते कि भविष्य में कोई अप्रिय घटना होनेवाली है, तब वे कैकेयी पर बुरी तरह से दोषारोपण करते थे कि "मेरे दु:ख से अब कैकेयी सुख व प्रसन्नता का अनुभव करती होगी।" वे मन-ही-मन असन्तुष्टतापूर्वक बड़बड़ाया करते थे कि "मैं कहाँ वन में चला आया हूँ। मेरे पिता वृद्ध हो गए हैं।

अब भरत पूर्णरूपेण स्वतंत्रतापूर्वक राज्य कर रहे होंगे। उनके विरुद्ध कोई कुछ नहीं कह सकता है।"

आगे राम ने और क्या किया? शूद्र होकर तपस्या करने के कारण उन्होंने शम्बूक का वध किया। ऐसे अयोग्य, नीच, छली व अपराधी व्यक्ति को 'ईश्वर' का अवतार कैसे माना जाए? धूर्त ब्राह्मणों ने ठग, झूठे, अशक्त, अयोग्य व चरित्रहीन एक साधारण व्यक्ति को 'ईश्वर' बताकर हम लोगों को उनसे प्रेम करने और उनकी पूजा करने को बाध्य किया है। क्या यह उचित नहीं है कि हम लोगों की समझ और बुद्धि पर जो मिथ्या बातें बलपूर्वक लादी गई हैं, हम उनका गम्भीरतापूर्वक आस्था की जगह बुद्धि से निरीक्षण करें।

ये राम के चरित्र हैं!

सीता की पैदाइश

अब हमें सीता की ओर अपना ध्यान आकर्षित करना चाहिए। उन्हें सम्पूर्ण 'रामायण' में कुलीन वंश के उचित गुणों-रहित एक साधारण स्त्री माना गया है। उनके माता-पिता में सन्देह है। नहीं पता कि उनके माता-पिता कौन हैं?

ऐसा वर्णन किया गया है कि राजा जनक ने हल चलाते हुए उन्हें पृथ्वी में पाया था। उन्हें कलंक से बचाने के लिए साहित्यिक भाषा का प्रयोग करते हुए वर्णन किया गया है कि वे महालक्ष्मी पैदा भी नहीं हुईं बल्कि वे पृथ्वी पर स्वयं एक बालिका के रूप में प्रकट हुईं।

उनके माता व पिता के विषय में सन्देह होने के कारण पूर्ण यौवनावस्था प्राप्त कर चुकने के पश्चात् भी वे कई वर्षों तक कुँवारी बनी रही थीं। उन्होंने इस बात को वन में दुख प्रकट करते हुए स्वयं स्वीकार किया था। क्या कहा जाए। महालक्ष्मी का जन्म भी निराधार तथा हास्यास्पद है। 'रामायण' की सम्पूर्ण कथा में उनके चरित्र के विषय में कोई प्रशंसनीय बात नहीं है।

सीता की मूर्खता

जब राम के वनवास जाने का निश्चय किया जा चुका था, तब सीता ने कहा कि मेरे विषय में भविष्य-वक्ताओं ने पहले ही कहा था कि मुझे वन में रहना होगा। उन्होंने यह भी कहा कि मैं अपने पति के साथ वनवास जाना चाहती हूँ। राम और लक्ष्मण वल्कल वस्त्र धारण किए हुए थे, किन्तु सीता ने वह भेस पसन्द नहीं किया।

इस पर दशरथ ने आज्ञा दी कि आवश्यक वस्त्र और उत्तम आभूषण जितने चौदह वर्ष के लिए पर्याप्त हों, सीता के प्रयोग के लिए उनके साथ भेज दिए जाएँ।

उन्होंने अति प्रसन्नतापूर्वक उन्हें पहना और अपने आपको सुन्दरतापूर्वक सुसज्जित किया, किन्तु पति का तापस-भेस और उनकी स्त्री का राजवंशीय-भेस।

इस प्रकार से वनवास को चल दिए। चूँकि दशरथ ने केवल राम को वनवास दिया था, सीता को नहीं, इसलिए वन जाते समय वसिष्ठ, सुमंत्र व अन्य पुरुषों ने सीता को वन जाने से रोका। किन्तु इस पर कैकेयी सहमत नहीं हुईं।

अत: उन्हें अपने पति के साथ जाना पड़ा।

इस प्रकार सती तथा आदर्श कहलानेवाली सीता के कार्य-कलाप यहीं पर समाप्त नहीं हो जाते। राम की माता अर्थात् सीता की सास ने सीता को उत्तम आभूषणों व बहुमूल्य वस्त्रों की ओर रुचि देखकर यह कहते हुए उन्होंने सीता को शिक्षा दी कि "अपने पति की प्रेम-पात्र होने योग्य काम करो, मतिहीन न बनो।" इस पर सीता ने अपनी सास को तपाक से उत्तर दिया कि "मैं प्रत्येक बात जानती हूँ। मुझे आपसे सीखना कुछ भी अब शेष नहीं है।"

सीता के लिए भरत के साथ रहने की इच्छा प्रकट करते हुए राम ने सीता से कहा कि "तुम भरत के साथ रहो।" इस पर उन्होंने राम को निन्दनीय उत्तर दिया कि "मैं उन (भरत) के साथ नहीं रहना चाहती, जो मुझसे घृणा करते हैं।"

वनवास में जब कभी उन पर किसी कठिनता या अन्य कष्ट का सामना करना पड़ता, तब वे बुरी तरह से कैकेयी पर दोषारोपण किया करती थीं।

सीता के वचनों से शक्तिशाली भी काँपता

जब राम ने मृग का पीछा किया व मृग अति पीड़ा से चिल्लाया—सीता! लक्ष्मण!! तब सीता ने लक्ष्मण से राम के पास जाने तथा उनकी सहायता करने को कहा। इस पर लक्ष्मण ने उत्तर दिया कि "मेरे भाई के ऊपर कोई दुःख नहीं आ सकता।" इस पर वे क्रोधित होकर उबल पड़ीं और लक्ष्मण पर दोष लगाया कि क्या राम की मृत्यु हो जाने पर तुम मुझे फुसलाना और पथ-भ्रष्ट करना चाहते हो? क्या तुम इसी उद्देश्य से वन में आए हो? मैं तुम्हें जानती हूँ और भरत ने मुझे बिगाड़ने का षड्यंत्र रचा है।

इस पर शक्तिशाली लक्ष्मण काँपने लगे और उन्होंने उनसे हाथ जोड़कर कहा कि "हे माता! मैंने आपके पैरों के अतिरिक्त आपका अन्य कोई अंग नहीं देखा है। कृपा करके ऐसी बात न करें। सीता ने इस कमी को कैसे पूरा किया? उन्होंने पुनः लक्ष्मण से प्रश्न किया कि क्या तुम मुझ पर अपनी आँखें गड़ाए रह कर केवल समय व्यतीत करना चाहते हो?

जगत माता तथा देवी के मुख से निकले हुए उपरोक्त शब्दों को सुनिए। एक शक्तिशाली स्त्री भी इस प्रकार बातें कर सकती है, तो भी सीता ने ऐसे शब्द कहे

और वे शक्ति-शालिनी स्त्री सर्वव्यापी एवं त्रिकालदर्शी की अर्द्धांगिनी कही जाती हैं। वे लोगों को आदर्शमय जीवन व्यतीत करने हेतु शिक्षा देने के लिए अवतरित समझी जाती हैं। सीता के जीवन की महत्ता इतनी ही नहीं है, जितनी यहाँ की गई है किन्तु अभी बहुत कुछ और भी है।

रावण द्वारा सीता की सुन्दरता की प्रशंसा

सीता रावण को भोजन भी परोसती थीं।

सीता की तुच्छता पर कुपित होकर उनमें कोई सुशीलता तथा महानता न पाकर लक्ष्मण ने उनसे मुख मोड़ लिया था। रावण मानो अपनी पूर्व आयोजित योजनानुसार साधु भेस में शीघ्रतापूर्वक प्रकट हुए। सीता ने उनका हृदय से सत्कार किया।

इस पर रावण सीता की आँखों, बातों, चेहरे तथा जंघाओं की प्रशंसा करने लगे और उनके स्तन की तुलना नारियल से करने लगे। वे सीता के शरीर की प्रशंसा करते हुए कहने लगे कि ज्यों-ज्यों मैं आपके अंगों-प्रत्यंगों को देखता जाता हूँ, त्यों-त्यों अपने आपको सँभालने में असमर्थ हो जाता हूँ। आपकी सुन्दरता मेरे हृदय पर खरोंचे डाल रही है, जैसे—नदी का कोई नाला नदी के किनारे को खरोंच डालता है।

इस प्रकार यह सीता के एक-एक अंग की प्रशंसा करता रहा। यदि वास्तव में सीता आदर्श चरित्र वाली सती होतीं तो वह प्रत्येक की ईर्ष्या का कारण बन जाती। उन्होंने क्या किया है? क्या कोई मनुष्य हमारी स्त्रियों से इस प्रकार की बातें कर सकता है? और यदि ऐसा करता है तो क्या वह बच सकता है? किन्तु सीता ने क्या किया? रावण द्वारा अपने शरीर की सुन्दरता का बखान सुन कर निहाल सीता रावण को खाना परोसती थी।

सीता अपने को युवती बताकर राजा रावण से अवस्था छिपाई थी

सीता खाना परोसने के पश्चात् रावण से बाते करती थी कि मैं जनक की पुत्री और राम की स्त्री हूँ...। उन्होंने रावण को अपनी वास्तविक अवस्था से कम अवस्था बताई थी। जब वह वन में आई और रावण से बातें कर रही थी, तब वह तेरह वर्ष की थी। उन्होंने पुनः उसे बताया कि मेरा विवाह हो जाने के बाद मैं बारह वर्ष अयोध्या में रही। उन्होंने पुनः कहा कि जब मैं वनवास में आई, तब मैं अठारह वर्ष की थी।

यह कैसी अनुकूलता है? वह अपने विवाह के पश्चात बारह वर्ष अयोध्या में रही। उनके शब्दों के अनुसार पूर्ण यौवनावस्था को प्राप्त हो चुकने के कई वर्ष बाद कुँआरी दशा में वह अपने पिता के घर रहीं, किन्तु रावण के सम्मुख जो कुछ उन्होंने

कहा, उसके अनुसार उसका विवाह छठवीं वर्ष में हो गया होगा। क्या सीता केवल छह वर्ष में यौवनावस्था प्राप्त कर सकती थी। छह वर्ष में यौवनावस्था को प्राप्त करने के पश्चात् कई वर्षों तक कुँआरी दशा में उसके अपने पिता के घर रहने की बात यदि स्वीकार कर भी ली जाए तो उसने इस प्रकार केवल 'हाँ, हूँ' क्यों की? यह केवल अपनी वृद्धावस्था को छिपाना है।

वह साधारण तौर पर पैंतालीस वर्ष की थीं। चूँकि युवती हो जाने के कई वर्ष बाद तक अपने पिता के घर रही, 'इसलिए विवाह के समय वह बीस वर्ष की रही होंगी।' (बारह वर्ष अयोध्या में, तेरह वर्ष वनवास में, बीस वर्ष अपने पिता के घर में। अतः इस प्रकार पैंतालीस वर्ष हो गए।)

लक्ष्मण ने भी यह बात दृढ़तापूर्वक कही थी कि सीता बड़े पेट वाली एक वयोवृद्ध स्त्री है। यह बात उसने कब कही? सूर्पणखा राम से प्रेम करती थीं, और उससे विवाह करना चाहती थीं। राम ने इस पर कहा कि मेरा विवाह पहले ही हो चुका है। तू कुँआरे लक्ष्मण के पास जा।

अतः वह उसके पास गई। किन्तु लक्ष्मण ने इस कारण से उससे विवाह करना इनकार कर दिया कि "मैं राम का दास हूँ।" और यह कहते हुए कि राम की स्त्री बड़े पेट वाली वृद्धा है, अतः तू उसी के पास लौट जा। वह तुझसे विवाह कर लेगा।

जैसा कुछ हो, कथा के अनुसार जब रावण सीता को मिले, तब वह सुन्दर, किन्तु वृद्धा थीं। वृद्धा होते हुए भी जब रावण आनन्द लेते हुए उनके अंगों-प्रत्यंगों की प्रशंसा करने लगे, तब उसने अपनी अवस्था क्यों छिपाई? पाठक इस पर विचार करें। क्या एक सती देवी शक्ति की कथा ऐसी ही है?

तत्पश्चात क्या हुआ? रावण ने अपने आपको प्रकट किया। ('कपट भेस उतार दिया' का तात्पर्य है पूर्ण परिचय दिया) और सीता से उसके साथ लंका को चलने को कहा। सीता ने ऐसा करने से इनकार कर दिया। रावण ने क्षण भर में एक हाथ से उसके बाल पकड़े तथा दूसरे हाथ से उसकी जाँघों को पकड़कर उठा लिया और अपनी जाँघों पर बैठाकर उसे ले गया। वह चिल्लाती हैं। इस प्रकार कथा चलती है।

मेरा भौतिक शरीर कहीं, किन्तु मन तुम्हारे साथ

द्वितीय ध्यान देने योग्य बात यह है कि रावण को दो शाप दिए गए थे। प्रथम यह कि यदि वह किसी स्त्री को बिना उसकी आज्ञा के छुएगा तो वह वहीं भस्म हो जाएगा। द्वितीय यह कि उसके हृदय में किसी स्त्री के प्रति कुविचार उत्पन्न होते ही उसके सिर के सहस्त्रों टुकड़े हो जाएँगे।

तमिलनाडु के कवि कम्ब लिखते हैं कि रावण सीता को बिना अपने हाथों से स्पर्श किए जिस स्थान पर वह खड़ी थी, उस स्थान सहित उसे ले गया।

इन शापों के प्रमाण स्वरूप द्वितीय श्लोक में कहा गया है कि रावण वास्तविक सीता को नहीं ले गए थे, अपितु वह उसकी मायावी प्रतिमा-मात्र ले गए थे। किन्तु वाल्मीकि की मौलिक पुस्तक में स्पष्ट वर्णन है कि रावण सीता को अपनी गोद में दबाए हुए उनके शरीर को पूर्णतया स्पर्श करते हुए ले गए।

यदि इन शापों में कोई शक्ति होती तो सीता को ले जाते हुए रावण का शरीर और सिर मिट्टी में मिल जाता। किन्तु उसके प्रति कोई घटना न घटी। वह लंका में सुरक्षित पहुँच गए थे और वहाँ पहुँचकर उसने सीता को अपने महल के चारों ओर घुमाया। वहाँ भी रावण के प्रति कोई दुर्घटना न हुई। तब शाप का क्या अर्थ है? ('महाराजा रावण को ब्रह्मा का शाप' युद्ध कांड, 13 सर्ग व 'नलकूबर का शाप' उत्तर कांड, 25 सर्ग।)

कलकत्ता विश्वविद्यालय के सदस्य तथा बंगाली इतिहास के अनुसन्धान के प्रतिष्ठित विद्यार्थी राय साहब दिनेशचन्द्र सेन बी.ए. इस पर यह लिखते हैं कि मेरा यह मत है कि इस बात में कोई सत्यता नहीं है कि रावण सीता को बलात हर ले गए। मेरे इस निर्णय पर कट्टर हिन्दू धर्मावलम्बी व्यक्ति क्रोध से भड़क सकते हैं, किन्तु इस पर मैं अपना दृष्टिकोण परिवर्तित नहीं कर सकता।

यदि पाठक इस पुराण अर्थात् 'रामायण' की साहित्यिक सुन्दरता का पर्दा हटा दें, तो उसमें देखने को ढाँचा मात्र रह जाएगा।

लंका में सीता सहित बैठे हुए रावण ने उससे कहा—"सीते! लज्जा न करो! हमारा तुम्हारा मिलाप दैवी योजनानुसार है। इसका स्वागत सम्पूर्ण ऋषि और मुनि करेंगे।" इस पर सीता ने उत्तर दिया कि "आप मेरे शरीर का निश्चेष्ठ भोग कर सकते हो। मुझे अपने शरीर की चिन्ता नहीं।"

रावण को मारकर सीता सहित लौटते हुए राम ने सीता से पूछा कि "तुम रावण के संरक्षण में बहुत दिनों तक रही हो। उसने बिना तुम्हें स्पर्श किए तथा बिना तुम्हारे साथ सम्भोग किए, तुम्हें कैसे छोड़ा होगा?" सीता ने उत्तर दिया—"मैं क्या कर सकती थी। मैं एकाकी थी। दूसरे, मैं अबला स्त्री हूँ। वह शक्तिशाली है। मेरी स्वेच्छानुसार कोई काम नहीं हुआ है। मेरे शरीर के सिवाय मेरा मन तुम्हारे साथ था और रहेगा।"

उन्होंने कोई यथार्थ बात नहीं बताई। वह बगलें झाँक रही थी और उत्तर दिया—"मेरा अपने शरीर पर कोई अधिकार न रह गया था। किन्तु मैं अपने मन की पवित्रता के सम्बन्ध में आपको विश्वास दिला सकती हूँ।"

इन सुसज्जित शब्दों के साथ उसने उत्तर दिया। अन्त में, अयोध्या आ जाने पर राम ने सीता को जंगल में छोड़ने के बाद पुनः मिलन के समय राम ने सीता से उनके पूर्ण पवित्रता की शपथ ग्रहण करने को कहा। उसने ऐसा नहीं किया, किन्तु वह पृथ्वी में समाकर अलोप हो गई। दूसरे शब्दों में, उसने आत्महत्या कर ली।

राम के अनुचर निन्दनीय हैं

जहाँ तक सीता के पति राम का सम्बन्ध है। वह पाखंडी, कपटी, विश्वासघाती, स्त्रीवत-निर्बल, किंबहुना, मेहरा और झूठा था।

उसका भाई लक्ष्मण उपद्रवी व प्रजा-पीड़क था, जिसने अपने पिता को मारने का साहस किया था। वह लुच्चा व लम्पट था जो गद्दी प्राप्त करने हेतु कोई भी कार्य करने में न हिचकिचाया।

साठ वर्ष की अवस्था के बाद भी उनके पिता भ्रष्ट थे। उन्होंने अपने पुत्रों को समान रूप से प्यार न करते हुए, एक को प्यार किया तथा दूसरे से घृणा की।

राम की माता अपने पति के प्रति कोई प्रेम नहीं करती थीं। यही बात सुमित्रा के विषय में थी। जब दशरथ मृत्यु-शय्या पर लेटे थे, तब निकट ही कौशल्या और सुमित्रा गम्भीर निन्द्रा-विभोर थीं। उनकी मृत्यु से शोकाकुल रोते हुए व्यक्तियों द्वारा वे जगाई गईं। इससे स्पष्ट है कि वे अपने पति के प्रति कितनी उदासीन रहती थीं।

सुग्रीव व विभीषण जिन्होंने अपने-अपने भाइयों को धोखे से मरवा कर उनके राज्य को कपट, छल तथा धोखे से छीन लेने के घृणित उद्देश्य से राम से मित्रता की थी, विश्वासघाती व आलसी थे।

राम की सम्पूर्ण मंडली में इस प्रकार के धूर्त, ठग, अधर्मी, विश्वासघाती तथा भ्रातृ-द्रोही भरे पड़े थे, तो भी वे देवता माने गए हैं। 'रामायण' की कथा के अनुसार, इन कथित दैवी-शक्ति के विरोधियों (सुग्रीव, विभीषण व हनुमान आदि सभी) को सत्यवादी और सभ्य कहकर उनकी प्रशंसा की गई है।

महाराजा रावण की महानता

राजा रावण की वीरता की प्रशंसा सर्वव्यापी थी। उनके महल की सभ्यता, भव्यता और विशालता की प्रशंसा स्वयं हनुमान ने की है। उन्होंने रावण के शयनागार में सुन्दर महिलाओं के मध्य-शयन करते हुए उनकी उपमा तारागणों के मध्य विचरण करते हुए चन्द्रमा से की है।

हनुमान ने कहा है कि "ये सभी स्त्रियाँ रावण की सुन्दरता, बुद्धिमत्ता व वीरता से आकर्षित होकर स्वेच्छापूर्वक उनके पास आ गई थीं। उनमें से कोई भी स्त्री बलपूर्वक नहीं लाई गई थी। कहा गया है कि हनुमान स्वयं इस बात में विचार-निमग्न हो गए थे कि यदि सीता अपने विवाह के पूर्व ही रावण द्वारा ले जाई जाती तो वे अति प्रशंसनीय होतीं।

वाल्मीकि ने रावण के विषय में कई स्थलों पर उनकी प्रशंसा के पुल आसमान में बाँध दिए हैं; यथा—रावण एक महान विद्यार्थी थे। उन्होंने कई घोर तपस्याएँ की थीं। वे वेदों के ज्ञाता, अपनी प्रजा तथा सम्बन्धियों के सत्य पालक थे। वे एक वीर

योद्धा थे। वे शक्तिशाली व हृष्ट-पुष्ट थे। निष्कपट—भक्त, ईश्वर-कृपा पात्र और वरदानी थे।

राम की भाँति रावण को कहीं तुच्छ नहीं बताया है। जिस प्रकार राम ने सूर्पणखा के अंग-भंग कर उनका रूप बिगाड़ दिया था, उसी प्रकार रावण भी सीता के साथ व्यवहार कर सकते थे, किन्तु इसकी प्रतिक्रिया स्वरूप ऐसा करने का कोई भी विचार वे अपने मन में नहीं लाए। रावण ने सीता को अपनी भतीजी के संरक्षण में अशोक वन में रखा था। वे बहुत भले और सज्जन-पुरुष थे। वाल्मीकि ने कहा है—रावण ब्राह्मणों को यज्ञ करने से तथा उन्हें सोमरस पीने से रोकते थे।

ऐसे सज्जन महाराजा रावण तथा उनके लोगों को इस कारण मात्र से कि वे ब्राह्मणों के शत्रु थे, दुष्ट राक्षस कहा गया है।

वाल्मीकि रामायण

'रामायण' की कथा कदापि सत्य नहीं है। यही विचार कई धर्म-धुरन्धरों तथा बुद्धिमानों द्वारा व्यक्त किए गए हैं।

वाल्मीकि ने स्वयं कहा है कि राम न तो ईश्वर थे और न उनमें कोई स्वर्गीय शक्ति थी।

ऐसी स्थिति में भी हिन्दू लोग 'रामायण' तथा उसमें वर्णित आर्य-पात्रों को महत्त्वपूर्ण समझते हैं।

ऐसा क्यों? ताकि ब्राह्मण लोग ब्राह्मणों के अतिरिक्त दूसरे मनुष्यों से सम्मान पाने का प्रचार कर सकें। कुछ भी हो, हमें 'रामायण' की निम्नांकित बातों का पुनर्निरीक्षण करना चाहिए।

1. क्या राम स्वर्गीय शक्ति हैं? तथा क्या वह साधारण मानव-मात्र से विशेष हैं?
2. क्या राम सत्यवादी हैं?
3. क्या राम वीर योद्धा हैं?
4. क्या राम एक बुद्धिमान पुरुष हैं? क्या वे नीच वर्गों से उच्च हैं?
5. क्या सीता सच्चरित्र स्त्री हैं?
6. क्या सीता में साधारण स्त्रियों से न्यूनतम साधारण गुण है? क्या महाराजा रावण दुष्ट हैं?
7. क्या महाराजा रावण सीता को हर ले गए?
8. क्या महाराजा रावण ने सीता का सतीत्व बिगाड़ा?

'भागवत' में वर्णित विष्णु के सम्पूर्ण अवतारों में से जो रावण राक्षस को मारने के उद्देश्य से विष्णु अवतार है, वही 'वैशवती राम' हैं। तुलना कीजिए।

विष्णु के अवतार

1. मत्स्य अवतार, 2. कच्छप अवतार, 3. शूकर अवतार, 4. गंगा अवतार, 5. वामन अवतार, 6. परशुराम अवतार, 7. राम अवतार, 8. कृष्ण अवतार, 9. बलराम अवतार।

यह वर्णन किया गया है कि ये सभी नौ अवतारों का अर्थ ब्राह्मणों के हित में उनके शत्रु द्रविड़-राजाओं (शूद्र व महाशूद्र राजाओं) का संहार करना है। इन नौ अवतारों में से ब्राह्मणों ने राम के अवतार को अपनी 'रामायण' की कल्पित कथा का आधार बनाया। रामायण की यह कथा 'नाम्बियान्दर नम्बी' तथा दूसरे 'सैवित' संतों पर आधारित 'पैरिया पुराण' के समकक्ष है।

'लीला मृदु' के समकक्ष यह 'पैरिया पुराण' ईश्वर-भक्ति हेतु 'सैवितों' द्वारा रची गई में पूर्व प्रकाशित 'वैशवती' संतों की कथा है।

किन्तु रामायण की कथा 'सैवितों' के 'स्कन्द पुराण' से ली गई है, जिसका नाम परिवर्तित कर 'रामायण' रख दिया गया है। 'स्कन्द-पुराण' में आर्यों द्वारा कहे जानेवाले द्रविड़-राक्षसों (शूद्रों व महाशूद्रों) के प्रति दर्शाई गई घृणा की अपेक्षा 'रामायण' में उन आर्यों को अत्यधिक माने जाने का दृष्टिकोण अपनाया गया है।

'रामायण' की अपेक्षा 'स्कन्द पुराण' का निर्माण बहुत समय पूर्व हुआ। 'स्कन्द पुराण' केवल एक व्यक्ति द्वारा लिखी गई थी। इसी कारण वह सही है।

चूँकि 'रामायण' बहुत समय पश्चात् लिखी गई। वह भी भिन्न-भिन्न समय में भिन्न-भिन्न लेखकों द्वारा लिखी गई। फलस्वरूप कई स्थलों पर भिन्न-भिन्न विचार एक-दूसरे लेखक से विभिन्न मत प्रकट किए गए हैं। 'रामायण' के प्रमुख पात्र राम और सीता के विषय में दिए गए वर्णनानुसार उन्हें आदर्शवादी व सद्‌चरित्रवान नहीं बताया गया है, वरन् उन्हें चरित्रहीन बताया गया है।

छह वर्ष की अवस्था में ब्याह हो जाने तथा पाँच वर्ष की अवस्था में किसी स्थान पर छिपकर 'ताड़का' का वध कर डालने से बालक राम की कथा प्रारम्भ होती है।

उपरोक्त दो घटनाओं के कारण बालक राम को प्रकाश में लाने का कोई कारण नहीं रहा है। जब राम सत्रह वर्ष के थे, तब उनके पिता दशरथ ने उन्हें अयोध्या का राज्य देने के तिलकोत्सव संस्कार मनाने के षड्यंत्र को गुप्त रूप से राम से मिलकर रचा था, तो भी लोग भली भाँति जानते थे कि दशरथ द्वारा कैकेयी को दिए गए वरदान या वचन के अनुसार, कैकेयी तथा उनके पुत्र भरत राजगद्दी के वास्तविक अधिकारी हैं।

हमारा यहाँ पर दशरथ के कपटपूर्ण षड्यंत्र से कोई सम्बन्ध नहीं है, क्योंकि दशरथ को न उत्तम व्यक्तित्व-युक्त और न कोई सैद्धान्तिक-पुरुष कहा गया है। यहाँ हमारा सम्बन्ध उन राम से है, जिनको निर्दोष-चरित्र युक्त कहा गया है तथा जिनके

आदर्शों का अनुकरण एवं सर्वसाधारण द्वारा सच्चा-वीर योद्धा समझ कर किया जाना चाहिए। किन्तु 'रामायण' वक्ताओं तथा धर्म के प्रमुख ठेकेदार ब्राह्मणों ने इस समस्या को सन्तोषजनक ढंग से नहीं सुलझाया है।

श्री सी. राजगोपालाचार्य ने अंग्रेजी पुस्तक 'सम्राट का पुत्र' में सन्तोषजनक ढंग से उपरोक्त त्रुटियों का वर्णन किया है।

अतः हम केवल इस निर्णय पर पहुँचते हैं कि राम केवल एक साधारण मनुष्य हैं तथा मध्यम श्रेणी के मनुष्य से भी हीन हैं।

निम्नलिखित तथ्य प्रकट करते हैं कि राम शूरवीर नहीं, अपितु कायर हैं। उन्होंने सुशील तथा लज्जावती स्त्रियों को न केवल छेड़ा है, बल्कि उन्हें मार भी डाला है। उन्होंने बिना किसी प्रामाणिक कारण के ताड़ के पेड़ों की ओट में छिप कर बालि को मारा। वह भी जब बालि दूसरे व्यक्ति से लड़ने में संलग्न थे।

'रामायण' की सम्पूर्ण कथा में यह कहीं भी नहीं प्रकट होता है, राम कोई विवेकशील मनुष्य थे।

दशरथ ने राम को निम्नालिखित लालचपूर्ण परामर्श दिया था कि "हे राम! मैंने अपनी मूर्खतावश अपना राज्य कैकेयी को देने का वचन दे दिया है। इसी के दुष्परिणाम स्वरूप मैं अपनी इच्छा के विरुद्ध तुमसे वनवास जाने को कह रहा हूँ, किन्तु मैं तो अपने वचनों के अनुसार, ऐसा करने को बाध्य हूँ, परन्तु तुम ऐसा करने को बाध्य नहीं हो। अतः मेरे द्वारा वनवास दिए जाने पर भी तुम यह घोषणा कर दो कि मैंने अपने पिता की गद्दी से उतार दिया है। अब मैं राज करूँगा।"

दशरथ द्वारा राम को ऐसा परामर्श देने पर तथा यह जानते हुए कि यह उचित नहीं है। राम ने कहा कि "यदि मैं ऐसा करता हूँ तो जब प्रजा वास्तविकता समझ लेगी, तो वह मेरे प्रति विद्रोह कर देगी। अतः उन्होंने अपने पिता से (पुनः स्पष्ट) कहा कि "आप राज करते रहें और मेरा राजतिलकोत्सव स्थगित कर दें।"

इससे स्पष्ट हो जाता है कि राम बुद्धिमान नहीं थे, बल्कि वे पद-लोलुप थे। आगे और सुनिए। जब 'मारीच' कपट-भेस धारण कर स्वर्ण-हिरण बन कर राम, लक्ष्मण और सीता के समक्ष दंडक-वन से होकर निकला, तब उस हिरन के लिए सीता की प्रार्थना पर उन्होंने उसे पकड़ना चाहा। यद्यपि हिरण के पकड़ने के फल स्वरूप भविष्य की दुर्घटना के विषय में लक्ष्मण ने राम को संकेत किया था, तो भी वे उसके पीछे उसे पकड़ने चले गए।

इन बातों से स्पष्ट प्रकट हो जाता है कि राम के पास मस्तिष्क नहीं था। हम किसी कारण से यहाँ उपरोक्त बातें कहते हैं? इस प्रयोजन से कि हमें देखना है कि 'रामायण' और राम हमारी श्रद्धा तथा सम्मान के पात्र हैं? और यह बताने के लिए कि किस प्रकार ब्राह्मणों ने ब्राह्मण न कहे जानेवाले सभी लोगों को धोखा दिया है? ठगा है, मूर्ख बताया है तथा अपने तुच्छ स्वार्थों की पूर्ति के लिए अपनी स्थिति और

अज्ञानता को अद्‌भुत ढंग से वर्णन किया है। वे आज भी इस वैज्ञानिक सभ्य युग में वही खेल अर्थात् रामलीला तथा नाटक खेल रहे हैं। हम चाहते हैं कि लोग इन त्रुटियों के सम्बन्ध में 'रामायण'-वक्ताओं से प्रश्न करें।

आओ, अब हम लोग सीता की ओर अपना ध्यान आकृष्ट करें! सीता का जन्म ही अनिश्चित तथा सन्देह-युक्त है अर्थात् उनके माता-पिता का ही पता नहीं है। वे जंगल में पड़ी पाई गई थीं। इस सम्बन्ध में कई श्लोक हैं।

वाल्मीकि ने वर्णन किया है कि सीता ने स्वयं कहा था कि ज्यों ही मैं पैदा हुई, मुझे वन में फेंक दिया गया था। राजा जनक ने मुझे पा लिया और मेरा पालन पोषण किया। तरुणावस्था प्राप्त कर चुकने के पश्चात् मेरे साथ लगे हुए उपरोक्त कलंक के कारण किसी राजकुमार ने मेरे साथ विवाह करने की इच्छा न की। ढूँढ़ने पर सीता के लिए कोई योग्य वर न मिल सकने के कारण राजा जनक अपने मित्र विश्वामित्र के पास इस सम्बन्ध में गए। विश्वामित्र ने इन पाँच वर्ष के राम का विवाह इन पच्चीस वर्ष की सीता के साथ करा दिया और सीता ने इस छोटे तथा अयोग्य पति राम पर कोई आपत्ति नहीं की।

'वाल्मीकि रामायण' के अतिरिक्त दूसरी 'रामायण' में कहा गया है कि राम तथा सीता का विवाह-संस्कार हो जाने के पूर्व जनक की स्त्री स्वयंवर-स्थल पर आई और वहाँ एकत्रित जनसमूह के सामने चिल्ला कर घोषणा की कि "सज्जनो! आप लोग यहाँ उपस्थित रहते हुए भी किस प्रकार यह हेय तथा घृणित उत्सव अर्थात् बेमेल विवाह देख रहे हो।"

जैसे ही सीता सहित सब बाराती अयोध्या लौट कर गए। भरत ने सीता से घृणा की। वाल्मीकि ने कहा है कि सीता ने स्वयं इस बात को कहा था।

वनवास जाने के पहले जब राम ने सीता को अयोध्या में ही रहने तथा जिस प्रकार भरत सीता से प्रसन्न रहें, वैसा भरत के प्रति व्यवहार करने को सीता को परामर्श दिया, तब उन्होंने राम को असभ्यता तथा घमंडपूर्वक उत्तर दिया—मुझे क्या करना चाहिए? भरत मुझसे घृणा करते हैं। मैं उनके साथ कैसे रह सकती हूँ? सीता के इन शब्दों का वर्णन उनके ही शब्दों में वाल्मीकि करते हैं कि "हे राम! आप वीर योद्धा नहीं हैं, कायर तथा अशक्त हैं। आप मुझे भरत की विसवर्तिनी रखना चाहते हैं, अर्थात् मुझे भरत द्वारा व्यभिचार कराना चाहते हैं। मानो मैं वेश्या हूँ। ताकि आप अयोध्या का राजा बनने का लाभ उठा सकें।" उस समय राम सत्रह वर्ष के थे।"

वाल्मीकि द्वारा श्लोकों के रूप में कौशल्या के मुख से निम्न तथ्य वर्णन किए गए हैं। जब राम वन जाने के लिए अपनी माता कौशल्या से आज्ञा लेने गए, तब वे कहती हैं कि "हे राम! मैं तेरे पिता अर्थात् अपने पति और अपनी सौत कैकेयी द्वारा अपमानित की गई हूँ। मैंने इन सत्रह वर्षों में बहुत कष्ट सहे हैं, किन्तु मैं तुम्हारे

लिए मरने को तैयार हूँ।" इससे हम यह निर्णय निकालते हैं कि उस समय राम सत्रह वर्ष के थे।

जब विश्वामित्र ने दशरथ से प्रार्थना की कि राम को ताड़का का वध करने के लिए मेरे साथ भेज दीजिए, तब दशरथ ने उन्हें निम्न उत्तर दिया कि "हे ऋषि! मेरी गोद में खेलता हुआ राम अभी शिशु है। अभी उनका मुंडन-संस्कार भी नहीं हुआ है। मैं छोटे शिशु को युद्धादि कार्यों के लिए कैसे भेज सकता हूँ?" इससे स्पष्ट है कि विवाह के समय राम केवल पाँच वर्ष के थे।

इससे स्पष्ट है कि पूर्ण यौवनावस्था-प्राप्त सीता अपनी युवावस्था की मजबूरी के कारण राम जैसे शिशु के साथ विवाह करने के लिए सहमत हो गईं। यही कारण है कि सीता राम के साथ असभ्यतापूर्वक व्यवहार करती थीं।

और भी वनवास जाने के पहले जब राम ने सीता से बहुमूल्य वस्त्र तथा उत्तम आभूषण त्यागने व तपस्वी के समान वल्कल चीर धारण करने को कहा, तब उन्होंने अस्वीकार कर दिया। तब उनकी सास कैकेयी ने राम को तापस भेस में देखकर अपनी बहू सीता से कहा कि "पहले ये पहने हुए बहुमूल्य वस्त्र तथा उत्तम आभूषणों के ऊपर तापसोचित वस्त्र पहन लो।"

जब राम ने शिकार करने के लिए कपटी हिरन का पीछा किया और उसे मार, डाला तब हिरन 'हा लक्ष्मण! हा लक्ष्मण!!' चिल्लाया। तब सीता ने लक्ष्मण को सम्बोधित करते हुए कहा कि मुझे ऐसा लगता है कि राम के प्रति कोई दुर्घटना हो गई है। शीघ्र जाओ और देखो क्या बात है? इस पर लक्ष्मण ने उन्हें उत्तर दिया कि "हे माता! यह उसी कपटी हिरन का शब्द है। चिन्ता न करें। किसमें शक्ति है, जो राम का कुछ भी अहित कर सके? वे बहुत शक्तिशाली हैं। मेरे भाई ने उस हिरन को मार डाला होगा और वही हिरन इस प्रकार चिल्ला रहा है।" लक्ष्मण ने अपनी यथाशक्ति तथा योग्यतानुसार उत्तर दिया और सीता को समझाया, किन्तु वे उनके समझाने पर सन्तुष्ट नहीं हुईं। सीता ने कहा—"अरे पापी! क्या तू समझता है कि राम की मृत्यु के पश्चात् तू मेरे साथ सम्भोग का आनन्द ले सकेगा? क्या भरत ने इसी उद्देश्य से तुझे मेरे साथ वन भेजा है कि भरत और तू स्वयं मुझे अपनी रखैल स्त्री बनाओगे?" यह सुनकर लक्ष्मण शीघ्र ही राम की सहायता करने चले गए।

सीता

जब हम लोग सीता से सम्बन्धित चरित्र पर विचार करते हैं, उस समय हमारा उद्देश्य सीता का अपमान करना नहीं है। पाठक इस पर ध्यान दें। यह बात गम्भीरतापूर्वक कही जाती है।

हम विशेषतया 'रामायण' में वर्णित सीता की स्थिति पर विश्वास नहीं करते हैं कि कथित सीता कल्पित सीता है। यह कल्पना मूर्खतापूर्ण वर्णन पर आधारित है।

कृपया ध्यान दीजिए कि 'रामायण' लेखक को वह लिखने में तनिक भी कष्ट का अनुभव नहीं हुआ कि सीता वीरांगना, बुद्धिमती तथा अपने सतीत्व की रक्षा करनेवाली स्त्री थीं। दूसरी ओर यह भी वर्णन पाया जाता है कि सीता एक आदर्शवादी व सच्चरित्र स्त्री नहीं थीं। इसमें भिन्न 'रामायण' न केवल कल्पित-कथा है, बल्कि उसका आधार ही काल्पनिक तथा असम्भव पृष्ठभूमि है।

'रामायण' में सीता का वर्णन साधारण स्त्री की भाँति किया गया है। 'रामायण' के अनुसार, सीता के जन्म से लेकर जनक द्वारा उनके पृथ्वी में पाए जाने तथा पृथ्वी में समा जाने अर्थात् आत्महत्या कर लेने तक। हम उनमें केवल साधारण स्त्री-मात्र की ही विशेषताएँ पाते हैं। हम उनमें कोई स्वर्गीय व उच्च-मानवीय गुणों को नहीं पाते हैं। अत: 'रामायण' की सीता एक साधारण स्त्री हैं।

यह सुनकर कि उन्होंने अपने सतीत्व को प्रमाणित करने के लिए अग्नि-कुंड में प्रवेश किया। कोई आश्चर्यजनक बात नहीं है, क्योंकि हम आज के युग में भी मन्दिरों में मनाए जानेवाले त्योहारों के अवसर पर साधारण मनुष्यों को भी आग पर चलते हुए देखते हैं, न केवल वेश्याएँ, बल्कि लुच्चे व दुष्ट प्रकृति वाले मनुष्य आज भी आग पर चलते हुए देखे जाते हैं।

हम यदि 'वाल्मीकि रामायण' का सतर्कतापूर्वक अध्ययन करें तो हम उस समय सीता को तीन माह की गर्भवती पाते हैं। अब हम इनकी व्याख्या करेंगे कि वे तीन माह की गर्भवती कैसे थीं? जैसे ही सीता की अग्नि-परीक्षा का कार्य समाप्त हो गया, राम सीता को ले गए। एक मास तक अयोध्या का राज्य कर चुकने के पश्चात् एक दिन राम और सीता दोनों प्रेमी-प्रेमिका की भाँति एक पुष्प वाटिका में बैठे हुए आनन्द से समय व्यतीत कर रहे थे कि अचानक राम की दृष्टि सीता के पेट, जो कि बड़ा और उभरा हुआ था, पर पड़ी। राम ने तुरन्त सीता से पूछा कि "तुम्हारा पेट इतना बड़ा क्यों है?" इस पर सीता ने उन्हें उत्तर दिया कि "यह चार या पाँच मास का गर्भ है।" यह सुनकर राम चिन्ता और दु:ख से शीघ्र वहाँ से चले आए और उन्हें जंगल में छोड़ देने पर विचार करने लगे।

वहाँ से उठकर वे अपने महल के सामने के आँगन में बैठे हुए पाए गए। तब महल के उजड्ड तथा मूर्ख लोगों ने प्रहसनपूर्ण वार्तालाप करते हुए उनकी मनोदशा को परिवर्तित करने का प्रयत्न किया तो भी राम उसी स्थिति में बने रहे। इस बात को उनके भाइयों ने भी देखा, तो वे उनके उदास होने के कारण का पता लगाने लगे। राम ने अपने भाइयों से कहा कि "तुम लोग सीता के विषय में क्या दृष्टिकोण रखते हो?" उन्होंने उत्तर दिया कि लोग कह रहे हैं कि "राम का सीता के साथ रहना अपमानजनक है।" ऐसा सुनकर राम ने तुरन्त अपने भाई लक्ष्मण को बुलाया

और उनसे कहा कि वे सीता को दूसरे दिन प्रात:काल जंगल में किसी अज्ञात स्थान पर छोड़ आएँ। राम के कथनानुसार लक्ष्मण ने ऐसा ही किया अर्थात् सीता अकेले जंगल में छोड़ दी गईं। लक्ष्मण ने लोकापवाद के भय से राम द्वारा सीता को जंगल में छोड़ देने की आलोचना की, किन्तु सीता ने उत्तर दिया कि राम की आलोचना करना उचित नहीं है, क्योंकि वह गर्भ पाँच मास का है। यह मेरे कर्म का दोष है। सीता ने लक्ष्मण को पेट भी दिखाया।

अत: हम इस बात पर विश्वास नहीं कर सकते हैं कि सभी स्त्रियाँ जो कि आग पर चलने की बात करती हैं, वे सत्यवती व पतिव्रता हैं या उनमें कोई स्वर्गीय-शक्ति है। अत: सीता एक साधारण स्त्री-मात्र हैं।

अतएव सीता-सदृश्य एक साधारण स्त्री अधिकतम सौ वर्ष तथा इससे अधिक दस बीस वर्ष और जीवित रह सकती हैं, यदि वह हृष्ट-पुष्ट तथा स्वस्थ हैं। किन्तु 'रामायण' के ढूँढ़ने से पता चलता है कि सीता सहस्त्रों वर्ष जीवित रहीं।

तत्पश्चात् राम की कथा के विषय में विचार करें। 'रामायण' के अध्ययन करने से पता चलता है कि राम सहस्त्र वर्ष जीवित रहे। किन्तु हम लोग यह बात समझ नहीं सकते है कि यह सीता राम के साथ इतने दीर्घ काल तक कैसे जीवित रहीं। इतने दीर्घ काल तक जीवित बने रहने का वरदान उन्हें किसके द्वारा दिया गया? वे इतने समय तक जीवित रहने योग्य कैसे हो गईं? हम 'रामायण' में इन प्रश्नों का उचित उत्तर नहीं पा सके हैं।

इन बातों को छोड़कर अब हम 'रामायण' के उस अंश पर विचार करेंगे, जहाँ पर सीता व रावण का सम्बन्ध है। वहाँ सीता में एक सती की भाँति शुद्ध रूप से कोई विशेषताएँ नहीं पाते हैं।

यदि हम रावण के प्रति निर्दिष्ट इस अभियोग का मामला कि उन्होंने सीता का सतीत्व भ्रष्ट किया, वे सीता को छल से ले गए, खुफिया विभाग के किसी अधिकारी को अनुसन्धान के लिए सौंप दें तथा खुफिया विभाग की रिपोर्ट किसी निष्पक्ष न्यायाधीश के समक्ष निर्णय के लिए प्रस्तुत की जाए और यदि राम को अभियोगी तथा रावण को अभियुक्त समझकर राम की सुविधानुसार ही मामले का निर्णय दिया जाए तो हमें पूर्ण विश्वास है कि न्यायाधीश रावण के पक्ष में ही अपना यह निर्णय देंगे कि रावण निर्दोष तथा निष्कलंक हैं, उन्हें डरा व धमकाकर निष्प्रयोजन फाँस दिया गया है।

और भी यदि कोई शिकारी किसी शेर को प्रलोभन देकर उसे फाँसने के उद्देश्य से एक मोटे-ताजे हिरन को किसी पिंजड़े में बन्द करके पिंजड़े को जंगल में रख दे व यदि कोई शेर पिंजड़े के अन्दर घुस आए और पिंजड़ा बन्द हो जाए तो यही कहा जाएगा कि शेर स्वेच्छापूर्वक पिंजड़े में घुसा। खुफिया विभाग की उपरोक्त यही रिपोर्ट होगी।

रामायण-महाभारत काव्यों पर श्री जवाहरलाल नेहरू के विचार

[नई दिल्ली, दिनांक—14-15 दिसम्बर, सन् 1954 ई. के 'दि मेल' नामक समाचार पत्र से उद्धृत]

प्रधानमंत्री श्री नेहरू ने तमिलनाडु में 'रामायण' पर हास्यपूर्ण व्यंग्यात्मक खेले जानेवाले नाटकों के विषय में बोलते हुए कहा कि दक्षिण में ये आन्दोलन न केवल भाषा, बल्कि जीवन के दूसरे क्षेत्रों में भी उत्तरी भारत के लोगों के अनुचित उत्पीड़न तथा दबाव के दुष्परिणामस्वरूप हैं। यह यहाँ के मनुष्यों के हृदयों में बना हुआ स्थायी भाव है, जिसे गम्भीरतापूर्वक समझना चाहिए। और हिन्दी के वे नेता जिन्होंने तमिलनाडु के लोगों तथा उनकी भाषा से घृणा की है, हिन्दी तथा राष्ट्र के मूल सहायक नहीं हैं। प्रधानमंत्री ने कहा कि यदि हम कोई गलत कदम उठाते हैं तो हमारी परेशानियाँ बढ़ जाएँगी। स्थायी भाव में महान शक्ति होती है और जब अनुचित दबाव में भय का स्थायी भाव पैदा हो जाता है, तब उसका प्रतिघात बहुत बुरा होता है।

श्री नेहरू ने तमिलनाडु में 'रामायण' पर व्यंग्यात्मक हास्यपूर्ण ढंग से खेले जानेवाले नाटक की ओर संकेत किया और कहा—हमें खोज करनी चाहिए कि इन आन्दोलनों की पृष्ठभूमि क्या है? 'रामायण' पर खेले जानेवाले ये हास्यपूर्ण व्यंग्यात्मक नाटक स्रोताओं तथा द्रष्टा के सक्षम इस बात के उदाहरण स्वरूप हैं कि उत्तरी भारत के लोगों ने दक्षिणी भारत के लोगों को न केवल आज, बल्कि सहस्रों वर्ष पूर्व पराजित किया, सताया और यदि उन्हें अवसर मिले तो ऐसा वे सदा ही करते रहेंगे।

॥ महाभारत की एक कथा ॥

जो कुछ श्री नेहरू ने उड़ीसा में देखा, उनसे बहुत दुखी हुए।

अपने भाषण को चालू रखते हुए श्री नेहरू ने कहा—दो दिन पूर्व मैं उड़ीसा में था। वहाँ मैंने 'एकलव्य' के विषय में एक नाटक देखा। यह 'महाभारत' की

एक कथा है कि एक गरीब के पुत्र एकलव्य ने क्षत्रियों के धनुर्विद्या के शिक्षक गुरु 'द्रोणाचार्य' से बाण विद्या सीखने की सहायता माँगी। गुरु द्रोणाचार्य ने उन्हें धनुर्विद्या विद्या सिखाने से इनकार कर दिया, क्योंकि वे क्षत्रिय-पुत्र नहीं थे, किन्तु एकलव्य द्रोणाचार्य की मिट्टी की प्रतिमा बनाकर उसे गुरु सदृश्य समझकर बाण विद्या का अभ्यास करने लगे।

इसके बाद वे इस विद्या में इतने निपुण हो गए कि अर्जुन की अपेक्षा अधिक विख्यात हो गए। जब गुरु द्रोणाचार्य को यह ज्ञात हुआ कि वह मेरे शिष्य अर्जुन से भी धनुर्विद्या में दक्ष (श्रेष्ठ) हो गया है, तब द्रोणाचार्य स्वतः एकलव्य के पास गए और उनसे गुरु दक्षिणा माँगी, क्योंकि उसने उनकी प्रतिमा से बाण विद्या सीखी थी। द्रोणाचार्य ने गुरुदक्षिणा स्वरूप एकलव्य से उसके हाथ का दाहिना अँगूठा माँगा, जिसे उसने काटकर द्रोणाचार्य को दे दिया। 'महाभारत' में एकलव्य की यह कथा अति मर्मस्पर्शी है। (देखें—पेरियार ललई सिंह द्वारा लिखित 'एकलव्य' नाटक)

श्री नेहरू ने कहा कि मैंने इस घटना के विषय में कुछ विचार न किया, क्योंकि इस घटना से मेरे हृदय में गहरा आघात हुआ। उड़ीसा में रहनेवाली (शूद्र व महाशूद्र) जाति के लोगों ने मुझे बताया कि इस प्रकार हमें कितना सताया गया है। हमें इन बातों की प्रतिक्रियाओं से सावधान रहना चाहिए।

वास्तविकता यह है कि इतिहास एक पक्ष के लोगों ने अर्थात् ब्राह्मणों ने लिखा है। लोग आज भी अज्ञानतावश उन्हीं घटनाओं के आधार पर कविता करते या लेख लिखते हैं। हमें यह न सोचना चाहिए कि ये कथाएँ दूसरों द्वारा बनाई गई हैं। जब मैं इस कथा पर गम्भीरतापूर्वक विचार करता हूँ, तब मेरा क्रोध बढ़ जाता है कि ब्राह्मणों ने किस प्रकार दूसरे लोगों को अपने बराबर होने देने में रोक लगा दी है।

इतिहासकारों का दृष्टिकोण

विष्णु एक लोकप्रिय पूज्य वीर-क्षत्रियों के गुरु व आर्य जाति को शिक्षा देने के लिए समय-समय पर अवतार धारण करनेवाले और उन्हें दूसरी जातियों पर विजय दिलानेवाले थे।

['आर्यन रूल इन इंडिया', लेखक—श्री हावेल, पृष्ठ 32]

द्रविड़ (शूद्र व महाशूद्र) लोग उत्तरी और दक्षिण भारत के भागों में चार हजार वर्ष पूर्व स्थायी रूप से रह रहे थे। उस समय सुन्दर सुडौल शरीर वाले आर्य भारत के पश्चिमोत्तर दिशा में स्थित हिन्दुकुश पर्वत को पार करते हुए 'अफगानिस्तान' से होकर यहाँ (भारत में) घुस आए।

अतः द्रविड़ों ने इन लोगों को यहाँ घुसने देने से रोका और युद्ध किए। ये युद्ध न केवल दो राष्ट्रों बल्कि दो सभ्यताओं, दो नस्लों के मध्य हुए।

द्रविड़ों को अपनी सत्ता बनाए रखने के लिए लड़ना पड़ा और 'ऋग्वेद' में कई स्थल हैं, जहाँ पर इन युद्धों की कठोरता का वर्णन है।

['आउट लाइन ऑफ एंशिएंट इंडियन हिस्ट्री एंड सिविलाइजेशन', पृ. 21 से 22, लेखक—श्री रमेशचन्द्र मजूमदार, एम.ए., पी.एच.डी.]

'रामायण' और 'महाभारत' आर्यों की विजय एवं राजनीतिक युद्धों का वर्णन करते हैं। मैं नहीं सोच पाता हूँ कि इन कहानियों की महत्ता से वस्तुतः मेरा सम्बन्ध रहा है। मैं 'रामायण' और 'महाभारत' में वर्णित काल्पनिक तथा अमानुषिक तत्त्वों की आलोचना करता हूँ, किन्तु 'अरेबियन नाइट' तथा 'पंचतंत्र' नामक पुस्तकों की भाँति काल्पनिक दृष्टिकोण से वे पर्याप्त सत्य है।

['डिस्कवरी ऑफ इंडिया', पृ. 75-76, लेखक—श्री जवाहरलाल नेहरू]

आर्यों के भारत में आने से जातीय और राजनीतिक दो समस्याएँ उत्पन्न हो गईं। विजेता जाति आर्यों तथा द्रविड़ों में सभ्यता की बहुत लम्बी पृष्ठभूमि है, किन्तु सन्देह है कि आर्यों ने द्रविड़ों को अपने से अधिक सभ्य समझा। बस, इसी विचार ने दोनों को एक-दूसरे से अलग कर दिया।

['डिस्कवरी ऑफ इंडिया', पृ. 62, लेखक—श्री जवाहरलाल नेहरू]

रामायण आर्यों के दक्षिण में प्रस्थान की कथा है।

['डिस्कवरी ऑफ इंडिया', पृ. 82, लेखक—श्री जवाहरलाल नेहरू]

इनके प्रतिकूल आर्यों की दक्षिण की भाषा, उनकी विचित्रता और कम-से-कम उनकी सभ्यता को सीखना तथा अपनाना पड़ा।

['इलेक्टिड वर्क्स', वाल्यूम-3, पृ. 10, लेखक—श्री आर.जी. भंडारकर]

इन्द्र और अन्य देवी-देवताओं के पुजारी व अनुयायी देवता और इन्द्र की पूजा व यज्ञ के विरोधी ही असुर (शूद्र व महाशूद्र) कहलाते थे। ये (असुर व द्रविड़ आदि) एक अथवा अन्य दल की घृणा के पात्र बन गए।

['ऋग्वैदिक इंडिया', पृ. 151, लेखक—श्री एम.सी. दास, एम.ए., बी.एल.]

'रामायण' मादक पेय पदार्थों यथा सुरा, शराब व सोमरस आदि को पीकर अपने को मस्त अथवा प्रसन्न करनेवालों को सुर (देवता) और इनसे बचे रहनेवालों (अर्थात् उपरोक्त मादक पेय पदार्थों को न पीनेवालों) को असुर (राक्षस, द्रविड़, शूद्र व महाशूद्र आदि) बताती है।

['हिस्टोरियंस हिस्ट्री ऑफ वर्ल्ड', वाल्यूम-2, पृ. 521]

समीक्षा

दिमागी गुलामी से मुक्ति

प्रस्तुत पुस्तक 'सच्ची रामायण' से एक सबसे बड़ा लाभ यह है कि मनुष्य के मस्तिष्क के ऊपर जो बाहरी शक्ति ईश्वर का अन्धविश्वासी बोझ लदा हुआ है, वह हट जाता है। मनुष्य के दिमाग में सोचने की दबी हुई शक्ति उछल कर सावधानीपूर्वक खड़ी हो जाती है। सोचती है, मुझे गरीब, नीच, अशिक्षित और बेघरबार किसने बनाया। उत्तर मिलता है—मनुष्य ने। तब मुझे चाहिए कि मैं स्वत: अपने प्रयत्नों से रोटी, कपड़ा, मकान और इज्जत प्राप्त करने की युक्ति तलाश करूँ।

पुस्तक का एक विषय है कि अश्वमेध यज्ञ या पुत्रेष्ट यज्ञ के कारण कौशल्या, कैकेयी व सुमित्रा गर्भवती हुई। न जँचनेवाली बात है। बाल कांड, सर्ग 16 के अनुसार, अग्नि कुंड से प्रकट हुए अग्नि देव ने राजा दशरथ को 'पायस' अर्थात् 'खीर' देते हुए कहा कि इसे कौशल्या आदि रानियों को खिलाओ, पुत्र प्राप्ति होगी। राजा दशरथ ने ऐसा ही किया। राम, भरत, लक्ष्मण, शत्रुघ्न नामक चार पुत्रों की प्राप्ति हुई।

आज का विज्ञानवादी सभ्य मानव जो चन्द्रलोक की सैर कर रहा है, इस सफेद झूठ को कैसे सही मान सकता है?

'खीर' आदि भोजन की हुई वस्तुएँ पेट में जाती हैं। 'मेदा' उन्हें हजम कर के खून बनाता है। उस खून से मनुष्य के 'वीर्य' और स्त्री को 'रज' बनता है।

ऋतुकाल में वर्जित तीन दिन के बाद कुछ दिन तक स्त्री की बच्चेदानी का मुँह खुला रहता है। उन दिनों सम्भोग करने से जब स्त्री की बच्चेदानी में पुरुष का शुद्ध 'वीर्य' तथा स्त्री का शुद्ध 'रज' पहुँचता है, तब वह गर्भवती होती है।

इससे सिद्ध है कि 'खीर' खाने से रानियाँ गर्भवती नहीं हुईं।

वाल्मीकि ने लज्जावश स्पष्ट न लिखकर बार-बार घुमावदार शब्दों में नियोग प्रथा की ओर इशारा किया है। पाठकगण तनिक सोचने की कोशिश करें। सच्चाई का पता लग जाएगा।

अश्वमेध यज्ञ में सन्तान-प्राप्ति इच्छुक रानियों को घोड़े के लिंग से स्पर्श कराया जाता था। इसकी सम्पूर्ण व्याख्या 'यजुर्वेद' के 23वें अध्याय के मंत्र संख्या 19 से 23 तक में दी गई है। इनमें एक मंत्र 'अश्व शिश्न भपूस्थे कुरुते वृषा बाजी' का

भाष्य करते हुए, 'महीधर' लिखते हैं कि "प्रधान रानी (यजमान की बड़ी पत्नी अर्थात् दशरथ के यज्ञ में कौशल्या) स्वयं अश्व के गुप्तांग (प्रजनन लिंग) को आकर्षित करके अपनी योनि में स्थापित करे और इस घोड़े में देवता की कल्पना करके (उस घोड़े को दरअसल इन्द्र देव माना जाता था) सोचो कि यह घोड़ा मुझमें वीर्य की स्थापना कर रहा है।" कैसा घोड़ा, वीर्य सिंचन करनेवाला। इसीलिए उसे 'रैतींधा' अर्थात् वीर्य का पूर्णता से सिंचन करनेवाला कहा गया है।

यह क्रिया सन्तान-प्राप्ति की इच्छुक स्त्री को दूसरे पुरुष से 'नियोग' प्रथा द्वारा पुत्र उत्पन्न करने के लिए तैयारी में कामदेव जगाने तथा बेशर्मी से पर-पुरुष से सम्भोग करने की प्राथमिक शिक्षा है।

राजा दशरथ मंत्रियों को विदा करके राजप्रासाद में गए। कौशल्या आदि रानियों से कहा—हम पुत्र प्राप्ति के लिए अश्वमेध यज्ञ करेंगे। आप लोग दीक्षा लेने के लिए तैयार हो जाएँ। तब रानियों के मुख कमल की तरह खिल उठे।

—बाल कांड, सर्ग 8

इसमें 'दीक्षा' शब्द का मतलब 'नियोग' प्रथा है।

अश्वमेध यज्ञ ऋष्यश्रृंग की देखरेख में सम्पन्न हुआ। उनका ब्रह्मचर्य दो प्रकार का था अर्थात् पहला मेखलादि कारण स्वरूप और दूसरा ऋतु परस्त्री-गमन स्वरूप।

—बाल कांड, सर्ग 9

इसमें 'ऋतु परस्त्री-गमन स्वरूप' का मतलब 'नियोग' प्रथा है।

सुमंत्र ने राजा दशरथ से एकान्त में कहा कि सम्पूर्ण संसार में ऋषि शृंग ही अश्वमेध यज्ञ के लिए सर्वश्रेष्ठ व्यक्ति हैं।

इसमें 'एकान्त' में ऐसे शब्द कहे, का मतलब 'नियोग' प्रथा है। सबके सामने क्यों नहीं कहे?

यज्ञ शास्त्रानुसार हुआ (बाल कांड, सर्ग 17) से तात्पर्य कौशल्या ने *यजुर्वेद* की उपरोक्त शर्त अवश्य ही पूरी की थी जिनकी ओर कुछ इशारा इसी सर्ग के तैंतीसवें श्लोक से लेकर पैंतीसवें श्लोक तक है।

राजा ने 'होता' को पूर्व दिशा, 'अध्वर्य' को पश्चिम दिशा, 'ब्रह्मा' को दक्षिण दिशा और 'उद्गाता' को उत्तर दिशा का राज्य दिया और ऋत्विकों को सारी पृथ्वी का राज्य दिया।

यज्ञ की पूर्ति पर इतनी भारी दक्षिणा संसार में किसी राजा ने आज तक क्यों नहीं दी? राजा दशरथ ने क्यों दी?

वास्तव में, यह दक्षिणा नहीं है बल्कि 'नियोग' प्रथा की सम्पन्नता की खुशी में स्पेशल मुआवजा या स्पेशल ईनाम है।

राजा दशरथ अतिवृद्ध थे। उनका वीर्य पतला और सन्तान उत्पत्ति के लिए अशुद्ध था। अतः रानियाँ! 'खीर' से नहीं, अपितु 'नियोग' प्रथा द्वारा गर्भवती हुईं।

विभिन्न ग्रंथों में वर्णन हैं कि यज्ञ एवं इन्द्रोत्सव आदि में आमोद-प्रमोद की स्वतंत्रता रहती थी।

राहुल सांकृत्यायन ने 'वोल्गा से गंगा' में लिखा है कि अतिथि से घर की विवाहित मालकिन को सम्भोग कराना पड़ता था।

किसी बात को तब मानिए, जब तक बात तर्क की कसौटी पर खरी उतरे। अन्धविश्वास से मानने पर अपना और देश का सर्वनाश हो जाएगा।

पाठकों को धन्यवाद!

—राव महेन्द्र सिंह
हीरा नगर, कंचौसी बाजार,
इटावा, उत्तर प्रदेश

बंदउँ प्रथम महीसुर चरना। मोह जनित संसय सब हरना॥

अर्थ : मैं सबसे पहले अज्ञान से पैदा हुए सन्देहों को दूर करनेवाले ब्राह्मणों के चरणों को प्रणाम करता हूँ।

समीक्षा— उपरोक्त अर्थ के मानने एवं पालन करने में हमें कोई विशेष परेशानी नहीं है, किन्तु हमें तथा अब्राह्मण समाज को इस बात की बहुत बड़ी हैरानी एवं परेशानी यह है कि गोसाईं तुलसीदास तथा ब्राह्मण समाज हमारे उक्त अर्थ से सहमत न होकर अपनी स्वार्थपूर्ण बुद्धि द्वारा अर्थ वर्णन करते हैं। "मैं सभी (जन्म-जाति) ब्राह्मणों के चरणों को प्रणाम करता हूँ, क्योंकि वे अज्ञान से पैदा हुए सब सन्देहों को दूर करनेवाले हैं।" साक्ष्य देते हैं कि 'पूजहि विप्र सकल गुण हीना। शूद्र न पूजहु वेद प्रवीणा॥'

उनके इस अर्थ व साक्ष्य-चौपाई को इस स्वतंत्रता के युग में मानने के लिए कोई भी व्यक्ति तैयार नहीं है।

समीक्षक

—कुँअर रघुराज सिंह यादव
मंत्री, अशोक पुस्तकालय
झींझक, कानपुर, उत्तर प्रदेश

बिप्र धेनु सुर संत हित, लीन्ह मनुज अवतार।
(बाल कांड)

समीक्षा— यहाँ ब्राह्मणों का नाम सबसे पहले व संतों का उल्लेख गौओं तथा देवताओं के भी बाद क्यों किया गया है। इस प्रकार आप देखेंगे कि सम्पूर्ण 'रामायण' केवल 'रामायण' न होकर 'रामायण-ब्राह्मणी-पुरुष' कथा है। इसकी

वजह से साधारण तथा निम्नवर्गीय जनता मानसिक रूप से ब्राह्मणों व क्षत्रियों की गुलाम बन गई है। आज के समतावादी वैज्ञानिक रूप में असमानतावादी मान्यताएँ कदापि टिक ही नहीं सकतीं।

समीक्षक

—बालकराम पाल

उपमंत्री, अशोक पुस्तकालय

झींझक, कानपुर, उ.प्र.

नन्दीमुख सराध करि जात, करम सब कीन्ह।
हाटक धेनु बसन मनि नृप बिप्रन्ह कहँ दीन्ह॥

प्रसंग—राजा दशरथ ने राम के जन्म के समय में उपरोक्त दोहा ब्राह्मणों को कहा। [बाल कांड]

तब प्रभु रिषिन्ह समेत नहाये। बिबिध दान महिदेवन्हि पाए॥

प्रसंग—राम ने जब विश्वामित्र आदि सहित-स्नान किया तब ब्राह्मणों ने राम से नाना प्रकार का दान पाया। [बाल कांड]

कपटी कायर कुमति कुजाती। लोक बेद बाहेर सब भाँती॥

प्रसंग—निषाद-राज 'गुह्य' ने उपरोक्त शब्द राम से कहे। [अयोध्या कांड]

हम जड़ जीव जीव गन घाती। कुटिल कुचाली कुमति कुजाती॥

प्रसंग—किरात ने राम से कहा। [अयोध्या कांड]

कत बिधि सृजीं नारि जग माहीं। पराधीन सपनेंहु सुख नाहीं॥

प्रसंग—उक्त चौपाई पार्वती की माता जी ने पार्वती के विवाह के समय कही। [बाल कांड]

समीक्षा—इस प्रकार तुलसीदास ने जानबूझकर ब्राह्मणों के हितों की रक्षा के लिए शूद्रों, महाशूद्रों और स्त्रियों को सदा के लिए दास बनाए रखने हेतु 'रामचरितमानस' लिखी है।

जाग्रत-समाज को चाहिए कि अति शीघ्र ऐसी गलत मान्यताओं और ग्रंथों को स्वत: समाप्त करें।

समीक्षक

—राधेलाल यादव

निरीक्षक—अशोक पुस्तकालय

झींझक, कानपुर, उ.प्र.

सच्ची रामायण की चाभी

सच्ची रामायण की चाभी
राम-कथा
(कामिल बुल्के)
तिब्बती रामायण
कश्मीरी रामायण
आनन्द रामायण, कन्नड रामायण
भवभूति रामायण
बौद्ध रामायण, जैन रामायण
भावार्थ रामायण
ललई सिंह
वाल्मीकि रामायण

लेखक
पेरियार ललई सिंह

अशोक पुस्तकालय
झींझक, जिला—कानपुर
उत्तर प्रदेश, भारत-209302

अशोक विजय दशमी (दीक्षा दिवस) संवत 2028 विक्रमी
पहली बार 29 सितम्बर, 1971 ई.
पहली बार 1000 प्रतियाँ प्रकाशित,
दूसरी बार सन् 1972 ई.
तीसरी बार सन् 1974 ई.
चौथी बार सन् 1976 ई.
पाँचवीं बार सन् 1979 ई.
छठी बार सन् 1981 ई.
सातवीं बार सन् 1982 ई.
आठवीं बार सन् 1985 ई.
नौवीं बार सन् 1988 ई.

मुद्रक
सस्ता प्रेस
झींझक, कानपुर, उत्तर प्रदेश, भारत-209302

मूल्य : 2.50 रुपये

!!समर्पण!!

श्रद्धेय, वयोवृद्ध,
महान क्रान्तिकारी नेता
पेरियार ई.वी. रामास्वामी के
कर-कमलों में,
जिन्होंने आजीवन
समता-बन्धुता-स्वतंत्रता युक्त
राष्ट्रीय एकता को मजबूत करने के लिए
हिन्दू धर्म की कल्पित ऊँच-नीच
तथा शोषण-युक्त कल्पित अन्धविश्वासी,
अवतारवादी समाज व्यवस्था का
घोर विरोध किया व अब भी कर रहे हैं।
सादर समर्पित।

—पेरियार ललई सिंह

पुस्तक परिचय

1 जनवरी, 1930 ई. में 'रामायण' का गहन अध्ययन कर तमिल भाषा में श्री पेरियार ई.वी. रामास्वामी ग्राम—मालीगाई, पोस्ट—पुथुर, इरोड, जिला—तिरूचिरापल्ली (तामिलनाडु प्रदेश) ने 'रामायण : पादीरंगल' लिखी व छापी। दूसरी भाषा अंग्रेजी में अनुवाद 'दि रामायना : ए टू रीडिंग' नाम से रेशनलिस्ट पब्लिकेशन, तामिलनाडु-2 ने सन् 1959 ई. में छापा। तीसरी भाषा (अंग्रेजी से) हिन्दी में अनुवाद 'सच्ची रामायण' नाम से ललई सिंह यादव अध्यक्ष अशोक पुस्तकालय (रजिस्टर्ड), झींझक, जिला—कानपुर (उत्तर प्रदेश) ने दिनांक—1 अक्टूबर, सन् 1968 ई. को छापी।

उत्तर प्रदेश गवर्नमेंट गजट दिनांक—20 दिसम्बर, सन् 1969 ई. की आज्ञानुसार केवल हिन्दी व अंग्रेजी एडीशन यह लिखकर जब्त कर दिए गए, कि यह पुस्तक भारत के कुछ नागरिक समुदाय की धार्मिक भावनाओं को जानबूझकर चोट पहुँचाने तथा उनके धर्म एवं धार्मिक मान्यताओं का अपमानकरने के लक्ष्य से लिखी गई है।

उपरोक्त आज्ञा के विरुद्ध प्रकाशक ललई सिंह यादव ने हाईकोर्ट ऑफ जुडीकेचर इलाहाबाद में क्रिमिनल मिसलेनियस एप्लिकेशन दिनांक—28 फरवरी, सन् 1970 ई. को प्रस्तुत की। माननीय जस्टिस सर्वश्री ए.के. कीर्ति, श्री के.एन. श्रीवास्तव व श्री हरिस्वरूप ने अपीलांट की ओर से श्री बनवारीलाल यादव एडवोकेट हाईकोर्ट और रिस्पांडेंट (उत्तर प्रदेश गवर्नमेंट) की ओर से गवर्नमेंट एडवोकेट तथा उनके सहयोगी श्री पी.सी. चतुर्वेदी एडवोकेट व श्री आसिफ अंसारी एडवोकेट की बहस दिनांक—26, 27 व 28 अक्टूबर सन् 1970 ई. को तीन दिन लगातार सुनी।

माननीय जस्टिस श्री ए.के. कीर्ति ने मुकदमा नम्बर 412 सन् 1970 ई. क्रिमिनल मिसलेनियस एप्लिकेशन—अंडर सेक्सन 99बी क्रिमिनल प्रोसीजर कोड में दिनांक—19 जनवरी, 1971 ई. को बहुमत का निर्णय दिया—

1. गवर्नमेंट ऑफ उत्तर प्रदेश की पुस्तक 'सच्ची रामायण' की जब्ती की आज्ञा निरस्त की जाती है।

2. जब्तशुदा पुस्तकें 'सच्ची रामायण' अपीलांट श्री ललई सिंह यादव को वापस दी जाए।
3. गवर्नमेंट ऑफ उत्तर प्रदेश की ओर से अपीलांट श्री ललई सिंह यादव को तीन सौ रुपये खर्चे के दिलाए जाएँ।

उपरोक्त मुकदमा में अपीलांट श्री ललई सिंह यादव की ओर से जो रीज्वाइंडर अर्थात् प्रत्युत्तर प्रस्तुत किया गया था—पाठकों की विशेष माँग पर उसे 'सच्ची रामायण की चाभी' नाम से छापा गया है।

दिनांक—1 दिसम्बर, 1971 ई.

—कुँवर रघुराज सिंह यादव
मंत्री, अशोक पुस्तकालय (रजि.)
झींझक, जिला—कानपुर, उ.प्र.

विनम्र निवेदन

1. सम्पूर्ण भारत में पहले द्रविड़ तथा द्रविड़ों की शाखाएँ नाग, दैत्य, दानव, असुर, गन्धर्व, किन्नर, ऋक्ष, वानर, राक्षस, दास, गोंड, भील, संथाल, पणि, वाह्लीक व अर्जिक आदि जातियाँ रहती थीं। इनके छोटे-छोटे असंगठित राज्य थे। राज्य व्यवस्था अच्छी थी।
2. 1800 वर्ष ईसा पूर्व मध्य एशिया की तरफ से आर्य नामक एक जाति भारत में चरागाहों की तलाश में घुस आई। बाद में लुटेरा बन गई। इन आर्यों ने पंजाब व उत्तर प्रदेश से प्राचीन मूल-निवासियों को हरा कर, फुसला कर व गोरी लड़कियाँ देकर प्रपंचों आदि द्वारा अपने छोटे-छोटे—किन्तु संगठित राज्य स्थापित किए।
3. सरयू नदी के किनारे 'अयोध्या' के छोटे से राज्य में आर्यों का राज था। इक्ष्वाकु वंशीय राजा राज्य करते थे। उनकी सन्तान राम थे।
4. सम्पूर्ण भारत पर अभी तक आर्यों का अधिकार नहीं हो पाया था। राम-रावण युद्ध का कारण आर्यों की दक्षिण प्रदेश की अभियानी विजय-यात्रा थी।
5. इतिहास अन्धकार-मय है। सत-युग, त्रेता-युग, द्वापर-युग और कलि-युग की हजारों वर्षों के प्रमाण वाली कल्पनाएँ तथा 'श्रीमद्भागवत महापुराण' व 'महाभारत' आदि की पीढ़ियों वाली वंशावलियाँ केवल कल्पनाएँ हैं। झूठी हैं—क्योंकि वे आपस में मिलती नहीं हैं।
6. 'वाल्मीकि रामायण' बाल कांड सर्ग 2 के अनुसार ब्रह्मा ने रामचरित्र वाल्मीकि को, जो वह जानते थे सुनाकर रामायण लिखने की आज्ञा दी। राम का कुछ चरित्र नारद ने जो वह जानते थे, वाल्मीकि को सुनाया।

वाल्मीकि ने कुछ यात्रियों से और अधिक ज्ञात करके राम का चरित्र लिखा। सबने सुनी-सुनाई बातें वाल्मीकि को बताईं। चूँकि सुनी-सुनाई बातों में कुछ सत्य व कुछ झूठ होती हैं। इनमें झूठ की अधिकता इसलिए अधिक हो जाती है क्योंकि प्रत्येक व्यक्ति कुछ न कुछ बात रोचकता बढ़ाने के लिए जोड़ता ही चला जाता है।

अतः इन सुनी-सुनाई बातों पर विश्वास करना ठीक नहीं है—यही कारण है कि प्रत्येक लेखक अपनी-अपनी ढफली अपना-अपना राग अलग-अलग अलापते रहे हैं और भविष्य में भी अपना-अपना राग अलग-अलग अलापते रहेंगे।

7. इन रागों के कुछ नमूने नीचे दिए जाते हैं—

(क) श्री रामावतार भजन तरंगिणी का नीचे लिखा पद राम तथा सीता की ललित कथाओं का दिग्दर्शन कराता है। सीता कहती हैं—

हमरे पिय ठाढ़े सरजू तीर॥ टेक ॥
छोड़ि लाज मैं जाय मिली, जहँ खड़े लखन के वीर ॥
मृदु मुसकाय पकरि कर मेरो, खौंच लियो तब चीर।
झाऊ वृक्ष की झाड़ी भीतर, लगे रति धीर॥

अर्थात्—आदर्शवादी कहे जानेवाले राम ने लक्ष्मण के सामने (बेशर्मीपूर्वक) सीता को नंगा करके झाऊ की झाड़ियों में सम्भोग करने लगे।

(ख) अ—'कृपा निवास पदावली' के अनुसार राम-सीता विषयक पद—

नीबी करषत वरजति प्यारी।
रस लँपट सपुट कर जोरत, पद परसत पुनि लै बलिहारी।

ब— *पिय हँसि रस रस कंचुकि खोलैं।*
चमकि निवारति पानि लाडिली। मुरक मुरक मुख बोलैं।

नोट : उपरोक्त पद पंडित रामचन्द्र शुक्ल कृत 'हिन्दी साहित्य का इतिहास' से उद्घृत किए गए हैं।

जिन बातों से दिमाग को दिमागी गुलाम बनाकर अपनी बात को मानने के लिए जबरन जोर दिया है, उनके अपने दिमाग को स्वतंत्र करके अपनी रोटी, कपड़ा, मकान व इज्जत की समस्या को हल करने की तरकीब ढूँढ़ने में लग जाएँ।

पाठकों से विनम्र निवेदन है कि त्रुटियाँ और सुझाव भेजने की कृपा करें—उन्हें तीसरे संस्करण में उचित स्थान दिया जाएगा।

सब सपरिवार सुखी व स्वस्थ रहें।

अनन्त धन्यवाद!

—पेरियार ललई सिंह

दो शब्द

1. राम और 'रामायण' के सभी पात्रों को यदि भगवान का अवतार या दैवी-शक्ति वाला मान लिया जाए—तब तो किसी विषय पर बुद्धिगम्य—तर्क करते हिन्दू हिन्दू न रह कर विधर्मी कहा जाएगा। बुद्धियुक्त सच्ची मानवता खतरे में पड़ जाएगी।
2. अत: उन्हें केवल मानव-मात्र समझ कर उनके चरित्रों का विश्लेषण करते हुए 'सच्ची रामायण' की शंकाओं का समाधान किया जाता है।
3. रामचरित्र उपाध्याय कृत 'रामचरित्र चिन्तामणि', मैथिलीशरण गुप्त कृत 'साकेत', केदारनाथ मिश्र कृत 'कैकेयी' व बालकृष्ण शर्मा नवीन कृत 'उर्मिला' के अनुसार, राम को केवल मानव-मात्र के रूप में चित्रित किया गया है।

   —'राम कथा', अनुच्छेद 301
4. चन्द्रिका प्रसाद 'जिज्ञासु' कृत 'रावण और उसकी लंका' छठी बार पृष्ठ नम्बर 21 में श्री मेल्लांडी व्यंकट रत्नम् द्वारा लिखित 'दी रामा ग्रेटेस्ट फैरोह ऑफ इजिप्ट' नामक पुस्तक से सिद्ध किया गया है कि राम और रावण की सम्पूर्ण कथा मिस्त्र देश के 'रामेसस द्वितीय' की कहानी है। दशरथ, कौशल्या, राम, लक्ष्मण, सीता व वसिष्ठ नाम के व्यक्ति भारत में कभी पैदा नहीं हुए हैं।

   इस मत को मान लेने से या असुरों को असीरियन कहने की शेखी व साहस करने से सम्पूर्ण रामायण विदेशी बनाने में राम से भी हाथ धोना पड़ेगा और सारा गुड़-गोबर हो जाएगा। अतएव आर्य पंडित की यह स्थापना भयावनी है।

   राजा रावण का द्रविड़ियन होना तो दक्षिण-भारत के सभी लोग स्वीकार करते हैं। अधिकांश इतिहास लेखकों का भी यही मत है कि द्रविड़ लोग भारत के मूल निवासी हैं।
5. कॉमिल बुल्के कृत 'राम कथा' 110 अनुच्छेद के अनुसार, राम की कथा के वानर, ऋक्ष (भालू) और राक्षस विन्ध्य प्रदेश तथा मध्य भारत की आदिवासी अनार्य जातियाँ थीं। इसके विषय में प्राय: किसी को भी किसी प्रकार का मतभेद नहीं है। यद्यपि 'वाल्मीकि रामायण' में इन

आदिवासियों को वास्तव में वानर व ऋक्ष आदि माना गया है। फिर भी आदि-कव्य के अनेक स्थलों से पता चलता है कि प्रारम्भ में ये सब मनुष्य ही थे, का समर्थन 'वाल्मीकि रामायण', युद्ध कांड, सर्ग 66/5 से होता है। कुम्भकरण के युद्ध के समय युवराज अंगद ने नल, नील, गवाक्ष और कुमुद से कहा कि "हे वीरो! तुम लोग श्रेष्ठ कुल में उत्पन्न हुए हो। इस बात को भूलकर निर्बलों की तरह कहाँ भागे जा रहे हो!" का समर्थन जी. रामदास कृत 'दी एबारिजिनल ट्राइब्स इन दि रामायण मेन इन इंडिया', भाग-5, पृष्ठ 28 से 55 और 'एबारिजिनल मेन्स इन दि रामायण जर्नल बिहार-उड़ीसा रिसर्च सोसाइटी', भाग-11, पृष्ठ 41 और पृष्ठ 53 से भी होता है।

—'राम कथा', अनुच्छेद 110

जैन 'रामायणों' के अनुसार, जिस जाति की ध्वजा पर बन्दर का चिह्न होता था, वह वानर जाति कहलाती थी। जैसा कि आजकल रूस देश की ध्वजा पर 'रीछ' का चिह्न होने से उन्हें 'रशियन बीयर्स' और अंग्रेज जाति की ध्वजा पर 'शेर' का चिह्न होने से उन्हें 'ब्रिटिश लायन्स' कहते हैं। जैन ग्रंथों की राम-रावण कथा में वानर चिह्नांकित ध्वजा मुकुटधारी जाति बानर-वंशीय कही गई हैं। विभिन्न विद्वान भी इसी मत से सहमत हैं। का समर्थन शिवनन्दन सहाय कृत 'तुलसीदास' पृष्ठ 496 से भी होता है।

—'राम कथा', अनुच्छेद 110

6. 'वाल्मीकि रामायण', सुन्दर कांड, 110 सर्ग के अनुसार, रावण के एक सिर व दो भुजाएँ थीं।
   चिन्ताहरण चक्रवर्ती कृत 'इंडियन हिस्टोरिकल क्वाटरली', भाग 1, पृष्ठ 779 और एस.एन. व्यास कृत 'जर्नल ऑफ दी इंडियन इन्स्टीट्यूट बड़ौदा', भाग 4, पृष्ठ 1 से भी समर्थन होता है

   —'राम कथा', अनुच्छेद 112
7. 'राम कथा', अनुच्छेद 112 के अनुसार, रावण को दशग्रीव नाम पहले रूपक के रूप में प्रयुक्त हुआ होगा अर्थात् जिस मनुष्य की ग्रीवा दश अन्य साधारण मनुष्यों की ग्रीवा के समान बलवान हो, उसका नाम था, 'दशग्रीव', 'रावण' और बाद में दशग्रीव धारण करनेवाले प्राणी के अर्थ में लिया जाने लगा।
8. 'राम कथा', अनुच्छेद 101 के अनुसार, जैन राम कथा, से राम की अपेक्षा राक्षस तथा वानर अधिक लोकप्रिय थे।

दिनांक—1 सितम्बर, सन् 1971 ई. आप सबका

—पेरियार ललई सिंह

सच्ची रामायण की चाभी

प्रत्येक आइटम का उत्तर निम्नांकित है :

आइटम नं. 1

['सच्ची रामायण', पृष्ठ नं. 12, लाइन न. 12 से 15]

1. यह 'रामायण' एक पवित्र पुस्तक नहीं है।
2. "राम और सीता के चरित्र घृणित हैं। उनके चरित्र संसार के तुच्छतम मानव के एक चतुर्थांश के लिए भी प्रशंसनीय तथा अनुकरणीय नहीं हैं।"

'रामायण' और 'राम' के लिए अवलोकन कीजिए। आइटम नं. 35 तथा सीता के लिए अवलोकन कीजिए आइटम नं. 26।

आइटम नं. 2

['सच्ची रामायण', पृष्ठ नं. 187, लाइन न. 12-13]

"राम विश्वासघात, छल, कपट, लालच, कृत्रिमता, हत्या, आमिष-भोजी और निर्दोष पर तीर चलाने की साकार मूर्ति था।"

अवलोकन कीजिए आइटम नं. 35।

आइटम नं. 3

['सच्ची रामायण', पृष्ठ नं. 22, लाइन न. 25, 26]

"इन बातों से पता चलता है कि 'रामायण' बेहूदी, अनर्थकता और मूर्खता से परिपूर्ण ग्रंथ है।"

अवलोकन कीजिए आइटम नं. 35।

आइटम नं. 4

['सच्ची रामायण', पृष्ठ नं. 24, लाइन न. 2 से 5]

"राजा दशरथ ने अपनी तीनों रानियाँ अपने पुरोहितों को भेंट कर दीं। इन तीनों पुरोहितों ने अपने पाश्विक स्वभावानुसार तीनों रानियों के साथ न्याय करके उन्हें राजा दशरथ को वापस कर दिया और राजा दशरथ ने उस पर कोई आपत्ति नहीं की। (बाल कांड, अध्याय 14) इसके बाद रानियाँ गर्भवती हो गईं।"

1. 'वाल्मीकि रामायण', बाल कांड, सर्ग 8/2 और 23 से 25 के अनुसार, राजा दशरथ ने सोचा कि पुत्रोत्पत्ति के लिए अश्वमेध यज्ञ क्यों न करूँ। उन्होंने भवन में जाते ही अपनी प्रियतमा रानियों से कहा कि आप लोग दीक्षा लेने को तैयार हो जाओ, हम पुत्र प्राप्ति के लिए यज्ञ करेंगे। महाराजा के अतिप्रिय वचन सुनकर रानियों के मुख इस तरह खिल उठे, जैसे हेमन्त ऋतु के बाद कमल विकसित हो जाते हैं।

पुन: बाल कांड, सर्ग 13/39 के अनुसार, जब सब लोग यज्ञशाला में पहुँच गए, तब अपनी रानियों के साथ महाराज दशरथ ने शास्त्र विधि के अनुसार, यज्ञ की दीक्षा ली।

पुन: बाल कांड, सर्ग 14/33 से 35 के अनुसार, तब महारानी कौशल्या ने बड़े प्रसन्न मन से उस घोड़े की पूजा की और तीन बार तलवार चलाकर उस घोड़े का वध किया। तदनुसार धर्म की कामना से महारानी स्थिर चित्त होकर एक रात्रि उस घोड़े के पास ही रहीं। इसके बाद 'होता', 'अध्वर्यु' तथा 'उद्गाता' की आज्ञा से महाराज की अन्य महिषियों (क्षत्रिय जाति की रानियों), बावतायों (वैश्य जाति की स्त्रियों) और परिवृतियों (शूद्र जाति की स्त्रियों) को घोड़े के अंग से स्पर्श कराया गया।

पुन: बाल कांड, सर्ग 14/43 से 45 के अनुसार, अपने कुल की उन्नति चाहनेवाले महाराज दशरथ ने उस यज्ञ में 'होता' को पूर्व दिशा का, 'अध्वर्यु' को पश्चिम दिशा का, ब्रह्मा को दक्षिण दिशा का और 'उद्गाता' को उत्तर दिशा का राज्य दिया और ऋत्विजों को उन्होंने सम्पूर्ण पृथ्वी का राज्य दे डाला।

पुन: बाल कांड, सर्ग 14/58 से 59 के अनुसार, द्विज सतम ऋष्य 'शृंग' ने कहा—बहुत अच्छा राजन्! आपके कुल का कल्याण करनेवाले चार पुत्र होंगे...।

पुन: बाल कांड, सर्ग 18/1-2 के अनुसार, जब महाराज दशरथ का वह अश्वमेध यज्ञ समाप्त हो गया और देवता अपना-अपना भाग लेकर अपने-अपने स्थान को चले गए, जब रानियों समेत राजा ने दीक्षा वृत का उद्यापन कर दिया, तब वे अपनी सेना और वाहन के साथ पुरी अयोध्या को लौटे।

नोट : कॉमिल बुल्के द्वारा लिखित 'राम कथा', अनुच्छेद 333 व 334 के अनुसार, अश्वमेध यज्ञ वाले सर्ग 14 और सर्ग 18 के बीच में सर्ग 15, 16 व 17 जिनमें अग्नि देव द्वारा पायस (खीर) का जिक्र है, प्रक्षिप्त हैं।

2. 'भट्टिकाव्य' व 'रामायण ककविन' के अनुसार, दशरथ के यज्ञ के वर्णन में किसी दिव्य पुरुष का वर्णन नहीं है।

—'राम कथा', अनुच्छेद 358

भट्टिकाव्य, सर्ग 1 के अनुसार, दशरथ की रानियाँ यज्ञ के पश्चात् पायस (खीर) के स्थान पर हुतोच्छिष्ट का कुछ अंश खाती हैं। उसके फलस्वरूप गर्भवती होती हैं।

—'राम कथा', अनुच्छेद 358

आइटम नं. 5

['सच्ची रामायण', पृष्ठ नं. 25, लाइन न. 18 से 20]

"सीता को प्राप्त करने के लिए सीता की माता ने किसी अपरिचित मनुष्य से सम्भोग किया था और उससे उत्पन्न बच्चे को एक जंगल में फेंक दिया था। सीता ने स्वयं स्वीकार किया है कि मेरे माता-पिता के अज्ञात होने कारण मेरा विवाह विलम्ब से हुआ है।"

'वाल्मीकि रामायण', अयोध्या कांड, सर्ग 118/28 से 37 के अनुसार, सीता ने अनुसूइया से कहा कि एक बार अकाल पड़ने पर वे राजा जनक हल लेकर स्वयं खेत जोत रहे थे। इसी समय पृथ्वी फोड़ कर मैं निकल आई और आगे चल कर मैं उन महाराज की राजकन्या बनीं। जब महाराज जनक मुट्ठी में बीज लेकर बो रहे थे, तब धूल में सनी मुझ कन्या को देखकर बड़े विस्मित हुए। तब तक महाराजा की कोई सन्तान नहीं थी। इस कारण उन्होंने बड़े प्रेम से मुझे उठा लिया और कहा कि यह मेरी पुत्री है।...जब मैं सयानी होकर पति के योग्य हो गई।...तब पिता जी ने बहुत सोचे-विचारे और वर खोजे, पर मेरे योग्य कोई वर न पा सके, क्योंकि मैं मानवी योनि से उत्पन्न नहीं हुई थी।

कॉमिल बुल्के द्वारा लिखित 'राम कथा', अनुच्छेद 406 में सीता की जन्म कथा के आठ रूप प्रचलित हैं—1. जनकात्मजा, 2. भूमिजा, 3. रावणात्मजा, 4. पद्मना, 5. रक्तजा, 6. अग्निजा, 7. फलजा और 8. दशरात्मजा।

आइटम नं. 6

['सच्ची रामायण', पृष्ठ नं. 28, लाइन न. 13 से 16]

"सभी प्रयत्न विफल हो चुकने के पश्चात् दशरथ ने सुमंत्र को आज्ञा दी कि कोषागार का सम्पूर्ण धन, खतियों का अनाज, व्यापारी, प्रजा व वेश्याएँ राम के साथ वन को भिजवाने का प्रबन्ध करो।"

—अयोध्या कांड, अध्याय 36

'वाल्मीकि रामायण', अयोध्या कांड, सर्ग 36/1 से 9 के अनुसार, महाराज दशरथ ने आँसू बहाते हुए लम्बी साँस ली और यह बात कही कि हे सूत! [सुमंत्र] सब रत्नों से भली भाँति सम्पन्न मेरी चतुरंगिनी सेना राम के पीछे-पीछे जाने के लिए तैयार कर दो। मीठी बातें करने में निपुण वेश्याएँ और बड़े धनी वैश्य राजकुमार का अनुसरण करनेवाले सेना की शोभा बढ़ावें। ...मेरा सारा धान्य कोष और धन कोष राम के साथ रहेगा। ...महाबाहु भरत अयोध्या का पालन करेंगे तो राम के लिए भी किसी वस्तु की कमी न करके उन्हें भी सब सुविधाएँ मिलनी चाहिए।

आइटम नं. 7

['सच्ची रामायण', पृष्ठ नं. 33, लाइन न. 1 से 10]

7. "राम ने शोक प्रकट करते हुए अपनी माता से कहा था कि ऐसा प्रबन्ध किया गया है कि मुझे राज्य से हाथ धोना पड़ेगा। राज वंशीय भोग-विलास व स्वादिष्ट गोश्त की थालियाँ छोड़कर मुझे वनवास जाना पड़ेगा और वन के कन्द-मूल व फल खाने पड़ेंगे।"

—अयोध्या कांड, अध्याय 20

8. राम ने भारी हृदय से अपनी माता व स्त्री से कहा था कि जो गद्दी मुझे मिलनी चाहिए थी, वह मेरे हाथों से निकल गई और वनवास जाने के लिए मेरा प्रबन्ध किया गया है।

—अयोध्या कांड, अध्याय 20, 26, 94

9. उस राम ने लक्ष्मण के पास जाकर पिता दशरथ को दोषी तथा दंडनीय बताते हुए कहा कि क्या कोई ऐसा मूर्ख होगा जो अपने उस पुत्र को वनवास दे, जो सदैव उसकी आज्ञाओं का पालन करता रहा हो।"

—अयोध्या कांड, अध्याय 53

'वाल्मीकि रामायण', अयोध्या कांड, सर्ग 20/28-29 के अनुसार, राम ने अपने माता-पिता से कहा कि मैं तो दंडकारण्य जाने को तैयार हूँ। फिर इस आसन से क्या सरोकार? अब तो मेरे लिए विष्ठर (मुनियों वाले आसन) का समय आ उपस्थित हुआ है। अब मैं सभी सांसारिक भोगों का त्याग कर चौदह वर्ष तक कन्द-मूल-फल खाते हुए मुनियों के साथ रह कर मुनियों के समान जीवन बिताऊँगा।

स्पष्टीकरण—सांसारिक भोग का अर्थ है—राज्यवंशीय भोग विलास व स्वादिष्ट गोश्त की थालियाँ।

'वाल्मीकि रामायण', उत्तर कांड, सर्ग 42/17 से 22 के अनुसार, राजधानी अयोध्या की उन विशाल अशोक वाटिका में जाकर रामचन्द्र उत्तम और पुष्प बिछे आसन पर बैठे। उस पर अच्छे बिछौने बिछे थे। रामचन्द्र ने उसी तरह सीता को शुद्ध

मग्र [शराब] पिलाई, जिस तरह इन्द्र शची को पिलाते हैं। तभी रामचन्द्र के सेवक भोजन के लिए अनेक तरह के मांस और मीठे फल ले आए। नाचने और गानेवाले वहाँ आकर नाचने व गाने लगे। उदार स्वभाव वाली परम सुन्दरी स्त्रियों ने आकर मद्य [शराब] पिया और नाचने लगीं। सबको आनन्द देनेवाले रामचन्द्र ने उन स्त्रियों को सुख दिया, अर्थात् रमण किया।

'वाल्मीकि रामायण', अयोध्या कांड, सर्ग 26/21 से 23 के अनुसार, राम ने सीता से कहा कि आज जब महाराज दशरथ मेरा अभिषेक करने को उद्यत हुए, तब कैकेयी ने अपने वर माँग लिये और धर्म के समक्ष महाराज को परास्त होना पड़ा। तदनुसार मुझे चौदह वर्ष दंडक वन में रहना होगा। पिता ने भरत को युवराज बना दिया है।

'वाल्मीकि रामायण', अयोध्या कांड, सर्ग 53/10 के अनुसार, राम ने कहा कि हे लक्ष्मण! संसार में ऐसा अपढ़ (मूर्ख) मनुष्य भी भला कौन होगा, जो अपनी स्त्री के लिए मेरे जैसे आज्ञाकारी पुत्र को त्याग देगा।

आइटम नं. 8

['सच्ची रामायण', पृष्ठ नं. 33, लाइन न. 16 से 20]

10. "...राम ने सीता के साथ केवल रानी बनाने के लिए विवाह किया था। श्रीमन्मथनाथ दातार लिखते हैं कि आनन्द लेने के लिए राम की स्त्रियाँ नौकरों की स्त्रियों का साथ किया करती थीं। इस प्रकार कैकेयी की बहू, अर्थात् भरत की स्त्री दुःख में डूबी रहती थी। राम की स्त्रियों का वर्णन रामायण के अनेक स्थलों पर आया है।"
11. विमलसूरि कृत 'पउम चरियम' के अनुसार, सीता हरण एवं खोज (पूर्व 43-45) अनुसार, सुग्रीव राम के प्रति अपनी तेरह कन्याओं को समर्पित करते हैं।

—'राम कथा', अनुच्छेद 60

इसी ग्रंथ के उत्तर चरित्र (पर्व 85, 91) के अनुसार लक्ष्मण की 16 हजार पत्नियाँ, जिनमें विशल्या आदि 8 पटरानियाँ हैं तथा राम की 18 हजार पत्नियाँ बताई जाती हैं। जिनमें से सीता, प्रभावती, रतिनिभा तथा श्रीदामा प्रधान हैं।

—'राम कथा', अनुच्छेद 60

2. गुणभद्र कृत 'उत्तर पुराण' के अनुसार, लक्ष्मण की सोलह हजार और राम की आठ हजार रानियाँ बताई जाती हैं।

—'राम कथा', अनुच्छेद 63

3. 'भुशुंडी रामायण' में राम की दो पटरानियों के अतिरिक्त सहस्रों पत्नियों का उल्लेख है। 'बृहत्कोशल खंड' में भी राम के बहुत से विवाहों का

वर्णन किया गया है। 'खोतानी रामायण' में सीता—राम तथा लक्ष्मण दोनों से विवाह करती हैं।

—'राम कथा', अनुच्छेद 404

4. कॉमिल बुल्के द्वारा लिखित 'राम कथा', अनुच्छेद 404 के अनुसार, वाल्मीकि की रचना में यत्र-तत्र ऐसी युक्तियाँ भी मिल जाती हैं, जो परवर्ती राम कथाओं के मर्यादावाद को आघात पहुँचाती हैं। कैकेयी को उभाड़ती हुई मंथरा कहती है कि राम के अभिषेक के बाद उनकी स्त्रियाँ फूली नहीं समाएँगी।

'हृष्टा : खलु भविष्यन्ति रामस्य परमा: स्त्रिय: ' अयोध्या कांड, सर्ग 8/12 तथा समुद्र तट पर प्रायोपवेशन के वर्णन में अनेकधा, परम नारियों को भुजाओं से सेवित स्पष्ट राम की बाँह का उल्लेख है, 'भुजैः परमनारीणामभिमृष्टमनेकधा'।

—युद्ध कांड, सर्ग 21/3

आइटम नं. 9

['सच्ची रामायण', पृष्ठ नं. 34, लाइन नं. 1 से 8]

12. राम कैकेयी के प्रति स्वाभाविक एवं सच्चा होने का बहाना करता रहा और अन्त में उसने कैकेयी पर दुष्ट स्त्री होने का आरोप लगाया।

—अयोध्या कांड, अध्याय 31, 53

13. यद्यपि कैकेयी दुष्टतापूर्ण तथा नीच विचारों से रहित थी तो भी राम ने उस पर दोषारोपण किया कि वह मेरी माता के साथ नीचतापूर्ण व्यवहार कर सकती है।

—अयोध्या कांड, अध्याय 31, 53

14. राम ने कहा कि वह कैकेयी मेरे बाप को मरवा सकती है। इस प्रकार उसने कैकेयी पर दोषारोपण किया।

—अयोध्या कांड, अध्याय 53

1. 'वाल्मीकि रामायण', अयोध्या कांड, सर्ग 31/13 व 17 के अनुसार, राम ने लक्ष्मण से कहा कि राजा अश्वपति की पुत्री कैकेयी राज्य पाकर अपनी दुखिया सौतों के साथ अच्छा व्यवहार नहीं करेंगी। 13। हम लोगों का बिछोह हो जाने पर माता कौशल्या को बड़ा कष्ट होगा। 17।
2. 'वाल्मीकि रामायण', अयोध्या कांड, सर्ग 53/6, 7, 14 व 18 के अनुसार, राम ने लक्ष्मण से कहा कि कामना पूर्ण हो जाने पर कैकेयी

बहुत प्रसन्न होगी। मुझे यही चिन्ता है कि कैकेयी भरत को देखकर पूरा राज्य हस्तगत करने के लिए कहीं महाराजा दशरथ के प्राण न ले लें। 6, 7। हे सौम्य! मेरा तो खयाल है कि महाराज दशरथ के मरण, मेरे वनवास और भरत को राजा बनाने के लिए ही कैकेयी का जन्म हुआ है—14। कैकेयी खोटे कर्मवाली स्त्री है। इसलिए वह हमारी व तुम्हारी माँ को विष भी दे सकती है। 18।

आइटम नं. 10

['सच्ची रामायण', पृष्ठ नं. 34, लाइन न. 15 से 17]

16. "अब भरत अपनी स्त्री सहित बिना किसी विरोध के अयोध्या पर शासन कर रहा होगा। इस बात से उस (राम) की राजगद्दी और भरत के प्रति ईर्ष्या की स्वाभाविक तथा निराधार अभिलाषा प्रकट होती है।"

—अयोध्या कांड, अध्याय 53

1. 'वाल्मीकि रामायण', अयोध्या कांड, सर्ग 53/12-13 के अनुसार, राम ने लक्ष्मण से कहा कि सौभाग्यवती स्त्री 'मांडवी' का पति अर्थात् कैकेयी का पुत्र भरत ही सुखी है, क्योंकि वह सम्राट की तरह कौशल प्रदेश को भोगेगा। पिता जी वृद्ध हैं और मैं वन को चला आया हूँ। अतएव राज्य का सम्पूर्ण सुख अकेले भरत को मिलेगा।

स्पष्टीकरण—'राज्य का सम्पूर्ण सुख अकेले भरत को मिलेगा', से तात्पर्य है, भरत के प्रति ईर्ष्या की स्वाभाविक तथा निराधार अभिलाषा।

आइटम नं. 11

['सच्ची रामायण', पृष्ठ नं. 34, लाइन न. 23]

18. "उस (राम) ने अपने पिता को मूर्ख और पागल कहा था।"

—अयोध्या कांड, अध्याय 53

1. 'वाल्मीकि रामायण', अयोध्या कांड, सर्ग 53/8 से 17 के अनुसार, राम ने लक्ष्मण से कहा कि कामी महाराज दशरथ कैकेयी के वश में हैं। वे वृद्ध हैं और मेरे न रहने से अनाथ भी हैं। वे बेचारे क्या करेंगे? अपने पर आए हुए इस महान दुःख और महाराज का बुद्धिभ्रम (पागलपन) देखकर मुझे ऐसा लगता है कि अर्थ और धर्म की अपेक्षा काम ही श्रेष्ठ

है। हे लक्ष्मण! ऐसा अपढ़ (मूर्ख) मनुष्य भी भला कौन होगा, जो स्त्री (कैकेयी) के लिए मेरे जैसे आज्ञाकारी पुत्र को त्याग देगा।

आइटम नं. 12

['सच्ची रामायण', पृष्ठ नं. 37, लाइन न. 21 से 23]

32. "राम ने बहुत-सी स्त्रियों के कान, नाक व स्तन इत्यादि काट कर उन्हें कुरूप बना दिया था और उन्हें बहुत सी यातनाएँ दीं, सूर्पणखा और अयोमुखी।
33. "राम ने बहुत-सी स्त्रियों को मार डाला था, ताड़का, थदगाई आदि।"

1. 'वाल्मीकि रामायण', अरण्य कांड, सर्ग 18/20-21 के अनुसार, राम ने लक्ष्मण से कहा कि इस सूर्पणखा राक्षसी को विरूप कर दो। राम के ऐसा कहने पर महाबली लक्ष्मण क्रुद्ध हो गए और उन्होंने अपनी तलवार से उसके नाक और कान काट लिये।
2. अरण्य कांड, सर्ग 69/16-17 के अनुसार, अयोमुखी ने लक्ष्मण से कहा कि मेरे साथ रमण करते हुए लम्बी आयु बिताओ। उसके ऐसे वचन सुन कर शत्रु का नाश करनेवाले क्रुद्ध लक्ष्मण ने अपनी तलवार निकाली और उसके नाक, कान और स्तन काट दिए।
3. बाल कांड, सर्ग 26/17-18 व 26 के अनुसार, विश्वामित्र की आज्ञानुसार राम ने बाण से ताड़का की दोनों भुजाओं और लक्ष्मण ने नाक व कान काट डाले। सर्ग 17 व 18। तत्पश्चात् राम ने बाण द्वारा उसे मार डाला।
4. अ-ब्रह्मचक्र के अनुसार, सूर्पणखा अपनी दो पुत्रियों के साथ लंका और किष्किन्धा की सीमाओं की रखवाली करती थी...।

लक्ष्मण सूर्पणखा की दोनों पुत्रियों को मार डालते हैं। राम सूर्पणखा को भाग जाने के लिए बाध्य करते हैं।

—'राम कथा', अनुच्छेद 465

5. 'सेरीराम' के अनुसार, राम ने जगीन (ताड़का) के अतिरिक्त गैंडे (गोंड नामक आदिवासी जाति के राजा) और सूर नागिन (नाग जाति की रानी) का वध किया।

—'राम कथा', अनुच्छेद 389

6. 'पउम चरियम' (43-48) के अनुसार, लक्ष्मण चन्द्रनखा (सूर्पणखा) का रूप देखकर मोहित हुए थे और उन्होंने किसी बहाने से राम को छोड़कर वन में उसकी खोज की थी, किन्तु उसे न पाकर लौटे।

—'राम कथा', अनुच्छेद 463

7. सरलदास कृत 'महाभारत' (वन पर्व) के अनुसार, सीता सखी पाने की इच्छा से चाहती है कि लक्ष्मण सूर्पणखा से विवाह करें। राम भी इसके लिए अनुरोध करते हैं, किन्तु लक्ष्मण अस्वीकार करते हैं। बाद में लक्ष्मण कान व नाक काट लेते हैं।

—'राम कथा', अनुच्छेद 463

8. 'भागवत पुराण' (9.10.9), 'गरुड़ पुराण', अध्याय 143! 'पद्म पुराण', (पाताल खंड, अध्याय 36 और उत्तर खंड, अध्याय 269) व 'देवी भागवत पुराण', (3. 28) के अनुसार, राम ने सूर्पणखा के नाक व कान काट कर विरूपित किया।

—'राम कथा', अनुच्छेद 464

9. 'नृसिंह पुराण', (अध्याय 49), 'भावार्थ रामायण' (3-8) तथा 'पाश्चात्य वृत्तान्त', नं. 3 (अध्याय 4) के अनुसार, राम के पत्र के आदेशानुसार लक्ष्मण ने सूर्पणखा की नाक काट ली।

—'राम कथा', अनुच्छेद 464

10. 'सेरीराम' के अनुसार, राम के पत्र के आदेशानुसार लक्ष्मण ने सूर्पणखा के नाक व हाथ काट लिये।

—'राम कथा', अनुच्छेद 464

11. 'कम्ब रामायण' (3, 5), 'आनन्द रामायण' (1,7,55), 'मलयाली अध्यात्म रामायण' और 'पाश्चात्य वृत्तान्त' नं. 1 व 20 के अनुसार, लक्ष्मण ने स्तन भी काट लिये।

—'राम कथा', अनुच्छेद 464

12. 'पाश्चात्य वृत्तान्त' नं. 1 (पृष्ठ 80) के अनुसार, लक्ष्मण ने सूर्पणखा के नाक व कान के अतिरिक्त स्तन व बाल भी काट लिये। स्तन के रक्त से जोंकें उत्पन्न हुईं।

—'राम कथा', अनुच्छेद 464

नोट :

1. 'जोंकें उत्पन्न हुईं' का तात्पर्य है कि स्तन का घाव सड़ गया था और उसमें पीव अर्थात मवाद पड़ गया था। तत्पश्चात् उस घाव में कीड़े पड़ गए थे। इस प्रकार जोंक का मतलब है कीड़ा।
2. रामकिएन (अध्याय 10) के अनुसार, लक्ष्मण ने सूर्पणखा के नाक, कान, हाथ और पैर भी काट लिये।

—'राम कथा', 464 अनुच्छेद

आइटम नं. 13

['सच्ची रामायण', पृष्ठ नं. 38, लाइन न. 5, 6]

36. "राम हमेशा अनुचित विषय-भोग में तल्लीन रहता था।"
37. "राम ने अनावश्यक रूप से कई जीवों को मारा व उन्हें खा गया।"

1. प्रथम पैराग्राफ के लिए अवलोकन कीजिए। आइटम नं. 7 का द्वितीय पैराग्राफ। ('वाल्मीकि रामायण', उत्तर कांड, सर्ग 42/17 से 22 तक।)
2. द्वितीय पैराग्राफ के लिए अवलोकन कीजिए। 'वाल्मीकि रामायण', बाल कांड, सर्ग 18/30।
3. लड़कपन में जब राम घोड़े पर सवार होकर मृगया (हिरण आदि का शिकार खेलने) को गए, तब लक्ष्मण हाथ में धनुष लिये उनकी रक्षा करते हुए पीछे-पीछे चलते थे। बाल कांड, 18/30।
4. अयोध्या कांड, सर्ग 55/33 के अनुसार, वनवास के समय राम व लक्ष्मण बहुत से पवित्र पशुओं का वध करके उसी तटवर्ती वन में विचरने लगे।
5. अयोध्या कांड, सर्ग 56/21 से 35 के अनुसार, चित्रकूट की नवनिर्मित पर्णशाला की ओपनिंग सेरेमनी के समय राम ने लक्ष्मण से कहा कि अब मृग मांस लेकर इस पर्णशाला में वास्तु-शान्ति करनी होगी। तुम शीघ्र एक मृग मार कर ले आओ। हमें धर्म का खयाल रखते हुए शास्त्र की आज्ञा का पालन करना चाहिए। शत्रुनाशक लक्ष्मण ने तत्काल भ्राता की आज्ञा का पालन किया। तब राम ने कहा कि लक्ष्मण तुम मृग का मांस पकाओ। इससे हम वास्तु-देवता का पूजन करेंगे। जाओ जल्दी करो। आज सौम्य मुहूर्त और ध्रुव-संज्ञक दिन है। तदनुसार लक्ष्मण मृग मार ले आए और उसे धधकती आग में डाल दिया। जब लक्ष्मण ने समझ लिया कि वह सर्वांग पक गया है और उसमें से रूधिर नहीं निकलता है। तब उन्होंने पुरुष पुंगव राम से कहा। हे देव सदृश्य राम! यह मृग (हिरन) अपने अंग-उपांगों समेत पक गया है। आप इससे वास्तु-देव की पूजा करें। आप इस कार्य में पूर्ण निपुण हैं।

   ...पूजा करके राम ने पर्णशाला में प्रवेश किया। उस समय उनका हृदय बहुत प्रसन्न था। भीतर जाकर उन्होंने बलि-वैश्य-देव भोग किया। रुद्र और विष्णु को बलि अर्पण किया और नए घर के दोषों को दूर करनेवाला माँगलिक कृत्य उन्होंने पूर्ण किया। तदनन्तर राम ने विधिवत मंत्र जप करके नदी में स्नान किया और दोष दूर करनेवाली उत्तम बलि दी। उसी आश्रम में उन्होंने उचित स्थानों पर वेदी (बलि स्थान), चैत्य

(गणपति स्थान) और आयतन (विष्णु पूजन) का स्थान नियत किया। वन्यमाला, फल मूल, पके मांस, जल, वेदोक्त मंत्रों, कुशाओं और समिधाओं द्वारा सभी देवताओं का सीता के साथ राम ने पूजन करके सबको तृप्त किया। इसके बाद उस शुभ पर्णशाला में प्रविष्ट हुए।

6. अयोध्या कांड, सर्ग 96/1-2 के अनुसार, भरत आगमन के पहले चित्रकूट में राम सीता के साथ एक विशाल शिला पर बैठे। मांस द्वारा उन्हें प्रसन्न करते हुए कहने लगे। यह मांस बड़ा पवित्र तथा स्वादिष्ट है और आँच पर भली भाँति पकाया गया है।
7. अरण्य कांड, सर्ग 44/28 के अनुसार, पंचवटी के समीप जंगल में कनक मृग वेश में मारीचि को मारने के बाद उन राम ने एक दूसरे मृग (हिरन) को मारा और उसका मांस लेकर शीघ्रता के साथ कदम बढ़ाते हुए जन-स्थान स्थित अपने आश्रम (पंचवटी की पर्णशाला) की ओर चले।
8. अरण्य कांड, सर्ग 47/22-23 के अनुसार, पंचवटी की पर्णशाला में सीता ने रावण से कहा कि आप चाहें तो थोड़ी देर यहाँ विश्राम कर सकते हैं। थोड़ी देर में मेरे पतिदेव बहुत से वनफल तथा रूरू (बढ़िया किस्म वाला हिरन), गोह और वाराह (सुअर) मारकर पुष्कल (बहुत-सा) मांस लिये आ रहे होंगे।
9. अरण्य कांड, सर्ग 68/32-33 के अनुसार, जटायु का दाह संस्कार करने के बाद बलवान राम भाई लक्ष्मण के साथ वन गए और मोटे मृगों को मार कर ले आए। फिर भूमि पर हरी घास बिछाई और उस हिरन के मांस का गोल पिंड बना कर यशस्वी राम ने जटायु को पिंड दान दिया।
10. अरण्य कांड, सर्ग 73/12 से 16 के अनुसार, कबन्ध ने राम से कहा कि उस सरोवर (पम्पा सरोवर में हंस, मेढक, कौंच तथा कुरर आदि पक्षी मीठी बोलियाँ बोलते रहते हैं। वे कभी किसी मनुष्य को देखकर डरते नहीं, क्योंकि उन्हें यह नहीं मालूम है कि कोई किसी का वध भी करता है। घृत-पिंड के समान स्वादिष्ट उन पक्षियों को आप खाइएगा। उसमें रहनेवाले रोहित (एक किस्म की मछली रोहू) आदि मछलियों को बाणों से मार कर उनकी त्वचा तथा पखने निकालकर आग में भून कर तथा काँटे निकालकर आपके भ्राता भक्त लक्ष्मण आपको देंगे। आप उन्हें खूब खाइएगा।

आइटम नं. 14

['सच्ची रामायण', पृष्ठ नं. 41, लाइन न. 14, 15]

1. "वह (सीता) राम की अपेक्षा आयु में बड़ी है। उसका जन्म सन्देह-युक्त व आपत्ति-युक्त था।"

—बालकांड, अध्याय 66

1. 'वाल्मीकि रामायण', बाल कांड, सर्ग 66/14-15 के अनुसार, राजा जनक ने विश्वामित्र से कहा कि एक बार मैं खेत शोधन करता हुआ हल जोत रहा था, उस समय फाल के नीचे की भूमि से सीता नाम की पुत्री निकल आई। उसे मैंने अपनी कन्या मान ली और वह बढ़ने लगी। हे भगवन! वह अब सयानी हो गई है और मैंने अपनी उस अयोनिजा कन्या का शुल्क केवल पराक्रम रखा है।
2. तुलसीदास कृत 'रामचरितमानस', बाल कांड के अनुसार, 'स्याम गौर मृदु बयस किसोरा। लोचन सुखद बिस्व चित चोरा॥'

स्पष्टीकरण—वर्णाश्रमानुसार 25 साल तक ब्रह्मचारी, तत्पश्चात् छब्बीसवीं साल से युवा गृहस्थाचारी की आयुसीमा पूर्वकाल में थी। सयानी सीता की आयु यदि बीस साल मानी जाए तो किशोर अवस्था वाले राम की आयु सीता की अपेक्षा बहुत ही कम हुई।

शेष के लिए अवलोकन कीजिए आइटम नं. 5 और 18।

आइटम नं. 15

['सच्ची रामायण', पृष्ठ नं. 42, लाइन न. 1 से 6]

6. "वह (सीता) अपने पति राम को सिड़ी तथा मूर्ख कहा करती थी।
7. वह (सीता) राम से कहती थी कि तुम मानवीय गुणों से रहित मनुष्य हो।
8. तुम (राम) आकर्षण-शक्ति तथा हाव-भाव से रहित हो।
9. तुम (राम) उस स्त्री व्यापारी से अच्छे नहीं हो, जो अपनी स्त्री को किराए पर उठाकर जीविका चलाना चाहता है। तुम मुझसे लाभ उठाना चाहते हो।

1. 'वाल्मीकि रामायण', अयोध्या कांड, 30/3-8-9 के अनुसार, सीता ने वनवास के पहले राम से कहा कि 'क्या मेरे पिता मिथिलेश महाराज जनक ने देखने में पुरुष, किन्तु वस्तुतः स्त्री-रूप राम को अपना जामाता बना लिया था। यदि वे ऐसा समझते तो आपको कदापि

अपनी कन्या न देते। 3। आप अपनी चिरसंगिनी युवती एवं सती स्त्री को औरों को सौंपना चाहते हैं। हे राम! आप मुझे जिस भरत की वशवर्तिनी होकर रहने की सलाह दे रहे हैं और जिसके कारण आपका अभिषेक रुक गया है। हे नाथ! आप ही उनके आज्ञाकारी बनें। मैं नहीं बनूँगी। 8-9।

आइटम नं. 16

['सच्ची रामायण', पृष्ठ नं. 43, लाइन न. 15 से 18]

18. "वनवास जाते समय नदी गंगा पार करते हुए सीता ने गंगा नदी से प्रार्थना की कि "हे गंगा! यदि मैं सकुशल अयोध्या लौट आऊँगी तो मैं तुम्हें हजारों गाएँ और मदिरा (शराब) से परिपूर्ण बर्तन चढ़ाऊँगी।"

—अयोध्या कांड, अध्याय 52

1. 'वाल्मीकि रामायण', अयोध्या कांड, सर्ग 52/82 से 90 के अनुसार, वन गमन के समय जब नाव गंगा जी के बीच में पहुँची, तब सीता ने हाथ जोड़कर विनयपूर्वक गंगा जी से कहा—हे देवि! (गंगा) बुद्धिमान महाराज दशरथ के पुत्र राम अपने पिता की आज्ञा पालन करने के लिए वन जा रहे हैं। माता तुम उनकी रक्षा करना। चौदह वर्ष वन में बिता कर वे मेरे और लक्ष्मण के साथ लौटेंगे। हे सुभगे! उस समय यदि मैं सकुशल लौटी और मेरी कामना पूर्ण हो गई तो मैं प्रसन्न मन से तुम्हारी पूजा करूँगी। हे त्रिपथगे! तुम्हारा प्रभाव तीन लोक में फैला हुआ है। यहाँ तुम समुद्रदेव की पत्नी बन कर दिखाई देती हो। हे देवि गंगा! मैं प्रणामपूर्वक तुम्हारी विनती करती हूँ, यदि नरश्रेष्ठ राम सकुशल लौट कर अयोध्या का राज्य पा लेंगे तो मैं आपको प्रसन्न करने के लिए एक लाख गौ तथा अन्न ब्राह्मणों को दान दूँगी। हे देवि गंगा! मैं अयोध्या लौट कर हजार घड़ा मदिरा (शराब) तथा मांसयुक्त भात अर्पण करके तुम्हारी पूजा करूँगी। तुम्हारे तट पर जितने भी देवता, तीर्थ और देव स्थान हैं। मैं उन सबका पूजन करूँगी।
2. 'वाल्मीकि रामायण', अयोध्या कांड, सर्ग 55/19 से 21 के अनुसार, यमुना के बीच में पहुँचकर सीता ने यमुना को प्रणाम किया और मनौती मानकर कहा, हे देवि यमुने! आपका कल्याण हो! जैसे मैं तुम्हें पार कर रही हूँ, उसी तरह यदि मेरे पतिदेव अपना व्रत पार करके सकुशल अयोध्या पहुँच जाएँ तो मैं एक हजार गौ दान करके सौ घड़े मदिरा

(शराब) चढ़ाकर आपका पूजन करूँगी। ऐसा कह और हाथ जोड़कर उन्होंने आशीष माँगी।

आइटम नं. 17

['सच्ची रामायण', पृष्ठ नं. 43, लाइन न. 24 से 26]

20. "जब कभी राम सीता को न देखकर उदास होता था तो लक्ष्मण कहा करता था कि तुम एक साधारण स्त्री के लिए क्यों परेशान हो!"

—अरण्य कांड, अध्याय 66

1. 'वाल्मीकि रामायण', अरण्य कांड, सर्ग 66/14 के अनुसार, सीता हरण के पश्चात् लक्ष्मण ने राम से कहा कि हे वीर! सीता मर गई हो या उसका अपहरण हो गया हो, फिर भी आपको संसार के पामर (नीच) प्राणियों के समान विषाद नहीं करना चाहिए।

आइटम नं. 18

['सच्ची रामायण', पृष्ठ नं. 45, लाइन न. 2 से 4]

24. "क्या सीता ने उसे फटकारा? नहीं। बिलकुल नहीं। रावण की उस समय सम्मानपूर्ण आगवानी की गई, स्वागत किया गया। बिना अपनी अवस्था अधिक प्रकट किए, उस (सीता) ने रावण के समक्ष अपने सुन्दर यौवन की प्रशंसा की।"

—अरण्य कांड, अध्याय 46, 47

1. 'वाल्मीकि रामायण', अरण्य कांड, सर्ग 46/32 से 35 के अनुसार, सीताहरण के समय सीता ने रावण की आवश्यक सभी सामग्रियों से पूजा की। तदनुसार उसे बैठने के लिए आसन दिए। पैर धोने के लिए जल दिए और तत्पश्चात् भोजन करने की प्रार्थना की।...वे (सीता) बोलीं—हे ब्राह्मण देवता! यह बैठने के लिए आसन है। आप निश्चिन्त रूप से बैठकर भोजन करें।
2. 'वाल्मीकि रामायण', अरण्य कांड, सर्ग 47/4 व 11 के अनुसार, सीता हरण के समय सीता ने रावण से कहा कि बारह वर्ष तक मैं इक्ष्वाकु वंशियों के घर में रही। 4। मेरे तेजस्वी पति राम की उम्र 25 वर्ष की है और मेरी अठारह साल की है। 11।

3. 'वाल्मीकि रामायण', अयोध्या कांड, सर्ग 118/34 के अनुसार, सीता ने अनुसूइया से कहा कि जब मैं सयानी होकर पति के योग्य हो गई तो मेरे पिता (जनक) को ऐसी चिन्ता हुई, जैसे किसी मनुष्य का सर्वस्व लुट जाए और वह निर्धन होकर सोचने लगे।
4. 'अग्निवेश रामायण' के अनुसार, विवाह के समय राम-सीता की अवस्था क्रमानुसार 15 तथा 6 वर्ष की थी। वनवास के समय 27 और 18 वर्ष की थी। राज्याभिषेक के समय 42 और 33 वर्ष की थी।

—'राम कथा', अनुच्छेद 179

5. 'वाल्मीकि रामायण', अयोध्या कांड, सर्ग 20/45 में राम वनगमन के पूर्व माता कौशल्या ने राम से कहा कि हे राघव! तुम्हारा जन्म हुए छह वर्ष बीत गए, इससे सिद्ध है कि विवाह के समय राम की आयु छह वर्ष थी।
6. तुलसी कृत 'रामचरितमानस', बाल कांड के अनुसार, 'स्याम गौर मृदु बयस किसोरा। लोचन सुखद बिस्व चित चोरा॥'
7. 'रामलिंगामृत', सर्ग 5/1-63 'रामारण्यगमन' के अनुसार, विवाह के समय राम सीता की आयु क्रमशः 15 व 6 वर्ष थी, परन्तु चौथे अध्याय में सीता की आयु 16 वर्ष होना लिखा है।

—'राम कथा', अनुच्छेद 222

स्पष्टीकरण—अनुसूइया के समक्ष सीता के कथनानुसार सयाने का तात्पर्य पुरुष के लिए 25 वर्ष और स्त्री के लिए 20 वर्ष यदि माना जाए तो 20 वर्ष में 12 साल अयोध्या में रही अर्थात् वनवास के समय सीता की आयु 32 वर्ष की थी। तेरह साल वन में रहने के पश्चात् सीताहरण हुआ। 32 वर्ष में 13 वर्ष जोड़ने पर सीताहरण के समय सीता की आयु 45 वर्ष की थी। उस सीता ने रावण को 18 वर्ष बताई। अतएव स्त्री का कम आयु बताना ही यौवन की प्रशंसा करना माना जाता है।

आइटम नं. 19

['सच्ची रामायण', पृष्ठ नं. 45, लाइन न. 7, 8]

26. "जब रावण उसे अपनी गोद में लिये जा रहे थे, तब वह अर्द्धनग्न थी। तब वह स्वयं अपने स्तन खोले हुए थी।"

—अरण्य कांड, अनुच्छेद 54

1. 'वाल्मीकि रामायण', अरण्य कांड, सर्ग 41/17 के अनुसार, उस रावण ने बाएँ हाथ में कमलनयनी सीता की गर्दन और दाहिने हाथ से दोनों जाँघें पकड़ीं।
2. 'वाल्मीकि रामायण', अरण्य कांड, सर्ग 52/10 व 15 के अनुसार, जटा युद्ध के पश्चात् रावण ने सीता के केश पकड़ लिये। 10। राक्षसराज रावण सीता को लेकर आकाश में उड़ गया।15।
3. 'वाल्मीकि रामायण', अरण्य कांड, सर्ग 54/2 व 3 के अनुसार, तब विशाल नयनों वाली सीता ने सुवर्ण-सदृश्य दमकता हुआ दुपट्टा उतारा, उसके एक छोर में अपने कुछ माँगलिक आभूषण बाँधे और उसे इस आशा से उन बन्दरों के बीच (जो ऋष्यमूक पर्वत पर बैठे थे) गिरा दिया कि ये बन्दर सीताहरण की सूचना राम को दे देंगे।

स्पष्टीकरण—प्रथम पैराग्राफ की क्रिया द्वारा यदि किसी स्त्री को उठाया जाए, तो वह अर्द्धनग्न की सीमा ही कही जाएगी और अन्तिम पैराग्राफ की क्रिया द्वारा यदि दुपट्टा फेंका जाए तो वह स्तन खोलने की सीमा कही जाएगी।

आइटम नं. 20

['सच्ची रामायण', पृष्ठ नं. 45, लाइन न. 11 से 21]

28. "रावण ने अपने यहाँ सीता से कहा—आओ! हम दोनों मिलकर आनन्द (सम्भोग) करें। तब सीता अर्द्धोन्मिलित आँखों-युक्त सिसकियाँ भरती रही।"

—अयोध्या कांड, अध्याय 55

29. रावण ने कहा—हे सीते! हमारा तुम्हारा मिलन ईश्वर कृत है। यह ऋषियों को भी भाया है।

—अरण्य कांड, अनुच्छेद 55

30. सीता ने कहा कि तुम मेरे अंगों का आलिंगन करने के लिए स्वतंत्र हो। मुझे उसकी रक्षा करने की आवश्यकता नहीं। मुझे इस बात का पश्चात्ताप् नहीं कि मैंने भूल की है।

—अरण्य कांड, अनुच्छेद 56

इससे इस परिणाम पर पहुँचा जा सकता है कि "सीता ने रावण को अपने साथ दुर्व्यवहार करने की अपनी (स्पष्ट) अनुमति नहीं दी।"

1. 'वाल्मीकि रामायण', अरण्य कांड, सर्ग 55/32 से 37 के अनुसार, रावण ऐसी बातें कहकर सीता को फुसला रहा था और सीता आँचल से मुँह

ढँककर आँसू बहाती हुई धीरे-धीरे रो रही थी।...रावण ने कहा, 'हे सीते! अब धर्म नष्ट हो जाने की लज्जा करना बेकार है। हे देवि! तुमसे जो मैं प्रेम की प्रार्थना कर रहा हूँ। वह ऋषि-सम्मत है। मैं तुम्हारे कोमल चरणों को अपने मस्तक पर रखकर विनती करता हूँ कि मेरी बात मान लो। तुम मुझे अपना दास समझ कर शीघ्र प्रसन्न हो जाओ।' कामदेव के वाणों से पीड़ित रावण ने ये बातें कही। फिर वह बोला—रावण किसी स्त्री के पैर पर मस्तक रखकर प्रणाम नहीं करता। सीता से ऐसा कह कर काम के वशीभूत रावण ने अपने मन में यह समझ लिया कि सीता ने मेरी बात मान ली है।

2. 'वाल्मीकि रामायण', अरण्य कांड, सर्ग 56/21 के अनुसार, सीता ने रावण से कहा कि इस निश्चेष्ट (बिना इच्छा वाले) शरीर को तुम चाहें बाँधो या मार ही डालो।
3. 'वाल्मीकि रामायण', युद्ध कांड, सर्ग 119/8 से 10 अर्थात् आइटम नं. 21 का पुनः अवलोकन कीजिए।

स्पष्टीकरण—मुँह ढँककर आँसू बहाते हुए रोने की क्रिया को ही अर्द्धोन्मिलित युक्त सिसकियाँ भरना कहा जाएगा।

आइटम नं. 21

['सच्ची रामायण', पृष्ठ नं. 46, लाइन न. 4 से 7]

32. "सीता ने राम को उत्तर दिया कि तुम सत्य कहते हो, किन्तु तुम्हीं बताओ कि मैं क्या कर सकती थी। मैं केवल अबला स्त्री हूँ। मेरा शरीर उसके अधिकार में था। मैंने स्वेच्छा से कोई भूल नहीं की थी। तथापि मैं मन से तुम्हारे निकट रही हूँ। ईश्वर की ऐसी ही इच्छा थी।"

—युद्ध कांड, अध्याय 119

1. 'वाल्मीकि रामायण', युद्ध कांड, सर्ग 119/8 से 10 के अनुसार, सीता ने राम को उत्तर दिया कि जिस समय रावण ने मेरे शरीर को छुआ था, उस समय मैं विवश थी। उसने मेरी इच्छा से मुझे नहीं छुआ था। दैव की ऐसी ही इच्छा थी। मैं निर्दोष हूँ। जिस हृदय पर मेरा अधिकार है, वह आज भी आप में अनुरक्त है। शरीर पर मेरा कोई भी अधिकार नहीं था। कारण कि मैं अबला स्त्री होने के कारण उसकी रक्षा नहीं कर सकती थी। इसलिए मैं निर्दोष हूँ।

आइटम नं. 22

['सच्ची रामायण', पृष्ठ नं. 46, लाइन न. 17]

34. "जंगल में उस (सीता) ने दो पुत्रों को जन्म दिया।"

—उत्तर कांड, अध्याय 66

35. "अन्त में जब राम ने इस सम्बन्ध में सीता से शपथ खाने को कहा तो अस्वीकार करते हुए वह मर गईं।"

—उत्तर कांड, अध्याय 97

1. 'वाल्मीकि रामायण', उत्तर कांड, सर्ग 66/1 के अनुसार, रात को शत्रुघ्न वहाँ (वाल्मीकि के आश्रम में) ठहरे थे, उसी रात में सीता ने दो पुत्रों को जन्म दिया।
2. 'वाल्मीकि रामायण', उत्तर कांड, सर्ग 97/18 के अनुसार, जिस समय सीता की शपथ ली जा रही थी, उसी समय एक बहुत बड़ा अद्‌भुत दृश्य उपस्थित हो गया। एक दिव्य सिंहासन पृथ्वी को फोड़ कर निकला। वह सिंहासन नागों के सिर पर रखा था। उन नागों का दिव्य रूप था और उनके शरीर पर दिव्य रत्न विराजमान थे। उस सिंहासन पर पृथ्वी देवी बैठी थीं। उन्होंने दोनों हाथों से सीता को पकड़कर सिंहासन पर बैठा दिया। सीता के बैठते ही वह सिंहासन पृथ्वी में धँसने लगा।
3. 'तिब्बती रामायण', 'कथा-सरित्सागर' (9, 1, 83-93), 'कश्मीरी रामायण', 'मसीही रामायण', 'गोविन्द रामायण', 'पाश्चात्य वृत्तान्त' नं. 7, 8, 17, 'आनन्द रामायण' (5, 4, 62-68) 'रामकियेन' (अध्याय 41), 'रामजातक', 'ब्रह्मवक', 'रामकेर्ति', 'सेरीराम' तथा 'हिकायत महाराजा' के अनुसार, वाल्मीकि ने कुश की सृष्टि की तथा 'सिंहली रामकथा' के अनुसार, वाल्मीकि ने कुश के अतिरिक्त एक और दूसरे पुत्र की सृष्टि की।

—'राम कथा', अंक 743-744

उपरोक्त ग्रंथों के अनुसार, सीता को केवल एक ही पुत्र पहले 'लव' पैदा हुआ था।

आइटम नं. 23

['सच्ची रामायण', पृष्ठ नं. 46, लाइन न. 22 से 24]

36. "सीता स्वयं उस रावण पर मोहित हो गई थी। सीता ने रावण की विषयेच्छा का स्वयं अनुसरण किया था। रावण पर मोहित न होने की दशा में वह

सीता को छू तक नहीं सकता था, क्योंकि रावण को शाप दिया गया था कि वह किसी स्त्री को उसकी इच्छा के विरुद्ध छुएगा तो उसका सिर टुकड़े-टुकड़े हो जाएगा।"

1. 'वाल्मीकि रामायण', युद्ध कांड, सर्ग 13/13-14 के अनुसार, रावण ने महापार्श्व से कहा कि जब मैंने 'पंजिकस्थला' नामक अप्सरा के साथ शक्तिपूर्वक सम्भोग किया, तब 'ब्रह्मा' ने क्रुद्ध होकर मुझे शाप दिया कि "हे रावण! आज से तू यदि किसी स्त्री के साथ इस तरह जबरदस्ती भोग (सम्भोग) करेगा तो तेरे सिर के सौ टुकड़े हो जाएँगे।"
2. 'वाल्मीकि रामायण', उत्तर कांड, सर्ग 26/55-56 के अनुसार, 'कुबेर' के पुत्र 'नल कूबर' की स्त्री के साथ जब रावण ने शक्तिपूर्वक सम्भोग किया, तब नल कूबर ने रावण को शाप दिया कि "अब वह (रावण) किसी स्त्री के साथ बलपूर्वक भोग (सम्भोग) न कर सकेगा। यदि ऐसा करेगा तो उसके सिर के सौ टुकड़े हो जाएँगे।"

आइटम नं. 24

['सच्ची रामायण', पृष्ठ नं. 47, लाइन न. 22 से 24]

37. "राम अपनी साली के साथ सीता के कमरे में गया। राम ने सीता को अपने विजन पर रावण का चित्र बनाए हुए, उसे अपनी छाती पर चिपकाए हुए सोती हुई पाया।" यह बात श्रीमती चन्द्रावती द्वारा लिखित 'बंगाली रामायण' के पृष्ठ 199 और 200 में पाई जाती है।

1. 'कृतिवास रामायण' (7-44-45), चन्द्रवली कृत 'रामायण गाथा', 'सेरीराम', 'कश्मीरी रामायण', 'भारतीय साहित्य', आगरा, वर्ष 2, अंक 3, पृष्ठ 79, दुर्गाशंकर प्रसाद सिंह कृत भोजपुरी लोकगीत, पृष्ठ 27, कृष्णदेव उपाध्याय कृत 'भोजपुरी ग्राम्य गीत', पृष्ठ 59, रामनरेश त्रिपाठी कृत 'लोक गीत में राम कथा', मैथिलीशरण गुप्त कृत 'अभिनन्दन ग्रंथ', पृष्ठ 661, 'मसीही रामायण', 'रामायणसार', 'सेरत कांड', 'आनन्द रामायण', 'हिवायत महाराजा रावण', रामदास गौड़ कृत 'हिन्दुत्व' पृष्ठ 141, 'सिंघल द्वीप की रामकथा', 'रामकेर्ति' (सर्ग 75) और 'रामकियेन' (अध्याय 40) के अनुसार, राम द्वारा सीता के त्याग का कारण रावण का चित्र है।

—'राम कथा', अनुच्छेद 723, 724

आइटम नं. 25

['सच्ची रामायण', पृष्ठ नं. 48, लाइन न. 8, 9]

29. "रामायण के अनुसार, हम कह सकते हैं कि राम एक अयोग्य और धूर्त व्यक्ति था और सीता व्यभिचारिणी स्त्री थी।"

1. राम के लिए अवलोकन कीजिए आइटम नं. 35।
2. सीता के लिए अवलोकन कीजिए आइटम नं. 26।

आइटम नं. 26

['सच्ची रामायण', पृष्ठ नं. 48, लाइन न. 14, 15]

"यदि राम का सीता को जंगल में छोड़ने का कृत्य उचित मान लिया जाए तो यह सभी को मान लेना चाहिए कि सीता रावण द्वारा गर्भवती हुई थी।"

1. 'वाल्मीकि रामायण', उत्तर कांड, सर्ग 43/16 से 22 के अनुसार, राम से भद्र ने कहा कि रावण वध से सीता का उद्धार अवश्य हुआ, परन्तु रावण के स्पर्श से जो दोष उत्पन्न हुआ, रामचन्द्र ने उसका कोई विचार नहीं किया और सीता को पवित्र समझ कर घर में रख लिया।

जैसा राम होगा, वैसी ही प्रजा भी तो होगी। 16 से 19। हे राजाश्रेष्ठ सभी नगरों और गाँवों में लोग ऐसी ही बातें किया करते हैं। 20। इस बात को सुनकर मित्रों ने भी राम से दुखी हृदय से कहा कि राजन्! भद्र की बात सत्य है। 21, 22।

उत्तरकांड, सर्ग 44/17-18 के अनुसार, राम ने लक्ष्मण से कहा कि गंगा नदी के उस पार तमसा नदी के निकट वाल्मीकि का आश्रम है, वहीं एकान्त में सीता को छोड़कर शीघ्र घर लौट आओ।

उत्तर कांड, सर्ग 48/8 में जब लक्ष्मण ने सीता को जंगल में छोड़ दिया, तब सीता ने लक्ष्मण से कहा कि मैं अभी गंगा में डूब कर मर जाती, पर ऐसा नहीं कर सकती, क्योंकि मैं गर्भवती हूँ।

का समर्थन कालिदास के 'रघुवंश' (सर्ग 14), 'उत्तर रामचरित' (अंक 1) 'कुन्दमाला', 'दशावतार चरित', 'अध्यात्म रामायण' (7, 4, 47) और 'आनन्द रामायण' (5, 3, 21) से भी होता है। केवल नामों का अन्तर क्रमशः भद्र, गुप्तचर, दुर्मुख, गुप्तचर व विजय है।

—'राम कथा', अनुच्छेद 717

का समर्थन तुलसीदास कृत 'रामचरितमानस', लव-कुश कांड, छन्द 9, 1 के अनुसार, दूत ने राम से कहा कि एक धोबी अपनी स्त्री को डाँटकर व्यंग्य वचन

कहकर सुना रहा था। कृपानिधान रामचन्द्र जी ने दूत के वचन सुनकर उन्हें अपने हृदय में रख लिये। रात्रि में स्वप्न में भी वही दृश्य देखकर जगत्पति राम जी सवेरे जागने पर अपार दु:ख से भर गए।

उपरोक्त कथा 'गुणाढ्य' कृत अप्राप्य 'बृहत्कथा' में विद्यमान थी और अब सोमदेव भट्ट कृत 'कथासरित्सागर' (9, 1, 66) में एक दिन अपने नगर में गुप्त भेस में घूमते हुए स्वयं राजा राम ने यह घटना देखी।

'भागवत पुराण' (9, 11) का कथानक भी 'कथासरित्सागर' से मिलता है।

'जैमिनी अश्वमेध' (अध्याय 26) व 'पद्म पुराण' (4, 55) के अनुसार, वह व्यक्ति धोबी था।

—'राम कथा', अनुच्छेद 720

'तमिल रामायण' (उत्तर कांड 7,7) व 'आनन्द रामायण' (5-3-28-30) के अनुसार भी धोबी के इस कथानक का समर्थन होता है।

—'राम कथा', अनुच्छेद 720

नोट : 'आनन्द रामायण' (9-5-34) के अनुसार, राम ने स्वर्गारोहण के समय धोबी को स्वर्ग जाने की अनुमति नहीं दी।

—'राम कथा', अनुच्छेद 720

'तिब्बती रामायण' के अनुसार, जो 'कथा सारित्सागर' व 'भागवत पुराण' का विकसित वृत्तान्त प्रतीत होता है, राम ने स्वत: किसी पुरुष से जो अपनी स्त्री को वह...कहकर फटकार रहा था कि अपना जन अपवाद सुना। तब राम छिपकर उस स्त्री से मिले। उस स्त्री ने स्त्रियों के विषय में राम को समझाते हुए कहा कि गर्मी से पीड़ित मनुष्य जिस प्रकार शीतल सरिता का निरन्तर स्मरण करता है, ऐसे ही काम-पीड़ित स्त्री रूपवान पुरुष का निरन्तर स्मरण करती रहती है, जब तक उसे कोई देखता अथवा सुनता है। वह निन्दनीय अपराध नहीं करती, लेकिन एकान्त में बन्धन से मुक्त होकर वह परपुरुष के साथ भी अपनी काम पीड़ा शान्त कर लेती है।

—'राम कथा', अनुच्छेद 721

डॉक्टर एफ.डब्ल्यू. थॉमस के अनुसार, वह व्यक्ति सम्भवत: एक लिच्छवी रजक (धोबी) है।

—'राम कथा', अनुच्छेद 721

2. 'वाल्मीकि रामायण', उत्तर कांड, सर्ग 97/2-3 के अनुसार, राम नेवाल्मीकि से कहा कि हे धर्मेश! आपका कथन सत्य है। मुझे आपके पुनीत वाक्यों पर विश्वास है। लंका विजय के बाद सीता ने देवताओं के सामने शपथ ली थी। इसलिए मैं इनको पवित्र समझ कर अयोध्या ले आया था।

स्पष्टीकरण—अर्थात् राम ने सीता की अग्नि परीक्षा नहीं ली थी, केवल शपथ ली थी।

सीता की अग्नि परीक्षा न लेने का समर्थन 'महाभारत' (रामोपाख्यान, अध्याय 275), 'हरिवंश पुराण अनामकम् जातकम्', 'श्याम का राम जातक', 'खोतानी रामायण', 'तिब्बती रामायण' तथा गुणभद्र कृत 'उत्तरपुराण' आदि से भी होता है। इन ग्रंथों में सीता की अग्नि परीक्षा का अभाव है।

—'राम कथा', अनुच्छेद 601

3. 'राम कथा', अनुच्छेद 541 के अनुसार, 'वाल्मीकि रामायण'...रावण के अशोक वाटिका में आगमन का कारण उसकी काम वासना ही मानी गई है।

'वाल्मीकि रामायण', सुन्दर कांड, सर्ग 18/5 के अनुसार, उस कामी (रावण) का मन सीता पर आसक्त था। इस बात को सभी जानते थे।

4. 'राम का अन्तर्द्वन्द्व' (कविता) लेखक—अरविन्द कुमार, प्रकाशक—'सरिता' पत्रिका, जुलाई, 1957 ई. को राम का अन्तर्द्वन्द्व, अलोचनाओं और आपत्तियों का उत्तर, लेखक—अरविन्द कुमार, प्रकाशक—'सरिता', सितम्बर, 1957 ई. एवं 'बेशमेंट ऑफ सीता', लेखक—अरविन्द कुमार। प्रकाशक—'सरिता', दिल्ली बुक कम्पनी, एम/12 कनॉट प्लेस, नई दिल्ली के अनुसार, अवलोकन कीजिए।

सीता का वनवास...गीता का था नाम, बहाना सीता का था...कपटी था दशशीश... नहीं, नहीं...क्या सीता डिगी न होगी...इसकी केवल...सीता का।

5. 'वाल्मीकि रामायण', युद्ध कांड, सर्ग 118 के अनुसार, राम के हृदय के अचानक उद्‌गार, जो उन्होंने सीता के प्रति कहे।

[राम ने सीता से कहा कि आश्रम पर मेरे न रहने के समय कपटी राक्षस रावण ने तुम्हारा हरण किया था। दैवीकोप से ही यह बात हुई थी। उस दैवीकोप को मैंने, मनुष्य होकर भी दूर कर दिया। 5। शत्रु से बदला लेने के लिए जो बात एक मनुष्य कर सकता है, वह मैंने रावण को मारकर पूरी कर ली है। इसमें मेरी प्रतिष्ठा की रक्षा हुई। 13। तुम रावण के यहाँ बहुत दिनों तक रही हो। इसलिए मुझे तुम्हारे चरित्र पर सन्देह हो गया है। तुम मेरे सामने खड़ी हुई उसी तरह अच्छी नहीं लग रही हो, जिस तरह दुखती हुई आँखों को दीपक अच्छा नहीं लगता। 17। इसलिए हे सीते! अब तुम जहाँ चाहो—वहाँ चली जाओ। मैं तुमसे किसी तरह सम्बन्ध नहीं रख सकता। 18। उत्तम कुल में उत्पन्न होकर कोई भी तेजस्वी पुरुष दूसरे के घर में रही हुई स्त्री को प्रेमभरे हृदय से स्वीकार नहीं करेगा। 19। हे सीते। हरण करने के समय रावण ने तुम्हें गोद में उठाया और बुरे नेत्रों से देखा है। तब मैं एक महान कुल में उत्पन्न होकर तुमको किस तरह स्वीकार कर सकता हूँ। 20। मैंने रावण को मार कर उसके हाथों से तुम्हारा उद्धार कर दिया। मेरा उद्‌देश्य पूरा हो गया। मेरा बदला मिल गया। अब तुम्हारे साथ मेरा

कोई सम्बन्ध नहीं है। तुम जहाँ चाहो, वहाँ चली जाओ। 21। हे कल्याणी! मैंने बहुत विचार किया, बहुत सोचा, समझा, अन्त में यही निश्चित रहा। इसलिए अब तुम अपने जीवन निर्वाह के लिए लक्ष्मण या भरत के पास जाकर रह सकती हो। 22। शत्रुघ्न, सुग्रीव या राक्षस-राज विभीषण के पास जाकर रहो या जहाँ अच्छा समझो, वहाँ जाकर रह सकती हो। 23। हे सीते! अपने घर में रहती हुई तुम्हारे इस मनोहर रूप को देखकर राक्षस-राज रावण इतने दिनों तक काम पीड़ा को न सह सका होगा। 24।]

सीता का चरित्र

1. अवलोकन कीजिए, 'सच्ची रामायण' के मान्यता-प्राप्त सीता सम्बन्धी सभी पृष्ठ।
2. अवलोकन कीजिए, सीता से सम्बन्धित आइटम नं. 15, 16, 18 से 23 व 26 आदि।
3. 'महावीर चरित्र' (अंक 1) के अनुसार, विश्वामित्र ने अपने आश्रम पर सीता और उर्मिला को बुलाया। वहीं राम सीता को और लक्ष्मण उर्मिला को देखकर आकर्षित हो गए।

—'राम कथा', अनुच्छेद 391

4. 'वाल्मीकि रामायण', सुन्दर कांड, सर्ग 38 में इन्द्र के पुत्र जयन्त की कहानी का अवलोकन कीजिए।

[लंका की अशोक-वाटिका में सीता ने हनुमान से कहा कि हे दूत हनुमान! तुम मेरे प्रिय स्वामी राम से जाकर सर्वश्रेष्ठ चिह्न-रूप में यह कहना कि चित्रकूट पर्वत के उत्तर-पूर्व दिशा में मन्दाकिनी नदी के किनारे फल-मूल और फलों से युक्त सिद्धों के आश्रमों युक्त वनों में विहार करते हुए थक कर आप मेरी गोद में आ बैठे थे। 12-14। उसी समय मांस की इच्छा से एक कौआ वहाँ आया और मुझे चोंच से मारने लगा। मैंने पत्थर फेंककर उसे भगाना चाहा, पर वह नहीं भगा। उस मांस खानेवाले कौए ने किसी भी तरह मेरा पीछा नहीं छोड़ा। 15, 16। मैं उस कौए पर क्रोध करके भगाने की इच्छा से दौड़ी। उसी समय मेरा वस्त्र कमर से कुछ नीचे खिसक गया। जिसे आपने देखकर हँस दिया था। इससे मुझे पहले क्रोध और बाद में लज्जा आई। मैं लौटकर आपकी गोद में जा बैठी और रोने लगी। उस भोजनार्थी कौए द्वारा घायल होकर मैं आपके पास गई थी। 17, 18। इसके बाद मैं आपकी गोद में लेट गई। मुझे क्रुद्ध देखकर आपने मनाया। 19। मैं आँखें पोंछ रही थी, उसी समय आपने मुझे कौए पर क्रुद्ध

देखा। 20। इसके बाद शर्म-वश मैं आपकी गोद में सो गई और आप भी मेरी गोद में सो गए। 21। आपको सोते देखकर वह कौआ फिर आया और मुझे चोंच मारने लगा। तब मैं आपकी गोद में उठ कर बैठ गई। उस समय सहसा उस कौए ने मेरे स्तन में चोंच मारी। 22। फिर तो वह बार-बार उड़कर मुझे चोंच मारने लगा। जब मेरे रुधिर की बूँदें आप पर गिरीं, तो आप जाग गए। 23। उस कौए ने जब मुझे बहुत दुःख दिया, तब आनन्द के साथ सोते हुए आपको मैंने जगाया। मेरे स्तनों को विक्षित देखकर क्रुद्ध सर्प की तरह साँस लेते हुए आपने पूछा—हे नागनासोरु! तुम्हारे स्तन में किसने घाव कर दिया है?। 24, 26। वह कौन है? जो पाँच भयंकर मुख वाले सर्प से खेल करना चाहता है? ऐसा कहकर आपने मेरी ओर ताके हुए उस रक्त-रंजित तथा तीखे नखों वाले कौए को बैठे देखा। पृथ्वी पर वायु के समान चलनेवाला वह कौआ इन्द्र का पुत्र था। उसे देखकर आपके नेत्र लाल हो गए। 27-29।]

5. लक्ष्मण ने सीता की रक्षा हेतु श्याम देश तथा ब्रह्मदेश की रामकथा के अनुसार तीन रेखाएँ, 'तेलुगु द्विपद रामायण' (3, 18) के अनुसार सात रेखाएँ व तुलसीदास कृत 'रामचरितमानस', (अरण्य कांड), 'खोतानी रामायण', 'सेरीराम', 'हिकायत महाराज रावण', मधुसूदन द्वारा सम्पादित 'महानाटक' (अंक 3, 65), 'कृत्तिवास रामायण', 'आनन्द रामायण' (1, 778) 'भावार्थ रामायण' (3, 35), 'सूरसागर' (स्कन्ध 9, 503) 'असमियाँ गीत रामायण', 'रामचन्द्रिका' (12, 18) तथा 'पाश्चात्य वृत्तान्त' नं. 13 के अनुसार, एक रेखा खींची थी।

—'राम कथा', अनुच्छेद 499

नोट : सीता ने उस रेखा को स्वतः पार किया था।

6. 'वाल्मीकि रामायण', अरण्य कांड, सर्ग 45 के अनुसार, सीता ने लक्ष्मण से मार्मिक वचन कहे।
7. 'कश्मीरी रामायण' के अनुसार, सीता ने रावण से कहा कि जटायु को रक्त से सने पत्थर खिलाइए। वह उन्हें खाकर गिर जाएगा। रावण ऐसा ही करता है और जटायु पृथ्वी पर गिरकर मर जाता है।

—'राम कथा', अनुच्छेद 470

8. 'खोतानी रामायण' तथा 'तिब्बती रामायण' में रावण ने जटायु को रक्त से सने धातुओं के टुकड़े खिला कर मार डाला।

—'राम कथा', अनुच्छेद 470

9. 'पाश्चात्य वृत्तान्त', नं. 3 में रावण ने जटायु को अपनी जाँघ के रक्त से सना पत्थर खिलाकर मार डाला।

—'राम कथा', अनुच्छेद 470

आइटम नं. 27

['सच्ची रामायण', पृष्ठ नं. 48, लाइन नं. 22 से 24]

ऐसी दशा में ये सिद्ध करना कि न सीता भ्रष्ट थी, न राम गुंडा तथा विश्वासघाती, प्रकट करता है कि यह भ्रष्टता और नीचता क्षम्य नहीं है।

1. अवलोकन कीजिए, राम के लिए आइटम नं. 35 व सीता के लिए आइटम नं. 26।

आइटम नं. 28

['सच्ची रामायण', पृष्ठ नं. 51, लाइन नं. 18 से 20]

1. लक्ष्मण ने राम को बताया कि तुम्हें धोखा देने के लिए दशरथ और कैकेयी ने अपनी पूर्व सुनिश्चित योजनानुसार तुम्हें राजगद्दी देने में भिन्न-भिन्न मतों का अनुसरण किया है।
2. 'वाल्मीकि रामायण', अयोध्या कांड, सर्ग 23/9 से 11 के अनुसार, लक्ष्मण ने राम से कहा कि पापी महाराज दशरथ और कैकेयी के प्रति आपको संशय क्यों नहीं होता? हे धर्मात्मा! जो धर्म का छलावा करके आपको धोखा देना चाहते हैं, उनसे आप सावधान क्यों नहीं होते? वे अपना काम बनाने के लिए आप सरीखे सदाचारी के साथ शठता करके आपको निकाल बाहर करना चाहते हैं। यदि उनका यह षड्यंत्र न होता तो वे आपके अभिषेक में विघ्न क्यों डालते? रही वरदान की बात, सो यदि ऐसी कोई साजिश न होती, तो वर के आदान-प्रदान का निपटारा पहले ही हो गया होता। हे वीर! आपको अलग करके भरत-अभिषेक की योजना सर्वथा लोक विरुद्ध है। मैं इसे नहीं सह सकता। आप मुझे क्षमा करें।

आइटम नं. 29

['सच्ची रामायण', पृष्ठ नं. 52, लाइन नं. 5 से 6]

14. जब भरत ने वन में जाकर राम से अनुनय-विनय की कि तुम लौट चलो और अयोध्या का राज्य करो, तब लक्ष्मण ने क्रोधपूर्वक कहा कि मैं भरत को मारने जा रहा हूँ।

1. 'वाल्मीकि रामायण', अयोध्या कांड, सर्ग 96/22 से 30 के अनुसार, लक्ष्मण ने राम से कहा कि हे राघव! इसी भरत के कारण आपको, मुझे और सीता को कितने कष्ट सहने पड़े हैं। आपको अपने सनातन राज्याधिकार से वंचित होना पड़ा है। हे रघुवीर! हमारा शत्रु भरत आया हुआ है। यह हमारा बध्य है। इसे मारने में मैं कोई दोष नहीं देखता जिसने पहले अपराध किया है, उसे मारने में अधर्म नहीं होगा। यह हमारा पूर्व अपराधी है। हे राघव! इसने धर्म को त्याग दिया है। इस दुष्ट के मर जाने पर आप निश्चिन्त होकर सारी पृथ्वी का शासन करें। राज्य की लालचिन कैकेयी अपने बेटे को मेरे हाथों इस प्रकार मरा हुआ देखें, जैसे हाथियों द्वारा उखाड़ कर वृक्ष धराशायी कर दिया जाता है। मैं कैकेयी, मन्थरा और उसके सम्बन्धियों को भी समाप्त कर दूँगा। आज यह धरती बड़े भारी पाप से मुक्त हो जाएगी। हे मानद! आज मैं अब तक की रुकी हुई क्रोधाग्नि शत्रु सेना के ऊपर इस प्रकार छोड़ूँगा, जैसे तृण राशि पर आग छोड़ी जाती है। आज मैं अपने तीखे बाणों से शत्रु के सैनिकों को काट कर इस चित्रकूट के जंगल को उनके रुधिर से सीचूँगा। मेरे बाणों की मार से जिन हाथियों और घोड़ों की अँतड़ियाँ बाहर निकल आएँगी, उन्हें बनैले पशु घसीटेंगे। मरे हुए मनुष्यों के शव को यहाँ के सियार व भेड़िये आदि नोच कर खाएँगे। आज मैं इस महान अरण्य में सेना सहित भरत को मार कर अपने धनुष और बाण के ऋण से उऋण हो जाऊँगा। इसमें कोई संशय नहीं है।
2. 'भावार्थ रामायण' (2, 15) के अनुसार, चित्रकूट में भरत और लक्ष्मण का युद्ध होता है। राम ने दोनों को अलग कर दिया।

—'राम कथा', अनुच्छेद 434

आइटम नं. 30

['सच्ची रामायण', पृष्ठ नं. 52, लाइन नं. 10 से 17]

16. उस लक्ष्मण ने सूर्पणखा से कहा कि "सीता चरित्रहीन है। उसकी छातियाँ सूख चुकी हैं।"

—अरण्य कांड, अध्याय 18

17. सीता के प्रति उसका बर्ताव सीता के सन्देह का कारण बन चुका था। वह उससे प्रेम करता था और उसके साथ सम्भोग करना चाहता था।

18. उस लक्ष्मण ने अपने ज्येष्ठ भाई की स्त्री के प्रति राम से कहा कि सीता को चाहे कोई भगा ले जाए, चाहे वह मर जाए। यह कोई बड़ी बात नहीं है। क्या हमें ऐसी नीच स्त्री के लिए कष्ट सहने चाहिए?

1. 'वाल्मीकि रामायण', अरण्य कांड, सर्ग 18/11-12 के अनुसार, लक्ष्मण ने शूर्पणखा से कहा कि सीता कुरूप है। कर्कश है। देखने में भयानक है। शूर्पणखा से उसकी कमर बहुत पतली है। अतएव राम उस बुढ़िया को छोड़कर तुम्हारा ही सम्मान करेंगे। संसार में भला ऐसा कोई कम समझदार मनुष्य होगा जो तुम जैसी लावण्यमयी कन्या को छोड़कर मानषी से प्रीति करेगा।

2. 'स्कन्ध पुराण' (नगर खंड, अध्याय 20) के अनुसार, राम 'पितृक देव तीर्थ' में पहुँचकर राजा दशरथ के श्राद्ध का आयोजन वनवास के समय में करते हैं। सीता कहीं छिप जाती हैं और लक्ष्मण को विप्रों की सेवा करनी पड़ती है। श्राद्ध के बाद सीता फिर दिखाई देती हैं, जिससे लक्ष्मण को इतना क्रोध आ जाता है कि वह सुथरी (चटाई या बिछौना) के लिए पत्ते तथा पैर धोने के लिए पानी ले आना अस्वीकार करते हैं। बाद में, क्रोध-रक्त-लोचन लक्ष्मण क्रोध से लाल आँखें किए हुए दूर से राम को सोते हुए देखते हैं तथा उनके मन में राम का बध करने और सीता को अपनी पत्नी बनाने का विचार उठ आता है—

हत्वैनं राघवं सुप्तं सीतां पत्नीं विधाय च।
किं गच्छामि निजं स्थानं विदेशं वाऽपि दूरत: ॥ 45 ॥

प्रात: राम तथा सीता दक्षिण के लिए प्रस्थान करते हैं। लक्ष्मण राम के वध का अवसर ढूँढ़ते हुए, दिन भर उनका पीछा करते हैं—

लक्ष्मणोऽपि धनु: सज्यं कृत्वा संधाय सायकम्।
अनुव्रजति पृष्ठ स्थस्तस्य च्छिदं विलोकयन् ॥ 49 ॥

संध्या के समय 'गोकर्ण तीर्थ' में पहुँचकर लक्ष्मण राम के पास जाकर अपना अपराध स्वीकार करते हैं तथा राम से क्षमा माँगते हैं ...।

—'राम कथा', अनुच्छेद 462

1. 'पद्म पुराण', सृष्टि खंड, अध्याय 28, 126-190 के अनुसार, राम के प्रति लक्ष्मण का विद्रोह तथा बाद में उनका पश्चात्ताप वर्णित है।

—'राम कथा', अनुच्छेद 462

4. 'खोतानी रामायण' में सीता को राम और लक्ष्मण, दोनों की सम्मिलित पत्नी माना गया है।

—'राम कथा', अनुच्छेद 462

5. 'वाल्मीकि रामायण', अरण्य कांड, सर्ग 45/5 से 8 व 21 से 27 के अनुसार, जब मारीच ने मरते समय 'हा लक्ष्मण! हाऽऽऽ सीते!' कहा, तब सीता ने कुपित होकर कहा कि लक्ष्मण! जान पड़ता है कि अपने भाई राम के मित्र बनकर तुम भी उनके शत्रु हो, तभी तो ऐसी दशा में तुम दौड़कर उनके पास नहीं पहुँचते। लक्ष्मण! तुम चाहते हो कि राम मर जाए तो सीता को मैं अपनी स्त्री बना लूँ। मुझे पाने के लोभ से ही तुम राम के पास नहीं जा रहे हो। जितनी तुम्हारे मन में दुर्वासना है, उतनी भाई पर प्रीति नहीं है। यही कारण है कि तुम उन्हें देखने नहीं जाते बल्कि चुपचाप यहाँ ही बैठे हो।
6. पुनः सीता ने लक्ष्मण से कहा कि "ओ आर्य! ओ विदेशी! ओ क्रूर! ओ हत्यारे! ओ निर्दयी! ओ कुलांगार! मैं समझती हूँ कि राम का विनाश ही तुझे विशेष प्रिय है। उन्हें विनाशोन्मुख देखकर ही तू ऐसी बातें बना रहा है। लक्ष्मण! जो तू कह रहा है। उसमें विस्मय की कोई बात नहीं है। तेरे जैसे क्रूर और कपटी मित्र ऐसा ही कहते हैं, तू बड़ा दुष्ट है। मुझे अपनी स्त्री बनाने के लिए या कि भरत की प्रेरणा से अकेला (अर्थात् अपनी पत्नी रहित) हमारे साथ वन में आया है। लक्ष्मण! तुम अच्छी तरह समझ लो। तुम्हारी या भरत की यह दूषित कामना कभी न पूरी होगी। नील कमल सदृश्य श्याम और कमल दल सम नेत्रों वाली राम की पत्नी होकर तुम जैसे नीच की भार्या मैं कदापि न होऊँगी। मैं तुम्हारे सामने ही प्राण त्याग दूँगी। राम से बिछुड़कर मैं क्षण भर भी न जिऊँगी।"
7. तुलसीदास कृत 'रामचरितमानस', अरण्य कांड के अनुसार, लक्ष्मण से 'मरम-बचन जब सीता बोला'।
8. 'वाल्मीकि रामायण', अरण्य कांड, सर्ग 66/14 में लक्ष्मण ने राम से कहा—हे वीर! सीता मर गई हो या उनका अपहरण हो गया हो, फिर भी आपको संसार के पामर प्राणियों के समान विषाद नहीं करना चाहिए।

आइटम नं. 31

['सच्ची रामायण', पृष्ठ नं. 54, लाइन न. 9]

7. भरत की भी बहुत-सी स्त्रियाँ थीं।
1. 'वाल्मीकि रामायण', अयोध्या कांड, सर्ग 100/ 49 व 72 के अनुसार, चित्रकूट में राम ने भरत से कहा कि तुम अपनी स्त्रियों को सदा प्रसन्न रखते हो और उनकी रक्षा तो करते हो न। उनकी बातों पर विश्वास तो नहीं रखते और उन्हें अपनी कोई गुप्त बात तो नहीं बता देते?

2. पुनः कहा—तुम्हारी स्त्रियाँ और श्रुति (अनुभवजन्य-ज्ञान) तो सफल है?

आइटम नं. 32

['सच्ची रामायण', पृष्ठ नं. 57, लाइन न. 2 से 6]

2. सीता से वार्तालाप करते हुए उस 'हनुमान' ने निर्लज्जता तथा असभ्यतापूर्ण शब्दों का प्रयोग किया था, यहाँ तक कि उसने मनुष्य लिंग के विषय में भी सीता से बातचीत की थी, जो कि उसे स्त्रियों के समक्ष नहीं करनी चाहिए थी।
1. 'वाल्मीकि रामायण', सुन्दर कांड, सर्ग 35/17 से 20 के अनुसार, हनुमान ने लंका की अशोक वाटिका में राम का परिचय बताते हुए सीता से कहा कि राम की भौंहें, बाहु और अंडकोष—ये तीनों लम्बे हैं।...।

उनके बाल, पैर की रेखाएँ और पुरुष-चिह्न अर्थात् लिंग कोमल है। ...उनकी पीठ, उनका पुरुष-चिह्न अर्थात् लिंग और जांघें मोटी हैं।...।

उनके बाहू, जानु, उरु और गंड-स्थल ये चारों बराबर हैं। उनकी भौंहें, नासिका के छिद्र, आँखें, कान, ओंठ, कुचाग्र, कोहनी, कलाई, जाँघें, अंडकोष, कमर, हाथ, पैर और नितम्ब अर्थात् चूतड़ ये चौदहों अंग बराबर हैं।...। अंगुलियों के पोर, बाल, रोएँ, नख, त्वचा, पुरुष-चिह्न अर्थात् लिंग, दाढ़ी और बुद्धि सूक्ष्म है।

आइटम नं. 33

['सच्ची रामायण', पृष्ठ नं. 77, लाइन न. 18]

सीता रावण के लिए भोजन परोसती थीं।

1. अवलोकन कीजिए, आइटम नं. 18 का प्रथम पैराग्राफ।

आइटम नं. 34

['सच्ची रामायण', पृष्ठ नं. 77, लाइन न. 11 से 13

लंका में सीता सहित बैठे हुए राजा रावण ने उस (सीता) से कहा, "सीते! लज्जा न करो। हमारा-तुम्हारा मिलाप दैवी योजनानुसार है। इसका स्वागत सम्पूर्ण ऋषि और

मुनि करेंगे।" इस पर सीता ने उत्तर दिया कि "तुम मेरे शरीर का यथेच्छा भोग कर सकते हो। मुझे अपने शरीर की चिन्ता नहीं।"

1. अवलोकन कीजिए, आइटम नं. 20 से 22।

आइटम नं. 35

['सच्ची रामायण', पृष्ठ नं. 78, लाइन नं. 5 से 9]

जहाँ तक सीता के पति राम का सम्बन्ध है, वह—पाखंडी, कपटी, छली-छद्मा, विश्वासघाती, स्त्री-व्रत्त निर्बल, किंबहुना, मेहरा, झूठा और गुंडा था। उस राम का भाई लक्ष्मण उपद्रवी, प्रजा पीड़क था, जिसने अपने पिता को मार डालने का साहस किया था। वह लुच्चा व लम्पट था, जो गद्दी प्राप्त करने हेतु कोई भी कार्य करने में न हिचकिचाया।

अवलोकन कीजिए निम्न हेडिंग :

1. रामचरित्र
2. लक्ष्मण चरित्र
3. 'रामायण'
4. 'रामायण' में अपमानित शूद्र
5. 'रामायण' में अपमानित नारी
6. 'रामायण' में ब्राह्मणी गरिमा

1. राम का चरित्र

1. अवलोकन कीजिए 'सच्ची रामायण' के मान्यता प्राप्त राम से सम्बन्धित सभी पृष्ठ।
   (अ) अवलोकन कीजिए, राम से सम्बन्धित सभी आइटमों के उत्तर।
2. तुलसीदास कृत 'रामचरितमानस', बाल कांड के अनुसार, गौतम की स्त्री अहल्या शापवश पत्थर बन गईं। राम के चरण स्पर्श से पुनः स्त्री बन गई।

'वाल्मीकि रामायण', बाल कांड, सर्ग 48 के अनुसार, गौतम की स्त्री अहल्या शापवश रहकर अदृश्य हो गई। सर्ग 50 के अनुसार, राम के दर्शन से अहल्या सबको दिखाई देने लगी।

'महाभारत', शान्ति पर्व, अध्याय 258 के अनुसार, गौतम ने क्रोधवश अपने पुत्र चिरकारी को अहल्या का वध करने का आदेश दिया। पुत्र ने उसे जंगल में

छोड़कर जंगली जानवर के खून से सनी तलवार दिखाकर अपने पिता को अहल्या के वध की सूचना दी। क्रोध शान्त हो जाने पर गौतम ने अहल्या को पुनः ग्रहण कर लिया।

—'राम कथा', अनुच्छेद 345

3. तुलसीदास कृत 'रामचरितमानस', बाल कांड के अनुसार, राम ने सीता को जनकपुर की वाटिका में देखकर लक्ष्मण से कहा, 'मानहुँ मदन दुंदुभी दीन्ही।'

'वाल्मीकि रामायण', किष्किन्धा कांड, सर्ग 1/22-23 में राम ने लक्ष्मण से कहा कि मुझे कामदेव सता रहा है।

4. 'वाल्मीकि रामायण', बाल कांड, सर्ग 73 में राम के सामने लक्ष्मण का विवाह उर्मिला के साथ हुआ।

अरण्य कांड, सर्ग 18 में राम ने सूर्पणखा से कहा कि मेरा छोटा भाई लक्ष्मण कुँवारे अर्थात् अ-विवाहित है।

'वाल्मीकि रामायण', अयोध्या कांड, सर्ग 20 में राम ने माता कौशल्या से कहा कि मैं वन में कन्द, मूल व फल खाऊँगा।

आइटम नं. 13 में वर्णित राम ने वनवास में खूब मांस खाया।

5. 'वाल्मीकि रामायण', अयोध्या कांड, सर्ग 97 में भरत आगमन के समय लक्ष्मण से चित्रकूट में राम ने कहा कि लक्ष्मण! यदि तुम राज्य के लिए ऐसी बातें करते हो, तो जब भरत यहाँ आएँगे तो मैं उनसे कहूँगा कि अयोध्या का राज्य तुम (लक्ष्मण) को दे दो।

परन्तु भरत के आगमन पर राम ने भरत से उपरोक्त शब्द नहीं कहे।

6. 'वाल्मीकि रामायण', अयोध्या कांड, सर्ग 107 में राम ने भरत से कहा कि जब पिता जी ने तुम्हारी माता से विवाह किया था, तभी तुम्हारे नाना के समक्ष वे (महाराज दशरथ) प्रतिज्ञा कर चुके थे कि तुम्हारी कन्या से जो पुत्र उत्पन्न होगा, वही राज्य पाएगा।

'अनामक्रं ताजकं', 'जैन पउमचरियं', 'तिब्बती रामायण', 'सेरीराम', 'सिंहली राम कथा' व 'पाश्चात्य वृत्तान्त' नं. 1, 12 व 14 के अनुसार, राम स्वेच्छा से वनवास गए।

—'राम कथा', अनुच्छेद 446

फिर 'वाल्मीकि रामायण', अयोध्या कांड, सर्ग 31 व 53 आदि में दशरथ व कैकेयी आदि पर व्यर्थ ही राम ने नाना प्रकार के दोषारोपण किए।

'वाल्मीकि रामायण', अयोध्या कांड, सर्ग 92 में भरद्वाज ने भी राम से कहा था कि कैकेयी को दोष नहीं देना चाहिए। राम का निर्वासन सबके लिए भलाई का कारण होगा।

7. 'तेलुगु रंगनाथ रामायण' (1,14 व 2,2), 'कम्ब रामायण' (2,2,41 व 5,8,32), 'सेरीराम' और 'रामकियेन' (अध्याय 14) के अनुसार, राम ने समय-समय पर मन्थरा को मारा।

—'राम कथा', अनुच्छेद 454

8. 'वाल्मीकि रामायण', अयोध्या कांड, सर्ग 109 में राम ने जाबालि से कहा कि जैसे चोर दंडनीय होता है, वैसे ही बौद्ध भी दंड का पात्र होता है। लोकायतिक और नास्तिक भी उसी तरह दंडनीय होते हैं।

9. 'वाल्मीकि रामायण', अरण्य कांड, सर्ग 26 से 30 के अनुसार, राम ने क्रमशः दूषण, त्रिशरा व खर को चौदह हजार राक्षसों सहित मारा।

'भट्टिकाव्य' (4, 41), 'सरल दास-महाभारत' (वन पर्व), 'रामायण ककविन' (4, 71) तथा 'सेरीराम' के अनुसार, राम और लक्ष्मण दोनों ने मिलकर खर, दूषण व त्रिशरा आदि का सामना किया।

—'राम कथा', अनुच्छेद 466

10. 'वाल्मीकि रामायण', अरण्य कांड, सर्ग 67 के अनुसार, जटायु ने राम से कहा कि सीता को रावण हर ले गया है।

फिर भी 'राम कथा', अनुच्छेद 474 के अनुसार, वही राम कुकुट, बगुला, गिलहरी और बेर वृक्षों से सीता का पता पूछते फिरते हैं।

11. 'वाल्मीकि रामायण', किष्किन्धा कांड, सर्ग 17 में बालि ने राम से कहा कि छिपकर मेरा वध करने से तुम्हें क्या लाभ हुआ? तब राम ने सर्ग 18 के अनुसार कहा कि तुमने बड़े भाई की स्त्री का हरण किया है। तुम्हारा यह कृत्य सनातन धर्म के विरुद्ध है। परन्तु जब सर्ग 29 के अनुसार, सुग्रीव ने बालि की विधवा पत्नी तारा को अपनी पत्नी बना लिया, तब राम चुप रहे।

12. आइटम नं. 7 से 11 के अतिरिक्त 'वाल्मीकि रामायण', अरण्य कांड, सर्ग 67/24 में जटायु-मिलन के समय राम ने लक्ष्मण से कहा कि राज्य निकल गया। पुनः युद्ध कांड, सर्ग 101/50 में रावण द्वारा शक्ति-बाण लक्ष्मण के मारे जाने के समय राम ने हनुमान व सुग्रीव से कहा कि राज्य का छूटना।...इन बातों से मैंने घोर नरक के समान दुख पाया है।

अयोध्या कांड, सर्ग 102/29 के अनुसार, राम ने इन्गुदी और बेर के फलों से दशरथ का पिंडदान किया।

उत्तर कांड, सर्ग 110/28 में राम सरयू नदी के गोप्तारक घाट में लक्ष्मण आदि सहित स्नान करके विष्णु लोक चले गए।

उत्तर कांड, सर्ग 74/14 व 15 में मनु की बताई वर्ण-व्यवस्था के विरुद्ध तपस्या करनेवाले शूद्र तपस्वी 'शम्बूक' का वध राम ने सर्ग 76 के अनुसार किया।

पाश्चात्य वृत्तान्त नं. 12 के अनुसार, राम वर्ण-व्यवस्था और पुनर्जन्म के सिद्धान्त का प्रचार सिंहल द्वीप में करना चाहते थे। जिसका राजा रावण ने विरोध किया।

—'राम कथा', अनुच्छेद 487

'आनन्द रामायण', जन्म कांड, (9, 5, 34 व पूर्ण कांड, सर्ग 4/6) के अनुसार, राम द्वारा मन्थरा और धोबी को स्वर्ग जाने की अनुमति नहीं मिली।

—'राम कथा', अनुच्छेद 720, 755

'आनन्द रामायण', पूर्ण कांड, 4/6 के अनुसार, अगले जन्म कृष्णावतार के समय मन्थरा ने पूतना और धोबी ने कंस के रजक (धोबी) के रूप में जन्म लिया।

—'राम कथा', अनुच्छेद 755

सरल दास के 'महाभारत' के अनुसार, चित्रकूट से घूमते-घामते राम लक्ष्मण व सीता सहित 'गया' तीर्थ में पहुँचे। राम व लक्ष्मण पितृकर्म हेतु 'गेंडा' जानवर मारने गए। पितृ-कर्म का समय आ गया, तब सीता ने बालू के सात पिंड राम के पूर्वजों को दिए। राम की वापसी पर दक्षिणा देने की बात ब्राह्मणों ने नहीं मानी, तब सीता ने उन ब्राह्मणों को अपने सब कपड़े दक्षिणा में दे दिए और अपने नंगे शरीर को कमल के पत्तों से ढँक कर लाज बचाई।

—'राम कथा', अनुच्छेद 435

13. 'बलरामदास रामायण' के अनुसार, राम ने यह सोच कर मन्दोदरी को दूसरे विवाह के लिए बाध्य किया, क्योंकि मेरी पत्नी सीता का जो अनादर हुआ है, उसका प्रतिकार होना चाहिए।

—'राम कथा', अनुच्छेद 572

मधुसूदन द्वारा सम्पादित 'महानाटक' के अनुसार, 'मन्दोदरी' तब विभीषण की पट्टाराज्ञी। भूयादिमां च परिपालम वीर लंकाम्। (9/103) अर्थात् मन्दोदरी विभीषण की पटरानी बन जाए।

—'राम कथा', अनुच्छेद 572

14. राम वन की प्रत्येक मुसीबतों को जानते थे, फिर भी सीता की हठ के कारण उन्हें वन में अपने साथ ले गए।

राम जानते थे कि सोने का हिरण नहीं होता है, फिर भी सीता की हठ के कारण उसे मारने के लिए चल दिए।

15. 'सेरीराम' के अनुसार, हनुमान ने राम से सीता की खोज के लिए लंका जाना इस शर्त पर स्वीकार किया कि मुझे हनुमान के साथ राम एक ही पत्तल में खाना खाएँ! राम ने स्नान करने का आदेश देकर इन शर्त को स्वीकार कर लिया।

—'राम कथा', अनुच्छेद 524

16. 'बेनिअमेंट ऑफ सीता', लेखक : अरविन्द कुमार के अनुसार, राम कायर थे, क्योंकि उन्होंने केवल एक व्यक्ति के विरोध पर गर्भवती सीता को जंगल में छोड़ दिया था।

2. लक्ष्मण चरित्र

1. अवलोकन कीजिए 'सच्ची रामायण' के मान्यता-प्राप्त लक्ष्मण सम्बन्धी पृष्ठ।
2. अवलोकन कीजिए लक्ष्मण सम्बन्धी आइटम नं. 12, 13, 28 से 30 आदि।
3. 'वाल्मीकि रामायण', अयोध्या कांड, सर्ग 21/1 से 10 में लक्ष्मण ने कौशल्या से दशरथ और कैकेयी के प्रति दुर्ववचन कहे।
   सर्ग 23/1 से 49 में लक्ष्मण ने राम से भरत आदि के प्रति दुर्वचन कहे।
4. तुलसीदास कृत 'रामचरितमानस', बाल कांड के अनुसार, परशुराम से लक्ष्मण ने दुर्ववचन कहे—

   बिहँसि लखनु बोले मृदु बानी। अहो मुनीसु महाभट मानी॥
   कोटि कुलिस सम बचनु तुम्हारा। व्यर्थ धरहुँ धनु बान कुठारा॥
   बिद्यमान रन पाइ रिपु कायर कथहिं प्रतापु॥
   मातहिं पितहिं उरिण भये नीके। गुरु ऋण रहा सोच बढ़ जीके॥

5. विमलसूरि कृत 'पउमचरिय' (युद्ध पर्व 54) के अनुसार, नल द्वारा पराजित राजा समुद्र ने अपनी चार कन्याएँ लक्ष्मण को दीं।

—'राम कथा', अनुच्छेद 60

इसी ग्रंथ 'पउमचरियं' (युद्ध पर्व, 61 से 64) के अनुसार, जब लक्ष्मण को रावण ने शक्ति बाण मारा, तब द्रोणमेध की कन्या विशल्या लक्ष्मण की दवाई करती रही। बाद में दोनों का विवाह हो गया।

—'राम कथा', अनुच्छेद 60

विमलसूरि कृत 'पउमचरियं' उत्तरचरित (पर्व 85 से 91), वन भ्रमण (पर्व 33-42) तथा गुणभद्र कृत 'उत्तर पुराण' के अनुसार, लक्ष्मण की सोलह हजार पत्नियों की चर्चा है, जिनमें वनमाला, रतिमाला व जितपद्मा प्रमुख हैं।

—'राम कथा', अनुच्छेद 60 से 64

6. पाश्चात्य वृत्तान्त, नं. 14, पृष्ठ 619 के अनुसार, राम ने लक्ष्मण को सीता को मार डालने का आदेश दिया। लक्ष्मण ने मारा नहीं बल्कि किसी वृक्ष का लाल रंग बाण पर चढ़ाकर राम को विश्वास दिलाया कि सीता का वध हो चुका है।

—'राम कथा', अनुच्छेद 721

7. 'वाल्मीकि रामायण', युद्ध कांड, सर्ग 85 के अनुसार, जब मेघनाथ निकुम्भिला देवी की पूजा कर रहा था, तब लक्ष्मण ने उसे पूजा करते समय मारा।

3. रामायण

1. अवलोकन कीजिए, 'सच्ची रामायण' के मान्यता प्राप्त सभी पृष्ठ।
2. अवलोकन कीजिए, सभी आइटम।
3. 'वाल्मीकि रामायण', बाल कांड, सर्ग 14 व 16 में अश्वमेध यज्ञ की घटना तथा पुत्र प्राप्ति हेतु कौशल्या द्वारा घोड़े का वध आदि।

स्पष्टीकरण—पुत्र प्राप्ति हेतु आवश्यक है, शुद्ध वीर्य और शुद्ध रज के होने के साथ मासिक धर्म एवं बच्चेदानी में किसी प्रकार की खराबी न होना। उपरोक्त यज्ञ आदि नहीं।

4. रामचरित्र के पैरा नं. 12 के अनुसार, स्वर्ग, नरक, पुनर्जन्म व 'मनुस्मृति' वाले (ऊँच-नीच) धर्म की प्रचार पुस्तिका 'रामायण' है।
5. 'वाल्मीकि रामायण', बाल कांड, सर्ग 74/4 से 7 के अनुसार, जनक ने रामविवाह के समय दहेज में बहुत सा धन, कई लाख गाएँ, अच्छे-अच्छे कम्बल, करोड़ों कपड़े, सुन्दर और अलंकृत हाथी तथा पैदल सेना, सौ सुन्दर कन्याएँ, सुन्दर दास-दासी, सोना और मूंगें (जवाहरात) आदि भी बड़े मन से दिए।

इसके पहले बालकांड, सर्ग 73/30 के अनुसार, जनक ने राम को सीता का दान किया।

स्पष्टीकरण—आज दहेज-प्रथा हमारी प्रगति में बाधक है।

6. 'वाल्मीकि रामायण', अरण्य कांड, सर्ग 64/34 के अनुसार, राम ने लक्ष्मण से कहा कि गोदावरी नदी सीता का पता नहीं बताती है। मैं गोदावरी को सुखा दूँगा।
7. किष्किन्धा कांड, सर्ग 61/16 के अनुसार, सम्पाती के पंख सूर्य का पीछा करने पर जल गए। सर्ग 63/13 के अनुसार, पंख निकल आए।
8. 'वाल्मीकि रामायण', युद्ध कांड, सर्ग 75 के अनुसार, कुम्भकरण की मृत्यु के बाद रात्रि में लंका दहन व विरोधियों को घेर-घेर जलाकर मार डालना महानतम घृणित घटना है।
9. तुलसीदास कृत 'रामचरितमानस', लंका कांड के अनुसार, मेघनाद के मरे हुए शरीर के साथ उसकी स्त्री सुलोचना सती हो गई।
10. 'वाल्मीकि रामायण', युद्ध कांड, सर्ग 22 के अनुसार, समुद्र ने राम के पूछने पर कहा कि उत्तर में मेरा पवित्र 'द्रमकुल्य' प्रदेश है। वहाँ पर भयंकर रूप वाले तथा भयंकर कार्य करनेवाले पापी (आभीर) आदि दस्यु रहते

हैं। मेरा जल पीते हैं। उन पापियों का स्पर्श भी असह्य है। आप अपना बाण वही फेंक दीजिए। राम ने ऐसा ही किया, जिसके फलस्वरूप झीलों व तालाबों का सम्पूर्ण जल सूख गया। देश का नाम 'मरुकान्तर' पड़ा। ('विश्वभारती ग्रंथ' के अनुसार, इस प्रदेश को आजकल 'राजस्थान' कहते हैं।)

11. 'वाल्मीकि रामायण', अरण्य कांड, सर्ग 71/31 में कबन्ध ने राम से कहा कि सूर्य के घोड़े थक जाने से सूर्य शीघ्र अस्त न हो जाए, इसके पहले ही मुझे गड्ढे में डाल कर जला दीजिए। राम ने उसे जिन्दा जला दिया।
12. बाल कांड, सर्ग 61, 62 के अनुसार, राजा अम्बरीश के नरमेध-यज्ञ में शुन:शेष की कहानी।
13. पं. भवभूति कृत 'उत्तर रामचरित' नाटक (अंग 4) में वसिष्ठ ने वाल्मीकि आश्रम में वाल्मीकि द्वारा प्रदत्त दो वर्ष वाली 'कल्याणी' नामक गाय की बछिया के मांस से बना हुआ मधुपर्क ग्रहण किया।
14. सीता का त्याग करते समय एक राजा की हैसियत से एक कैदी की जीवन सम्बन्धी आवश्यकताओं की पूर्ति राम ने नहीं की।
15. 'वाल्मीकि रामायण', बाल कांड, सर्ग 7/13 में राजा दशरथ के राजकोष (खजाना) ब्राह्मणों व क्षत्रियों की जीविका बिना कष्ट पहुँचाए भरे रहते थे।
16. युद्ध कांड, सर्ग 131/55-56 में भरत ने 14 वर्ष बाद राम को दस गुणा धन, रत्नों के घर, खजाना, राज महल और सेना दी।

स्पष्टीकरण—इतना अधिक कर अर्थात् टैक्स वैश्यों, शूद्रों और महाशूद्रों को ही देना पड़ा।

17. बाल कांड, सर्ग 6/19 में राजा दशरथ के राज्य में क्षत्रिय, ब्राह्मणों के और वैश्य, क्षत्रियों के अनुयायी थे। शूद्र अपने धर्म में तत्पर रहते हुए चारों वर्णों की सेवा करते थे।

युद्ध कांड, सर्ग 131/95 में राम ने दस हजार वर्ष राज्य किया। इसी सर्ग के श्लोक नं. 104 में राम के राज्य में ब्राह्मण, क्षत्रिय, वैश्य तथा शूद्र लोभरहित होकर अपने-अपने कार्यों में ही सन्तुष्ट रहा करते थे।

4. रामचरितमानस में अपमानित शूद्र

1. लोक बेद सब भाँतिहिं नीचा। जासु छाँह छुइ लेइअ सींचा॥

[अयोध्या कांड]

2. स्वपच सबर खस जमन जड़ पाँवर कोल किरात। [अयोध्या कांड]
3. ढोल गँवार सूद्र पसु नारी। सकल ताड़ना के अधिकारी। [सुन्दर कांड]
4. जे बरनाधम तेलि कुम्हारा। स्वपच किरात कोल कलवारा।
[उत्तर कांड]
5. आभीर जमन किरात खस स्वपचादि अति अघरूप। [उत्तर कांड]
6. कपटी कायर कुमति कुजाती। लोक बेद बाहेर सब भाँती।
[अरण्य कांड]
7. यह हमारि अति बड़ि सेवकाई। लेही न बासन बसन चोराई।
हम जड़ जीव जीव गुन घाती। कुटिल कुचाली कुमति कुजाती॥
[अरण्य कांड]
8. अधम जाति मैं विद्या पाएँ। भयउँ जथाअहि दूध पिआएं॥ [उत्तर कांड]
मानी कुटिल कुभाग्य कुजाती। गुर कर द्रोह करउँ दिन राती॥
अति दयाल गुरु स्वल्प न क्रोधा। पुनि पुनि मोहि सिखाव सुबोध॥
जेहि ते नीच बड़ाई पावा। सो प्रथमहिं हति ताहि नसावा॥
धूम अनल सम्भव सुनु भाई। तेहि बुझाव धन पदवी पाई।
रज मग परी निरादर रहई। सब कर पद प्रहार नित सहई॥
मरुत उड़ाव प्रथम तेहि भरई। पुनि नृप नयन किरटन्हि परई। [उत्तर कांड]
9. अब जीन करहि बिप्र अपमाना। जानेहु संत अनंत समाना॥ [उत्तर कांड]
10. द्विज निंदक बहु नरक भोग करि, जग जनमनिं बायस शरीर धरि।
[उत्तर कांड]

5. रामचरितमानस में अपमानित नारी

1. सुनहि सती तव नारि सुभाऊ। संसय अस न धरिअ उर काऊ॥
[बाल कांड]
2. सती कीन्ह चह तहँहुँ दुराऊ। देखऊ नारि सुभाव प्रभाऊ॥ [बाल कांड]
3. कीन्ह कपटु मैं संभु सन, नारी सहज जड़ अग्य। [बाल कांड]
4. नाथ उमा मम प्रान समगृहकिंकरी करेहु।
छमेहु सकल अपराध अब होइ प्रसन्न बरु देहु॥ [बाल कांड]
5. करेहु सदा हुकर पद पूजा। नारि धरक्षु पति देउ न दूजा। [बाल कांड]
6. जदपि जोषिता नहिं अधिकारी। दासी मन क्रमबचन तुम्हारी॥
[बाल कांड]
7. अब मोहिं आपनि किंकर जानी। जदपि सहज जड़ नारि अयानी॥
[बाल कांड]

8. चले जात मुनि दीन्हि देखाई। सुनि ताड़का क्रोध करि धाई॥
एकहिं बान प्रान हरि लीन्हा। दीन जानि तेहि निज पद दीन्हा॥
[बाल कांड]

9. चरन कमल रज चाहति, कृपा करहु रघुबीर। [बाल कांड]
मैं नारि अपावन, प्रभु जग पावन। [बाल कांड, छन्द)
परसि जासु पद पंकज धूरी। तरी अहल्या कृत अघ भूरी। [बाल कांड]

10. जे परसि मुनिबनिता लही गति रही जो पातकमई। [बाल कांड]

11. करि लोक बेद बिधानु कन्यादानु नृपभूसन कियो। [बाल कांड]

12. कहि न जा कछु दाइज भूरी। रहा कनक मनि मंडपु पूरी॥
कंबल बसन बिचित्र पटोरे। भाँति-भाँति बहु मोल न थोरे॥

13. गज रथ तुरग दास अरु दासी। धेनु अलंकृत कामदुहा सी॥ [बाल कांड]

14. बहुरि बहुरि भेटहिं महतारीं। कहहिं बिरंचि रचीं कत नारी॥ [बाल कांड]

15. 'तुलसी' ससीलु सनेहु लखि, निज किंकरी करि मानिबी॥ [बाल कांड]

16. नामु मंथरा मंदमति, चेरी कैकइ केरि।
अजस पेटारी ताहि करि, गई गिरा मति फेरी। [अयोध्या कांड]

17. करइ विचारु, कुबुद्धि, कुजाती। होइ अकाजु कवनि बिधि राती॥
देखि लागि मधु कुटिल किराती। जिमि गवँ तकइ लेउँ केहि भाँती॥

18. ऊतरू देइ न लेइ उसासू। नारि चरित करि ढारइ आँसू॥
[अयोध्या कांड]

19. काने खोरे कूबरे कुटिल कुचाली जानि।
तिय विसेषि पुनि चेरि कहि भरत मातु मुसकानि। [अयोध्या कांड]

20. नारि चरित जल निधि अवगाहू। [अयोध्या कांड]
सत्य कहहिं कबि नारि सुभाऊ। सब बिधि अगहु, अगाध दुराऊ॥
निज प्रतिबिंब बरुकु गहि जाई। जानि न जाई नारि गति भाई॥
[अयोध्या कांड]

21. बिधिहुँ न नारि हृदय गति जानी। सकल कपट अघ अवगुन खानी॥
[अयोध्या कांड]

22. मातु पिता भ्राता हितकारी। मित प्रद सब सुनु राज कुमारी।
अमितदानि भर्ता बयदेही। अधम सो नारि जो सेव न तेही।
[अरण्य कांड]
धीरज धर्म मित्र अरु नारी। आपद काल परिखिअहिं चारी।
बृद्ध रोग बस जड़ धन हीना। बधिर क्रोधी अति दीना॥
ऐसेहु पति कर किएँ अपमाना। नारि पाव जमपुर दुख नाना॥
एकइ धर्म एक ब्रत नेमा। कायँ बचन मन पति पद प्रेमा॥

जग पतिब्रता चारि बिधि अहिं। बेद पुरान संत सब कहिं॥
उत्तम के अस बस मन माहीं। सपने आन पुरुष जग नाहीं॥
मध्यम परपति देखइ कैसे। भ्राता पिता पुत्र निज जैसे॥
धर्म बिचारि समुझि कुल रहई, सो निकिष्ट त्रिय श्रुति अस कहई॥
बिनु अवसर भय तें रह जोई। जानेहु अधम नारि जग सोई॥
पतिबंचक परपति रति करई। रौरव नरक कल्प शत परई॥
छन सुख लागि जनम सत कोटि। दुख न समझु तेहि सम को खोटी॥
बिनु श्रम नारि परम गति लहई। पतिब्रत धर्म छाड़ि छल गहई॥
पति प्रतिकुल जनम जहँ जाई। बिधवा होई पाई तरुनाई॥
सहज अपावन नारि पति सेवत शुभ गति लहइ॥

[अरण्य कांड]

23. भ्राता पिता पुत्र उरगारी। पुरुष मनोहर निरखत नारी॥
होहू बिकल सक मनहि न रोकी। जिमि रबि मनि द्रव रबिहि बिलोकी॥

[अरण्य कांड]

24. केहि बिधि अस्तुति करौं तुम्हारी। अधम जाति मैं जड़मति भारी॥

[अरण्य कांड]

अधम ते अधम अधम अति नारी। तिन्ह महँ मैं मतिमन्द अघारी।

[अरण्य कांड]

25. महावृष्टि चलि फूटि किआरीं। जिमि सुतंत्र भएँ बिगरहिं नारीं॥

[किष्किन्धा)

26. अबला कच भूषन भूरि छुधा। धनहीन दुखी ममता बहुधा॥
सुख चाहहिं मूढ़ न धर्म रता। मति थोरि कठरि न कोमलता।

[उत्तर कांड]

6. रामचरितमानस में ब्राह्मणी गरिमा

1. जब जब होइ धरम कै हानी। बाढ़हिं असुर अधम अभिमानी।

[बाल कांड]

करहिं अनीति जाइ नहिं बरनी। सीदहिं बिप्र धेनु सुर धरनी।
तब तब प्रभु धरि बिबिध सरीरा। हरहि कृपानिधि सज्जन पीरा।

2. बिप्र भवन सुर भवन सुहाए। सब तीरथन्ह बिचित्र बनाए। [बाल कांड]
3. कह तापस नृप ऐसेइ होऊ। कारन एक कठिन सुनु सोऊ।
कालउ तुअ पद नाइहि सीसा। एक बिप्र कुल छाड़ि महीसा।

[बाल कांड]

तप बल बिप्र सदा बरिआरा। तिन्ह के कोप न कोउ रखवारा।
जौं बिप्रन्ह सब करहु नरेसा। तौ तुअ बस बिधि, विष्नु, महेसा।
चल न ब्रह्मकुल सन बरिआई। सत्य कहउँ दोउ भुजा उठाई।
बिप्र शाप बिनु सुनु महिपाला। तोर नास नहिं कवनेहुँ काला।

4. सत्य नाथ पद गहि नृप भाषा। द्विज गुर कोप कहहु को राखा॥
[बाल कांड]

5. सत्यकेतु कुल कोउ नहिं बाँचा। बिप्र शाप किमि होइ असाँचा।
[किष्किन्धा कांड]

6. सुभ आचरन् कतहुँ नहिं होई। देव, बिप्र, गुरु मान न कोई॥
[बाल कांड]

7. जय जय सुरनायक जन सुखदायक प्रनतपाल भगवंता।
गो द्विज हितकारी जय असुरारी सिंधु सुता प्रिय कंता। [बाल कांड]

8. बिप्र धेनु सुर संत हित लीन्ह मनुज अवतार। [बाल कांड]

9. नन्दीमुख सराध करि जात करम सब कीन्ह।
हाटक धेनु बसन मनि नृप बिप्रन्ह कहँ दीन्ह। [बाल कांड]

10. उर मनिहार पदिक की सोभा। बिप्र चरन देखत मन लोभा।
[बाल कांड]

11. तब प्रभु रिषिन्ह समेत नहाए। बिबिध दान महिदेवन्ह पाए।[बाल कांड]

12. बधें पापु अपकीरित हारें। मारतहूँ पा परिअ तुम्हारे॥
कोटि कुलिस सम वचनु तुम्हारा व्यर्थ धरहु धनु बान कुठारा॥
[बाल कांड]

13. हमहिं तुम्हहि सरिबरि किस नाथा। कहहु न कहाँ चरन कहँ माथा।
[बाल कांड]

14. तुम्ह गुरुबिप्र धेनु सुर सेबी। तसि पुनीत कौसिल्या देबी। [बाल कांड]

15. दिए दान आनद समेता। चले बिप्र बर आसिष देता। [बाल कांड]

16. बाहन अपर अनेक बिधाना। सिबिका सुभग सुखासन जाना।
तिन्ह चढ़ि चले बिप्र बर बृंदा। जनु तनु धरे सकल श्रुति छन्दा।
[बाल कांड]

17. बिप्र बंद बंदे दुहुँ भाईं। मनभावती असीसें पाईं। [बाल कांड]

18. कपट बिप्र बर बेष बनाएँ। कौतुक देखहिं अति सचु पाएँ।
[बाल कांड]

19. चरि लच्छ बर धेनु मगाईं। कामसुरभि सम सील सुहाईं। [बाल कांड]
सब बिधि सकल अलंकृत कीन्हीं। मुदित महिप महिदेवन्ह दीन्हीं॥
[बाल कांड]

20. भूसुर भीर देखि सब रानी। सादर उठीं भाग्य बड़ जानी। [बाल कांड]
पाय पखरि सकल अन्हवाए। पूजि भली बिधि भूप जे बाँए।
[बाल कांड]
21. सुमिरि संभु गुर बिप्र पद, किए नींद बस नैन। [बाल कांड]
22. पूजहु गनपति गुर कुल देवा। सब विधि करहु भूमि सुर सेवा॥
[अयोध्या कांड]
23. बिप्र साधु सुर पूजत राजा। करत राम हित मंगल काजा।
[अयोध्या कांड]
24. निकसि वसिष्ठ द्वार भए ठाढ़े। देखे लोग बिरह दब दाढ़े।
कहि प्रिय वचन सकल समुझाए। बिप्र बृंद रघुबीर बोलाए।
गुर सन कहिं बरषासन दीन्हें। आदर दान बिनय बस कीन्हें।
[अयोध्या कांड]
25. मंगल मूल बिप्र परितोषू। दहइ कोटि कुल भूसुर रोषू। [अयोध्या कांड]
26. पैठत नगर सचिव सकुचाई। जनु मारेसि गुर बाँभन, गाई।
[अयोध्या कांड]
27. सिंघासन भूषण बसन अन्न धरनि धन धाम।
दिए भरत लहि भूमिसुर, भे परिपूरन काम। [अयोध्या कांड]
28. गुरुतिय पद बंदे दुहु भाई। सहित बिप्रतिय जे सँग आई।
[अयोध्या कांड]
29. भूसुर बोलि भरत कर जोरे। करि प्रनाम बय बिनय निहोरे।
ऊँच नीच कारजु भल पोचू। आयसु देब न करब सँकोचू।
[अयोध्या कांड]
30. सुनु गंधर्ब कहउँ, मैं तोही। मोहि न सुहाइ ब्रह्म कुल द्रोही॥
[अरण्य कांड]

मन क्रम बचन कपट तजि जो कर भूसुर सेव।
मोहि समेत बिंरचि शिव बस ताके सब देव।
सापत, ताड़त, परुष कहंता, बिप्र पूज्य अस गावहिं संता।
पूजिअ बिप्र सील गुन हीना। सूद्र न गुन-गन ज्ञान प्रबीना।
31. मसक दंस बीते हिम त्रासा। जिमि द्विज द्रोह किए कुल नासा॥
[किष्किन्धा कांड]
32. ब्रह्म अस्त्र तेहि साँधा, कपि मन कीन्ह बिचार।
जौं न ब्रह्मसर मानउँ, महिमा मिटइ अपार। [सुन्दर कांड]
33. सगुन उपासकं परहित निरत नीति दृढ़ नेम।
ते नर प्रान समान सम जिन्ह कें द्विज पद प्रेम। [सुन्दर कांड]

34. कवच अभेद बिप्र पद पूजा। एहिं सम विजय उपाय न दूजा॥
[युद्ध कांड]

35. अस कहि रथ रघुनाथ चलावा। बिप्र चरन पंकज सिर नावा।
[युद्ध कांड]

36. सकल द्विजन्ह मिलि नायउ माथा। धर्म धुरंधर रघुकुल नाथा॥
[उत्तर कांड]

37. सब द्विज देउ हरषि अनुशासन। रामचन्द्र बैठहिं सिंघासन।
[उत्तर कांड]

38. सब उदार सब पर उपकारी। बिप्र चरन सेवक नर नारी। [उत्तर कांड]

39. कोटिन्हि बाजिमेध प्रभु कीन्हें। दान अनेक द्विजन्ह कहँ दीन्हें।
[उत्तर कांड]

40. मातु पिता गुर बिप्र न मानहिं। आपु गए अरु घालहिं॥
करहिं मोह बस द्रोह परावा। संत संग हरि कथा न भावा॥
[उत्तर कांड]

अवगुन सिंधु मंदमति कामी। बेद बिदूषक परधन स्वामी॥
बिप्र द्रोह पर द्रोह बिसेषा। दंभ, कपट जियँ धरें सुबेषा॥
ऐसे अधम मनुज खल कलयुग त्रेता नाहिं।
द्वापर कछु वृंद बहु, होइहिं कलियुग माहिं॥ [उत्तर कांड]

41. पुन्य एक जग महुँ नहिं दूजा। मन, क्रम, बचन बिप्र पद पूजा।
सानुकूल तेहि पर मुनि देवा। जो तजि कपटु करइ द्विज सेवा।
[उत्तर कांड]

42. इंद्र कुलिस मम सूल बिसाला। कालदंड हरि चक्र कराला॥
जो इन्ह कर मारा नहिं मरई। बिप्र द्रोह पावक सो जरई। [उत्तर कांड]

43. चरम देह द्विज कै मैं पाई। सुर दुर्लभ पुरान श्रुति गाई।
[उत्तर कांड]

44. बंस के रह द्विज अनहित कीन्हें। कर्म की होहिं स्वरूपहिं चीन्हें॥
[उत्तर कांड]

आइटम नं. 36

['सच्ची रामायण', पृष्ठ नं. 78, लाइन नं. 21 से 23]

राम की सम्पूर्ण मंडली में इस प्रकार के धूर्त, ठग, अधर्मी, विश्वासघाती तथा भ्रातृद्रोही भरे पड़े थे तो भी वे देवता माने गए हैं। किन्तु 'रामायण' की कथा के अनुसार, इन

कथित दैवी शक्ति के विरोधियों (सुग्रीव आदि सभी) को सत्यवादी और सभ्य कह कर उनकी प्रशंसा की गई है।

हनुमान

1. 'राम कथा', कॉमिल बुल्के कृत, अनुच्छेद 60, 696 से 699, 578-579 आदि के अनुसार, हनुमान की सहस्त्रों स्त्रियाँ विभिन्न ग्रंथों के आधार पर थीं, इनके अतिरिक्त विभिन्न स्त्रियों के साथ अनुचित सम्भोग करके उनसे पुत्रोत्पत्ति की।

'वाल्मीकि रामायण', युद्ध कांड, सर्ग 128/43-44 के अनुसार, राम आगमन की सूचना की प्रसन्नता में भरत ने पुरस्कार में हनुमान को एक लाख गाएँ, एक सौ गाँव, वस्त्राभूषणों से युक्त जिनका रंग सोने के समान था, उन सुन्दर नाक और सुन्दर जांघों वाली श्रेष्ठ कुल में उत्पन्न सोलह कन्याएँ स्त्री बनाने के लिए दीं।

2. 'आनन्द रामायण' (1-9-25-27) के अनुसार, हनुमान सीता की खोज में लंका गए। वहाँ उन्होंने दीपक बुझा दिए तथा इसी ग्रंथ (1-9-62-63) के अनुसार, राक्षसों व राक्षसनियों को नंगा किया। रावण के वस्त्र विभीषण के पलंग पर और गय नामक राक्षस के वस्त्र रावण के पलंग पर रख दिए।

—'राम कथा', अनुच्छेद 539

'तत्त्वसंग्रह रामायण' (5-3) 'पाश्चात्य वृत्तान्त' नं. 1 पृष्ठ 96, रामकेर्ति (सर्ग 6) और राम जातक ग्रंथों में भी हनुमान के अभद्र व्यवहार का वर्णन है।

—'राम कथा', अनुच्छेद 539

3. 'कृतिवास रामायण' के अनुसार, ठगी द्वारा रावण का ब्रह्मास्त्र और 'सेरीराम' के अनुसार, खड़ग हनुमान ने मन्दोदरी से प्राप्त किया, आदि, जिससे रावण शक्तिहीन हो गया।

—'राम कथा', अनुच्छेद 598

4. 'वाल्मीकि रामायण', किष्किन्धा कांड, सर्ग 44 में राम व सुग्रीव ने हनुमान को केवल सीता की खोज की आज्ञा दी थी, परन्तु उसने सुन्दर कांड, सर्ग 54 के अनुसार, लंका में आग लगा दी और अन्य उत्पात भी किए।
5. 'भावार्थ रामायण' (4-1) के अनुसार, हनुमान लंगोटी लगाए पैदा हुए।

—'राम कथा', अनुच्छेद 512

'हिकायत, सेरीराम' के अनुसार, राम के पुत्र हनुमान दोनों कानों में कुंडल पहने पैदा हुए।

—'राम कथा', अनुच्छेद 675

तुलसीदास कृत 'हनुमान चालीसा' में, 'बाल समय रवि लील लियो, तब तीनों लोक भयऊ अन्धियारी।'

'कृतिवास रामायण' (6, 128) के अनुसार, हनुमान ने अपनी छाती को नखों से चीर कर छाती के भीतर राम का नाम लिखा हुआ लक्ष्मण को दिखाया।

—'राम कथा', अनुच्छेद 706

सुग्रीव

1. अवलोकन कीजिए, 'सच्ची रामायण' का मान्यता प्राप्त पृष्ठ नं. 58।
2. 'वाल्मीकि रामायण', युद्ध कांड, सर्ग 75 के अनुसार, सुग्रीव ने हनुमान आदि को रात में लंका पर चढ़ाई करने व उसे रात में ही जलाने की आज्ञा मानवता विरुद्ध दी।
3. 'वाल्मीकि रामायण', किष्किन्धा कांड, सर्ग 29/4 के अनुसार, सुग्रीव ने बालि वध के बाद तारा से विवाह किया।

विभीषण

1. अवलोकन कीजिए, 'सच्ची रामायण' के मान्यता प्राप्त पृष्ठ नं. 48, 59।
2. 'सरस्वती कंठाभरण' (5,394) आदि विभिन्न ग्रंथों में विभीषण ने मन्दोदरी (रावण की विधवा पत्नी) से विवाह किया।

—'राम कथा', अनुच्छेद 572

अंगद

1. अवलोकन कीजिए, 'सच्ची रामायण' का मान्यता प्राप्त पृष्ठ नं. 58।

सुमंत्र व वसिष्ठ

अवलोकन कीजिए, 'सच्ची रामायण' का मान्यता प्राप्त पृष्ठ नं. 58।

समाप्त

आवश्यक सूचना

कृपया 'रामायण' पर शोध ग्रंथ रेवरेंड फादर कॉमिल बुल्के, एस.जे., एम.ए., डी.फिल. कृत 'राम कथा' जिसे हिन्दी परिषद् प्रकाशन, प्रयाग विश्वविद्यालय प्रयाग, इलाहाबाद ने छपवाया है। बीस रुपये पेशगी मनीआर्डर द्वारा भेज कर मँगाएँ और ध्यान से पढ़ें।

—पेरियार ललई सिंह

स्पष्टीकरण

विभिन्न पाठकों ने प्रूफ देखा। स्पष्टीकरण माँगे। उनमें से कुछ स्पष्टीकरण सूक्ष्म रूप में निम्नलिखित हैं :

आइटम नं. 5 सीता का जन्मकथा

1. जनकात्मजा सीता, 'पउमचरियं' (पर्व 26) के अनुसार, जनक की विदेहा पत्नी के गर्भ से सीता और भामंडल (बहन व भाई) जुड़वाँ पैदा हुए। भामंडल को पैदा होते ही एक देवता ने उठा कर किसी अन्य राजा के यहाँ छोड़ दिया।

—'राम कथा', अनुच्छेद 407

2. भूमिजा सीता, 'वाल्मीकि रामायण', बाल कांड, सर्ग 66 के अनुसार, राजा जनक यज्ञ के लिए भूमि तैयार करने हेतु हल चला रहे थे, उन्हें भूमि में सीता मिली।

'वाल्मीकि रामायण' के गौड़ीय (2, 4) व पश्चिमोत्तरीय (3, 2) पाठों के अनुसार, हल जोतते समय जनक ने आकाश में सुन्दर मेनका नामक अप्सरा को देखा और मन में सन्तानार्थ उसके साथ सम्भोग करने की इच्छा उत्पन्न हुई। आकाशवाणी हुई कि मेनका द्वारा मेनका के समान अति सुन्दर एक पुत्री की प्राप्ति होगी। आगे बढ़ कर तुरन्त भूमि से सीता निकल पड़ी। पुन: आकाशवाणी हुई 'मेनकाया: समुत्पन्ना कन्येयं मानसी तव' अर्थात् मेनका से उत्पन्न यह कन्या तुम्हारी मानस पुत्री है।

—'राम कथा', अनुच्छेद 409

'कृत्तिवास रामायण' के अनुसार, जनक किसी समय अति सुन्दरी उर्वशी को देखकर काम पीड़ित हो गए। उनका वीर्य भूमि पर गिर पड़ा। पृथ्वी गर्भवती

हो गई। बहुत समय बाद हल जोतते समय उन्हें पृथ्वी में से एक पात्र मिला। उसमें से सीता निकली।

नोट : यह प्रसंग पूर्णचन्द्र डे, पूर्णन्द्र शील, ताराचन्द दास, बंगवासी प्रेस व सुबोधचन्द्र मजूमदार आदि के संस्करण में मिलता है।

—'राम कथा', अनुच्छेद 409

...आदि, आदि।

3. रावणात्मजा सीता, 'वसुदेहिंड' के अनुसार, मन्दोदरी के शरीर का लक्षण जाननेवाले विद्वानों ने कहा कि इसकी पहली सन्तान से कुल का नाश हो जाएगा। रावण जो कि उपरोक्त घटना को जानता था, उसने मन्दोदरी के पिता विद्याधर वंशीय राजा मय से मन्दोदरी के साथ विवाह करने का प्रस्ताव रखा। विवाह के पश्चात् उत्पन्न प्रथम पुत्री को रावण ने रत्नों के साथ मंजूषा अर्थात् सन्दूक में बन्द करके मंत्री को आदेश दिया कि इसे कहीं छोड़ दें। मंत्री ने उसे जनक के खेत में रख दिया, जो जनक को हल जोतते समय मिली। वही सीता है।

गुणभद्र के 'उत्तर पुराण' के अनुसार, मारीच ने जनक के राज्य में उस मंजूषा को गाड़ दिया था।

'महाभागवत देवीपुराण' (अध्याय 42, 62) के अनुसार, मन्दोदरी की पुत्री सीता अति सुन्दर थी, जो बाद में जमीन से निकलीं।

सीता मन्दोदरी गर्भे सम्भूता चारुरूपिणी।
क्षेत्रजा तनयाप्यस्य रावणस्य रघूत्तम॥

...आदि, आदि।

—'राम कथा', अनुच्छेद 412

4. पद्मजा सीता, क्षेमेन्द्र कृत 'दशावतार चरित्र' के अनुसार, एक जंगल में तालाब के किनारे रावण ने लिंग स्थापित किया। शिव के पूजन हेतु तालाब में कमल के फल लेने गया तो उसे सोने के कमल पर एक कन्या दिखाई दी। उसे रावण ने पुत्री के रूप में ग्रहण कर लिया। और मन्दोदरी को दे दी। कुछ दिन बाद नारद ने मन्दोदरी से कहा कि यह लड़की रावण की प्रेमपात्री बनेगी (कन्या भविष्यति अभिलाष भूमि चपलेन्द्रस्य)। यह सुन कर मन्दोदरी ने उस कन्या को सोने की पेटी में बन्द करवाकर किसी दूर देश में गड़वा दिया, जो जनक को हल जोतते समय मिली। वही सीता है।

—'राम कथा', अनुच्छेद 418

'वाल्मीकि रामायण', उत्तर कांड, सर्ग 17 के अनुसार, बृहस्पति के पुत्र ब्रह्मर्षि कुशध्वज की कन्या 'वेदवती' विष्णु को पति बनाने के लिए जंगल में तप

कर रही थी। उसका अति सुन्दर रूप देखकर उससे सम्भोग करने के लिए रावण पुष्पक विमान से नीचे उतरा। इनकार करने पर रावण ने वेदवती के सिर के बालों को पकड़ा। तपस्विनी वेदवती के हाथ ने तलवार की तरह बालों को काट दिया और अग्नि में जल कर मर गई। जलते समय रावण को शाप दे गई कि मैं अगले जन्म में तेरी मौत का कारण बन कर विष्णु सहित आऊँगी।

'वाल्मीकि रामायण', टीकाकार गोविन्दराज के अनुसार, रावण ने कुछ दिन पश्चात् एक दिन उसी वेदवती को उसी जंगल में कमल के पत्ते पर कन्या के रूप में बैठे देखा। वह उस कन्या को लंका ले आया। लक्षण जाननेवाले मंत्रियों ने कहा कि हे रावण! यह कन्या आपकी मृत्यु का कारण बनेगी। तब रावण ने उसे समुद्र में बहा दिया, जो किसी व्यक्ति द्वारा जनक के पास पहुँच जाती है। वही सीता है।

—'राम कथा', अनुच्छेद 419

नोट : श्लोक नं. 33 के बाद के क्षेपक में उपरोक्त कथा लिखी है।

5. रक्तजा सीता, 'अद्‌भुत रामायण' के अनुसार, रावण दिग्विजय के लिए निकला। दंडकारण्य के तपस्वियों ने धन की कमी के कारण कर के रूप में कुछ खून की बूँदें एक पात्र में दीं। गृत्समद ऋषि के मंत्र के प्रभाव से लक्ष्मी उस पात्र में मौजूद थी रावण ने लंका में उस पात्र को मन्दोदरी की सुरक्षा में रखवा दिया। रावण दूसरी विजय यात्रा में चला गया। मन्दोदरी ने उसे पी लिया। वह गर्भवती हो गई। तीर्थ यात्रा को निकली। मन्दोदरी ने गर्भ गिरा कर भ्रूण (मांस का लोथ/ड़ा) कुरुक्षेत्र में गाड़ दिया, जो जनक को हल जोतते समय कन्या रूप में मिला। वही सीता है।

...आदि, आदि।

—'राम कथा', अनुच्छेद 420

6. अग्निजा सीता, आनन्द रामायण के अनुसार, पद्‌माक्ष ने कठोर तपस्या द्वारा लक्ष्मी को पुत्री के रूप में प्राप्त करके उसका नाम पद्‌मा रखा। पद्‌मा के स्वयंवर के युद्ध में पद्‌माक्ष मारा गया। पद्‌मा आग में जल कर मर गई। कुछ दिन पश्चात् उसे अग्नि कुंड से निकलती हुई रावण ने देखा। पद्‌मा पुनः अग्नि कुंड में कूद पड़ी। रावण अग्नि कुंड बुझा पाँच रत्न युक्त राख की ढेरी को एक पेटी में लेकर लंका में आया। वहाँ उस पेटी को कोई उठा न सका। खोलने पर कन्या निकली जो मन्दोदरी की सलाह से मिथिला में गाड़ दी गई। ब्राह्मण के शूद्र हलवाहे को पेटी मिली। शूद्र हलवाहे ने वह पेटी अपने ब्राह्मण मालिक को दी। ब्राह्मण ने उसे जनक को दी। उस पेटी से जो कन्या निकली वही सीता है।

—'राम कथा', अनुच्छेद 422

7. फलजा सीता, 'ब्रह्मचक्र' के अनुसार, रावण की वाटिका में एक वृक्ष से कन्या उत्पन्न हुई। बाग के माली ने उसे रावण को दी। रावण को देखकर कन्या ने यक्षिणी का रूप धारण कर लिया। रावण ने उसे घड़ा में बन्द करके समुद्र में बहा दिया। घड़ा समुद्र के किनारे वाले कन्नक नामक नगर के पास पहुँचा। एक तपस्वी ने उस नगर के निस्सन्तान राजा को यह भेद बताया। राजा ने उस घड़ा को निकाला। उसमें से कन्या निकली। वही सीता है।

...आदि, आदि।

—'राम कथा', अनुच्छेद 425

8. दशरथात्मजा सीता, बौद्ध ग्रंथ 'दशरथ जातक' के अनुसार, राम, लक्ष्मण तथा सीता दशरथ की रानी कौशल्या की सन्तानें हैं। उस रानी के मर जाने के बाद नई रानी कैकेयी से भरत नामक पुत्र पैदा हुआ। राम, लक्ष्मण व सीता हिमालय में आश्रम बनाकर वनवास के दिनों में भाई-बहन के रूप में रहे। वनवास से लौटने पर राम व सीता का आपस में विवाह हुआ।

—'राम कथा', अनुच्छेद 51 व 427

9. भाट की बेटी सीता।

भारतीय साहित्य, आगरा, वर्ष 2, अंक 3, पृष्ठ 74 के अनुसार, ब्रज के लोक गीतों में पाया जाता है कि सीता भाट की बेटी है। शिकार खेलते हुए राम सीता का परिचय प्राप्त कर सीता से विवाह करने के लिए अपने पिता दशरथ से सीता के पिता को पत्र लिखते हैं, तब सीता का पिता कहता है कि "हम तौ कै भाट भिखारिया और तुम राजा महाराजा। हमें तुम्हें कैसे होइगी सजनई।"

—'राम कथा', अनुच्छेद 407

नोट : 'दशरथ जातक' के अनुसार, दशरथ वाराणसी के राजा थे। राम ने अयोध्या राजधानी बनाई।

2. आइटम नं. 22 लव-कुश की जन्मगाथा

विभिन्न ग्रंथों से स्पष्ट सिद्ध है कि लव व कुश जुड़वा पैदा नहीं हुए, केवल लव पहले पैदा हुए। कुश की सृष्टि बाद में हुई।

3. आइटम नं. 23 रावण को दिए गए शापों की कथा

पहले वाला शाप दूसरी घटना के समय निष्फल सिद्ध हुआ। इससे स्पष्ट सिद्ध है कि किसी पर किसी के शाप का कोई असर नहीं होता है। घटना या घटनाएँ

जब समाप्त हो जाती हैं, तब शाप वाली बात लिख कर पिछला समय झूठा लिख दिया जाता है।

4. आइटम नं. 26 सीता चरित्र में जयन्त की कथा

भारत के कमांडर-इन-चीफ को पुराने जमाने में 'इन्द्र' कहा जाता था। उन इन्द्र का मनचला पुत्र जयन्त था। जयन्त अपने काम के लिए कौवा की भाँति चतुर व चालाक था। जयन्त कौवा नहीं था। वास्तविक कौवा प्रकृति के नियमों के विरुद्ध कभी भी जीवित व्यक्तियों का मांस खाता हुआ आज तक विदेशियों की कथाओं में भी नहीं देखा गया। वर्ना अब तक विश्व के करोड़ों कौवे विश्व के करोड़ों जीवित पुरुषों, स्त्रियों, बच्चों व बूढ़ों को खा जाते। सीता अपने हाथों द्वारा अपने सीने को लहूलुहान होने से बचा सकती थीं। नहीं बचाया। हिफाजत-खुद-इख्तयारी (स्वयं-रक्षा) के अन्य अधिकारों का भी इस्तेमाल नहीं किया। सीता की लीला सीता ही जाने।

5. आइटम नं. 26

सीता चरित्र में सीता ने लक्ष्मण को राम की मदद के लिए न जाने पर उनसे मार्मिक वचन कह कर उन्हें जबरन राम के पास भेज दिया।

'वाल्मीकि रामायण', अरण्य कांड, सर्ग 45/27 के अनुसार, सीता ने लक्ष्मण से कहा कि राम से बिछुड़कर मैं क्षण भर भी न जिऊँगी।

'क्षण' और 'भी' भाषा के दो शब्द ध्यान देने योग्य हैं, जो सीता क्षण भर भी राम से बिछुड़ कर नहीं जीवित रह सकती थीं। वह करीब एक वर्ष राम से बिछुड़ कर लंका में कैसे जीवित रहीं, से सिद्ध है कि सीता की बात टिकाऊ नहीं थी।

6. आइटम नं. 26 सीता चरित्र में जटायु की कथा

सीता को अपने मददगार जटायु की रक्षा करनी चाहिए थी। सीता ने उसकी रक्षा की कोई बात किसी ग्रंथ के अनुसार नहीं कही बल्कि जटायु को मार डालने की तरकीब रावण को बताई—से स्पष्ट सिद्ध है कि सीता जान-बूझकर रावण के साथ गई।

7. आइटम नं. 35 राम चरित्र में अहल्या की कथा

'महाभारत' से सिद्ध हो गया कि अहल्या पत्थर बन कर मार्ग में नहीं पड़ी थी। 'वाल्मीकि रामायण' जबरन अन्धविश्वास की बात मानने के लिए बाध्य करती है। हमें अन्धविश्वासी बातें नहीं माननी चाहिए।

8. आइटम नं. 35

राम चरित्र में राम द्वारा पहाड़ी, नदियों, बेर, कुक्कुट, बगुला व गिलहरी आदि से सीता का पता पूछने की कथा।

'वाल्मीकि रामायण' अरण्य कांड, सर्ग 64 के अनुसार, राम ने हिरन, पहाड़ व गोदावरी नदी आदि से सीता का पता पूछा। कहा—हे पहाड़! तू मेरी बात का उत्तर नहीं दे रहा, इसलिए मैं तुझे अपने बाणों की आग से जलाकर भस्म कर दूँगा।

पुनः कहा कि लक्ष्मण! आज मैं इस गोदावरी नदी को सुखा दूँगा। यदि यह मुझे सीता का पता न बताएगी, तो मैं ऐसा अवश्य करूँगा।

ध्यान देने योग्य बात है कि जब पहाड़ व गोदावरी नदी ने सीता का पता नहीं बताया, तब राम ने पहाड़ को क्यों नहीं जलाया तथा गोदावरी नदी को क्यों नहीं सुखाया? इससे स्पष्ट है कि ऐसा नहीं किया जा सकता। यह केवल शब्दों की सजावट है।

2. 'बलरामदास रामायण' के अनुसार, राम ने पम्पा सरोवर के पास चकवा-चकवी को सम्भोग करती दशा में उनसे सीता का पता पूछा। चकवा ने निन्दा करते हुए कहा कि तुम इतना भी नहीं जानते कि इस समय बाधा डालना अनुचित है। राम ने शाप दिया कि तुम दोनों का मिलन कभी नहीं होगा। चकवा की प्रार्थना पर राम ने शाप में संशोधन किया कि दिन में मिलन व रात में अलगाव रहेगा।

—'राम कथा', अनुच्छेद 474

3. 'बलरामदास रामायण' के अनुसार, बगुला ने सीता का पता बताया। राम ने बगुला को वरदान दिया कि बरसात में तुम्हारी मादा तुम्हारे लिए भोजन इकट्ठा करके दिया करेगी।

—'राम कथा', अनुच्छेद 474

4. 'बलरामदास रामायण' के अनुसार, कुक्कुट (मुर्गा) ने कहा कि रावण सीता को ले गया। राम ने वरदान स्वरूप कहा कि तुम्हारे सिर पर सप्त शाखा लाल मुकुट रहेगा। जो तुमको मारेगा, वह मेरा शत्रु होगा।

—'राम कथा', अनुच्छेद 474

नोट : इसीलिए सम्भवतः उड़ीसा में कुक्कुट को राम पक्षी कहते हैं।

5. एम.सी. मित्र 'जर्नल ऑफ डिपार्टमेंट ऑफ लेटर्स', कलकत्ता, भाग 4, पृष्ठ 303-304 के अनुसार, मुंडा व विर्होर जाति की राम कथाओं के अनुसार, सीता की खोज में जब बगुला ने राम की सहायता करना अस्वीकार कर दिया, तब राम ने दंड स्वरूप उसकी गर्दन खींच कर लम्बी कर दी। बेर वृक्ष ने सीता की साड़ी के टुकड़े दिए। राम ने उसे

अमरत्व का वरदान दिया। गिलहरी ने सीता के जाने का रास्ता बताया। राम ने उसकी पीठ पर तीन रेखाएँ खींच दीं।

—'राम कथा', अनुच्छेद 273

6. 'सेरीराम' के अनुसार, राम ने पुरस्कार स्वरूप बगुला की गर्दन लम्बी कर दी।

—'राम कथा', अनुच्छेद 474

7. सन्थाली राम कथा के अनुसार, राम ने गिलहरी की पीठ पर तीन रेखाएँ बना दीं और कहा कि चाहे कितनी ऊँची जगह से गिरो, चोट नहीं लगेगी।

—'राम कथा', अनुच्छेद 474

9. आइटम नं. 36 हनुमान चरित्र की विशेष कथा

1. हनुमान वानर गोत्रीय आदिवासी थे। द्रविड़ भाषा का शब्द है, आण-मन्ति, आण-नर व मन्द-कपि, जिसका अर्थ है—नर कपि।

—'राम कथा', अनुच्छेद 103, 711

2. पहले नाम कुछ और था, जब हनुमान पहाड़ से गिरे, तब इनकी हनु अर्थात् ठोढ़ी टेढ़ी हो गई, तब इन्द्र ने इनका नाम हनुमान रखा।

—'राम कथा', अनुच्छेद 711

3. गुणभद्र के 'उत्तर पुराण' (पर्व 68, 280) के अनुसार, हनुमान अपना शरीर अणु के समान छोटा बना सकते थे। इसलिए उनका नाम अणु-मान पड़ा।

—'राम कथा', अनुच्छेद 711

4. 'वाल्मीकि रामायण', उत्तर कांड, सर्ग 35 के अनुसार, केशरी सुमेरु पर्वत पर राज्य करते थे। इनकी पत्नी अंजनी के गर्भ से वायु ने हनुमान को पैदा किया। पैदा होते ही हनुमान सूर्य को फल समझ कर उसे खाने के लिए दौड़े। उस दिन सूर्य ग्रहण था। राहु ने समझा—मेरा आहार समाप्त हुआ जाता है। उसने इन्द्र से फरियाद की। इन्द्र ने हनुमान को वज्र मारा। उस वज्र की चोट से हनुमान की बाईं हनु अर्थात् गर्दन टूट गई। इन्द्र ने हनुमान नाम रखा।
5. 'वाल्मीकि रामायण', किष्किन्धा कांड, सर्ग 66 के अनुसार, सुमेरु पर्वत के राजा केशरी की पत्नी अंजनी के साथ वायु ने जंगल में सम्भोग किया। इस प्रकार हनुमान पैदा हुए।
6. पुनः सर्ग 67/32 के अनुसार, हनुमान को केशरी व वायु का पुत्र कहा गया।

7. मेकाजिफ, 'दी सिक्ख रिलीजन', भाग 6, पृष्ठ 52 के अनुसार, गौतम ने गंगा स्नान से वापस आकर अपनी लड़की अंजनी से इन्द्र की ओर इशारा करते हुए पूछा कि यह कौन है? बेटी अंजनी ने उत्तर दिया—'मांजार' (अर्थात् मार्जार या माँ का जार) इस दो अर्थ वाली बात, अर्थात् मार्जार का मतलब है—बिल्ली व मांजार का मतलब, माता का यार (प्रेमी), को सुनकर गौतम ने अपनी पुत्री को गर्भवती हो जाने का शाप दिया।

—'राम कथा', अनुच्छेद 347

8. ई. एंटहीबेन—'फॉकलोर ऑफ गुजरात', 'इंडियन एंटीक्वेरी', भाग 40, सप्लीमेंट, पृष्ठ 54 के अनुसार, उपरोक्त शाप के कारण शिव से वरदान पाने के लिए अंजनी तपस्या करने लगी। शिव की आज्ञा से नारद ने अंजनी के कान में मंत्र कह दिया। अंजनी गर्भवती हो गई। हनुमान को जन्म दिया।

—'राम कथा', अनुच्छेद 672

9. 'भविष्य पुराण' (प्रति सर्ग, पर्व चतुर्थ, खंड 13, 31-36) के अनुसार, गौतम की पुत्री का नाम अंजना है। पति का नाम केशरी है। शिव ने रुद्र तेज के रूप में केशरी के मुख में प्रवेश किया। केशरी ने अंजना के साथ रमण किया। इतने में वायु ने भी केशरी के शरीर में प्रविष्ट होकर अंजना के साथ रमण किया। अंजनी ने गर्भवती होकर हनुमान को जन्म दिया।

—'राम कथा', अनुच्छेद 671

10. 'शिव महापुराण' की रुद्र संहिता, अध्याय 20 के अनुसार, विष्णु ने जब मोहिनी का रूप धारण किया, तब शिव का वीर्य पतन हो गया। उस वीर्य को सप्त-ऋषियों ने गौतम की पुत्री अंजना के कान में रख दिया। अंजना ने गर्भवती होकर हनुमान को जन्म दिया।

—'राम कथा', अनुच्छेद 673

11. 'राम कथा', अनुच्छेद 675 के अनुसार, एक ऋषि ने कहा कि इस समीपी स्वच्छ जल वाले तालाब में स्नान करनेवाला व्यक्ति पशु बन जाता है और उस पंकिल जल वाले तालाब में स्नान करने से पुनः आदमी बन जाता है। राम व सीता ने एक दिन स्वच्छ जल वाले तालाब में स्नान किया, दोनों वानर व वानरी बन गए सम्भोग किया। वानरी रूप सीता गर्भवती हो गई। लक्ष्मण ने दोनों को फाँसकर पंकिल जल वाले तालाब में डुबो दिया। वे पुनः राम व सीता बन गए। राम ने सीता का भ्रूण अर्थात् मांस का लोथड़ा निकाल लिया। वायु ने उस लोथड़ा को सुई की नोक पर रखकर अंजनी के मुख में रख दिया। अंजनी गर्भवती हो गई। हनुमान कुंडल पहने पैदा हुए।

12. 'सेरीराम' के अनुसार, राम अंजनी को देखकर मोहित हो गए। उनका वीर्य पतन हो गया। राम ने उसे दोना में रखकर वायु के द्वारा अंजनी के मुख में रखवा दिया। अंजनी गर्भवती हो गई। हनुमान पैदा हुए, जो राम के पुत्र कहलाए।

—'राम कथा', अनुच्छेद 675

13. 'विहोर राम कथा' के अनुसार, सीता हरण के बाद अंजनी के गर्भ में से ही राम लक्ष्मण को देखकर हनुमान चिल्ला उठे। दादा रुकिए, मैं आपके साथ जाना चाहता हूँ। हनुमान ने जनम लिया और तुरन्त राम लक्ष्मण के साथ सीता की खोज में चल दिए।

—'राम कथा', अनुच्छेद 512

14. 'वाल्मीकि रामायण', उत्तर कांड, सर्ग 36/45 के अनुसार, हनुमान ने सूर्य के सामने उलटे-उलटे चल कर व्याकरण विद्या पढ़ी।

15. 'महा नाटक', अंक 14 के अनुसार, वाल्मीकि ने लिखा कि रावण के बाणों की मार से राम के शरीर से खून की बूँदें निकलीं। हनुमान ने कहा कि मैंने नहीं देखी। दोनों आपस में झगड़ते हुए राम के पास गए। राम ने कहा कि वाल्मीकि का कथन सत्य है। राम ने हनुमान से कहकर हनुमान द्वारा पत्थर की शिलाओं पर लिखी हुई 'रामायण' को वाल्मीकि के अनुरोध पर समुद्र में फिंकवा दी। राजा भोज ने उसे निकालकर पंडित दामोदर मिश्र द्वारा सम्पादन कराया।

—'राम कथा', अनुच्छेद 690

16. 'रामकियेन', अध्याय 33 के अनुसार, हनुमान ने सीता की खोज करते समय हिन्दुस्तान के दक्षिणी पर्वतीय भाग की गुफा में प्रवेश करते ही पुष्पमाली अर्थात् स्वयंप्रभा के साथ सम्भोग किया, उसके बाद उसे स्वर्ग भेज दिया अर्थात् मार डाला।

—'राम कथा', अनुच्छेद 526

17. 'पउमचरियं' (पर्व 52) के अनुसार, लंका में प्रवेश करते समय हनुमान ने वज्रमुख का वध करके उसकी पुत्री लंका सुन्दरी से युद्ध किया। अन्त में दोनों एक-दूसरे पर मोहित होकर रात भर प्रेम क्रीड़ा करते हैं।

—'राम कथा', अनुच्छेद 536

18. 'मयरावणचरितम्', अध्याय 10 के अनुसार, लंका दहन के बाद समुद्र में स्नान करते समय हनुमान का पसीना मछली ने निगल लिया। मछली गर्भवती हो गई। मछली के पुत्र का नाम मकरध्वज है।

—'राम कथा', अनुच्छेद 696

19. 'सेरीराम' पातानी पाठ के अनुसार, मछलियाँ अपनी रानी की आज्ञानुसार पुल नष्ट करने लगीं। हनुमान ने रानी के पास जाकर पुल बँधवाया। रानी के पति की गैरहाजिरी में उससे सम्भोग करके एक पुत्र उत्पन्न किया।

—'राम कथा', अनुच्छेद 578

20. 'रामकियेन', अध्याय 26 के अनुसार, रावण ने अपनी नाग कन्या सुवर्णमच्छा को पुल नष्ट करने के लिए भेजा। वह अपनी सेना सहित पुल नष्ट करने लगी। हनुमान सुवर्णमच्छा के पास गए। उससे पुल बँधवाया। उसके साथ सम्भोग करके मच्छानु नामक पुत्र उत्पन्न किया।

—'राम कथा', अनुच्छेद 578

21. 'रामकियेन', अध्याय 25 के अनुसार, रावण की आज्ञा से विभीषण की पुत्री बेजकाया सीता का रूप बना कर मृतवत बहती हुई राम ने समुद्र में देखी। विभीषण द्वारा पहिचानी जाने पर राम ने हनुमान के साथ उसे लंका भेज दिया। रास्ते में हनुमान ने बेजकाया को लुभा कर उसके साथ सम्भोग करके असुराफद नामक पुत्र उत्पन्न किया।

—'राम कथा', अनुच्छेद 579

22. 'रामकियेन' के अनुसार, अप्सरा शाप-वश वानरी बन गई थी। हनुमान ने उसके साथ सम्भोग किया और उसकी सहायता से विरुचबंग का वध किया।

—'राम कथा', अनुच्छेद 613

23. 'रामकियेन', अध्याय 34 के अनुसार, जिस समय रावण अपने भ्राता को जगाने के उद्देश्य से यज्ञ कर रहा था, उस समय हनुमान ने रावण का भेस बनाकर मन्दोदरी के साथ सम्भोग किया। यज्ञ असफल हुआ।

—'राम कथा', अनुच्छेद 597

10. आइटम नं. 36 विभीषण के शरणागत की कथा

1. 'वाल्मीकि रामायण', युद्ध कांड, सर्ग 15 के अनुसार, जब विभीषण ने रावण से कहा कि सीता को वापस दे दो। सर्ग 16 के अनुसार, रावण ने विभीषण की बात नहीं मानी। तब विभीषण राम की शरण में समुद्र पर पुल बँधने के पहले ही चला गया। सर्ग 37/7 के अनुसार, उसके साथ उनके चार मंत्री अनल, शरभ, सम्पाति व प्रघस (दूसरा नाम प्रमाति) भी चले गए।

2. 'वाल्मीकि रामायण', सुन्दर कांड, सर्ग 54/16 के अनुसार, हनुमान ने सीता की खोज के समय विभीषण का घर नहीं जलाया था।
3. 'पद्म पुराण', पाताल खंड (112, 220) के अनुसार, इन्द्रजीत के वध के बाद व 'सेरीराम' के अनुसार, समुद्र पार करने के बाद विभीषण राम की शरण में गए थे।

—'राम कथा', अनुच्छेद 571

4. 'महावीर चरित' (5,30) के अनुसार, खर व दूषण के वध के बाद विभीषण लंका को छोड़कर अपने मित्र सुग्रीव के यहाँ रहने लगे थे। विभीषण ने राम व सुग्रीव की भेंट के पहले ही राम के पास आत्म-समर्पण का पत्र भेजा था।

—'राम कथा', अनुच्छेद 571

5. 'पउमचरियं' (55,22) के अनुसार, विभीषण तीन अक्षौहिणी सेना के साथ राम की शरण में आए थे।

—'राम कथा', अनुच्छेद 571

6. 'भावार्थ रामायण' (5,38) व आनन्द रामायण (1,10, 41-45) के अनुसार, विभीषण की शरणागति के बाद हनुमान ने समुद्र की रेती में नई लंका बनाई वहीं विभीषण का राजतिलक हुआ।

—'राम कथा', अनुच्छेद 571

11. आइटम नं. 36 अंगद की कथा

1. 'वाल्मीकि रामायण', युद्ध कांड, 41/68 के अनुसार, राम ने दूत अंगद से कहा कि रावण से कहना कि यदि मेरी शरण में आकर सीता को नहीं देगा तो विभीषण को लंका का राजा बनाया जाएगा।
2. 'महानाटक' (अंक 8, 3) के अनुसार, अंगद ने रावण के सिंहासन पर चढ़कर रावण का अपमान किया।

—'राम कथा', अनुच्छेद 585

3. 'आनन्द रामायण' 1,10,221, 'तोरवे रामायण' 6, 10, 'भावार्थ रामायण' 6, 7, 'कृत्तवास रामायण' 6, 15, 'सरलदास महाभारत' द्रोण पर्व, 'रामकेर्ति' सर्ग 8, रामकियेन अध्याय 26 व कविचन्द्र कृत 'अंगद रायवार' के अनुसार, अंगद रावण की सभा में पहुँचकर अपनी पूँछ का कुंडल रावण के सिंहासन से भी ऊँचा बनाकर बैठ गए।

—'राम कथा', अनुच्छेद 585

4. 'नृसिंह पुराण' (52, 20), 'सरलदास महाभारत' (द्रोण पर्व), 'आनन्द रामायण' (1,10,236), 'तोरवे रामायण' (6, 10), 'भावार्थ रामायण' (6, 6) व 'रामकेर्ति' (सर्ग 8) के अनुसार, अंगद ने रावण पर प्रहार किया।

—'राम कथा', अनुच्छेद 585

5. 'कृत्तवास रामायण' (6, 17), 'भावार्थ रामायण' (6, 6), 'बलराम दास रामायण' व 'रामचन्द्रिका' (16, 34) के अनुसार, अंगद व रावण का मल्लयुद्ध हुआ। अंगद रावण का मुकुट ले आए।

—'राम कथा', अनुच्छेद 585

6. 'सरलदास महाभारत' के अनुसार, अंगद ने मन्दोदरी का अपमान किया।

—'राम कथा', अनुच्छेद 585

7. 'बलरामदास रामायण' के अनुसार, अंगद के जाने के बाद हनुमान राम का बाण लेकर रावण को धमकी देने गए थे।

—'राम कथा', अनुच्छेद 585

8. 'सेरीराम' के अनुसार, कुम्भकरण वध के बाद राम के दूत हनुमान से रावण से कहा कि सीता को इस शर्त पर लौटा दूँगा कि राम अपने भाई लक्ष्मण को बाँध कर लंका भेज दें, क्योंकि उसने मेरी बहन सूर्पणखा को विरूप किया है।

—'राम कथा', अनुच्छेद 585

9. 'रामचन्द्रिका' (16, 32) के अनुसार, रावण ने दूत हनुमान से कहा कि सीता को इस शर्त पर लौटा दूँगा कि राम सुग्रीव को मारकर अंगद को राजा बना दें। विभीषण को बाँध कर लंका में भेज दें। सेतु नष्ट कर दें। हनुमान की पूँछ जला दी जाए और रुद्र की पूजा करें।

—'राम कथा', अनुच्छेद 585

10. 'महानाटक' (14, 1-2) के अनुसार, रावण ने अपने दूत लोहिताक्ष को राम के पास इस शर्त पर भेजा कि यदि राम परशुराम वाला परशु मुझे दे दें, तो बदले में मैं सीता को लौटा दूँगा।

...आदि, आदि।

—'राम कथा', अनुच्छेद 597

12. सेतु बाँधने की कथा

1. 'वाल्मीकि रामायण', युद्ध कांड, सर्ग 22 के अनुसार, राम की उपस्थिति में सुग्रीव की निगरानी में वानरी सेना ने पहले दिन चौदह योजन, दूसरे

दिन बीस योजन, तीसरे दिन इक्कीस योजन, चौथे दिन बाईस योजन व पाँचवें दिन तेईस योजन पुल बाँधा। इस प्रकार पाँच दिन में कुल एक सौ योजन पुल बाँधा गया।

2. विमल सूरि के 'पउमचरियं' पर्व 54 के अनुसार, राम के मददगार राजा नल ने समुद्र को हराया।

—'राम कथा', अनुच्छेद 573

3. हेमचन्द्र कृत 'जैन रामायण', सर्ग 7 के अनुसार, राम-लक्ष्मण आकाश मार्ग से लंका गए। राजा नल और राजा नील ने मिलकर राजा समुद्र और राजा सेतु को पराजित किया।

—'राम कथा', अनुच्छेद 573

4. गुणभद्र कृत 'उत्तर पुराण', सर्ग 68/522 के अनुसार, राम व लक्ष्मण सेना सहित विमान द्वारा लंका के पास उतरे।

—'राम कथा', अनुच्छेद 573

5. 'मलयन सेरीराम' के अनुसार, सेतु निर्माण के अतिरिक्त राजा नल व युवराज अंगद ने अनेक राजाओं को परास्त किया।

—'राम कथा', अनुच्छेद 573

6. 'अभिषेक नाटक', अंक 4 के अनुसार, वरुण ने समुद्र का जल दो भागों में बाँट दिया। राम की सेना समुद्र तल से निकल गई।

—'राम कथा', अनुच्छेद 573

7. 'हिन्दुस्तान स्टैंडर्ड', 15 जनवरी, 1961 में वर्णित जावा के 'राम-सिन्ता' नाटक के अनुसार, समुद्र दो भागों बँट गया। राम सेना सहित लंका पहुँच गए।

—'राम कथा', अनुच्छेद 573

8. 'पद्म पुराण', पाताल खंड, अध्याय 112 के अनुसार, शिव के 'अजगव' धनुष को राम ने समुद्र में फेंक दिया। उस पर सम्पूर्ण सेना सहित राम ने समुद्र को पार किया।

—'राम कथा', अनुच्छेद 573

9. 'बिर्होर राम कथा' के अनुसार, हनुमान ने पूँछ बढ़ा दी। राम व लक्ष्मण ने उसी के द्वारा समुद्र पार किया।

—'राम कथा', अनुच्छेद 573

10. 'पाश्चात्य वृत्तान्त', नम्बर 1 व 13 के अनुसार, हनुमान की पूँछ द्वारा राम लक्ष्मण ने समुद्र को पार किया।

—'राम कथा', अनुच्छेद 573

11. 'बुलेटिन एकोल फ्रांजेस एक्सट्रेम ओरियाँ', भाग 12, पृष्ठ 47 के अनुसार, कम्बोडिया में एक चित्र सुरक्षित है, जिसमें हनुमान की पूँछ पर राम-लक्ष्मण लंका जाते हुए दिखाए गए हैं।

—'राम कथा', अनुच्छेद 573

13. लंका से राम की वापसी की कथा

1. 'पउमचरियं' (पर्व 77-78) के अनुसार, रावण-वध के बाद राम आदि छह वर्ष तक लंका में रावण के राजमहल में रहे। नारद के समझाने पर अयोध्या गए।

—'राम कथा', अनुच्छेद 605

2. 'सेरीराम' के अनुसार, रावण वध के बाद राम अधिक समय तक लंका में ठहरे। अयोध्यावासी भरत, शत्रुघ्न तथा राम की बहन किकेवी देवी भी लंका जाकर राम से मिले। विभीषण का विवाह किकेवी देवी के साथ हुआ। तत्पश्चात् लंका से अयोध्या के लिए चले।

—'राम कथा', अनुच्छेद 605

3. गुणभद्र कृत 'उत्तर पुराण' (68-659) के अनुसार, रावण-वध के बाद राम-लक्ष्मण अयोध्या नहीं गए बल्कि दिग्विजय के लिए पैदल चल दिए। अनेक राजाओं को जीतते हुए 40 साल बाद पैदल अयोध्या पहुँचे।

—'राम कथा', अनुच्छेद 606

4. 'महानाटक' के अनुसार, रावण-वध के बाद राम पैदल अयोध्या के लिए चले।

—'राम कथा', अनुच्छेद 566

5. गोपाललाल वर्मा के 'सन्थाली लोक गीतों में श्रीराम', सारंग दिल्ली 7-2-60, पृष्ठ 43-45 के अनुसार, रावण-वध के बाद लौटकर राम ने सन्थालों के यहाँ रहकर एक शिव मन्दिर बनवाया तथा उसमें वे रोजाना सीता के साथ पूजा करने आते थे।

—'राम कथा', 271 अनुच्छेद

6. 'वाल्मीकि रामायण', युद्ध कांड, सर्ग 125/12 के अनुसार, लंका से राम, लक्ष्मण व सीता आदि पुष्पक विमान पर बैठकर अयोध्या आए।
7. 'वाल्मीकि रामायण', युद्ध कांड, 130/27 से 29 के अनुसार, हनुमान ने भरत से कहा कि सुनिए, वहाँ प्रसन्न वानरों का भयानक गर्जन

सुनाई पड़ रहा है। जान पड़ता है कि वानरी सेना गोमती पार कर रही है। 27। देखिए, सालवन से बड़ी धूल उड़ रही है। जान पड़ता है कि वानरी सेना सालवन को हिला रही है। वह देखिए, यहाँ से अधिक दूर पर चन्द्रमंडल के समान ब्रह्म निर्मित पुष्पक विमान दिखाई पड़ रहा है। स्पष्ट सिद्ध है कि यदि पुष्पक विमान होता तो नदी पार करने की क्रिया व वानरी सेना द्वारा सालवन को हिलाने की क्रिया कदापि नहीं होती।

हम दृढ़तापूर्वक कह सकते हैं कि 'रामायण' का युग पिछड़ा हुआ युग था। पुष्पक विमान नहीं था, केवल कल्पना थी।

14. राम कथाओं की भारी भिन्नता

1. 'रामचरितमानस' व 'वाल्मीकि रामायण' के अनुसार, राम ने पम्पापुर के वानर गोत्रीय आदिवासी राजा बालि को मारा, परन्तु गुणभद्र कृत 'उत्तर पुराण' 68/440-463 के अनुसार, राम ने रावण से युद्ध करने के लिए राजा बालि से 'महामेध' नामक हाथी माँगा। राजा बालि ने अस्वीकार कर दिया। राम व राजा बालि की दोनों सेनाओं में घनघोर युद्ध हुआ। लक्ष्मण ने एक तीक्ष्ण बाण से राजा बालि का सिर काट दिया।

   —'राम कथा', अनुच्छेद 522

2. 'रामचरितमानस' व 'वाल्मीकि रामायण' के अनुसार, मेघनाथ ने लक्ष्मण के पेट में शक्ति अर्थात् कटार घुसेड़ दी। परन्तु 'वाल्मीकि रामायण' के अनुसार, रावण ने लक्ष्मण के पेट में शक्ति अर्थात् करौली या चाकू मारा।

3. 'रामचरितमानस' व 'वाल्मीकि रामायण' के अनुसार, राम ने रावण को मारा। परन्तु बिर्होर राम कथा के अनुसार, लक्ष्मण ने रावण को मारा

   —'राम कथा', अनुच्छेद 595

4. 'वाल्मीकि रामायण' के अनुसार, राम के मित्र शृंगवेरपुर के राजा 'गुह' थे, परन्तु 'महाभारत' के सत्योपाख्यान पूर्वार्द्ध, अध्याय 43 के अनुसार, राम को मृगया की शिक्षा देनेवाले शृंगवेरपुर के राजा 'गुह' राम के तीर चलाने और युद्ध-विद्या के श्री श्री 1008 श्री गुरुवर महाराज थे।

   —'राम कथा', अनुच्छेद 384

5. कुछ राम कथाओं के अनुसार, राम ने अकेले ही खर, दूषण व त्रिशरा को चौदह हजार राक्षसों सहित, जो रावण के राज्य की अन्तिम सीमा दंडकारण्य की रक्षा करते थे, मार डाला। परन्तु ब्रह्मवैवर्त पुराण, कृष्ण जन्म खंड, पर्व 62, 47 के अनुसार, लक्ष्मण ने खर व दूषण का वध किया। तत्पश्चात् पर्व 45 के अनुसार, खर व दूषण के राजमहल में राम व लक्ष्मण ठहरे।

—'राम कथा', अनुच्छेद 466

6. 'पउमचरियं', पर्व 45 व 54 के अनुसार, विराध के सेवकों ने सीता की खोज की। लंका के युद्ध में राम की ओर से विराध की सेना लड़ी।

—'राम कथा', अनुच्छेद 458

निष्कर्ष

रामायण के सभी पात्रों—राम आदि के चरित्र में भारी भिन्नता है। जैन धर्म के माननेवालों का विमल सूरि कृत 'पउमचरियं' व गुणभद्र कृत 'उत्तर पुराण' आदि में, बौद्ध धर्म के माननेवालों का दशरथ जातक आदि में, ईसाई धर्म के माननेवालों का 'मसीही रामायण' आदि में, इस्लाम धर्म के माननेवालों का खोतानी रामायण में, पूर्वी-देशों का 'रामकेर्ति', 'रामकियेन' आदि रामायणों में, सिख धर्म माननेवालों का गुरु गोविन्द सिंह कृत 'गोविन्द रामायण' और हिन्दुओं के किन्हीं नागरिक समुदाय का 'वाल्मीकि रामायण' में, किन्हीं नागरिक समुदाय का तुलसीदास कृत 'रामचरितमानस' में, रसिक समुदाय के नागरिक समुदाय का 'श्री रामावतार भजन तरंगिणी' व 'कृपानिवास पदावली' आदि में तथा विभिन्न नागरिक समुदाय का विभिन्न रामायणों आदि में विश्वास है।

इससे स्पष्ट है कि करोड़ों की आबादी वाले भारत में किसी भी ग्रंथ से किसी व्यक्ति या नागरिक समुदाय की धार्मिक भावनाओं को आज तक न तो कोई चोट पहुँची है, न अपमान हुआ है और भविष्य में भी न चोट पहुँचेगी, न अपमान होगा। इसका सबसे बड़ा साक्ष्य यह है कि आज तक इस बीमारी में किसी भी व्यक्ति का न हार्ट फेल हुआ, न मरा, आदि-आदि।

जिसका जिसमें विश्वास है, उसके विश्वास को आज तक किसी ने नहीं छीना है और न छीन सकता है। सबका मन अपने-अपने अधिकार में है। किसी का मन दूसरे के अधिकार में नहीं है।

वास्तव में, किसी भी व्यक्ति के विश्वास को न चोट पहुँचती है और न अपमान होता है, बल्कि कुछ धूर्त राजनीतिक नेता सत्ता हथियाने

और सामाजिक नेता झूठा बड़प्पन प्राप्त करने के लिए गरीबों और कम अक्ल लोगों को बरगला कर साम्प्रदायिक आदि बवंडर खड़ा करके अपने स्वार्थ की सिद्धि करते हैं। जाग्रत समाज को चाहिए कि ऐसे उपरोक्त दम्भी नेताओं की बातों में कभी भी न आएँ।

लेखक की मंशा है कि विचारों को फैलने दीजिए। किसी बात को तब मानिए, जब वह बात तर्क की कसौटी पर खरी उतरे। प्रत्येक व्यक्ति स्वतंत्र है।

अत: अपनी बात पुराने जमाने के ग्रंथ 'मनु स्मृति' की आज्ञाओं की तरह मनवाने की कोशिश मत कीजिए। जियो और जीने दो। यही लेखक की मंशा है।

17 सितम्बर, 1971 ई.